# 新闻传播学名家自选本

新闻传播学名家自选本

# 罗以澄自选集

## 新闻求索录

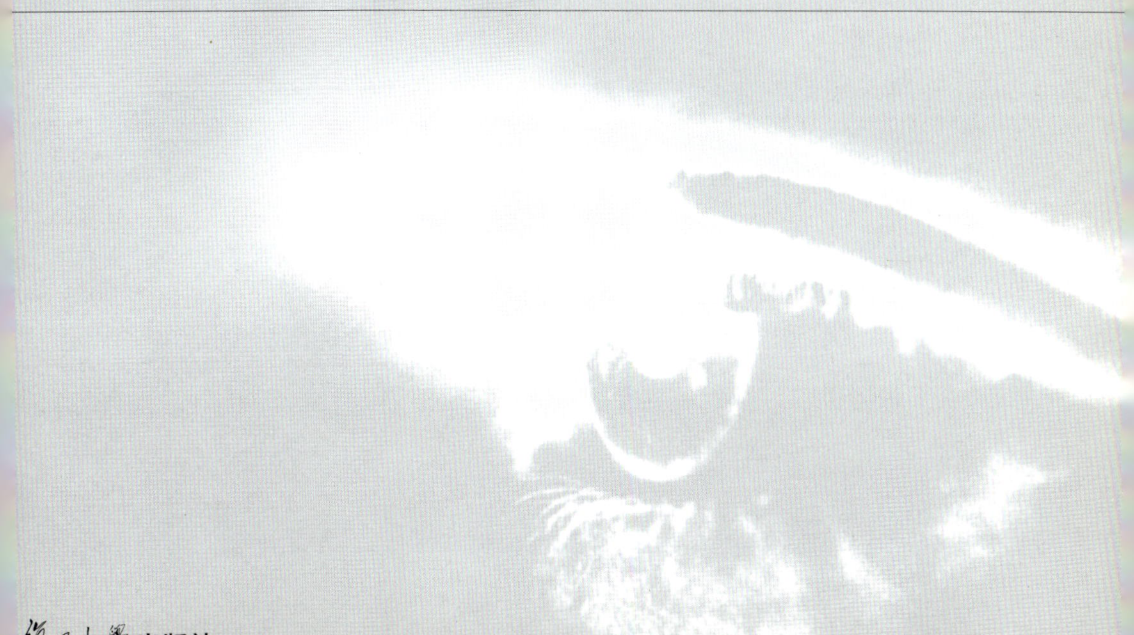

复旦大学出版社

# 罗以澄学术档案

罗以澄，教授，博士生导师。1944年出生，祖籍福建福州，从小在上海学习、生活。60年代初就读于中国人民大学新闻系；1966年毕业后，长期担任地方报纸和广播媒介的记者、编辑工作；1984年调入武汉大学新闻系任教。现为武汉大学新闻与传播学院院长、海德传播研究院院长，是该校新闻传播学科主要学术带头人和新闻传播学一级学科博士学位授权点的主要负责人；同时，还担任着国务院学位委员会新闻传播学科评议组成员、全国新闻教育学会副会长、教育部新闻传播学科教育指导委员会委员、中国人民大学“新闻与社会发展研究中心”(教育部人文社科研究基地)学术委员、国家广播电影电视总局《中国广播电视学刊》特约编委、武汉地区广播电视学会副会长、湖北省新闻工作者协会常务理事，以及多所高校的新闻学兼职教授和地方媒体的顾问等职，享受国务院颁发的政府特殊津贴。

罗以澄教授的主要研究领域为当代新闻传播实务和媒介发展，先后撰写(或主编)、出版《新闻采访教程》(1990年)、《新闻采访学新论》(2000年)、《新闻采访学新论(修订本)》(2002年)、《新闻写作现代化探析》(1989年)、《广播消息选评》(1985年)、《广播通讯赏析》(1986年)、《应用新闻学600题》(1996年)等学术专著、教材或教学参考书7部，在专业核心期刊上发表学术论文60余篇，荣获过国家级优秀教学成果二等奖、全国高校优秀教材二等奖和湖北省优秀教学成果一等奖、湖北省新闻论著一等奖等多项奖励。

罗以澄教授从1984年开始，先后为校内外本科生、研究生讲授过《新闻采访学》、《新闻写作学》、《新闻广播电视》、《名记者研究》、《新闻报道专题研究》、《现代新闻传播实务研究》等课程。从1988年开始，先后指导、培养15届51名新闻学专业硕士生和5届16名新闻传播实务研究方向博士生。2003年获得湖北省“教书育人先进个人”称号。

# 序



新闻传播学是人文社会科学众多门类中的一门新兴的学科。在中国,新闻学的研究有近一个世纪的历史,传播学引起关注和广泛研究,也有近三十年的历史。由于新闻传播学者们的努力,中国的新闻传播学已经由被某些业界人士妄自菲薄的“无学”,变成了“显学”。在国家颁布的学科目录中,从无到有,由附属在中国语言文学之下的二级学科,变成了独立门户的一级学科。

改革开放以来的二十多年,是中国新闻传播学迅猛发展的时期。新闻学理论、新闻史、新闻法治、新闻职业道德、广播电视和舆论监督的研究,全面铺开。新闻理论的研究也由纯党报理论的研究,扩展到一般新闻学理论的研究。传播学的研究,则外与社会学、心理学、人类学、法学、经济学相渗透,内与新闻学相融合,也有了很大发展。传播学基本理论的研究、传播学批判学派的研究,以及传播舆论学、符号学的研究等,都受到人们的关注。新传媒的研究、媒介经济的研究,也开始成为热点。新闻传播学已经进入与其他人文社会科学相互交融、“多角度学术发展的阶段”。

中国新闻传播学今天的繁荣发展，是几代学人筚路蓝缕辛勤耕耘的结果。从上个世纪初到现在，中国新闻传播学界薪火相承，代有传人，各领风骚若干年。他们当中的佼佼者，都堪称名家，都为中国新闻传播学的繁荣和发展作出过贡献。

纳入这一系列“自选本”的作者们，则是改革开放以后涌现的新一代的中国新闻传播学的“名家”。他们大多来自高校或其他教学研究岗位，都是当代新闻传播学界某一个方面的领军人物，都是术业有专攻，腹笥丰硕，蜚声于时的新闻传播学界的佼佼者。和他们的前辈们比较起来，他们这一代的“名家”们具有以下的特点，即：一、具有较深厚的人文理论根底；二、具有较合理较全面的知识结构；三、具备必要的学科前沿知识；四、思想活跃，不刻舟求剑，不作茧自缚；五、接受过改革开放的洗礼，接受过中西文化交融的浸润，具有较开阔的学术视野。他们是开拓创新的一代，也是青出于蓝而胜于蓝的一代。



让新闻传播学的“名家”们出“自选本”，这是一个很好的出版创意。首先，都出自“名家”。既是“名家”，就有了一定的质量上的保证，避免了在数量众多的新出的各类专著中，挑花了眼或挑走了眼。其次，都出自“自选”。既是“自选”，选出来的，必然是个人满意的自认为可以传世的精品。不会灾梨祸枣，不会误人子弟，也可以大大减少读者和学子们的经济负担。这对社会，对学术，对文化的发展，都将会是十分有益的。

我祝贺这套《新闻传播学名家自选本》的问世，并相信它一定会受到海内外新闻传播学者和学子们的关注和欢迎。

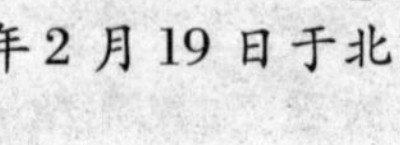

2004年2月19日于北京宜园

# 主编絮语



这套《新闻传播学名家自选本》有学界巨擘方汉奇教授赐序，不必主编赘言。这里仅就创意初衷、入选条件及编辑原则等说几句话。

20世纪80年代初，“文革”逝去不久，曾经主张“新闻无学”的代表人物检讨了自己的无知。首都新闻学会和中国新闻教育学会先后问世。在这良好氛围中，中断许久的新闻传播学研究又得以重新展开。新旧世纪之交时刻，新闻传播学被擢升为一级学科。进入新世纪以来，每年出版的新闻传播学著作以百计，发表的学术论文以千计。新闻传播学科学研究与学科建设进入了真正的黄金时期。

随着新闻传播学研究的日益深化与二、三级学科不断延伸，一批有全国影响的学术领军人物应运而生。他们中间有王中、甘惜分、李龙牧、方汉奇、张隆栋、宁树藩、丁淦林、赵玉明等一批学界元老。他们是新中国新闻学研究和新闻学教育的开创者、拓荒者。他们有的提出了崭新的理论体系，有的著作等身，有的向国人较早介绍新的新闻传播学说，有的以史论结合的研究方法推动学科建设……在他们的言传身教下，新的一代脱颖而出。新一代领军人物是在改革开放洪流中诞生的，他们在继承老一代学者理论、学识、方法的基础上又有新的突破和新的发展。本辑自选本的八位作者是其中的首批代表。

编辑出版新闻传播学名家学术论文自选本，有这样几方面的需要。一是检阅新一代新闻传播学研究学术带头人的研究成果，展示正在不断深化和拓展的新闻传播学学科建设业已达到的新水平。二是系统介绍新闻传播学研究新的领军人物的研究领域及其在这些领域的代表性成果，推动新闻传播学科同其他人文社会学科的沟通与互补。三是为新闻传播学年轻学子了解自己导师的学术观点及研究方法提供一个平台。由于各种原因，刊载新闻传播学学术论文的刊物既少又分散，阅读这些论文有相当困难。



对于被邀入选自选本的名家，总体上有这样几方面的考虑。他们一是新闻传播学研究某一专业或某一研究方向的领军人物，二是有一定的全国影响，三是在岗博士生导师，四是他们有着较为广泛的读者群体。鉴于符合这几条的学者全国有几十位之多，我们编辑此类自选本又无经验，计划先出第一辑，首邀八位名家入选。

既然是自选本，当然应尽显个人风格。但作为丛书，又需要有相近或相同之处。经八位作者商定，作为组成丛书的各自选本共同遵循这样几个要求：一是尊重历史原貌，对入选文章原则上不作更动，仅限改正错别字等一些技术处理。二是内容安排上每本有一帧作者照片，一段学术档案，一篇访谈录一类的文字，作者谈自己治学的经验、心得、体会。三是每本掌握在 30 万至 35 万字左右。

最后，作为主编，我要代表入选的八位作者，向我们的导师表示敬意，没有他们的栽培，不会有我们的今天。向我们的学生表示问候，正是他们的勤奋努力，成长成才，才显示出我们劳动的价值。向复旦大学出版社的领导和责编表示感谢，由于他们所提供的园地和机遇，我们这群书生才得以出版自选本，对自己走过的路程进行一番检视和反思。

我们静静地等待着读者对于这套丛书的批评。我们将根据读者的意见使这套丛书的未来几辑更臻完善。

童　兵

二〇〇四年春于

复旦大学新闻学院

# 追寻现代新闻传媒的发展之道(代序)



如果你想读懂中国新时期新闻传媒发展的历史,那么,你必须去读懂那真实地游弋在这历史河流中的新闻人和学者。罗以澄教授就是这样一位值得你去读解的学者。

1978 年的“思想解放风暴”席卷中国之时,罗以澄还只是一位为不得不写违心的宣传表扬稿而苦恼的记者,一位受过大学新闻学术训练而不得不以意识形态话语思维的“新闻思想的失踪者”。自那以后,中国的新闻改革悄然启动,和大多数新闻人一样,罗以澄终于有机会恢复自己的独立思考、探索真理的勇气,以社会良知代表的心态去推进中国新闻业的现代化。然而,他发现,缓慢变化着的新闻界并不能满足他的这一精神需要,于是,他决定选择做学者,并在 1984 年以不惑之年走进了武汉大学新闻学系。从此,这位“新闻思想的失踪者”回到新闻学术队伍中来,拥有了一个可以自由创造的学术与教育园地,非常惬意地自称为新闻传播学的“耕耘者”。

在“新闻为政治服务”等旧的意识形态从历史的地平线上

逐渐淡化以后,20世纪80年代初期的中国新闻人已拥有了新的意识形态:新闻业的现代化,一些人以启蒙者的姿态追寻着其中的真实意义,向传统新闻传播观念发起了顽强的冲击。罗以澄在1984—1988年的学术研究就是在这一思想背景下展开的。

罗以澄当时所做的探究主要集中在四个方面:一是辨析新闻、宣传、舆论三者之间的关系,辨析新闻价值、新闻的客观性等基本概念,恢复对新闻本体的认识,恢复对新闻的信息功能的认识,进而回归到对新闻传播规律的把握;二是从信息论、系统论、控制论的角度探寻新闻业务的现代化之路,建构具有科学、理论内涵的新闻写作学体系,拓展新闻业务研究的思维空间;三是恢复受众的主体地位,从心理学层面把握其特点,实现传者与受众的互动式传播;四是破解新闻报道的公式化、概念化等清规戒律,在理性、情感、想象、观察、报道方式等广泛层面恢复新闻报道的自由本性。这四个方面的探究贯穿着一个主题,即新闻传播观念的现代化,而总的思维指向则是颠覆新闻传播领域的专制主义、教条主义、官僚主义乃至形式主义,呼唤新闻传播的理性意识。在这里,你可以感受到他的理论表述直指新闻体制变革的滞后,直指“左”的新闻观念的荒谬;同时,你又看到,他的理论表述不是“宣战”式的,而是“建设”式的,即注意把握新闻传播与社会政治经济文化结构的兼容性,在中国式的现代化框架内消除两者的内在紧张关系,寻求新闻传播机制与其他社会机制的调适,实现新闻传播与社会环境、文化环境的良性互动。于是,你读到了那一代新闻人的心之所系与心之所惧,一方面,他通过对新闻本体的认识,确立新闻传播的理性意识和主体意识,通过新闻的信息功能的认知,建构作为公共论坛的新闻传媒,通过拓展新闻思维空间,消解新闻传播不自由的状况,通过阐述受众的主体地位,恢复新闻传播以人为本的现代意义,诸如此类,这些都是罗以澄那一代人魂牵梦萦的“新闻传播观念的现代化”。另一方面,他刚刚抖落历史的尘土,对动荡、暴力及思想控制还心有余悸,他不想以惊世骇俗的“宣战”式理论引发革命的动荡和动荡的革命,成就“骑士”般的荣耀,他更关注中国新闻改革的过程和实际效果,强调新闻理论要干预中国的新闻改革,要介入新闻传媒的发展过程,于是,你可以发现,在他的“刚性”理论观点背后也有着“柔性”的表述,诸如“在新闻传播中既要十分注意尊重新闻的自身规律,又要注意掌握宣传的规律和艺术,还得注意对舆论的考察与反馈,从而提高新闻传播的水平,更好地发挥新闻传播的总体效果”(《新闻、宣传、舆论三者之间的关系》),但结合上下文,你可以理解其真实用意还是在于导入对新闻本体的认知。无疑,在这里,科学的理论表述融入了一些与某种政治机制和社会机制“妥协”的技巧,这种技巧斫伤了理论的逻辑,但成全了一个现代化新闻观念的导入。这也许是中国知识分子另一种忍辱负重的方式吧。

从1989年到1992年,中国知识界、新闻界又进入到一个思想困顿期,罗以澄也随之远离了新闻传播学论坛,以“守先待后”之心编撰着教材,整理着自己的新闻教育理论,悄悄地得到了两个收获:一是出版了一本体系新、内容全、视野开阔的《新闻采访学教程》(武汉大学出版社1990年出版),在全国首次以“认识”为基点、以“方法”为重点建构了新闻采访学的全新体系,并运用历史与逻辑的统一、具体与抽象的统一、批判与建设的统一、事实与价值的统一等方法,开拓了新闻采访学的思维空间。一是形成了比较成熟的新闻教育思想,在他看来,新闻传播教育能够改变中国新闻事业的命运,也能改变中国新闻传播者的命运,应该努力把新闻传播教育植入到现代大学教育的生命里,让新闻传播教育深深植根于人类对现代传播的需要与理解之中;新闻传播教育要合乎人类实践理性而存在,不仅要符合新闻传播业发展的理性,而且要合乎社会文化和民主政治发展的理性,维护新闻传播教育本应具有的人文品质。这一抽象的道理蕴涵着我们的具体实践,即承续现代大学精神,以培养通识博学、具有高度社会责任感和创造精神、全面发展的复合型人才为目标,按现代大学精神所内蕴的科学精神、民主精神、求知精神去完善新闻传播教育，把专业教育变革为通识教育，在知识层面实现科际整合，从根本上适应新闻传播领域的知识变化与知识创新要求，提升新闻传播教育的学术精神；同时，综合性地开发学生在身心活动层面、政治社会层面、美感经验层面、人伦道德层面和批判精神层面的价值认识，从而使新闻传播教育形成一个新的范式，达到一个新的境界。这样的思考，使他切入到了中国新闻传媒发展的人才战略层面，从而为他孜孜以求的"中国新闻传播媒介的发展之道"增添了新的内容。

1992年邓小平出人意料的南方谈话，使得中国的政治气候、文化气候、社会气候发生了巨大变化，中国的新闻改革重新启动，并走上"快车道"，媒介产业化、集团化、网络化，改革的浪潮一浪高过一浪，虽然"左"的思想所设置的新闻研究"禁区"并未完全消失，但市场化信息化时代的新闻观念已与当代新闻改革和全球化新闻浪潮紧密联系在一起，展现了广阔的思维空间。这时，罗以澄开始重新亲近学术论坛，主要围绕中国传媒发展问题展开了四个方面的探索：一是社会主义市场经济条件下经济新闻报道的理念；二是市场经济与媒介市场的走向、传媒业资本运营的产权分析、传媒集团化问题研究、新闻生产的精品战略研究、党报的困境与对策研究等；三是网络传媒研究；四是全球化背景下的跨国跨文化新闻传播研究。与第一阶段的研究比较起来，这些理论表述不再停留于启蒙，而是更深地介入到了中国新闻传媒的发展过程，不再是概念辨析，而是媒介发展思路探讨，不再局限于新闻报道，而是扩展到媒介经营与管理，不再只关注中国媒体，而是把中国传媒的发展纳入到跨国跨文化传播背景中考察。如果用一句话来概括这一时期的理论思维宗旨，那就是"让媒介发展的理性贯通于中国社会、文化发展和全球化发展的现实"。无疑，这是对一代人所追寻的"现代新闻传媒发展之道"的丰富与提升。

思维的转换，带来的是更灵动、透彻的理性分析，如"媒介商业化运作的举措，并不意味着也不应导致信息产品的商业化，否则其结果只能是媒介属性与功能的异化";"媒介的平民化趋势,是媒介'人本'意识的觉醒,它不应也不会造成社会精英文化的失落";"媒介商业化运作最根本的市场资源,不在媒介生产、传播的信息本身,而在于这个过程中创造的巨大的受众市场,不是媒介的时段、版面承载的信息本身具有商业价值,而是媒介的时段、版面所拥有的受众生产具有商业价值。媒介唯有通过向受众提供最佳的信息产品和最优化的服务手段,才能最大限度地争取受众,从而扩展自己的市场份额";"传媒业要进行真正意义上的市场化运作,就需要设计出合理的传媒业产权制度"。如果仔细体验,你可以发现,理性、市场化、信息化、人文化、全球化等成了他所有理论表述的关键词,并构成了"现代新闻传媒发展之道"的重要内涵,深刻地揭示了现代新闻传媒发展的精神内核。



从上述意义上讲,罗以澄的学术思想是中国当代新闻传播学发展的一个重要环节,是新闻传播理论与中国新闻改革现实的一个重要链接点,它充分表现着时代与个人、创造与保守、科学与人文、批判与建设的多元化特点,同时,其率真、朴素的学术话语又给我们留下了一份历史的真实。

在改革开放以前,罗以澄面对着一个把理论奉若神明的时代,人在不知不觉中把理论简化到意识形态的水平,制造着理论的神话,把现实生活交给理论去判断、操纵和想象,从而导致中国人的理性能力的退化。他和他那一代新闻学者在80年代所做的新闻传播研究实际上是恢复了新闻人的理性意识,打破了党报理论的神话。在他的眼里,任何理论若被视为绝对圆满和崇拜偶像,那它本身就成了失去生命力的、封闭的体系,人的生活也要被理论所宰制。因此,他大力提倡新闻传播理论的多元化、现代化、生活化以及创造性,强调在理论探讨的过程中要具备理论创造的神圣使命感,在干预现实的过程中获得追求理想、追求真理、完善人格的精神气质。如今,他的这一精神已嘉惠学苑,启迪后生,带动一片。

21 世纪，罗以澄教授日渐圆融，白首松云，更有新境。可以说，这是一个值得你继续关注、继续读解的可爱的新闻传播学者。

是为代序。

单 波

癸未夏于珞珈山

# 目　录

·访谈录·

# 罗以澄：在时空中探寻新闻



**访谈人：**武汉大学新闻与传播学院研究生　丁　汀

**被访谈人：**武汉大学新闻与传播学院教授　罗以澄

初春时节，美丽的珞珈山笼罩在温和的阳光下。

一个午后，我访问了武汉大学新闻与传播学院的罗以澄院长。先生治学严谨，为人正直，我早已知晓。令人惊讶的是，先生虽然年龄直追花甲，却思维敏捷，对新事物、新趋势甚为了解。

早年科班毕业于中国人民大学新闻系，多年的记者生涯，卓有成就的新闻学者……面对先生，这样的"采访"让我心中很是忐忑。访谈中，先生对于自己新闻从业经历的娓娓叙述，如同一幅长卷在我眼前徐徐展开，让我真实地感受到了时间和空间的存在，也让我看到了一个新闻学者执著的上下求索之路。

# 1961—1966:初识新闻

**丁汀**:您是从什么时候开始想从事新闻这一行业的?

**罗以澄**:20 世纪 50 年代,我在上海读中学时,出于好奇心,曾经给上海《青年报》、《新民晚报》等报刊投过稿,也发表过一些“豆腐块”的小文章。为此,让我兴奋不已。应该说,我对新闻的兴趣或者说是爱好,就是在那个时候产生的。至今我还深深感谢上海的媒体,是他们的提携、帮助才让我走上新闻之路,迷恋上新闻这一行业的。

**丁汀**:听说您当年高考时填报的志愿是中国人民大学的新闻专业。您作为上海人,为什么要远赴千里去北京攻读新闻专业呢?

**罗以澄**:这也许与我身上“天生”具有的新闻人的“潜质”有关吧!(笑)干新闻,就是要“闯世界”,就是要以四海为家;不敢远离家门,恋家,怎么能干新闻呢?另一方面则是与我们那一代青年人的价值观有关,五六十年代的年轻人是以到伟人毛主席身边学习、工作为荣的。因此,尽管当年报考人大新闻专业竞争异常激烈,据说录取率不足 1/7,我仍然非常自信,把它作为首选。今天回想起来,我还会为当年的选择感到满意和兴奋。因为在人大学习的 5 年,我不但在许多名师的教导下,学到了系统、扎实的新闻专业知识和本领,更重要的是,熔铸了我作为“新闻人”应有的思想和灵魂。是人大 5 年的新闻教育,让我与新闻结下了不解之缘。虽然后来我有过很多次从事其他职业的机会,但都没有动摇我热爱新闻、一辈子献身新闻事业的信念。

**丁汀**:您在人民大学学习新闻期间有没有印象特别深刻的事?

**罗以澄**:有。记得大二时,我利用课余时间去北京《支部生活》杂志社实习。当时编辑部让我和另外一位同学(赵养廷)去首钢采访一位青年炼钢工人,这是我们第一次以"见习记者"的身份独立进行采访。人大和首钢相隔甚远,我们每天还要坚持上课,两处奔波,劳累程度可想而知,加之采访对象不善言谈,人们对我们这些"学生记者"又有着异样的态度,采访之难实在是让人难以忍受,但我们坚持下来了,并出色地完成了任务。记得那篇3 500字的人物通讯在《支部生活》上面发表时,我们的高兴劲就别提了。这次采访让我第一次真正尝到了干新闻的艰辛和乐趣。我是终身难忘的。

**丁汀:**您认为您上学时中国人民大学新闻专业的专业教学有什么特点?

**罗以澄:**当时人大有一种非常好的教学传统,就是理论和实践相结合。记得从大二开始起,我就在学校的安排下先后到《北京晚报》、《北京日报》、《支部生活》等媒体实习。严格地说,我在人民大学的5年中,只有不到两年的时间在教室中听课。其余3年多都在实习或参加社会实践活动中度过。等到我快毕业的那一年在《山西日报》实习的时候,我已经对新闻业务十分熟悉,不仅独立采写、编发了许多稿件,甚至还受编辑部的委托,负责带领其他单位来报社的实习生外出采访了。

**丁汀:**您认为您在大学阶段的学习中最大的收获是什么?这对您以后从事新闻业务和研究工作有什么好处?

**罗以澄:**第一个收获就是在不断地学习实践中,打下了坚实的新闻业务功底。这个方面的好处当然是不言而喻的。还有一个收获,就是对新闻学究竟是一门什么样的学科有了一个完整的认知:就是新闻学说到底是一门适应社会的训练学科。这个认知给了我们开拓视野的平台。我们班上也有一些同学后来没有从事新闻,而从事了一些别的行业,事实证明,他们也做得很好。可以说,就是这种认知在起作用。

# 1966—1983:无奈的17年

**丁汀**:从您的简历上看,您人民大学毕业后就直接进入了新闻业界。您的第一份工作是什么?您在从学生到记者的转型中有没有遇到什么困难?

**罗以澄**:我毕业后最初在《湖北日报》做记者,后来也做过编辑。在业务上,我当时所面临的转型没有什么困难。因为在人民大学的5年里,经过大量理论和实践相结合的学习、训练,我已经打下了较为坚实的业务基本功。转型的艰难主要来自于思想上的困惑和痛苦。我刚刚进入社会就感觉到了来自社会的排斥。你可能知道,那是一个非常扭曲的年代。知识不受重视,知识分子也被歧视。尤其是刚到地方的时候,甚至被看作是"异己分子"。求学多年,为的是服务社会,一旦被社会所不容,心里就没有了归属感,非常压抑。



**丁汀**:在那样风雨如磐的时代,您还能坚持新闻写作吗?

**罗以澄**:尽管当时思想上苦恼迷茫,但我手中的笔却始终没有停下过。这大概是新闻已经融入我血液使然吧!因此,即使"文革"中搞武斗,到处是枪林弹雨,我还是坚持写稿编稿;甚至后来我被下放到农村劳动锻炼期间不是新闻记者了,我都没有停过,仍然采写新闻。那段时期累积下来我先后采写、发表在各级媒体上的报道、文章有四五百篇之多。用的笔名五花八门,有罗斌、郑理、郑文、向东等等。那些报道、文章,乃至笔名都有着那个年代的特殊痕迹。

**丁汀**:我们现在很少听您提起那段时间的经历,也很少看到您在那一个时期的文章,这是为什么?

**罗以澄**:那是一段痛苦的回忆,给我留下的只有"苦笑"。那一段时间就是社会学角度里所谓的社会恶性运行时期,新闻缺乏一种健全的体制支持,作为监视环境的社会功能彻底消失;

而国内当时对于新闻学的研究非常的肤浅，甚至干脆就把新闻等同于宣传来看待，新闻报道就是围绕着上面领导的意图打转，不敢越雷池半步。因此，在那个颠倒黑白的年代，新闻究竟是些什么东西，便可想而知。实事求是地说，我当时从事新闻工作不久，经验不够，尽管也感觉到一些“不对味”的东西，但却不知道到底是哪个环节出了问题。从理论上和具体的操作上都找不到出口。因此只好依照当时的宣传原则写了很多现在看来很没有价值的报道和文章，也说过一些违心的话。所以那一时期的报道、文章，我从来都没有给任何人看过；曾经有很多次，我想把它付之一炬。当然，这是从实务界走出来以后才总结出来的。要是当时有这种认识就不会有现在的这种遗憾。

**丁汀**：那您在那一段时期里有没有什么收获呢？最有价值的收获是什么？

**罗以澄**：收获是有的。离开《湖北日报》后，我被下派到农村劳动锻炼。在农村，我接触到了大量的基层干部和农民，和他们经常在一起，融入了他们的情感中。我想这就是我在那一个时期最大也是最有价值的收获。因为新闻是一门服务社会的学科。做实务如果脱离社会大众，新闻作品就没有源泉，就没有市场，而做研究如果不站在大众的立场和感情上也会迷失方向，同样不会有结果的。

**丁汀**：您在1966年至1983年这段从事新闻实务工作期间，有没有您自己比较满意的作品？

**罗以澄**：首先，应该纠正一下，在1966年至1983年这17年间，我并不是都在从事新闻实务工作。期间大约有4年的时间我是被下放劳动锻炼的。另外还有3年左右的时间我被安排在其他业务部门担任领导工作。因此，准确地说，我真正在地方媒体（报社、电台）干记者、编辑这些一线工作的时间只有10年。

至于其间满意的作品，严格地说，没有。但是有一篇报道，我是情有独钟的。那是1972年我在潜江劳动锻炼的时候写的，是一篇有关当地熊口农场马长湖分场干部参加劳动的通讯。我当时已经不能算是一名职业新闻工作者，但当时那些分场干部们艰苦奋斗、乐于吃苦的作风确确实实感动了我。我还记得，那时无论我什么时候去采访他们，他们都在田间地头与民工一起劳作，以至于我感觉我在堤上或是田埂上对他们进行采访都非常有愧。所以，我采取了和他们一起劳动，边劳动边采访的办法，客观地、真实地记录下他们的言行，记录下他们的所思所虑。我当时没从事过什么重体力劳动，一天采访下来，手都被磨出了血泡。晚上就在灯光下自己用针挑了血泡写稿子。后来，这篇文章在《湖北日报》上发表了；过了不久，《人民日报》也作了转载。

**丁汀：**您以您现在做学者的眼光看当时您做记者的那一段时光，您觉得您是一名优秀的记者吗？您认为一名优秀的记者应该具备什么样的素质？



**罗以澄：**不算。因为就像我刚刚提到的那样，我现在觉得，我那个时候缺乏一种做记者的“刚性”。应该说，我很爱新闻，也很有激情和能力做好我的工作。但是一名新闻工作者，最主要的素质就是要有“刚”性，就是要敢于坚持真理，说真话，不说假话，也不说违心的话。在这一点上，我当时做得是不够好的。这不能都推到社会环境迫使上面去。至于扎实的理论功底，较高的业务水平，我并不是说不重要。但是，这些都是可以提高的。我还记得我在《山西日报》实习的时候，被派到山西芮城写一篇县委干部如何学习焦裕禄的报道，其间不少材料就是按当时上面的宣传口径写的，和我采访到的实际情况并不一致。报道发表时，报社还专门配发了评论，造成了较大的社会反响。今天一想起这件事，我就非常遗憾，总觉得我当时没有说实话，至少我不应该那样写那篇报道的。

**丁汀：**您在那段“动乱”年代中最主要的感受是什么？

**罗以澄：**无奈。

（那个动荡的、扭曲的年代里所发生的种种，现在都已经随风而去了。也许对经历过那个年代的人，他们当时的无奈与困惑、痛苦与抉择等等，一切都是永远的刻骨铭心。而对于我们这些没有切身经历的人而言，我们对那个特殊时代的理解始终都是苍白而有限的。有幸的是，无论如何，历史总是在前进的，也正是因为历史总在前进，人们才会为失望而忍耐，人们的生活，也才会为期待而延续。）

## 转型之美：从记者到学者

**丁汀：**从记者到学者，您又一次做出了人生道路上一个重要的抉择，促使您这次转型的动因是什么？

**罗以澄：**就像前面所说的，我在新闻业界工作了许多年，也曾经遇到过很多操作上的困惑与难题。我当时就想到跳出实务工作的圈子，对新闻工作中存在的问题进行一些理论性的探索和研究，以便能够从某种程度上对和我有同样无奈感触的新闻同行有实质性的帮助。这个就是我转行的动因。当然，这还有一个前提。那就是“文革”结束后我在潜江广播电台担任领导期间，曾经因工作需要，对当时新闻工作应该如何开展作过一番冷静的思考，看了不少书，还曾写过一些有关新闻价值、新闻采访的行为规范等探讨性的文章。这都为我后来转行从事新闻教学、研究工作做了很好的准备。

**丁汀：**从职业选择的角度看，您经历了所有与新闻相关的职业，从专业科班出生，到做记者、编辑，到现在卓有成效的学者。您认为做记者和做学者之间有什么要求上的不同？您更喜欢做记者还是做学者？

**罗以澄：**好的学者当然也需要讲立场，讲价值观；但是更重要的是要有勇于质疑、勇于创新的精神。必须要在学术上善于探索、讲究“不破不立”。学术研究上是没有禁区的；为了创新，为了“独树一帜”，必须在思想领域里自由驰骋。相对而言，记者这一社会公器的职业要求其受到立场、价值观的约束自然要更多一些，“自由”相对就会少一些。所以，就我的个性而言，我更喜欢做学者。

**丁汀**：*从记者到学者这一次转型之初您遇到了什么困难没有？您是怎么克服的？*

**罗以澄**：困难是有的，但不算太大。因为前面提过在粉碎“四人帮”以后，我就开始了对新闻实务的研究。所以我在思想上是很有准备的。

问题主要有两个。首先是技术上的问题。当时是武大新闻系建立之初，在新闻传播方面的资料非常少，对新闻传播业务的研究还停留在国内经验的总结上。严格地说，基本上没有开展研究工作。而我是新闻科班出身，缺乏别的学科背景，在视野上还有待拓展。所以只好恶补了很长一段时间的其他学科知识。当时，我看了很多社会学、哲学等方面的书，弥补了一些知识面上的欠缺。其次，在科学的研究上也遇到了一些来自意识形态方面的本来不必要的阻碍。当然，做学者应该摆正立场，但是有一些学术上的束缚是没有必要的。比如说，过去很长一段时间都是将新闻和宣传的关系视为是同一的。在1984年的时候，我就对此提出了质疑，但因为害怕犯意识形态方面的错误，不敢把自己的观点撰文发表。还是在著名学者何微教授的大力支持、指点下，我才恍然“醒悟”。次年，在何微教授的主持下，我和我系其他一些同志积极配合，专门召开了一个探讨这个问题的全国性的学术研讨会议。我在会上大胆地发了言，并撰写了会议综述：《新闻、宣传、舆论三者之间的关系》，发表在了1987年第1期的《新闻战线》上。应该说，在这个问题的研究上，我们武汉大学的研究是超前的，有胆量的。当然，也有一些问题的研究，因受到类似的困惑，而被搁置了下来，这是非常遗憾的。

**丁汀**：*您在1984年进入的武汉大学，当时正值武汉大学新闻系建立之初，作为开拓者，往往都是艰难的，在从无到有的过程中，您遇到了什么困难？*

**罗以澄**：困难太多了。当时虽然不能说是“三无”，至少也是“三缺”——缺人才、缺资金、缺教学资料和设备。我当时担任新闻系的系副主任，主管教学工作。但是当时连老师都不够，很多老师都是直接从老武汉大学其他专业转来的，缺乏新闻学背景。后来，我们从各高校新闻专业毕业的学生中招了一批教师，同时也派出一些老师出去学习，才慢慢解决了这个问题。

令人欣慰的是，当时学校非常支持我们；人大、复旦、北广等我国一些老牌新闻院系也向我们伸出了援手，为我们培训师资、提供教材等等；还有，中央和省、市一些媒体也给了我们多方面的帮助。尤其是广电部，不仅时任部长吴冷西同意亲自出任我系名誉系主任，而且还与我们签订了联合办学的协议，在办学资金上也给了我们不少赞助。在各方的支持、关爱下，我们很快克服了困难，大踏步地向前发展。1986 年我们获得了新闻学硕士学位授予权，1995 年获得了传播学硕士学位授予权，1999 年，我们又获得了新闻学博士学位授予权，成为继复旦大学、中国人民大学、北京广播学院、中国社会科学院之后，全国第五所获得新闻学博士学位授予资格的学校之一。



**丁汀**：今天是您的专访，可是您一直都是说的“我们”。“我们”具体是指的谁？

**罗以澄**：指的是我和所有和我一起建设武汉大学新闻学院的老师们、同学们，包括目前正在学校或者已经离开学校的老师们、同学们、校友们。正是他们的共同努力、不懈奋斗，我们才会有今天。

**丁汀**：那我们是不是有偏题之嫌？

**罗以澄**：对不起。可能这也是我个人的喜好。我喜欢说集体，不太喜欢说个人。

**丁汀**：没关系。我听说您目前正在承担国家“211”工程“十五”规划的一项课题《现代传媒与社会文化发展研究》的主持工作。这应该说是一件任务艰巨的工作，工作包括什么内容呢？

**罗以澄**：这个课题有“软件”和“硬件”两个方面的建设。“软件”建设上，主要有这样三个子课题。第一个子课题是政治的民主化和传媒发展的关系。现在经济体制改革在不断地推进。但是经济体制改革应该建立在一个稳定的政治体系上，这就要求政治的民主化随之也不断推进。在政治的民主化的过程中，传媒理应起到催化剂的作用。但是现在的传媒大都做得不够理想，不仅没能充分发挥媒体的应有功能，积极推进我国的民主政治建设，甚至很多信息没有及时地向大众传播，有意或无意地在剥夺公民的知情权、参与权。现在随着通讯手段的多样化，互联网的发展，信息的封锁几乎成为不可能，不及时传播应该传播的信息反而会引起社会的不安。毫无疑问，我们要在政治的民主化和传媒的发展之间寻求一个契合点。也就是说，既要做出符合我国自己国情的新闻产品，又要做出大众满意的新闻产品。在理论上寻找突破，这是我们学者的责任。



第二个子课题是关于现代传媒的经营管理和发展之路的问题。现在传媒的集团化趋势已成定局。最初我们还讨论“做大”和“做强”的问题。现在不用讨论了。因为“做大”已经和正在成为现实，再讨论是一点价值都没有的。目前的问题是在“做大”的基础上怎样才能做强，形成企业的核心竞争力。有的媒体在自身的发展还不够完善的情况下，就急功近利地想涉足金融业，去做房地产，去大力发展集团第三产业，以谋取更大的经济利益，结果事与愿违。这种发展趋势绝对不可行。企业的良性发展应该是完整的链条状，一环扣一环。你做出了第一环，便跳过中间环节不做，而去做最后一环，这当然不行，链条当然会断掉。在这个方面，广州日报集团应该说做得较为成功。他们报纸办好了，就做发行业，再做物流业，做印刷出版业，一环接一环，媒体既做大了又做强了，获得了稳步发展。这需要制度的配合，也需要对资本的良性运转有着很成熟的把握。

第三个子课题就是媒介的跨文化传播问题。进入 WTO 以后，我们国家的媒介就面临着一个信息全球化的挑战。在这种挑战面前，我们光是被动的防守是不行的，还应该积极地应对。现在外国，尤其是以美国为首的一些发达国家，对中国缺乏一种基本的了解。为什么？我们在文化的传播过程中所处的位置是不平等的。媒介有责任，也有必要起到一种沟通的作用，以扭转这种局面。这就需要“知己知彼”，对自己和别人的情况都有一种清晰的了解。这样才能更好地以别人能够接受的方式介绍自己，让别人了解自己。总之，这个课题很复杂，要做的工作也很多，时间非常紧迫，要求在3年之内（就是到2005年）做出成果。我们院里有很多教授和中青年骨干老师都在共同研究，我只是起了一个主持的作用而已。现在我手上还有几个课题，其中一个是湖北省的社科基金重点课题，研究的是湖北省新闻媒介的战略发展问题。

从今年开始，我们还打算以后每年做一本《关于中国媒介发展年度报告》的白皮书。我们希望，我们所做出的努力能对中国的媒介有所贡献。



**丁汀：**您长在上海，在中国人民大学求过学，现在又在武汉大学任教。您认为与复旦大学、中国人民大学相比，武汉大学的新闻与传播学院有什么特点呢？

**罗以澄：**人民大学新闻学院和复旦大学新闻学院是我国最著名的两所新闻学院，有着悠久的办学历史和强大的师资队伍，无论是在教学还是科研上都有着优良的传统和鲜明的特色。我们武汉大学虽然起步比较晚，但是多年来，我们一直在坚持“走自己的发展之路”上下功夫，弘扬自己的办学特色。就以教学来说吧，我们根据新闻教学的规律，同时也充分发挥武汉大学人文学科强大、人文积淀深厚的优势，提出“加强基础，重视实践，面向未来，服务四化”的办学方针，强调两个“不断线”：即动手写作4年“不断线”，学生参与新闻实践、社会实践4年“不断线”；另一方面，加大人文社会科学的教学比重，千方百计根据新闻专业的需要，尽量做到精讲多练多讨论。多年的实践证明，我们的教学是成功的，培养出来的学生普遍受到社会的欢迎，有着很强的竞争力。人民日报社、新华社、中央电视台等用人单位都认为“武汉大学新闻与传播学院出来的学生不仅上手快，而且后劲很足”。

今后随着信息的全球化,“抢”新闻信息已经不是媒体竞争的重点了,重点应该落脚在对新闻信息的研究和思考能力上。我们坚持“加强基础,注重实践”的办学特色,目的就是要下功夫培养出一批思辨能力的学者型记者,以抢占新闻人才的制高点。

**丁汀:**我听说不少媒介将你们这样的学者誉为“媒介评论家”,经常邀请你们参加他们的座谈活动,听取你们的意见,您也经常参加这类活动吗?您认为这种情况会不会占用学者太多时间,对做研究有好处吗?对媒介本身又有什么好处呢?

**罗以澄:**我经常参加。我认为参加这种活动非常好。对于学者而言,这是“磨刀不误砍柴工”。一则让学者掌握了实务界的第一手资料;再则学者也容易就新闻实践中出现的问题而产生思考。对教学而言,这种活动也使课堂教学的内容更加丰富,让学生有更多的机会了解社会,了解实践。对媒介,好处也是不言而喻的。学者们“旁观者清”,在另一个层面上看他们所面临的问题,容易对他们解决问题提出新的思路,促进问题的解决。作为新闻学者,我历来不提倡“经院式”的研究,也不赞成理论和实际脱节,所以,只要时间允许,我都会积极参加这类活动的。同时,我也鼓励院里其他一些学者多参加这一类型的活动。



**丁汀:**您上网吗?在网上,您被评价为当前我国在新闻采访写作方面最有实力的学者之一,您知道吗?您对这一称号有什么看法?

**罗以澄:**(笑)最近因为太忙,所以上网非常少,也没见到这种评价。但是,我对网上的评价从来都是不在意的。当然,我这并不是对网民意见的不信任。只是我个人认为,网络上的评价带有很浓的个人情绪化色彩,变化太快。所以网上的评价,无论是好的,还是不好的,我向来都不怎么关注。

**丁汀:**您的《新闻采访学教程》是1992年出版的,1995年荣获原国家教委优秀教材二等奖和第三届湖北省高校优秀教学成果一等奖。2002年时,您编著的《新闻采访学新论》又获得全国优秀教材二等奖。连续两次获得大奖，您作何感想？您认为在此基础上，还有哪些方面有待提高？

**罗以澄：**作为教材，本来就是集前人、众人的智慧、成果而成的。应该说，这两本教材还是有不少需要改进的地方。因为时代在进步，每一个不同的时期，我们研究的问题的侧重点都会有所不同。我现在正在编写另一部国家"十五"规划教材——《新闻采访与写作》。全书一共30余万字，打算年底交稿，里面就增补了许多当前的现实问题。

**丁汀：**我在看您和其他几位老师合作完成的《关于21世纪新闻人才问题的调查报告》时，发现了很多实证研究的数据，平时您上课时也非常强调科学研究的实证精神，但这偏偏是当今的学者们研究中所普遍缺乏的。您认为，这是由于什么问题造成的？



**罗以澄：**造成这个问题的原因非常复杂。但我认为主要是三点。首先，我们在理论研究上还存在着一些意识形态方面的禁区，这就从某种程度上限制了实证研究的范围。

其次，作为学者，浮躁、功利的思想也是我们实证研究滞后的一大症结所在。我们现行的学术体制重量不重质，往往要求学者每年必须发表数篇以上的论文，否则，评职称、评奖都会受到影响。许多学者为名、利所迫，自然不愿花太多的时间做实证研究了。

再则，一些学者们偏科的现象较为严重，缺乏社会学、统计学等多方面的知识背景，这也限制了实证研究的发展。

**丁汀：**您认为您在1984—2002年这个19年间，作为学者，您在理论研究方面最满意的成果是什么？

**罗以澄：**应该说，有两个时期的研究，我还比较满意。第一个时期是20世纪80年代中期。当时，人们普遍认为新闻采访写作方面没有什么研究的价值，无法将其上升到理论研究的高度。而我在这个时期写了很多有关这个方面理论色彩较强的学术论文，比如说《我国新闻学研究现状的反思》(《新闻战线》

1987年夏季号)、《新闻写作学研究与系统方法的引进》(《新闻研究》1987年第3—4期)、《新闻的理论色彩》(《新闻窗》1987年第6期)、《现代新闻写作学理论体系的构建》(《新闻学探索与争鸣》1988年第4期),以及《现代新闻写作学基础理论建设的思考》(《新闻学刊》1988年第7—8期)等等。我认为我在这个时期的研究还是非常有新意的,对推动新闻采访写作的理论研究起了较好的作用。

还有一个时期,就是从20世纪90年代末至今,我参与了很多有关对现实问题的思考和研究。比如说关于党报的生存环境的研究,关于媒介的资本运作的研究,关于当前媒体市场的研究,对于媒介集团化问题的研究,对于新闻网站前景的研究,对电视节目创新的研究等等,并且写了很多相关的论文。在这些问题的研究方面,我不是首创,但是我很热心,我认为,作为学者,我尽到了我的责任。



**丁汀:**您是1944年出生的,今年就满60岁了,在传统的意义上,您已经步入了老年,但是现在也有一种说法,认为60岁才是中年,您怎么看待您现在所处的年龄?

**罗以澄:**我是1944年3月6日出生的。用我们上海人的说法,我去年已经60虚岁了。怎么说呢?从身体上讲,我确实感到自己在慢慢变老。我患有严重的颈椎疾病,最近更是因为颈椎病压迫神经,整晚疼得睡不着觉,白天总是头晕。但是,在精神上我坚信"多思善思能延长生命"。所以,我经常看书,做学问,这也是在延长我的心理寿命。人,要是思想老了,就真正算老了。有的人才三四十岁,就已经老气横秋了。但是,在我看来,我现在的思想依然非常活跃,和我1984年刚刚进武汉大学时候没有什么区别。

**丁汀:**您60岁了,手上的事情那么多,要做院长,又要做学问,还有许多社会兼职,您累吗?是什么让您坚持至今?

**罗以澄:**非常累。说心里话,很多次我都想(也曾向领导要求过)辞去行政职务,专心做学问。但是,一方面,组织上没有同意；另一方面，我对武汉大学新闻与传播学院有着一种难以言表的情结。从1984年初至今，我在这里已经工作了近20年了。我眼看着它一步步成长，一天天兴旺。我对它的情感就像对我自己的孩子一样，希望它被别人赞美，被人肯定。“文革”中，我被耽误了，我真正的成就，真正的骄傲都在这里。这是一种缘分。所以我再累，只要看到武汉大学新闻与传播学院在进步，新闻与传播学院的师生在不断进步，我都是高兴的。

**丁汀：**您能不能用一句话来回顾您从事新闻事业的生涯？

**罗以澄：**做一名无愧于时代的新闻人，是我一生的追求！

这场谈话，持续了3个小时，在这3个小时里，我看到了罗以澄老师少年时对新闻的激情，挫折中对新闻的坚持，以及作为学者对新闻事业的责任感。连接这三点的，是他一生热爱新闻的不老情怀。

谈话结束时，我与罗老师握手告别。转身时，我听到罗老师说：“你的手很凉，小心感冒！”我失礼地没有回身答谢，因为我蓄意已久的眼泪忍不住掉下来了。为一名知名学者在病中接受采访的场景，为一名院长回忆起学生时代时流露出的真性情，为一名在“文革”中受过挫折的知识分子对那个动荡年代中自身行为近乎苛责的反省，为一名教育工作者在从教近20年过程中对所从事的职业倾注的情感，也为一名长者对一名年轻人在细节上的关爱……我是的确被感动了。如果说身教重于言传，那么今天的谈话中，罗以澄老师给我上了有关做人的重要一课。他告诉了所有像我这样生活在宽松的环境下的年轻人：人，重要的是树立理想；比树立理想重要的是执著的信念；比执著的信念更重要的是——强烈的社会责任感！

# 重提新闻价值

## ——参加湖北省1984年上半年优秀广播新闻稿评选有感



今年上半年湖北省优秀广播新闻稿评选结束了。作为评委，我有幸参加了这次评选活动的“终评”工作。纵览由各地市广播电台初评后推荐来的一百多篇新闻稿，掩卷细思，感触颇多，不吐不快。

应该说，新闻评奖活动中的“终评”，实际上是一项“优中选优”的工作；无论是最终获奖的还是落选的稿件，都是有着其某一方面的长处或优点。这次评选活动也不例外，尤其是一些获奖的广播新闻稿，大多显现出了这样一个鲜明特色，就是注意面向社会、面向群众、面向生活，以其较为新颖的主题、鲜活的内容、广泛的题材，给听众提供了丰富多彩的新闻信息。不少获奖稿件还在发挥广播的独家优势，追求广播新闻的报道深度和广度上作出了新的尝试。比如，有的以生动的材料，报道“从事工副业生产的农民，跨县跨省联营业务，搞活了商品流通”，“山乡处处马达声，源源产品往外运”，“紫金镇二百农户进镇务工经商，全镇呈现一派新气象”，反映了今年中央一号文件深入人心，给广大农村带来的深刻变化；有的用典型事例，报道“沙市仪器仪表工业公司经理胡天德提出企业改革方案，要求松绑放权，得到市委、市政府领导的坚决支持”，“黄石橡胶厂用法律管理手段为企业松绑取得明显经济效果”，阐述了城市经济体制改革中的新情况、新经验；有的通过“凡人小事”，报道“新洲县农民霍四元不怕别人挤生意，义务帮助同行找销路，救活了三个塑料厂”，“会计何荣莲申请办理公证，要求赡养保姆”，“小夫妻送鲜菜进京”，颂扬了社会生活中涌现的新人、新事、新风貌，等等。这些稿件，读罢令人有耳目一新之感，十分可喜。

然而，深感遗憾的是，这类稿件实在太少了。这次推荐来的大多数新闻稿（包括一些获奖的稿件），普遍难以让人满意，而且不客气地说，有些稿件甚至连真正的“新闻稿”都谈不上。这其中存在的问题固然是多方面的，究其原因也可能各种各样，但笔者认为，关键在于稿件“新闻价值”上注重不够，或者轻视新闻价值的存在及其应有作用，以致影响了新闻稿件的质量。为什么有的新闻稿件缺少新闻价值或者新闻价值不大呢？笔者通过阅读稿件，发现问题所在大约表现在这样几个方面：

（一）新闻事实不新。新闻是新近发生、发现或变动的事实的报道，“新”的事实是新闻的本体所在。新闻所要报道的事实是否具有新意，是否是听众“欲知而未知”的，且普遍感兴趣或普遍关注的新鲜事，这是新闻价值诸因素中首要的、具有决定性的因素。如果报道的事实是陈旧的，是路人皆知的；或者是和听众关系不大，不为人们所广泛关注的；或者是类似的事实别人早已报道过了的……凡此种种，那就谈不上是新闻了。比如有一篇推荐稿件，报道一个劳动模范去年家里出了十件喜事：一是评上县劳模，二是评上省劳模，三是粮食增产，四是盖了新房，五是买了自行车，六是儿子考上中学……类似这样的“喜事”，近几年来实在是太多了，太平常了；何况这位劳模家的“喜事”与旁人有什么相干呢？旁人凭什么要花时间去收听这些信息呢？这样的报道只是停留在宣传“好人好事”上，只是停留在一般性的宣传党的政策带来的新景象上，自然难以引起听众的兴趣和关注，也就难有新闻价值可言了。严格地说，这类稿件只能算是一篇好的“宣传稿”，是算不上真正的“新闻稿”的。

（二）新闻时效不快。新闻时效是新闻价值中又一个重要的因素。众所周知，新闻是受时间制约的，没有时间性的新闻是不能称作为真正的新闻的。尤其是广播新闻，“快”是其最主要的优势所在，如果不注重时效，在当今新闻传播媒体如林的时代里，便失去了竞争的能力，乃至生存的地位。这次评选中，有些稿件尽管新闻事实本身有些新意，但由于没有做到快采、快写、快编、快播，以致新闻成了旧闻，新闻价值骤然下降。比如有篇稿件，报道一个县公安局长上午从广播里听到一个专业户要求保护生产的呼吁，下午立即赶去自愿当“保护人”。应该说，这篇稿件所报道的事实是有一定“新意”的，针对性和思想性也都是比较强的（尽管这位公安局长自愿当专业户“保护人”的做法是否妥当，尚可商榷）。但遗憾的是，稿件过了四天之后，当地广播电台才予以播出。时过境迁，新闻也就不新了。当然，这里讲注重时效，不仅是指新闻事实发生变动时的及时报道，也指新闻的根据（也叫“由头”）一旦成立后而迅速给予报道。有的新闻事实因各种原因，当时没能及时广播，但只要新闻的根据成立，晚些时候报道，也不失为新闻。



（三）新闻信息不充分。好的新闻，除了所报道的事实有新意和注重报道的时效快外，还得注意新闻所传递的信息应该是客观的、完整的、充分的，这也是新闻价值中不容忽视的又一个重要因素。新闻报道的主要功能在于传递信息，切实承担起沟通听众与外部世界联结的社会职责。唯有新闻报道所传递的信息是客观的、完整的、充分的，听众才能真实地了解外部世界。否则，势必给听众以误导，新闻报道也就失去了其存在的价值。在这次评选中，不少稿件就是由于信息传递上的失当、片面，以致新闻价值大大降低，甚至给人猎奇、失真的感觉，自然落了选。比如有篇稿件，报道一个城市街道工厂几年来年年亏损，去年大胆聘请了一位有胆识、有能力的农民当厂长，一年下来"能人厂长上任，企业扭亏增盈"。这样的稿件，材料很有新意，也很生动，但取材的角度欠妥，新闻人物的背景又没交代清楚，结果不仅没有能准确、深刻地表现出新闻应有的思想含义，相反会使人产生误解，认为"大老粗"又吃香了，知识、文化又没有什么用了。

此外，新闻表现形式单一，落于"俗套"，也是这次评选中众多落选稿件的一大通病。众所周知，喜闻乐听的表现形式，也是新闻报道吸引听众的一个主要手段。枯燥无味的、流于"八股式"的报道手法自然无法引起听众的兴趣和关注，也就不会有新闻价值可言了。因此，表现形式上要"出新"、"出彩"，对新闻报道来说，也是至关重要的。这里需要特别提出的是，广播新闻与报纸新闻不同，是靠声音来传递信息的，是靠声音来影响、来感染听众的。因此，广播新闻表现形式上更应注意内容要形象、具体，语言要流畅、通俗，文字要精炼、口语化，切忌咬文嚼字，抽象生硬，晦涩费解。



通过这次评选全省优秀广播稿，笔者深深感到，对"新闻价值"这个客观存在的老问题，很有重提的必要。在这里，笔者斗胆放言，"文革"灾难已过去七八年了，思想解放运动也已开展了四五年，但我国新闻界至今仍未从"左"的思想束缚中彻底走出来，重"宣传"轻"新闻"、无视新闻工作规律的现象仍未得到彻底的、根本的扭转，致使现今的报纸、广播、电视上仍然充斥着许许多多不是新闻的"新闻"。这个问题不能不引起我们的重视和深思。毋庸置疑，我国的新闻工作是党的事业的一个重要组成部分，我们要强调新闻报道的"思想性"、"政治性"，要强调新闻报道的"宣传价值"，要强调新闻工作应有的立场和观点；但是，党的新闻工作决不能简单地等同于党的"宣传工作"。"新闻"与"宣传"是属于两个不同范畴与层次的概念，有着不同的内涵。前者是靠客观事实的传递、告知来"影响"受众，"影响"社会；而后者则主要依赖主观意见的说服、劝服来"影响"受众,“影响”社会。因此,作为两种不尽相同的社会现象,“新闻”和“宣传”都有着自己应当遵循而且必须遵循的规律与规则。尊重新闻价值的存在及其应有作用,便是遵循新闻工作规律与规则的具体体现。当然在现今社会里,任何新闻活动都是人类意识形态领域里的一项特殊活动,必定受到意识形态的影响和控制;加之,我国的政治体制和国情的规定,我们的新闻工作不仅具有新闻信息的传递功能,而且还要具有社会舆论的引导功能。这样,“新闻”与“宣传”之间势必有着某种必然的联系,是难以割舍的。问题在于,这两者之间的必然联系只能是一种“源”与“流”的联系。对于新闻工作来说,具有新闻价值的事实是“源”,“宣传”是“流”。新闻报道的“宣传”功能是通过其“信息传递功能”实现的,新闻报道的“宣传价值”的体现,也必须建立在新闻报道的“新闻价值”的实现上。否则,失去了真正的新闻报道的存在,便不会有新闻报道的“宣传价值”可言了。新闻报道的存在依赖于其新闻价值的存在,新闻价值是新闻报道安身立命之本,新闻价值大小则是衡量新闻报道是否“优秀”的最主要的标尺。要充分发挥广播新闻的功能,要提高广播新闻报道的质量,就必须下功夫研究新闻价值,挖掘和实现新闻价值的最大化。

(1984 年 8 月)

# 广播听众心理研究琐谈



最近一段时期,广播新闻业界和学界的同仁都在讨论着这样一个话题,即广播新闻业务改革究竟应该如何进行,其主攻方向又在哪里?有的对已有的广播新闻报道模式与方式作了十分深刻的剖析,指出其弊端,并提出了相应的改进措施;有的则根据广播传播独具的优势与特点,阐述了广播新闻报道扬长避短、“走自己的路”的发展战略……讨论之热烈,参加者之踊跃,实为多年来所少见。面对这场讨论,笔者在欣喜的同时也深感忧虑:讨论大多囿于技术层面上寻求广播新闻业务改革之途径与方向,而鲜见从思想观念层面上作进一步的探究,如此下去,讨论真能取得实质性的效果吗?笔者以为,当前我国广播新闻业务工作上存在着的最大的问题,恰恰是思想观念的陈旧、过时;不对此进行深刻的反思和批判,从而找出合乎科学要求的对策方案,广播新闻的业务改革势必流于“改进”、“改良”罢了,是难有真正的“改革”可言的。

毋庸讳言,多年来我们的广播新闻业务工作一直陷于只

"唯上"、不"唯下"的思想误区,片面地恪守着做好"党的驯服工具"的思想与行为准则,以致我们的新闻报道只是简单地围绕着"党的中心工作"转,看上级领导的眼色行事,"领导咋说我咋说",而对群众的需求、喜好则不闻不问。这就是我们广播新闻业务工作种种弊端的最主要的根源所在,也是我们今天进行广播新闻业务改革的最主要的动因所在。跳出原有的思想误区,转变原有的思想观念,应是实施广播新闻业务改革的先导。而要做到这一点,当务之急就在于广播新闻工作者在牢固树立"党的意识"、"政治意识"的同时,必须树立起坚实的"听众意识",即不仅要当好"党的驯服工具",也要当好"听众的驯服工具",了解并掌握听众的心理,尊重并满足听众的需求,真正自觉地为听众服好务。这里限于篇幅,笔者仅就广播听众心理的一般状况及其把握,谈点一孔之见,以求教大家。



## 一、研究并掌握听众心理是广播传播生存与发展的需要

为了说清这个问题,不妨先简要介绍一下何谓心理学,何谓广播听众心理学。心理学就是研究人的心理现象及其规律的科学。心理现象包括心理过程和个性心理特征两个方面。心理过程就是人的认识、情感和意志的产生与变化的经过,个性心理特征则指人的气质、性格、能力和兴趣等。心理学不仅是一门基础理论学科,而且是一门具有广泛应用价值的实用科学。广播听众心理学,就是研究心理学在广播传播领域具体运用所派生的新学科。它主要是研究从广播听众收听欲望的产生,以及收听过程中一系列心理现象变化发展的规律。

研究和掌握广播听众心理的重要性,首先是由广播传播的服务对象所决定的。广播传播的对象是听众。听众是广播传播过程中的终端,节目的价值在这里实现,作用在这里产生,影响

在这里形成。离开了听众,广播新闻传播的价值、作用、影响便等于零。因此,重视听众在广播新闻传播中的地位,重视听众心理研究,是搞好广播新闻传播工作的一个极重要的环节。今天随着科学技术的进步,广播新闻传播的服务面越来越广,影响越来越大,现代社会已经离不开广播了。第二次世界大战后,美国国家调查中心曾调查二次大战中,哪一种新闻媒介工具对公众的服务贡献最大。调查结果,广播占67%,报纸占17%,电影占4%,杂志占3%,无意见占9%①。50年代后,由于电视传播的迅速崛起,广播听众的人数虽然有所减少,但仍然占据着相当大的比例。前几年,中国广播电视考察团赴美考察了解,目前美国各界人士获取消息的途径是,靠电视53%,靠广播30%,靠报纸5%,靠其他宣传工具2%。我国广播事业的发展也相当快。当前全国(除台湾省未计入外)拥有无线广播电台160多座,收录机、收音机2.2亿多架,有线广播喇叭8 000多万只。广播已经成了我国人民了解国内大事、学习科学文化知识、进行文化娱乐的一项主要工具。面对这种情况,广播新闻工作者不了解、不熟悉自己的服务对象能行吗?

广播新闻传播虽然是人类上层建筑领域里的一项社会活动,但它属于上层建筑领域里的意识形态范围。它与上层建筑领域里属于政治范畴的政权、军队、法庭不同,它不具有强制性。人为地强制听众收听广播是不现实的,也是不会奏效的。尽管听众对广播没有控制权,但他们有选择权。从广播节目的制作、编排角度看,听众的权利的确微乎其微,然而从收听的角度看,听众的权利却大得很。开关在他手里,波段由他掌握,频率由他挑选。据介绍,欧洲有一个国家,30多年来,只有15%的国民收听本国广播,而85%的国民却经常收听另一个国家的广播,以至国内发生的许多重大事情,该国国民多半是从国外广播中获悉的。这对于一个国家的广播事业乃至社会生活不能不说是一

① 宋乃翰:《广播与电视》,台湾商务印书馆1962年版。

大悲剧。

刘少奇同志说过,“你们(记者)是为了读者服务的,为看报人服务的,看报人说好,你们的工作就是做好了……”①广播和报纸一样,其命运并不在办广播人的手里,而是在听众的掌握之中。因此,了解听众心理,熟悉他们的需求,是广播兴隆昌盛所必须解决的一大课题。广播听众心理的研究,正是从理论上给广播新闻工作人员提供了解听众,更好地为听众服务的有力武器。



研究和掌握听众心理的重要性,还取决于广播这一传播媒介自身的特点。广播是单纯依靠声音来向听众传输信息的,它作用于人的感觉器官只有耳朵,并由此引起人的感觉。人的感觉并不是凭空产生的,也不是人的感觉器官和头脑中所固有的,而是客观事物的个别属性作用于人的感觉器官和大脑的结果。客观事物的属性变了,人的感觉反映也就不一样了。感觉有视觉、听觉、嗅觉、味觉和躯体觉之分,不同的感觉对客观事物的反映是不相同的。比如,报纸上一篇报道,读者阅毕也许会感到兴趣,但将其一字不易地拿到广播上播出,听众就可能会产生反感。就是一篇广播稿,经过不同播音员之口,由于速度之快慢,音调之高低,声色之优劣,感情之浓淡,给听众听觉的反应,也就截然不同。要搞好广播新闻传播,就得下功夫了解听众的听觉特点及其心理活动规律。

广播与其他新闻传播媒介的不同,还在于它的收听形式的随意性。一般来说,听众收听广播事先没有明确的目的,收听过程中也常常是“一心两用”、“三心二意”,边做事边听,边说话边听,不能保持一定的平衡镇静状态,不能像读报纸、看电视那样专心致志。广播收听形式的随意性,使听众往往产生对自己感兴趣的、想知道的新闻就听,而不感兴趣、对自己无关紧要的就不愿听的心理。因此,听众收听活动的心理状态通常具有很大

① 刘少奇:《对华北记者团的讲话》,《刘少奇选集》上卷,人民出版社1981年版。

的可塑性:不感兴趣,有意听之者有;感兴趣,不意听之者有;“置若罔闻”者甚至厌恶者也有。据 1983 年 10 月对浙江听众的调查,“有意听”、“天天听”广播的人约占全部听众的 1/4,而“随意听”的人约占 3/4 左右。听众心理状态的可塑性还表现在各种状态的相互转化。“随意”可转化为“有意”,“厌恶”可转化为“爱好”甚至“着迷”。转化的条件便在于广播新闻传播的内容和形式是否能满足听众需要。不了解听众心理,不掌握听众的需求,势必失去听众,广播也就失去了其生存的基础。

## 二、兼顾人的心理共性和个性需求,争取最广大的听众



1982 年北京广播学院新闻系学生曾以“您最喜欢哪三个节目”为题,抽样调查了北京市 13 岁以上居民收听广播的情况。2 382 位不同年龄、不同文化程度的听众作出了如下回答:

**表 一**

| 年 龄 | 最喜爱的三个节目(按人数多少排列) |
|---|---|
| 13—17 | 小说连播 新闻报摘 体育节目 |
| 18—25 | 新闻报摘 小说连播 青年节目 |
| 26—35 | 新闻报摘 小说连播 戏曲音乐 |
| 36—60 | 新闻报摘 戏曲音乐 小说连播 |
| 61 岁以上 | 新闻报摘 戏曲音乐 小说连播 |

**表 二**

| 文化程度 | 最喜爱的三个节目(按人数多少排列) |
|---|---|
| 不识字 | 戏曲音乐 小说连播 新闻报摘 |
| 初识字 | 戏曲音乐 新闻报摘 小说连播 |
| 小 学 | 戏曲音乐 新闻报摘 小说连播 |
| 中 学 | 新闻报摘 小说连播 戏曲音乐 |
| 大 学 | 新闻报摘 新闻联播 外语讲座 |

调查结果表明,广播听众是多层次的,他们对广播传播的要求是不一样的,甚至大相径庭。办广播就得考虑到他们的心理个性需求,照顾到他们的特殊兴趣,把节目设置得尽量多样化些,节目内容安排得尽量丰富些。

广播新闻传播要注意研究人的心理个性需求,更要注意研究人的心理共性需求。共性是寓于一切个性之中的。人的心理共性需求,形成了人的共同兴趣,这就像人有耳目口鼻一样,是一种否定不了的客观存在。毛泽东就很赞赏孟子这段话:"口之于味也,有同耆焉;耳之于声也,有同听焉;目之于色也,有同美焉;至于心,独无所同然乎?"①早在1956年5月28日,新华社编委会向中央汇报新华社的工作时,就把"新闻应该有普遍兴趣,能引起共同注意"列为新闻的基本要求的第一条。这也得到了中央的肯定。广播新闻传播能否办得富有成效,适合人的心理共性需求,满足他们的共同兴趣,是十分重要的一环。中央人民广播电台的《报摘》和《联播》节目,为什么上自中央领导,下至成年的普通群众,都十分关注,甚至达到废食倾听的地步?笔者认为关键就在于此。西方广播新闻界历来十分重视这个问题,他们把听众兴趣看作是新闻价值的基础和主要标志。为了争取听众,他们不择手段,千方百计地采编、播出有共同兴趣的新闻。

那么,人们对广播新闻传播的心理共性需求是什么呢?生理学家和心理学家认为,人都有好奇心。这种好奇心,是从幼儿就开始具有的。这就是巴甫洛夫提出的"无条件反射中的探究反射",这是人的求知欲的幼芽。广播新闻传播能够唤起听众的求知欲,就能引起听众的共同兴趣。因此,好的广播新闻,总是报道广大听众普遍关心的,欲知而未知(或未详知)的事。比如,获全国优秀广播节目奖的广播通讯《"豆腐神"曲立文》,一播出就受到农村听众的欢迎。原因就在于它不仅介绍了农村专

① 《孟子·告子上》。

业户曲立文劳动致富的事迹，还介绍了这位“豆腐神”做豆腐的五条“秘诀”，从而满足了农村听众普遍渴望致富经验和方法的要求。

“先听为快”，则是人们共有的心理特征。对于听众来说，总希望尽快地知晓、了解周围发生的事情，并以先于他人获知最新信息为乐；有的还以迅速扩散刚刚获知的新闻为快。广播新闻传播应该充分发挥其播发次数多和电波传送快的优势，来满足听众的“求快”心理，六届人大一次会议开幕后仅 4 分钟，中央台就播发了记者从会场发出的消息。以后，随着会议进程，从 15 点到 20 点，每隔一小时在正点新闻节目里作一次报道，不断补充新的内容，从而满足了听众急切的新闻欲，受到了听众的广泛关注。

爱“美”，也是人的一种心理共性需求。“爱美之心，人皆有之”。听众在收听广播时，不仅要求节目内容真、传播时间快，而且还要求节目的表现形式美。新闻广播节目的美必须以真为前提，是真实的内容和完美的形式相结合的产物。“美”的广播新闻节目，应该使人听来如临其境，如闻其声，如见其人，深受感动。这样的新闻，才能让听众喜闻乐“听”。

当然，人的心理共性需求还有其他方面，这里就不一一赘述了。总之，广播新闻传播一定要考虑到人的心理个性和共性需求，兼顾听众的特殊兴趣和共同兴趣，以吸引最广大的听众。

## 三、善于运用“注意”规律，增强广播传播效果

“注意”是人的一种主要心理现象，是人的心理活动对一定事物的指向和集中。但“注意”并不是一种独立的心理过程，它总是同认识、情感、意志等心理过程联系在一起的，并且是一切心理活动的开端。在心理学里，“注意”又分为有意注意和无意注意两种形式。前者是有预定目的、需要经过意志努力的注意；

后者则是没有预定目的、不需要意志努力、自然而然形成的注意。人的心理活动中,无意注意和有意注意是交替进行的,又是互相转化的。广播新闻传播对听众的争取,只能靠吸引,不能强迫;因此,它不可能强求听众去有意注意,只有通过广播传播自身的努力,去引起听众的无意注意,并稳定、延缓其注意,使之转化为有意注意。

广播新闻传播怎样才能引起听众的"注意"呢?各地广播电台都有着自己的成功经验,归纳起来,不外乎这样几点:

(一)新闻传播的内容上要新、时效要快。只有用最快的速度,迅速及时地传递各种新的信息,报道人们所关心、所感兴趣的事,让人感到新鲜,受到启迪,得到知识和力量,人们才会注意听,并且耐心地、仔细地听下去。



(二)新闻传播的形式上要尽量采用广播特有的新闻传播手段。实况转播、录音报道、讲话录音、配乐广播等形式,能让人亲临其境,亲闻其声,产生现场感,这样的传播形式就较一般的文字报道有较强的感染力、吸引力。

(三)广播语言上要求通俗口语,生动活泼。"能于浅处见才,方是文章高手"。广播要让人一听就懂,对不易听懂的专业术语、定义、概念,应加以解释。尽量不用还未在群众中流行的外来语、倒装句。长句改短,读音响亮,语句有韵律感,听起来就悦耳。

(四)写作手法上要适应广播的特殊性。广播新闻主题要集中、明确,段落要清楚,叙述以按时间顺序为好,插叙、倒叙、回忆等要尽量少用。要注意多选既能说明主题,又有故事情节的素材,力求播出"故事"来,以加强听众的记忆。还要注意要点宜重复,前后须呼应,这样给听众留下的印象就深。

(五)节目编排上要有条理,要灵活。专题节目,每次以集中反映一两个内容为宜,报道的体裁以多样化为好。稿件之间可适当加入间奏乐,既活跃气氛,又给听众的听觉留下休息时间。新闻节目的安排,除考虑重要性、地方性外,也可考虑内容上相对集中,划分些“小专栏”,做到既重点突出,又丰富多彩。

(六)节目设置要讲究群众性、科学性,要从实际出发,根据不同听众的要求,设置一些对象性节目。各个节目播出时间,要按照当地听众习惯,考虑到听众的作息规律,切忌主观臆断,搞“一言堂”、“一刀切”。

(七)播音上要讲究质量,提高水平。不但要发音准,声调正,而且要运用多种表达手法,特别要注意感情色彩。对不同的稿件,要用不同的语调和情感,力戒千稿一音。

引起听众注意的方法,还可能有十条八条,但归结到一点,就是要从听众的心理活动规律出发,有的放矢地进行,这样才能达到最佳的广播新闻传播效果。

(1984 年 12 月)

# 新闻报道中的感情共鸣点



## 一

以人为主体的大千世界,是一个富含感情色彩的世界。这是因为作为“万物之灵”的人通过自身对生活的感受、体验,对待世上的万事万物无不持有一定的感情“基调”。这种感情“基调”有强有弱,有浓有淡,有明有暗,有远有近,但只要是和这个世界发生接触的一切正常的人,都必定会具有的。古人云:“桃李不言,下自成蹊。”①人非草木,岂能无情?犹如月有阴晴圆缺,人都有悲欢离合、喜怒哀乐。有深沉的爱,也有强烈的憎;有欣慰,也有忧伤。感情是人类共有的一种“天性”。

作为“传播新近发生、发现或变动的事实”的新闻报道,其传播对象是活生生的受众,即广大的读者、听众、观众。因此,它

① 司马迁:《史记·李将军列传》。

不能不受到人的感情这一“天性”的影响和制约。新闻报道所传递的信息,所宣传的观点,所讲授的知识,只有被受众所接受,进而转化为受众的内在意识,才能产生社会的效应,实现其应有的报道价值。然而,新闻报道的受众并不是可以由新闻报道任意施加影响的消极客体,而是富有感情的积极主体。每个新闻接受者都有着自己的情感、信念、意志和人生的阅历,都有着在长期的社会生活中形成的独特的据以评判是非、裁决好恶的标准。人们会从(也必定从)自己的感情出发,能动地对外界输入的信息、观念、知识作出判断、选择,接受他们感情上所喜好、所赞同的,排斥、抵制他们感情上所厌恶、所反对的。因此,可以这样说,新闻报道的成败,在很大程度上取决于新闻报道与受众的感情是否一致。

探讨新闻报道中的感情共鸣点,便是寻求新闻报道与受众感情一致的内在规律及其表现形式。从某种意义上看,记者捕捉和报道新闻的过程,实际上也就是寻求与受众的感情共鸣点的过程。记者只有掌握并通过这个感情共鸣点,沟通与受众间的情感,使之融洽,浑然一体,新闻报道内容的真实外观、审美要求才能得以真正获得,新闻报道的传播任务也才能得以完美实现。1981 年 3 月 22 日《人民日报》刊登的脍炙人口的新闻特写《团结起来,振兴中华》,全文不足 600 字,却读来令人回肠荡气。该特写见报后,深深地拨动着广大读者的心弦,并在全国各地引起了热烈的反响。特写的标题至今仍是激励人们建设“四化”的强劲动力。究其原因,除了报道的内容新鲜、主题深刻和写作手法得当以外,十分重要的便是记者牢牢掌握并善于运用新闻报道中的感情共鸣点。当时,中国男排健儿不畏强手,勇于拼搏,终于战胜了世界排坛劲旅南朝鲜(我国 80 年代称呼,后称韩国——编者)队。消息传来,人们从中感受到的绝不仅是一场球赛胜利的喜悦,更重要的是我中华民族无往不前的英勇精神的自豪。为此,北京大学学生欢欣雀跃,连夜自发组织起来游行庆祝,这就是我广大民众这种爱国之情的真实流露。而这篇新闻特写的记者也满怀着对我中华的真诚的爱,不知疲倦地连夜奋笔疾书,把自己的感情倾注于字里行间,"状难写之景如在目前,含不尽之意见于言外"①,充分表达了亿万人民的情感。正是由于记者和所报道的对象和受众之间存有"灵犀一点",思想感情息息相通,在热爱祖国、振兴中华这一点上产生了强烈的共鸣,新闻报道的感情共鸣点的威力爆发了,采写的这篇新闻特写才会有如此理想的社会效果。

## 二



现今,我们的新闻报道一般都是在新闻价值、"政治"需要和受众感情三者的交叉点上,对客观事实进行筛选、捕捉和再现的。这三者之间,新闻价值是决定新闻报道的依据和砝码,"政治"需要是决定新闻报道的原则和界限,受众感情则是决定新闻报道的出发点和归宿。新闻报道中的感情共鸣点的基点,便在于对受众感情的深刻洞察和熟练掌握。

在新闻报道的过程中,受众感情这一因素的存在是至关重要的。它能促使新闻报道对受众产生接近的作用、感化的作用、暗示的作用,让受众"神与物游"②,从而增强新闻报道的可信性、可读(听、看)性,增强新闻报道的效应。

新闻报道中感情因素的接近性作用,主要表现在它能给受众一种亲近、融合、平易、舒适的情感,迅速缩小乃至消除受众与新闻报道之间的距离感。众所周知,接近性是构成新闻价值的一大要素。接近性的内涵是多方面的、多层次的,但最关键的是所报道的人和事与受众情感上的接近。情感是人类生活的内驱力、能源力量。情感上的接近,则是诱发受众兴趣的"大磁场"。

---

① 梅尧臣语,见欧阳修:《六一诗话》。
② 刘勰:《文心雕龙·神思》。

比如,关于老山前线对越自卫反击战的英雄盛其顺的报道,传播后在社会各界产生了很大反响。其“奥秘”之一,就在于报道里的盛其顺并不像以往一些报道中的先进模范人物那样,他不是“高、大、全”的“完人”、“圣人”;他为党、为祖国、为“四化”而英勇战斗、勇于献身的高尚情操的形成,不是生来俱有的,同样有一个凡人所经历的转变、进化过程。记者抓住了这一点,所报道的英雄人物和受众在情感上接近了,受众便觉得英雄并不“神秘”,并不是“高不可攀”的,而是“我们生活中的一员”,是可信、可学的。这样,新闻报道的吸引力自然不同凡响。

新闻报道中感情因素的感化性作用,在于它能够帮助受众加深对所报道内容的理解,并在潜移默化中完成对受众情绪的转移、观念的变革、信息的更新。我们的新闻报道当然要有明确的思想性,要让受众从报道中得到教益,受到启迪,这是毋庸置疑的。然而,新闻报道的思想性,是新闻事实本身所寓有的,是通过对受众的“感化”达到的。新闻报道只有从客观事实的实际出发,力求透过现象揭示本质,并把它置于特定的背景下,从它与其他事物的联系中,从它和受众的利害关联处,去剖析和挖掘出事物的普遍意义,阐述其思想性。这样,新闻报道才能避免做表面文章,才能对受众动之以情,晓之以理,实现感化人、启迪人的目的。1983 年全国获奖好新闻《谭德定见儿子被电击死仍然坚持接车》(见 1983 年 2 月 22 日广州《铁路工人报》),报道的是,广州铁路局涟原车站扳道员谭德定当班时,正当 62 次特快列车即将进站,而他 6 岁的儿子却在扳道房不慎被电击死。在这场“公”(一车人的生命安危)与“私”(死去的儿子)之争面前,谭德定先是“强忍悲痛,手拿信号旗,主动向二号扳道房要道还道后,又按规定,站在扳道房外立岗接车。62 次列车终于安全通过了……”然后,他再去处理儿子的后事。这篇报道通过具体、生动、感人的事实,抓住了与受众的感情共鸣点,深刻揭示了这位普通扳道工人的高尚情操和完美人格。读后,撼人心田,催人泪下。报道蕴含着很强的思想性和感化力,它不仅给人以激励、奋进的力量，同时对社会上那种损公肥私、害人利己的卑劣思想和行径，也是十分有力的鞭挞。消息一见诸报端，立即在社会上引起震动。广州铁路局 10 万多职工掀起了学习谭德定的热潮；编辑部先后收到不少读者的来信，表示要向谭德定同志学习，从我做起，从现在做起，为改变社会的不良风气尽力；有个读者还给谭德定同志寄去了自己几个儿子的照片，请他任选一个做儿子。新闻报道的“感化”威力由此可见一斑。

新闻报道中的感情因素的暗示性作用，在于它能够帮助受众了解新闻报道所暗示的内容、背景、趋向，以及“言外之意”。“不著一字，尽得风流”，是文学作品中常用的一种表现手法，它能给人以很广的回旋余地，“真正懂诗的人会把作者诗句中透露一星半点的东西拿到自己心中去发展”①。由感情因素帮助带来的新闻报道的暗示性作用，同文学作品的这一特性尽管在理解上有相似之处，但其内容是截然不同的。它留给受众的不是什么缥缈的意念，而是某种意识的觉醒，一种广泛的、合乎情理的预感。新闻报道是传播新鲜事实或信息的，但绝不是“有闻必报”。有些新闻的“背后信息”是不能见之笔端的，或者是属于主题以外的东西，不便写入报道中去。同时，新闻报道主要是靠事实说话，不允许有过多的议论色彩。这就得借助感情因素的“暗示性”，去引起受众的思考和联想，以达到“不可言传却可意会”的效果。比如，前段时期，人们对社会上的不正之风极为不满，对党风的好转也存在着忧虑。这时，中央和地方的新闻传播媒介一方面接连播发了一批严惩党内高级干部和干部子弟以权谋私、违法乱纪的报道；一方面着力宣传《冲不垮的精神大坝——从辽宁抗洪抢险看党心军心民心》等正面典型，在社会上引起了很好的反响。人们从这些报道的“背后”，觉察到“共产党动真格的”，党风和社会风气的根本好转有希望了。再如，



① 巴尔扎克：《幻灭》，人民文学出版社 1980 年版。

1984年9月到11月,《解放军报》上连续刊登了《某师参谋长工作平庸被降职》、《干部工作上的有识之举》、《某军政委勉励苏成春做能上能下的典型》等报道。这些报道传播的是受众欲知而未知(或未详知)、且极为关注的新鲜事。它不仅让受众从中得知,我军干部制度上难以解决的问题已经被突破这一重要信息,并且让受众由此及彼产生联想和思索,进而得到我军干部制度上,乃至全国党政干部制度上将会出现一场重大改革的暗示。这样,受众的新闻欲便得到了充分满足。

## 三

感情共鸣点在新闻报道中的地位和作用是显而易见的。作为记者,应该在采写新闻报道的整个过程中,着意寻求并巧妙运用与受众的感情共鸣点,以使新闻报道达到最佳的境地,产生最佳的效果。

首先,记者对所报道的对象一定要有真感情。清代文学家袁枚在《随园诗话》中说:作者情生文,斯读者文生情。记者只有深入采访,对所报道的人物和事件有了真情实感,有了强烈的感情,写出的新闻报道才能热情洋溢,动人心弦,“其言情也必沁人心脾,其写景也必豁人耳目”①,从而引起受众的共鸣。否则,“繁采寡情,味之必厌”②,自然得不到受众的喜好与认同。古人云:文贵情真。讲的就是这个道理。纵观国内外一些优秀的新闻作品,之所以有良好的社会效应,很重要的一条原因就在于“笔端储满了情感”。以情见长、心入情溢的通讯名篇《县委书记的好榜样——焦裕禄》的作者,在介绍经验时说,随着对焦裕禄了解的一步步深入,越来越强烈地产生了热爱焦

① 王国维:《人间词话》。

② 刘勰:《文心雕龙·情采》。

裕禄的感情，而且这种感情越来越深。夜深人静，他们摊开稿纸，噙着热泪写下了焦裕禄的光辉事迹。这篇通讯是他们“用笔蘸着感情写成的”。正由于此，作者的感情自然流露在新闻报道的字字句句之中，也流入到受众的心田里，激发起受众的情感。通讯发表后，人们争相阅读，奔走传告。不少人读着读着，便不由自主地流出了泪水，“有些地方竟让人读了泣不成声”。

其次，选择新闻题材和确定报道角度，一定要时时处处事事想到受众，想到受众普遍感兴趣的是什么。受众普遍感兴趣之所在，往往便是新闻报道中的感情共鸣点的“热点”。早在1956年5月28日，新华社编委会在向中央汇报新华社工作情况时，便把“新闻应该有普遍兴趣，能引起共同注意”，列为新闻稿的基本要求的第一条。这一意见，曾经得到中央和刘少奇同志的充分肯定。新闻应该有普遍兴趣，就是指新闻报道所选取的题材和角度，应与大多数受众有关，能引起受众的普遍关注。某件事实，关心的人越多，关心的程度越大，它就越具有普遍兴趣。再现这件事实的新闻报道，也就越能为受众所普遍接受，从而产生心理上的“感应”与“共鸣”。比如，有个时期，上海地区天气反常，连降暴雨，市场上蔬菜供应奇缺，影响了市民生活。广大市民迫切想了解天气反常的原因何在，市场上蔬菜供应状况何时能改善，并希望市委、市政府领导能注意这个问题，关心群众生活，切实抓好蔬菜的生产与供应工作。这时，上海《解放日报》就这些市民普遍关注的问题，派记者进行了调查采访，并从读者的角度迅速地作了连续报道。新闻报道与市民想到一块儿了，感情相通，报道自然受到了广大读者的欢迎。



还有，新闻报道写作时，要善于运用形象描绘这一表现手法。这是因为，运用形象描绘来叙述事实符合人们认识事物的客观规律。一般说来，人们对于外界客观事物的认识，总是先由具体的形象映入视觉器官，然后经过大脑的分析、判断，得出自身的感受，并进而产生情感。形象描绘是新闻报道传递感情的枢纽。新闻作品越是形象具体,就越能使平面化、概念化的事物变得丰满、充实而立体化。立体化的事物较为直观,也易为受众所动情、所接受。要使新闻报道中的形象描绘逼真,富有吸引力,新闻写作时应着力注意以下几点。

第一,得具备“点睛”的功底,即用最“经济”的、且能诉诸受众多种感官的文字,多侧面地描绘出报道对象的征象和标志,让人身临其境,如见其人、其物。比如,前辈记者邓拓的通讯《访“葡萄常”》(见 1956 年 7 月 28 日《人民日报》),便是用十分简洁的文字,对常氏玩具葡萄作了这样一番形象描绘:“……做成一串串的葡萄,比那园子里新摘下来的也差不多,深紫色的薄皮上覆着一层轻霜,柔软的枝干衬着几片绿叶,叫人望见它们嘴里就有酸甜的感觉。”这里,既有诉诸读者视觉器官的“深紫色的薄皮上覆着一层轻霜”——让人看罢,眼前就闪现出那新采摘的葡萄的样儿;又有诉诸读者味觉器官的“叫人望见它们嘴里就有酸甜的感觉”——让人看罢,就想起了以往吃鲜葡萄的味道。通过这种描绘,读者宛如见到了、尝到了“色艳味美”的常氏葡萄,对报道的情感自然不一样。难怪有的读者说,读到这里,便不自然地流下了口水。

第二,得会用比喻的方法,把抽象的概念具体化,把远处的东西近处化,把深奥的事理浅显化。新闻报道中那些较难理解或较难掌握的概念和事理,通过比喻显现在受众面前,就能使人产生实感,引起共鸣。全国获奖好通讯《“飞天”凌空》(见 1982 年 11 月 25 日《光明日报》),在描述跳水姑娘吕伟夺魁的一刹那镜头时,这样写道:“只见吕伟轻轻一蹬就向空中飞去。有一瞬间,她那修长美妙的身体犹如被空气托住了,衬着蓝天白云,酷似敦煌壁画中凌空翔舞的‘飞天’”。笔墨集中,语言优美,比喻丰富。本来跳水的动作只有几秒钟,运动员的精彩动作很难描绘,这里用读者熟悉的“飞天”作喻体,实在是妙笔!它对读者的感染力是一般叙述所无法代替的。

第三,得慎用形容词,多用白描的手法写出报道对象的“动态”。西方新闻界人士说:“形象词是动词的死敌,是新闻的死敌。”①此话虽嫌绝对,却不无道理。郭沫若先生生前也说过:“要使文章生动,我想,少用形容词是一个秘诀。”②用事实说话,这是新闻写作的一条基本要求。新闻报道取信受众、感染受众的并不是滥用空泛的形容词,而是凭借实实在在的字眼展开叙述、描写,让报道对象在受众面前“动”起来,“立”起来。1982 年 6 月 10 日,黄石人民广播电台播发的消息《蒋绪章老汉卖菜》,文字稿中写道:6 号早晨,记者在市郊新下陆农贸市场,看到一位老汉挑着一担鲜红鲜红的西红柿,正不紧不慢地朝着“市场”方向走来。手提竹篮的顾客追着老汉询问:“西红柿卖不卖?多少钱一斤?”老汉并不回头,只把手一指,说:“到菜市场里去买!”这一生动活泼的特写镜头,靠的是朴实无华的描述,以及“顾客追着老汉询问”、“只把手一指”等一连串的动作,活灵活现地勾勒出了一位普通农民的可敬可爱的形象。这里,新闻报道奉献给受众的已不再是摸不着、看不见的干巴巴的文字,而是一幅充满着生活气息的色彩斑斓的画面。随着报道内容的展开,受众仿佛也置身于那个热闹的农贸市场之中,并且亲自感受到了蒋绪章老汉的脉搏的跳动。这种图文并济、动静结合的表现手法,增强了新闻报道的形象感和立体感,能迅速引起受众的感情共鸣,是十分值得提倡和借鉴的。



(1985 年 12 月)

① 见《解放军报通讯》,1978 年第 6 期。
② 郭沫若:《关于文风问题答〈新观察〉记者问》,北京出版社 1959 年版。

# 新闻的理论色彩刍议



新闻作品作为时代的记录,不但要求写得合乎科学性,要真实、准确、生动地反映和再现时代的精神和特征,而且要顺应时代发展的需要,为时代所接受。

当今,我国正处在建设具有中国特色的社会主义的新时代。社会经济体制和政治体制改革的深入展开,新闻传播业开始进入了一个兴旺昌盛的历史时期,新闻业务改革也出现了一个令人欣喜的好势头,并涌现出了一批令人耳目一新、拍案叫好的新闻作品。但是,在这同时,我们应该清醒地认识到,当前传统的新闻写作观念,陈旧的新闻写作模式,仍然紧紧地束缚着新闻写作者的头脑,致使不少新闻作品和时代的要求之间产生了让人遗憾的"断隙"。众多的新闻写作研究者和实践者也已为之感受了一种"沉甸甸的危机"。

新闻的理论色彩的提出,便是研究如何写好具有中国社会主义特色的新闻作品的一个重要课题,也是推动当前我国新闻业务改革向纵深发展,开创社会主义新闻传播业新局面的一个重要内容。它将影响我国新闻写作的发展趋向，促进新闻写作更新过时观念，破除旧框俗套，探索和创立一种适应当今时代需要的新型的新闻报道形式。

## "客观性在事实的新闻中是神话而已"，新闻的理论色彩存在于新闻报道实践中

所谓新闻的理论色彩，指的是新闻作品应具有的思想性、哲理性，能给受众以理性的认识，使之能从中悟出一定的道理。提出新闻的理论色彩，就是要求新闻作品不只是简单地、客观地叙述事实的现象和过程，还应当把感性认识升华到理性认识，揭示出新闻事实的内在本质，指明其意义和发生、发展的规律，让受众从中受到启迪、加深理解。



长期以来，中外新闻写作中都有一条"金科玉律"，就是报道新闻一定要"客观"、"公正"，不允许记者在新闻中掺杂自己的思想、观点和倾向。1973 年，美国职业新闻工作者协会制定的《职业新闻工作者准则》中，就明确规定"健全的新闻实践应该在新闻报道和意见表达之间划一条清楚的界限。新闻报道应该完全摆脱意见或偏见。"①著名的美国新闻学家麦尔文・曼切尔对此曾作过这样的解释："当新闻工作者讲到客观性的时候，他们的意思是，新闻应当不受记者本人观点的约束，而应当主要根据看到的事实。当一条新闻能够被某些原始记载加以对照证实，那么它是客观的。"②H・L・门肯甚至断言："如果一个记者成了自由党人，或者共产党人、保守党人或共和党人，那么他就根本不成其为记者。"③我国已有的新闻写作著述中，"要客观、

---

① 见《消息通讯写作》，人民日报出版社 1984 年版。
② 〔美〕麦尔文・曼切尔：《新闻报道与写作》，中国广播电视出版社 1981 年版。
③ 引自〔美〕杰克・海敦：《怎样当好新闻记者》，新华出版社 1980 年版。

公正地报道新闻事实”的告诫也屡见不鲜。

新闻是新近发生、发现或变动的事实的报道。事实是新闻的源泉，没有事实便没有新闻；同时，新闻取信于受众的，也主要在于所报道的事实的真实、可靠。从这个意义上说，强调写新闻要客观、公正，即尊重事物的客观存在，按照客观事物的本来面目去反映它，而不能生造事实或歪曲事实的本来面目，是十分重要的，也是有道理的。但是，众所周知，事实是第一性的，报道是第二性的。新闻作品是一种精神产品，要求精神产品毫无“精神”色彩，只是纯“客观”地再现事实，便未免失之偏颇，在实践中也是做不到的。

下面两则新闻都是报道我对越自卫反击战之后的越南一些地方的情况的。

新华社记者阎吾在《战后谅山》(1979 年 3 月 7 日)中写道：

> 随着奇穷河南岸地区和谅山西南四一三高地守敌的覆灭，枪炮声渐渐平息下来。我边防部队指战员正从各个阵地上把缴获的坦克、装甲车、导弹、火箭筒、火炮和各种枪支弹药汇集在一起。一队队中国边防战士们，精神抖擞地跨过奇穷河大桥，开赴谅山以南各个阵地……
>
> 滚滚浓烟罩着谅山的上空。南北市区到处是一堆堆废墟，街头巷尾到处堆放着越军丢下的武器弹药和各种食品，这些……大都是过去我国作为援助物资赠送给越南的……
>
> 记者在谅山敌军的一些阵地上，看到所有的日历都没有翻到 2 月 28 日的，有的翻到了 27 日。可以想到，他们刚把日历翻过 26 日那一页，就被我军打得丧魂落魄，再没有能往下翻了。

塔斯社 1979 年 3 月 24 日电讯中，是这样报道“老街失守”的：

> 市里实际上没有房子了。在每一堆砖瓦旁边倒着这里在 2 月 17 日之前是工场、机关、商店的牌子。牌子依然存在，而城市却没有了。牌子就是不复存在的城市的记载。

……在约离河内一百公里的道路两旁看到了许多窝棚和整座城镇……这里有小孩、妇女和老人。原来,他们这些人都来自丰汉国营农场。该国营农场以前种植菠萝,而现在不再存在了。

对同样的事件,两家通讯社的报道竟如此泾渭分明:前者洋溢着胜利的喜悦,读后令人鼓舞,并由此产生“快感”;而后者俨然是在为失败者唱挽歌,读后则叫人沮丧,进而对这场正义之战产生“反感”。个中原因,便在于新闻的理论色彩在起作用。新闻报道要真实地反映客观事实,但绝不是客观事实的“照相”式的再现(何况照相也得校准光圈,选择最佳角度以表现其对象)。客观事实与新闻报道之间有个中间媒介,即新闻主体(记者)。新闻报道是新闻主体依据一定的价值标准(新闻价值和宣传价值),对客观事实进行筛选、提炼、加工的结果。在现实社会里,新闻主体是接受各种教育、社会环境影响等熏陶而形成有一定世界观的人;并且他们服务于代表着不同政党、集团、阶级利益的新闻媒介工具。新闻主体的立场、观点、认识,以及情感、情绪等,必定规定和制约着他对客观事实的挑选和反映。“社会意识反映社会存在,这就是马克思的学说。反映可能是对被反映的近似正确的复写,可是如果说它们是等同的,那就荒谬了”①。新闻报道不可能是客观事实的简单的重复,相反,它们都是有着一定的“理论色彩”的。不偏不倚、不带任何“意见”的纯客观报道,在新闻报道实践中是不存在的。这一点,甚至连美国著名的资产阶级新闻学家艾尔弗雷德·A·克罗威尔也不得不承认。他曾武断地说过:“客观性在事实的新闻中是神话而已,是反动的,不存在的,得不到的。”②



众所周知,写作新闻必须具有五要素或六要素,即何时、何地、何人、何事、何因和怎么样。其中,时间、地点、人物、事件,是

① 列宁:《唯物主义和经验批判主义》,人民出版社 1960 年版。
② 引自复旦大学新闻系:《外国新闻事业资料》1979 年第 1 期。

构成新闻事实的最基本的要素;有了这几个要素,新闻事实的现象也就显现出来了。但是,新闻报道所反映的事实,应该是完整的事实;而完整的事实,应该是现象和本质的统一体。本质这种东西,人们虽然不能直接感受到,它需要经过理性的思维才能认识。然而,对本质的理性认识和本质的本身绝不是一回事。本质是客观存在的,它存在于客观事实之中,是事实的不可缺少的组成因素。在日常生活中,某一事物之所以呈现这一现象,之所以采取这种形式,之所以有着某种特定的发展过程,大都是同其本质密不可分的,且主要是由其本质所决定的。客观事实是由现象所组成,但单纯的现象绝不就是事实。整体不等于部分的简单相加,事实不等于各种现象的罗列堆积。“脱离开本质单纯谈论现象,人们常常很难恰切地勾勒这个事实,甚至无法说它究竟是不是事实。”①新闻要素中所含的“为什么”和“怎么样”,便在于揭示事实的本质,说明事实的意义和价值。这两个要素,就体现着新闻的理论色彩。由此可见,新闻的理论色彩并不是记者人为地强加上去的,它也存在于新闻的要素之中,是一条完整的新闻作品所必备的。

在现代阶级社会里,不同阶级、政党、集团实际上都把新闻传播业作为一种“宣传”工具和舆论机关来对待,在报道种种新鲜事实的同时,借事实来“说话”,来宣传自己的主张,反映并形成有利于自己的舆论。这是社会环境之使然,也是新闻传播活动现实存在之必然。新闻的理论色彩,正是新闻传播媒介作为“宣传”工具、舆论工具的特点和力量所在。我们社会主义新闻事业,“是党和政府的喉舌,是党和政府联系人民群众的桥梁”。我们的新闻功能,不仅在于通过事实传播信息,以满足人们及时了解外界新情况的需求,而且也在于借事实的报道,宣传党和政府的主张与意见,达到劝服、引导人们的目的。为此,我们决不应回避或者无视新闻理论色彩存在这一现实;相反,应该借助新

① 艾丰:《新闻采访方法论》,人民日报出版社1982年版,第101页。

闻理论色彩的力量,更有效地发挥新闻作品的作用,以取得更好的新闻传播效果。

## 新闻的理论色彩是当今受众的需要,也是社会主义新闻传播业所刻意追求的

马克思说过:“人民的信任是报刊赖以生存的条件,没有这种条件,报刊就会完全萎靡不振。”①新闻传播媒介发布的新闻,是靠受众自愿接受而产生作用的。它不带有任何强制性,不能强迫人们去看,去听,去接受。人们在新闻传播媒介上出钱、花时间,归根结底是为了获得某种报偿或者服务;也就是说,是为了自己在某种需要上得到满足。满足受众需要,为受众服务,是新闻传播业主要的目的之一。



新闻作品要满足受众的需要,关键在于掌握受众需要的规律。从心理学的观点看,人们的需要不仅是多方面的,具有广泛性的特点,而且总是由低到高、由浅入深地递进式的发展的,具有层次性的特点。新闻受众对新闻作品的需求同样如此。试以前不久举行的第二届中日围棋擂台赛,聂卫平同武宫正树对擂这一新闻事件为例。由于这场“对擂”关系到双方擂台赛的“命运”,因此,格外引起国人的注目。聂卫平是我方主帅,擂台的最后一名把关者,胜则可逼出日方主帅大竹决战,败则擂台赛桂冠便属日方。我国新闻受众首先、也是最迫切需要知道的,当然是关于这场“对擂”的最新信息:比赛结果如何,聂卫平是否取胜了。当获得“聂赢了”这一信息后,不少受众在欢欣之余,自然想知道,这场“对擂”是怎样进行的,聂卫平是如何战胜对手的,有些什么“内幕”、“花絮”等。这就不是一般的“动态新闻”

① 马克思:《摩塞尔记者的辩护》,《马克思恩格斯全集》第1卷,人民出版社1956年版。

所能满足的了,它需要记者采写富有形象性的"视觉新闻",把"对擂"的经过逼真地再现出来。然后,好奇心是常人所共有的心理状态,对这样涉及面广、影响大的新闻事件,且又有了"身临其境"之感,一些受众就尤其喜欢寻根究底,从而产生想进一步知道它的来龙去脉、前因后果的需要。在以往的比赛中,聂卫平曾屡战屡败于武宫正树的手下;这次赛前,日方报纸又纷纷发表评论,说擂台赛将到此结束。然而,赛后结果却如此出人意料。聂卫平为什么能赢?背景情况如何?有些什么经验?整个擂台赛的发展趋势又是怎样?要满足受众的这进一层的需要,就只有深入报道才能胜任。

由此可见,受众的需要是按照其本身固有的心理规律逐步递进的。大体上是按照上述三个层次进行的,即信息需要——形象需要——理解需要。受众从新闻报道中获取信息,是最基本、最起码的需要;而形象性新闻能使受众"动之以情",切身感受到新闻事件的"魅力",并产生浓厚的兴趣;于是,希望对它加深理解的需要也就随之而萌发了。当然,受众的这三种需要在实际中并不是截然分割的,一般情况下是逐步发展的,有时则是相互渗透、同时产生的。

受众需要的多层次性,决定了新闻报道也应当是多层次的。有些新闻事实,只需报道动态,告诉信息;有的则是要配以形象报道,写出视觉新闻;有的则应深入报道,写出理论色彩,以加深受众的理解。三者巧妙运用,相得益彰,才能使新闻报道真正满足受众的需要。

尤其在当前,社会的发展,科学技术的进步,文化水准的提高,受众也随之对新闻作品有了更高的要求。由于社会生活节奏的加快,现在人们读报纸、听广播、看电视,大都是利用工作之余的空闲时间进行的。在这个有限的时间里,人们一方面需要松弛一下因工作而绷得太紧的神经,一方面又要抓紧充实、丰满自我,发展个性,完善自我价值。这样,人们对新闻报道的需要,就不满足于单纯地获得信息及其外在形象,而更重视对信息的理解和运用，以便从中带来更多的综合效益，提高空闲时间的利用价值。比如，要求新闻报道给他们思想上、工作上、生活上以引导、启迪，要求从新闻报道中得到鼓舞、信心和智慧等。这也是今天我们社会主义中国的新闻受众的一个显著特点。重视新闻的理论色彩，熔新闻报道的信息性、形象性、理解性于一炉，便是顺应当今的时代需要，顺应当今新闻受众需要的表现。

清代学者顾炎武在《日知录》中谈写作目的时写道："文之不可绝于天地间者，曰明道也，纪政事也，察民隐也，乐道人之善也，若此者，有益于天下，有益于将来，多一篇，多一篇之益矣。"他认为文章之所以有价值，不仅是因为记述了政治的得失，反映了人民的疾苦与要求，表彰了好人好事，而且还因为它说明了事物的规律，点明了其道理。新闻报道何尝不是如此。新闻报道由于受其特性所决定，当然得以报道事实为主。但是，这个"为主"，指的是报道的篇幅和材料的比重。问题在于报道新闻事实为了什么？"如果只是告诉读者发生了什么事情，谁做了什么，新闻只不过是扔在桌子上的一堆乱七八糟的积木而已"①。"这种新闻没有论断性的能力，难以发挥新闻向公众提供他们据以作出决定的情报作用"②。因此，也难以受到今天受众的欢迎，取得应有的效果。综观近几年被评为全国好新闻的优秀新闻报道，无一不是既尊重客观事实，敢于反映事实的真相，又能透过现象抓住事物的本质，以其恰到好处的理论色彩，令人回味，令人精神振奋，耳目一新。请看《人民日报》1979 年 11 月 15 日的一则新闻：

> 本报讯　因公差花费过多而被解除职务的丹麦前教育大臣丽特·比耶雷戈夫人，在偿还超支的差旅费后，最近又被提名为新内阁的社会事务大臣。
>
> 丽特·比耶雷戈尔夫人去年十月间到巴黎出席联合国教科文组织的会议时浪费公款，因而在去年十二月二十二日

① 引自李普曼：《关于记者工作的一些议论》。
② 〔美〕麦尔文·曼切尔：《新闻报道与写作》，中国广播电视出版社 1981 年版。

被解除职务。在这以后,她向政府偿还了五千三百丹麦克朗(约合一千美元)。这笔钱是在她出差时花费的私人开支,其中包括雇佣一辆小汽车和司机的费用、电话费和邮费。

本来,西方一位政府官员的职务变迁,对我们的新闻传播媒介来说,是没有多大的新闻价值的。但是,这条新闻由于揭示了这位官员职务升降的原因,其价值就非同一般了。读罢新闻,不能不叫人感慨,让人深思:一位资本主义国家的高级官员,浪费了约一千美元的公款,尚且受到处分;而在我们社会主义国家里,一些恃权凌法者是否都能受到应有的处理?难道能听任他们随意挥霍人民的血汗而不予以惩罚吗?同时,这条新闻还告诉人们,对于犯了错误的人应该有正确的态度,犯了错误改了就好,应该照样给予信任。资本主义国家尚且能做到这样,我们社会主义国家更应做得好。由于新闻显示了深沉的理论色彩,新闻的价值得到了充分的实现,受众的"新闻欲"也从中得到了充分的满足。可见,新闻作品中有没有理论色彩,其效果是不大一样的。



注重社会效果,以社会效益为最高准则,是社会主义新闻传播业区别于资本主义新闻传播业的一个重要特征。新闻的社会效益,指的是新闻的社会作用和客观效果,也就是新闻对受众、对社会所产生的影响。新闻报道是直接同现实的社会生活相联系着的,它不像文学作品那样靠艺术力量去感染读者,而主要是靠事实和思想去影响人、感化人,以实现其社会效益。因此,强调新闻的理论色彩,使新闻报道既以新人新事感人,又以思想服人、影响人,这不但是新闻受众所需要的,也是我们社会主义新闻传播业的社会效益所刻意追求的。

## 新闻的理论色彩既受制于新闻写作原则,又有着自身的特定的表现形式

用事实说话,是新闻写作的一大原则和基本手法。新闻的

理论色彩的表现，当然也必须严格遵循这一原则。新闻的理论色彩，并不是要求在新闻报道中讲述多少理论，靠长篇议论来呈现，而是要受到新闻事实的制约，有着自己的特定的表现形式。

融"理论"于新闻事实的叙述之中，是新闻理论色彩的一种主要表现形式。这种形式，主要是通过叙述事实来发表某种"意见"，用客观事实本身及其逻辑的力量去感染、影响受众。记者的立场、观点、倾向、感情等，在新闻报道中不是直接陈述、抒发的，而是渗透对事实的挑选、安排和叙述中。"学会写新闻还叫我们会用叙述事实来发表意见"①。我们往常都会发表有形的意见；新闻却是一种无形的意见。从文字上看去，说话的人只是客观地、忠实地、朴实地叙述他所见所闻的事实。但是，因为每个叙述总是蕴含着一定的观点、意见，接受事实的读者也就会自觉或不自觉地接受这些叙述中的观点与意见。不少优秀记者都是精于此道的。比如，新闻名篇《上海严寒》（新华社 1957 年 2 月 12 日上海电）中写道：这几天，上海"遇到了有气象记载的 80 多年来罕见的严寒"，"最低温度下降到摄氏零下七点四度"；而 1947 年 2 月气温比这要高，却是"前天一夜风雪，昨夜八百童尸"；现在竟"没有发现冻死的人"。记者在这里并没有发一句社会主义制度无比优越的议论，但是，社会主义的新社会比旧社会好，却成了每个读到这条新闻的人的共同结论。新闻理论色彩的这种表现形式，符合人们一般易于相信客观事实，而不愿意轻信他人空洞说教的心理状态，因此，也易为受众所接受，是值得写新闻报道所提倡的。

运用新闻理论色彩的这一表现形式，要求记者十分注意精心选择事实。新闻报道中的事实，应该是新闻价值与宣传价值的完美统一，它既为人们所普遍关注，又有着鲜明的倾向性，有利于阐明某种观点和思想。同时，还要求记者对事实的叙述和表达要"工于心计"，要按照事实本身的逻辑，以及事实之间的

① 胡乔木：《人人要学会写新闻》，原载延安《解放日报》1946 年 9 月 1 日。

相互联系进行组织和安排,从中体现出新闻报道的思想性和哲理性。这样,受众在接受新闻报道所提供的新鲜事实的同时,也就难免要受到隐藏其间的无形意见的影响。

新闻理论色彩的另一种表现形式,是通过对新闻事实的解释和分析,来显示一定的“意见”。有些新闻事实比较复杂,光靠记者选择、安排事实的倾向性,还不足以表现其理论色彩,这就得要求记者对所报道的事物的来龙去脉、前因后果,以及与相关事物的联系,加以必要的说明和介绍,以透过现象揭示事物的本质,帮助受众更好地理解新闻事实的内在意义。

解释和分析的方法,主要是提供新闻背景。新闻背景的含义是多方面的,凡是有助于人们理解新闻事实的各种材料和知识等,都应该看作是背景材料。借背景材料的交代,以显示新闻的理论色彩,是新闻报道中的重要一着。毛泽东写的《中原我军占领南阳》(新华社郑州 1948 年 11 月 5 日电)这条新闻,便是运用这一表现形式的典范。此稿导语是:“在人民解放军伟大的胜利攻势下,南阳守敌王凌云部于 4 日下午弃城南逃,我军当即占领南阳。”导语之后,紧接着写道:“南阳为古宛县。三国时,曹操与张绣曾于此城发生争夺战。后汉光武帝刘秀,曾于此地起兵,发动反对王莽王朝的战争,创立了后汉王朝。民间所传的二十八宿,即刘秀的二十八个主要干部,多是出生于南阳一带……”这一段由古及今的背景材料,说明了南阳自古以来就是兵家必争之地,蒋介石又着意经营,企图阻遏人民解放军向南发展的道路;但最近,“蒋军因全局败坏”,被迫放弃南阳。这就从大的背景上,把蒋军弃城南逃的原因,以及我军解放南阳的重大意义揭示出来了;新闻报道从感性认识到理性认识的升华,也由此得以完成。

在新闻报道的实践中,运用解释、分析显现新闻的理论色彩时,既要注意背景材料的交代,应有助于揭示事物的本质和意义,突出和深化新闻主题;又要注意背景材料穿插、安排得得当和贴切,使之与新闻事实纵横交织,浑然一体,切忌两者脱节,以致出现“各走各的道,各吹各的号”的现象,让人不得要领。

通过对新闻事实作必要的议论、评价,直截了当地表达某种“意见”,是新闻理论色彩的再一种表现形式。有些新闻,通过事实的叙述和解释,可以达到“说话”之目的;而有些新闻却无法达到,或者说是显示不出应有的理论色彩。在这种情况下,借议论和评价,把“话”说明,帮助受众正确理解新闻事实,就显得十分必要了。

新闻报道中的议论和评价,既可以是直接披露的,即由记者直接发议论、讲道理,表明对事物的态度和看法;也可以是间接披露的,即用新闻报道中的人物或他人之口,对所报道的事物进行评议。比如,被评为1982年全国好新闻的《共产主义因素就在我们身边,我们都是共产主义的实践者》这则报道,在导语中,记者针对天津色织三厂青年工人陈志强的前后不同认识,发出了这样的感叹:“这是他积极参加了全厂‘宣扬身边的共产主义因素,让共产主义思想在心灵中扎根’的群众活动之后的思想变化。”这便是直接的议论和评价。而报道的主体部分,记者在叙述了这个厂一系列具有共产主义因素的生动事迹后,写道:“面对这些活生生的大量事实,许多职工的思想豁然开朗了。青年女工孙玉芬说:‘是呀,这些同志的行为不是共产主义思想又是什么呢?看来,在我们身边确实每天都在生长着共产主义因素。’”这便是借报道对象之口的间接的议论和评价。这些议论和评价,不但使新闻生辉,而且道理昭然,以致报道一发表,便犹如投石击水一样,在社会上引起了强烈反应。

新闻的理论色彩不同于写理论文章,它不能用原理去搞演绎推理。因此,新闻报道中要十分注意叙述事实和议论、评价事实的自然融洽、水乳交融,不露痕迹。议论和评价一定要是从具体事实中引申出来的,而不是离开了事实的空洞说教。此外,还要注意,议论和评价应该是综合、升华新闻事实的精髓之言,是所报道事实的本质表现,必须言简意赅,力求精彩,起到“画龙点睛”的作用。

胡乔木同志在1983年首都新闻界新春茶话会上提出:“无论写社论、新闻、文章,都应有理论色彩。”新闻要有理论色彩,是今天时代赋予我们新闻工作者的光荣使命。只要我们认真研究,勇于探索,锲而不舍,富有理论色彩的好新闻,一定能在我们的新闻百花园里竞相争艳。

(1986年9月)

# 新闻·宣传·舆论三者之间的关系



1986年11月7日至9日，武汉大学新闻系和新闻研究所主持召开了新闻理论讨论会，全国部分高校新闻系、新闻研究和新闻宣传单位，以及新闻出版部门的有关专家、学者、教授30多人参加了会议。会议围绕新闻与宣传、舆论的关系问题，展开了深入的讨论。这是近年来我国新闻理论界的一次高层次的学术交流。

## 新闻、宣传、舆论是不同层次上的概念，有着不同的内涵

新闻与宣传、舆论之间的关系问题，是多年来新闻工作中有待处理好的一个实际问题，也是近几年全国新闻理论界探讨的一个热门课题。在理论上搞清楚这个问题，对于从宏观上把握新闻改革的方向，从宏观与微观的结合上推动新闻改革的深入

开展有着重要的现实意义。会上,与会者各抒己见,研讨了这三者的各自含义和规律,探索了它们之间的相互关系。多数同志认为,新闻、宣传、舆论是三种不同的社会现象,是不同层次上的概念,有着不同的内涵。新闻,指的是一种事物,即通过大众传播媒介传递的新近发生的事实的信息,是人们欲知而未知(新知)的事实;宣传,指的是一种行为,即宣传者通过各种方式方法把自己的主张、意愿、观念影响受传者,是思想观点上的说服;舆论,则指的是一种民意,即具有一定权威性的社会集团或不特定多数人对某一重要事件、社会问题等,在一定时间内公开表现的带有共同性或大体相近的心理、感情和判断,并以适当的形式作出的评价。这三者之间并不存在着种属关系,把它们并列提出,硬要争个"异"与"同"是没有什么实际意义的。然而,在同一社会里,作为不同的社会现象,三者之间又有着紧密的联系。新闻所传递的信息,并不是原始信息的"照相式"的翻版,它是经过传者(包括传播媒介机构)选择、处理、制作过的信息,因此,它或显或隐,或浓或淡带有传者的主观色彩。从广义上说,新闻都是有着一定的宣传目的的,它既要反映社会舆论,又能影响、疏导社会舆论。宣传作为一种大众传播行为,要让受传者信其"理",接受其说服,便得借助各种"传的材料"来进行,以达到左右舆论之效果。新闻作为一种"传的材料",自然成了宣传所借用的工具。而舆论在传播媒介中,主要借助新闻和宣传发挥其力量;同时,对于新闻和宣传的力量的评价又都是以舆论为中心来加以考察的。新闻、宣传、舆论三者之间既有区别又有联系的现象,给予新闻工作者的一个重要启示就是,在新闻传播中既要十分注意尊重新闻的自身规律,又要注意掌握宣传的规律和艺术,还得注意对舆论的考察和反馈,从而提高新闻传播的水平,更好地发挥新闻传播的总体效果。何微(武汉大学教授)、马戎(暨南大学副教授)、沈俊法(江西大学新闻理论教研室主任)等同志在发言中说,多年来,我们的新闻工作由于没能正确处理好这三者之间的关系,存在着较严重的片面性,尤其是把新闻和宣传混同一体,无视新闻传播信息的功能,因而不可避免地出现了对于新闻的简单的功利主义态度,不能自觉地掌握和运用新闻自身的规律,结果两败俱伤,新闻不吸引人,没人看,当然也不能有效地利用新闻达到宣传之目的。

## 研究新闻宣传的规律,是新闻理论学中一个既老又新的课题

新闻与宣传、舆论的有机联系,构成了有其独特功能的"新闻宣传"——既给予受众以"新知",又从中进行"思想观点上的说服"。研究新闻宣传的规律,作为理论新闻学中的一个既老又新的课题,引起了与会者的关注。这一方面是因为中外新闻事业都早已各有其新闻宣传的实践,而理论上却众说纷纭;另一方面是因为我们过去的新闻宣传观念同今天的社会实践已经很不相适应,必须更新。一些同志认为,西方新闻界一边将"宣传"视为"吹牛"的同义语,一边却在其新闻实践中进行大量的宣传工作。这种表里不一的现象,起因于资产阶级政治上的堕落,资本主义社会无政府状态的商业广告战,以及大众传播媒介之被政客和财团所收买、控制。我们社会主义新闻工作者不必厌弃宣传,只能厌恶拙劣的宣传。以马克思主义的立场、观点、方法进行调查研究,按照事物本来面目反映事实真相,"讲真事、讲真话、讲真理"是无产阶级政党及其宣传区别于其他政党及其宣传的标志之一,也是我们新闻宣传应遵循的基本原则。林枫(新华社新闻所新闻理论研究室主任、中国新闻学院教授)、葛迟胤(复旦大学副教授)、卢纯田(首都新闻学会理论组负责人、解放军报评论员)等同志在发言中指出,长期以来,我们的新闻宣传基本上是一种单向的由上而下的借新闻报道进行指导性宣传的行为模式。这种新闻宣传在封闭型社会,是人民群众所需的。然而今天,在改革、开放,进行社会主义现代化建

设的历史新时期，它已经远远不能适应社会需要了，应该改善我们的新闻宣传。而要改善新闻宣传，最根本的一条就是要改变“政论型报纸”时代的旧概念，代之以“服务型报纸”的新观念。

在具体做法上，如何改善新闻宣传，更好地为受众服务，与会者进行了热烈的争论。有些同志认为，当务之急是新闻报道应当全盘信息化，不断扩大信息量。对此，陆灏（上海市记协副主席、武汉大学兼职教授）、马戎等同志持不同看法。陆灏认为新闻媒介的三大作用（即上对下的指导作用，下对上的监督作用，交流信息的传播作用）不可偏废。改善新闻宣传的关键在于冲破旧的办报模式的束缚，充分发挥新闻自身固有的功能。当前新闻宣传的症结表现在指导作用不够有力，监督作用更显薄弱，而信息传播作用的问题出在质量不高，不在于数量不足。马戎也认为，信息新闻毕竟属于浅层性报道，而报纸属于综合性传播媒介（少数专业性信息型报纸例外），光有信息新闻是不够的。尤其在当今“信息社会”里，人们获取信息的渠道、手段是多方面的，因此，深层报道对于信息新闻更显其珍贵；加之，报纸以文字表达为主，文字表达具有适宜于深刻揭示事理的优势，应该扬其所长，发挥深层性新闻宣传的独特功能。我们的新闻宣传不妨借鉴西方报业的经验，向“解说型”报道发展，“解说”就是服务，而不是灌输。我们的新闻宣传应以信息交流为依托，实行思想交流式的双向横向舆论宣传。



## 新闻事业的特性及其社会功能，是新闻理论学亟待研究解决的问题

新闻事业的特性及其社会功能，作为新闻学学术分歧的根子，至今仍然是新闻理论学亟待研究解决的问题，这个问题探讨清楚了，其他问题也就迎刃而解了。与会同志还从新闻事业的产生和发展，研讨了新闻事业的基本属性和特性。甘惜分（人

民大学教授)、陈韵昭(珠海应用传播学研究所所长、副教授)、桑义燐(武汉大学副教授)等同志认为,人类的新闻活动在原始社会就有了,但新闻事业是近代社会的产物,是随着资本主义生产方式的出现而产生的。新闻事业同古代的新闻活动相比较,有着质的差别和不同属性。古代新闻活动是个人之间的自发性的定向新闻传递;新闻事业是一个群体,一种机构,是经济基础的反映,是上层建筑的一个有机组成部分。新闻事业的新闻传播是群体性的、有目的、有组织的活动。因此,新闻事业是专门传播新闻信息,公开提供信息服务的职业社会机构。这是新闻事业的基本属性之一。与此同时,新闻事业作为近代资本主义经济的产物,总是为阶级、政党和社会集团所掌握,所以,新闻事业又总是带有阶级和政党的倾向性的。在阶级对抗的社会里,阶级倾向不可避免地要反映到新闻传播中来;同时,各阶级、各政党和各种社会集团都要利用公众的信息需求,借助于提供信息服务,达到其宣传目的。这就使新闻信息传播活动和社会宣传活动熔铸一炉,形成新闻事业。实质上新闻事业是借助于新闻信息传播进行舆论宣传的社会机关,这便是新闻事业的第二个基本属性。新闻事业对受众来说,主要目的是获取新闻信息,受众追求的是信息值、信息量;而对新闻事业来说,根本目的是为了舆论宣传,所追求的是宣传效益。新闻事业的这两个基本属性,决定了新闻事业的特性是处理和传播新闻信息的舆论机关。有的同志在发言中说,新闻事业无论何时都是新闻传播机构,提供新闻信息服务是它的立身之本;无论何时,新闻传播都携带新闻机构的主观倾向,起着舆论宣传的作用;无论何时,新闻事业总是一定社会集团的舆论工具,或曰"喉舌",在阶级社会里,它是阶级、政党、社会集团的舆论工具,在阶级消亡之后,它是先进舆论的喉舌,真理的喉舌,推动社会进步的舆论工具。

(1986年11月)

# 我国新闻写作学研究现状的反思



20世纪20年代，伴随着中国现代新闻事业的昌盛和新闻教育的出现，作为专门研究新闻写作活动的现象和规律的新闻写作学应运而生。60余年来，我国新闻界的志士仁人为了使新闻写作学这门学科能登上博大的科学宫殿，前赴后继，作了十分艰苦的不懈的努力。尤其是近几年，城乡经济体制和政治体制的改革，信息革命的不断扩大和深入，新闻事业呈现出一派前所未有的勃勃生机，新闻改革的热浪波及各种各样的新闻传播媒介，新闻写作学的研究也因此愈发引起人们的关注和热心。一大批新闻写作的研究文章、论文、专著和教材，以及有关新闻写作的研究刊物等，如雨后春笋般地涌现。

然而，在这一历史表象的背后，令人遗憾的是，“新闻写作学是一门科学”这一合乎“情理”的论断，却一直没能得到学术理论界和全社会的广泛认可；“新闻写作有术无学”这一陈旧的观念，在社会上乃至新闻界内部，至今还占据着相当的市场。个中原因，除了人们固有的偏见外，笔者认为关键还在于新闻写作学研究的自身。

## 一、务实有余而务虚不足，新闻写作学研究缺少理论的深沉和郑重

美国著名科学史家托马思·S·库恩(Thomas. S. Kuhn)在阐述科学革命的理论时曾指出：一个学科的成熟，一般说来都要经历一个叫做“前科学”的阶段。在这个阶段，学科的研究已经积累了大量的知识材料，但是，这些知识材料还没有得到系统的、本质规律的概括和抽象，学科的存在还没有取得完整的、科学的理论形态①。



我国新闻写作学的研究现状正是如此。尽管在已有的研究成果中，不乏颇有独到见地的突破性的佳作，但就总体而言，一个高层次的科学理论体系还没有真正建立起来，整个新闻写作学还处于“前科学”的状态。

纵观浩繁的新闻写作学研究文章、论文，多是从微观上探讨新闻作品的写作手法、技巧，而缺少从宏观高度系统地审视新闻作品的写作现象；经验性的描述居多，理论性的概括较少，务实有余而务虚欠缺。众多的新闻写作学教材、专著，也是着重于新闻文体知识及新闻写作的技法、章法等表面层次的汇集、整理；而较少致力于新闻写作的系统分析，缺乏对新闻写作的思维、心理、审美意识、语言机制、最优化处理等深层结构的探索和概括，同样缺少理论的深沉和郑重。为数不少的新闻写作研究刊物，也由于理论色彩的不足，还称不上是名副其实的学术理论刊物。恩格斯说过：“一个民族想要站在科学的最高峰，就一刻也不能没有理论思维。”②由于理论

① 参见托马思·S·库恩：《科学革命的结构》，芝加哥大学出版社 1962 年版。

② 恩格斯：《自然辩证法》，《马克思恩格斯选集》第 3 卷，人民出版社 1972 年版，第 467 页。

研究的力度和深度不够，致使我国新闻写作学时至今日仍然在“前科学”阶段徘徊。这种状况是新闻写作学被轻视、被否认的一个重要原因。

理论来自实践，又要高于实践。新闻写作学的研究不是新闻写作实践的简单归纳或总结，而是对新闻写作实践经验的概括和升华。新闻写作理论不必亦步亦趋于新闻写作实践，而应具有自己的一定的独立性和“超前性”。新闻写作学的研究应该超越新闻写作现象的一般叙述，进行其内在的本质的探索，从而揭示其普遍规律。只有这样，新闻写作理论才能真正发挥其“超前作用”、“反馈作用”，更好地指导新闻写作实践。

前个时期，在我国民族文化研究中，有一股“寻根”的巨大潮流。这种民族文化发生学和胚胎学的研究，着力于民族性格、民族意识、民族文化心理结构最深、最隐层次的探寻和发现，尽力挖掘其最深藏、最潜在的光明与黑暗，因而具有深沉的历史感、鲜活的时代性和巨大的认识价值。对一门学科来说，学科的总体结构和基本理论便是它的“根”。新闻写作学要从“前科学”的状态中走出来，早日步入科学的宫殿，就应该从民族文化的“寻根”潮流中获得启示，努力寻找本学科的“根”。即：运用现代的、科学的方法，从哲学的、规律的高度，对已经积累起来的大量知识材料，进行理论的概括和总结，加强对新闻写作主体的心理、思维、审美意识、语言机制和最优化处理等深层结构的研究，开展对新闻写作学科的心理学、思维科学、美学、语言学和系统工程学的综合改造与更新，从而把新闻写作学建设成一门对新闻写作实践具有深刻影响和指导作用的郑重的科学。在眼前，加强对新闻写作活动实践的研究的同时，注重科学的理论建设，是新闻写作学研究中最重要的工作，是一切从事新闻写作学研究者的神圣职责。

## 二、以作品为思维中心，束缚了新闻写作学研究思维空间的拓宽

“思维模式是对思维方式作结构性的表述，也可以理解为人们按一定的方式、规则、程序输入和输出信息的思维活动形式。”①

长期以来，我国新闻写作学研究的思维模式，一直是以新闻作品为中心，研究的内容不外是作品的构成，作品的文章体制，作品的审美要求，作品的鉴赏与批评等等。研究的着眼点是新闻作品，起点和落脚点还是新闻作品。这种以作品为思维中心的研究方法，当然不能说绝对不行，有的据此还研究出令人瞩目的成果。然而，这种单向的思维，是把认识主体集中在认识客体——新闻作品上进行思考，因受传统的封闭性思维模式的制约，往往容易忽视认识主体在新闻写作过程中的作用，忽视认识主体能力的培养和开发。众所周知，新闻写作是一种技能，不仅不能把它单纯地视作知识，而且应该以思维、认识作为它的基础。单一地从新闻作品的角度研究新闻写作，实际上便把新闻写作当成了一种“纯知识”。因此，从新闻作品这一传统的角度和思维方法研究新闻写作学，不能说是一种最佳的角度和方法。



当前，现代科学已由分化逐步走向重新组合的时期，学科间的相互渗透与整体化的趋势日益加剧。新闻写作学的研究必须拓宽自身的思维空间，从单向的、封闭型的思维模式，迅速转向多向的、开放型的思维模式；从而使研究由平面、单线转向主体交叉、纵横渗透，实行引进和创新，这样才能适应现代科学发展的需要。而要做到这一点，笔者认为，新闻写作学的研究方法就应当尽快从长期以来以“作品”为思维中心的状况中解脱出来，

---

① 陈晓明：《中国传统思维模式向何处去?》，载《福建论坛》1985年第3期。

代之以以“写”为思维中心。

拓宽新闻写作学研究思维空间，确立以“写”为思维中心，可以强调新闻写作者的主体作用，注意智力和思维的开发，有利于学科纵横渗透。在新闻写作中，写作者是创造主体。一方面，“新闻是新近发生的事实的报道”①，但新闻作品绝不是客观事实的“照相式”的翻版。无论什么文体的新闻写作，主体对客体的反映都是积极的、能动的；写作者的思想、认识和情感、情绪，必定影响和规定着他对客观事实的反映，中外古今的新闻写作实践概莫能外。另一方面，新闻写作是写作者各种知识和能力的综合运用。这种运用有一个信息的输入和积累的问题，也有一个“临场发挥”的问题。这些都和写作者的智慧、气质、思维以及阅历、见闻、体验等密切相关。主体的作用，在新闻写作学研究中是应该深入探讨而不可等闲视之的一个重要内容。以“写”为思维中心，便规范了新闻写作学的研究对象，不仅是静态的新闻作品，更主要的是动态的新闻写作主体，是写作主体的心理、思维、审美意识和语言发生、转换、物化机制；新闻写作学的研究方法，不是囿于“作品”本身的微观研究，就文论文，而是哲学思辨的、心理内省的、具体实验的等诸方法的综合统一；新闻写作学的理论基础不是一个封闭系统的单学科的自我探讨，而是心理学、思维科学、美学、语言学等学科在新闻写作层次上的综合统一。

新闻写作学研究思维空间的拓宽，由以“写”为思维中心代替以“作品”为思维中心，还有利于重新组织本学科已有的成果，积极接纳和引进对发展本学科有用的观点、信息，从而更新各种陈旧的观念，创建新的科学理论体系。比如，以“写”为思维中心，就得对新闻写作现象进行系统的综合考察，这需要引进信息论的观点研究新闻写作，把新闻写作过程当作一个信息变

① 陆定一：《我们对于新闻学的基本观点》，载延安《解放日报》1943 年 9 月 1 日。

换系统，从信息的传递中对其探讨，以掌握新闻写作过程的整体性特点和性能知识。从信息论的角度看，新闻作品是写作的产品，是信息的载体，它的信息就是它所传递的可供受众参考的事实和理论。这种信息并非纯然的客观的存在，而是依赖于写作者对它所用符号体系的掌握。由此，新闻写作便从新闻作品的一般效应（诸如文章、材料、结构、语言、技巧等），转移到“信息”的摄取、加工和传递。新闻作品便不再是通常观念中的实体，不是“硬件”，而是“软件包”、“信息库”、“信息载体”。这个新闻写作与新闻作品的观念的更新，便是它区别于当前流行的新闻写作学的根本点之一。这种新闻写作学的研究，是从自然和社会信息的联系中，从客观符号与主观掌握中来把握新闻写作的全过程，具有边缘性和综合性的特点；它把思维科学、技术科学、数学和社会科学结合起来，从而大大丰富了新闻写作学研究的理论宝库。



## 三、研究者主体认识结构的缺陷，影响了新闻写作学研究水平提高

在高层次上科学地开展新闻写作学的研究，最根本的是要有一支与之相适应的研究队伍。然而，毋庸讳言，从整体上看，现阶段这一学科的研究者的主体认识水平还不高。这一方面是由于旧的思维模式干扰了对传统的批判和扬弃；另一方面是由于研究者主体认识结构的缺陷，妨碍了新的理论知识的同化。这就使当前我国的新闻写作学研究在不同程度上缺乏内在的自由。

对于当代的新闻写作学研究，需要具有社会科学和自然科学等多学科的广博知识，需要具有宏观的、开放的理论视野，需要具有多向的、立体的思维方式和思维能力。而现有的新闻写作学研究者，大多是长期从事新闻写作实践和新闻写作教育的

专业工作者,他们对本专业有着十分丰富的实践经验和深厚扎实的传统理论知识,这是极为珍贵的。但是,面对新闻写作学当前这一现代化、科学化的新情况、新发展,他们现有的知识结构、心理状态、思维方式、思维能力已经明显地感到不相适应了。在自然科学和其他社会科学对新闻写作学的渗透,以及各种新观念的冲击面前,众多的新闻写作学研究者在改善自身的认知结构上,便暴露出"先天不足"的弱点。从新闻写作学研究的现状看,不少研究基本上还只是在旧的概念框架上作些修残补缺的工作。有的片面强调存在的合理性,机械地看待传统;有的只是在旧框架中点缀一些新的内容,变换一下理论阐述的方式、角度。这种在旧的概念基本保持不变的前提下的修补,是谈不上整个理论体系的变革的。对科学而言,认识的发展是范畴的内容及其体系的变化;一门学科的成熟,往往是以建立一些新的基本概念,以及这些概念的演绎系统为标志的。当代新闻写作学的研究,最终也必定要形成新的范畴和概念体系。当然,这种对旧的概念和范畴的否定,并不意味着对传统的全盘推翻,只有正确地扬弃传统中不合时宜的东西,在传统的基础上勇于创新、勇于开拓,真正的科学才能确立起来。如果囿于传统,对新观念、新知识自我封闭,那么就无法真正进入科学研究的完美境地。

由此可见,当代新闻写作学研究要获得更大程度上的自由,关键在于改造现有研究队伍的成员构成,提高现有研究队伍的自身素质。现代科学研究提倡"集团军"式的"群体作战",新闻写作学的研究也应去掉门户之见,敞开大门,吸收有志于此道的其他学科的研究者共同探讨。新闻写作学要走进现代科学之大门,尽快造就一支高质量的"通才式"的学术梯队,乃当务之急。

(1986年11月)

# 新闻写作学研究与系统科学方法的引进



20 世纪 40 年代，“三论”（控制论、信息论、系统论）被美国数学家维纳、工程师申农和奥地利生物学家贝塔朗菲归纳形成后（我国著名科学家钱学森将其统称为系统科学），首先运用于技术领域。然而，几十年后的今天，它早已步出了自然科学的王国，成为一种具有广泛适用性，即不仅适用于认识和改造自然界，而且适用于认识和改造人类社会的科学方法论了。它启迪人们根据客观事物的系统特性去认识和改造世界。社会科学领域里不少学科，由于引进了系统科学方法，学科面貌为之一新，研究成果令人瞠目。

当前，随着社会的改革、开放，新闻事业呈现出一派生机勃勃的繁荣景象，新闻改革也开始深入到新闻传播媒介的方方面面。作为专门探讨新闻写作活动的现象及其规律的新闻写作学也由此引起了各方人士的极大关注和热心，成批的颇有见地的新闻写作研究论文、文章、著作破土而出，令人目不暇接。但是，在这喜悦的同时，新闻写作理论的贫困、新闻写作内在规律的认识的肤浅、新闻写作活动现象的思考的不足,以及封闭式思维的惰性等等,已经使得为数不少的新闻写作学研究者感受到了一种沉甸甸的危机感。新闻写作学作为一门现代科学,也因之至今还得不到学术界乃至社会的广泛认可。

"我们的任务是过河,但是没有桥或没有船就不能过。不解决桥或船的问题,过河就是一句空话。不解决方法问题,任务也只是瞎说一顿"①。现代科学发展表明,方法的变革对科学研究有着重要的影响,它往往导致旧的传统观念的更新,新的科学理论的建树。新闻写作学研究要摆脱目前的困境,尽快步入现代科学的宫殿,笔者认为,改革传统的研究方法乃是当务之急,而引进系统科学方法则是一剂良药妙方。



## 一、系统科学方法与传统新闻写作学研究方法之比较

系统科学方法作为一种崭新的科学方法,较之传统的新闻写作学研究方法有着更大的优越性和科学性。

为了说明这个问题,首先得了解一下系统科学的基本观点。按照系统科学的观点,在考察研究对象时,要把对象作为一个由要素组成的有机整体——系统来对待;作为系统的对象具有不同于组成它的要素的新的属性,整体的功能大于组成它的各部分的功能的总和;而且,要素与系统整体的关系是相对的,可以互相转化,某一系统又是组成更高一层次的系统的要素,是开放的动态系统。

了解系统科学的基本观点,就便于我们对系统科学方法的把握。所谓系统科学方法,就是按照事物的系统属性,把它放在

① 毛泽东:《关心群众生活,注意工作方法》,《毛泽东选集》第1卷,人民出版社1951年版,第134页。

系统的形式中加以考察的一种方法。这种方法始终从整体与部分(要素)之间,整体与外部环境之间的相互联系、相互作用、相互制约的关系中,综合地考察对象,从而使研究的问题达到一种最优化的结果。它的主要特征可以从这样几个方面来理解:一是整体性,把对象当作整体来考察。系统科学方法论认为,世界上各种对象、事件、过程都不是杂乱无章的偶然堆积,而是合乎规律的由要素组成的整体。这一整体的性质和规律,只存在于组成其要素的相互联系、相互作用之中;而其各组成部分孤立的特征和活动的总和,不能反映整体的特征和活动方式。它要求人们从整体与部分的相互依赖、相互结合、相互制约的关系中揭示系统的特征和运动规律。有机整体性是系统科学方法的基本出发点。二是综合性。它有双重含义,一方面它把任何整体(系统)都看成是由这些或那些要素为特定目的而组成的综合体;另一方面,它要求对任何对象的研究,都必须从其构成成分、结构功能、相联方式、历史发展进行综合的系统考察。综合性体现着对整体对象考察的动态要求。三是最优化思想。最优化是系统科学方法所要达到的目的。它的核心是,根据需要和可能为系统定量地确定出最优目标,并运用数学模型手段和相应的处理方法,把整个系统逐层分级,建立不同等级的层次结构,在动态中协调整体与部分的关系,使部分的功能目标服从整体的最佳目标,以达到整体最佳。概括地说,系统科学方法就是从整体出发,通过结构或模型手段达到最优化。



这里,确立我们对系统科学方法的基本认识,是为了结合新闻写作学研究领域里的一些具体情况,给反思传统的研究方法提供参考。

很显然,和系统科学方法相参照,以往的一些新闻写作学研究方法往往带有一种简单、机械的色彩。在整体观上,它着眼的是一种平面的“整体”,把研究对象看成是机械的、可以随意分割的;它注重于对象的各组成部分的个别研究,以求得一种机械相加的结果。比如,对消息写作技法的论述,便有导语、主体、背景、结尾之分；对通讯写作技法的论述，又有开头、展开、收束、尾声之别。由于这些从“整体”上分割下来的更小部分又都是来自不同的着眼点，所以造成了它们必然要以孤立的、静止的、片面的方式存在，彼此缺乏有机的联系。这样，在新闻写作技法的“综合”上就导致了两个后果：1)新闻写作技法整体的“综合”结论不可能是对该技法有机特征的把握，而是几部分的内容机械相加；2)任何部分的结论都可能成为该技法的整体结论，从而导致对新闻写作技法总体功能把握上的偏颇，实践中我们经常可以看到，有些人虽然也掌握了一些新闻写作的单项知识，比如怎样开头，怎样结尾，怎样过渡照应，怎样使用修辞手法等等，却仍然写不出好的新闻作品来。个中原因便在于此。事实上，任何一种新闻文体的写作技法，都是一个有“生命”的整体，它的总体功能并不是靠某一部分单独来实现的，而是靠内部诸要素的不同层次的有机融洽来实现，是靠这种融洽所产生的审美机制来实现。如果在研究中将其任意割裂，势必导致它自身特征的丧失。新闻写作学作为一门科学，在整个体系和理论上，还显得比较松散、零乱、肤浅，这并非完全是我们对组成新闻写作学的各个单项问题研究得不够，而主要的是对组成新闻写作学的各个要素之间的联系把握得不全面、不深刻，没能真正揭示其内在的规律。



系统科学方法论有一个核心认识，便是“整体大于部分累加的总和”。它认为部分只是在构成整体的联系中存在，任何孤立的部分都不能说明整体的性质和发展规律。而在已有的新闻写作学研究中，由某一方面或某一部分看问题，从而得出整体结论的现象是很突出的。这同样表现为一种机械性。比如，对新闻写作过程的探讨，总是局限于对新闻作品的立意定体、选材取事、构架谋篇、语言运用、行文特色等表达形式的描述和分析，并由此归纳出新闻写作的基本原理及规律。其实，新闻写作的全过程应该是一个“意化”、“内孕化”、“物化”的精神生产过程。这一过程可以用“客观事物——主体认识——语言表达——新闻作品”这样的程式来表示。其间,认识过程和表达过程是新闻写作中客观存在的两个阶段。认识过程解决新闻写作的内容,即写什么;表达过程则形成新闻写作的物化形式,即怎么写。这两者是相互作用的有机统一体,前者是后者的前提和基础,后者是前者的目标与归宿。新闻写作中的认识过程,包含着主体的思维、心理以及经验、文化素养等,有着许多值得探讨的领域。因此,研究新闻写作过程仅仅停留在“表达”上,而把“认识”排除在外,这显然难以得出正确的、全面的结论。此外,新闻写作活动同整个社会活动又是密不可分的。这不仅在于各种新闻文体的写作,既来源于社会生活,又直接或间接地作用于社会生活,作用于社会的物质文明和精神文明;而且人的认识过程也总是和社会生活休戚相关,总是要打上时代、社会的“印记”。这样,站在社会活动的高度研究新闻写作过程,视点更高,视野更开阔,才能准确地洞察和把握这一过程的全貌,也才能真正揭示新闻写作之真谛。



系统科学方法十分强调对系统各要素之间相互联系的研究与揭示,它要求我们从单个事物的研究上升到系统的研究,从单向的线性研究上升到纵横交错的立体研究,从结构研究上升到结构与功能的综合研究,从而寻找出事物的多质、多层次、多系统的综合性形态和常识。仅从整体观这一侧面,便可以看出,将系统科学方法引入新闻写作学研究领域,对于帮助我们具体地认识问题,进而作出科学的分析和结论是十分必要的。

## 二、引进系统科学方法,有助于新闻写作学研究思维空间的拓宽

我国的新闻写作学研究由于创建较晚,自己并无独特的方法论系统,因此受制于传统的思维模式。传统的思维模式,习惯于用直观的方法去表现主观的精神世界,用单向线形因果关系

去看待客观事物，用静止、凝固、孤立的眼光去考察新闻写作现象，而对先进的、相关的学科的渗透与新观念的冲击缺乏敏感和接受能力，其结果势必导致对传统的改造和扬弃的妨碍，无法进行真正深入的科学研究。这突出表现在，多年来我们对新闻写作学研究的思维模式一直集中在新闻作品上。这种以作品为思维中心的研究方法，一方面不符合科学的本意，"文章必由意思和文字两个元素融合而成，减少不得，更换不得"①。这个融合的过程，便是写作的过程。作品是有形的，而写作是无形的。新闻写作和新闻作品是两个不同的概念。后者指的是一种"成品"，前者指的则是一种"行为"，也就是"成品"的制作过程。研究后者是文章学（或者"作品学"）的事，研究前者才是新闻写作学。把研究的思维中心囿于新闻作品，新闻写作学岂不越俎代庖？另一方面，这种单向思维，把认识主体集中在认识客体上进行思考，重视客体而不重视主体，把客体的作用看得比主体还重，势必陷入事实决定论的泥潭。这样的研究方法，忽视认识主体在新闻写作过程中的作用，忽视认识主体能力的培养与开发，也就难以探索新闻写作的内在"奥秘"。

引进系统科学方法研究新闻写作学，便可以打破以"作品"为中心的传统思维模式，代之以以"写"为思维中心，这样，学科的研究便更具科学性。从系统科学方法论的观点看，新闻写作是信息输入、加工和传递的系统过程。它包括采集、运思、行文、修定四个环节。如果把自然客体（现实的社会生活）当作信息源，采集是有目的地主动输入信息，运思是通过写作者的大脑对信息进行整理、加工、剔留、组合，行文是运用元素符号（语言文字）将信息做合乎逻辑的编码、储存，修定是把写作者当成一个自控系统而进行的信息反馈。这个自控系统储存的信息不可能全部进入写作者的意识层而被充分利用，已经编码的信息由于整理、加工时的失误尚需调整。这时，写作者的位置已经转移到

① 《陈望道文集》第2卷，上海人民出版社1980年版，第163页。

读者(听众)方面,成为信息的接收对象。他是以读者的眼光,对初稿进行挑剔和苛求的。当然,修定时的反馈信息也可能来自写作表述的对象和与写作者发生关系的接收对象。很显然,在信息传输的系统过程中,就能较好地解决“写什么”(含“为什么写”)和“怎么写”的问题。“写”被放到了突出的重要位置。不考虑“写”,输入的信息就没有价值;不考虑“写”,运思、行文、修定也就无法进行。这种研究方法的着眼点是“写”,起点和落脚点也是“写”。新闻写作学的研究任务和目的,也就能得以实现。

引进系统科学方法研究新闻写作学,还有利于改变研究者的思维模式,变单向思维为双向思维,进而开发新闻写作主体的功能,把握新闻写作的内在规律。按照系统科学的观点,新闻作品是现实的社会生活(材料)同写作者自我意识相结合而形成的有机整体,具有大于材料又大于自我的能量和质量。在新闻作品的形成过程中,材料同写作者自我(不光是观点,还有感受、情感、审美情趣等)相互限制、相互选择,以达到相互契合。两者一经契合,其他的东西(生活的和自我的)便被舍弃了,新闻作品便显得精炼,富有魅力,甚至天衣无缝了。在新闻写作中,写作者是创造主体。其对新闻事实的认识、把握和反映、再现,绝不是被动的“照相”或复制,而是能动的、积极的精神“创造”。正像科学技术在现代社会发展进程中起着决定性作用一样,新闻写作过程中,写作者的创造智能和综合文化素质也起着决定性的作用。这一点,已见前述。无论是理论建设的需要或采写实践的要求,新闻写作主体的作用,在新闻写作学研究中都是应该深入探讨而不可等闲视之的一个重要内容。运用系统科学方法,通过双向思维的模式,不仅着眼于静态的写作客体的研究,而且致力于动态的写作主体的探讨,致力于新闻写作主体的素养、能力、思维方式、智能结构等等方面的探讨,新闻写作学的研究便进入了深层。

对科学而言,认识的发展是范畴的内容及其体系的变化。

一门学科的成熟，往往是以建立一些新的基本概念，以及这些概念的演绎系统为标志的。以往的新闻写作学研究，由于受传统的思维模式的束缚，囿于一些过时的、不适时宜的旧观念，而对新观念、新东西自我封闭，这样势必无法真正进入科学研究的境地。系统科学方法论关于事物是多要素、多层次组合而成的、具有特定功能的系统的观念，可以帮助我们在研究新闻写作现象时，采取多维视野，而不胶着于一点上作观察分析。这样，就有利于对旧的新闻写作观念的更新和升华。根据系统科学方法，从新闻写作的定义，直到新闻写作同社会生活的关系，新闻作品的形成过程，新闻作品的社会功能，以及新闻写作的内容与形式、观点与材料、语言与文风、文体与表达，乃至新闻写作的社会效果的反馈等，都应重新加以审视和思考，以求获得新的论断和界说。比如，新闻写作中观点与材料的关系，传统说法是统帅与被统帅的关系。其实，这种说法是不全面、不严密的。用系统科学方法来考察，就可以发现，在新闻写作的不同阶段和不同层次上，观点与材料处于不同的地位，它们的关系表现为不同的形态，有时是材料起决定作用，有时是观点起决定作用。正是这种互相交错与适应的情况，才有可能使观点与材料达到有机的结合与完善的统一。



当前，新闻写作学的研究正处于现代科学由分化逐步走向重新组合的时期，学科间的相互渗透与整体化的趋势日益加剧。传统的新闻写作理论的纵向链条体系已经不能适应现代科学发展和新闻写作学科的自身发展的需要。运用系统科学方法，有助于拓宽研究者的思维空间，实行引进与创新，从而促进新闻写作理论的横向的网络发展，建立起新的学科体系。根据系统科学的观点和方法，能够把一门学科的认识客体分解成各学科研究的多种对象，不同学科的认识客体又可以互相结合、重叠。通过研究事物的普遍联系，把一些学科横向地贯通起来，彼此交错，相互联系，形成一个多层次、多结构的网络。新闻写作所需要的多种智能，涉及思维科学、语言学、修辞学、心理学、美学等几门学科;在它们的交叉中,可以生长、分化出一些新的边缘学科。而新闻写作理论更需要将上述一些与培养写作能力相关的学科的理论知识和研究方法综合起来,进行系统研究。比如,思维科学被认为是一种基础科学,它与认识有关,也与表达有关,渗透在新闻写作的各个环节。新闻写作不仅需要抽象思维、形象思维等思维形式,还需要用创造性思维模式帮助抽象思维和形象思维等各种思维形式的高效率运用。如果把新闻写作学与思维科学的理论和方法加以综合,不仅能帮助写作者以创造性思维开拓写作视野,又通过写作培养创造性思维,使其思维发生变化,而且有利于一个崭新的新闻写作学理论体系的确立。引进系统科学方法,新闻写作学研究便由平面、单线转向立体交叉,纵横渗透,整个学科势必出现令人吃惊的变化。



## 三、引进系统科学方法,有助于强化马克思主义哲学对新闻写作学研究的指导

系统科学方法与马克思主义哲学的指导理论和方法构成怎样的关系呢?这既是一个哲学所面临的一般理论问题,同时又是新闻写作学研究领域引进系统科学方法所要遇到的一个实际问题。

有人以为,新闻写作学研究引进系统科学方法,势必削弱甚至取代马克思主义哲学的指导。这实际上是一种误解。系统科学方法和马克思主义哲学是处于不同层次的方法论体系。系统科学方法只是一种科学研究方法,而不是一种哲学方法,还没有获取哲学的普遍意义。科学研究的方法很多,如果按照它们概括的程度和运用范围,可以分为三个层次:一是专门科学方法,即各门科学中所运用的具体方法和技术。例如,历史学研究中的考证法,化学研究中的滴定法等等,都是一些个别学科研究中的特殊方法。二是一般科学方法,即普遍适用于自然科学或

社会科学领域,以及对两者都适用的研究方法。例如,实验的方法、观察的方法普遍适用于自然科学各学科,而调查的方法则是社会科学中普遍采用的方法。还有一种概括程度较高,适用范围更广的科学方法,它们具有跨学科性质,对自然科学、社会科学、思维科学都普遍适用。如数学方法、逻辑方法,以及本文所论述的系统科学方法,都是属于一般科学方法。三是哲学方法,这是适用于一切科学研究的最普遍的方法论的原则。马克思主义的唯物辩证法就是一种适用于自然科学、社会科学和人类思维的哲学方法。它既是世界观,又是方法论,是指导人们进行科学研究和社会实践活动的唯一正确的思想。它比一般科学方法的概括程度更高,从而指导一般科学方法论的研究,为一般科学方法规定了必须遵循的普遍原则。因此,哲学与具体科学方法联系中的系统科学方法,自然应该属于第二层次的地位,具有一般科学方法论的功能,但又不是普遍本质的方法论,更不是世界观。系统科学方法所阐述的事物的联系,不同于唯物辩证法所说的事物的普遍联系,它所揭示的仅是客观世界种种联系中的某一部分的联系,它比唯物辩证法的普遍联系在外延上要窄。系统科学方法充分体现着辩证法思想,但并没有超越辩证法,或者与其并驾齐驱。在方法论的意义上,它只是作为哲学的普遍方法论和具体科学方法论之间的中介环节而存在。因此,在新闻写作学研究领域里引进系统科学方法,丝毫不意味着削弱甚至取代马克思主义哲学指导,相反,将它作为一个中介环节,用来帮助我们对新闻写作学研究领域内的一些特殊问题进行系统分析,其结果会帮助我们进一步深化对马克思主义哲学的认识,而且也会进一步证明马克思主义哲学所具有的普遍真理性。



过去,在新闻写作学研究中,虽然也十分强调马克思主义哲学的指导,然而对许多问题仍然得不到圆满的解决。这除了人们的认识需要有一个过程外,很重要的原因就是机械地理解和运用马克思主义哲学的指导,犯了以普遍原理代替具体研究的错误,造成简单化和片面性。现在,运用系统科学方法来重新认识一些问题,对克服这种错误是有意义的。比如,马克思主义的认识论是能动的反映论,应用于新闻写作还应该是审美的反映论。可是,在以往的新闻写作理论中,却常常忽视其能动性和审美要求。强调的是新闻作品反映了什么,却不很注意怎样反映的问题;重视的是新闻作品的认识作用,却忽视其审美功能。在片面宣扬新闻的本质在于"再现客观事实(社会生活)"的影响下,一些新闻写作的研究者和实践者便误认为,只要有了生活(事实)便有了新闻;而不懂得,生活实践(客观事实)只是新闻写作实践的前提,仅仅为新闻写作过程提供了出发的基点。由生活(事实)到新闻之间,还需要经历一个巨大的飞跃。在这里,审美主体的能动作用,审美主体对于客体(生活中的审美现象)的把握、摄取、改造以至铸合成新的意象,将对新闻作品的形成起着决定性的作用。可以毫不夸大地说,这个环节正是打开新闻写作"奥秘"的大门。这其中交织着感受与创造、想象与思维、天才与灵感、意识与无意识、表现与再现等一系列复杂的矛盾因子。新闻的本质不仅在于"再现"客观事实,且在于"表现"客观事实。而这一点恰恰是我们过去新闻写作理论上的空白地区。引进系统科学方法研究新闻写作学,就能帮助我们重新审视新闻与生活(事实)之间的关系,从而避免形而上学,更深入、更具体地贯彻马克思主义的唯物辩证法。



将系统科学方法应用于新闻写作学研究,不是趋时骛奇,而是新闻写作学研究对象的构成特性和新闻写作学研究进展的必然结果。但由于系统科学方法不具备哲学方法论的那种普遍意义,因此,就势必产生向新闻写作学研究领域引进的艰巨性。早在30年前,信息论的创始人申农就曾发出忠告:"信息论的基本结果都是针对某些非常特殊的方向,它们未必切合像心理学、经济学以及其他一些社会科学这类领域。……我个人相信,对于上述那些领域,信息论的某些概念是有用的(实际上有些结果已经是十分有希望的),但这些应用的建立绝不可能是简单地生搬硬套所能奏效，而应当是一个不断研究、不断实验的过程。”①尽管后来以至今日，包括信息论在内的整个系统科学方法广泛应用的结果，使得“曾被申农在他的贡献中所审慎排除了的东西，现在又被包含进来了”②。但是，申农的这一忠告，对于正面临着引进系统科学方法的新闻写作学研究来说，仍是意味深长的。它提醒我们，必须谨慎地对待这些新方法，尤其不要将其作为普遍的哲学理论来对待，任意拔高它在认识论当中的地位，或者简单、机械地套用它的定义和术语；而必须从新闻写作学的本质特征出发，使这一科学方法具体化。否则，必然导致引进的失败。

列宁指出：“从自然科学奔向社会科学的强大潮流，不仅在配第时代存在，在马克思时代也是存在的。在20世纪，这个潮流也同样强大，甚至可以说更加强大了。”③新闻写作学是一门科学，是一门正在发展着的、富有生命力的科学。当前，引进系统科学方法研究新闻写作学虽然才刚刚起步，但这毕竟是新闻写作学科走向现代化、科学化的重要标志。这个“潮流”是不可遏止的。只要我们认真地、不带偏见地运用系统科学方法，就一定能在新闻写作的沃野上采撷到迷人的果实。也正是在这一意义上，笔者认为，系统科学方法的引进，乃是新闻写作学研究跃进的契机。在新闻界同仁的共同努力下，处于“改革”、“开放”的伟大时代的新闻写作学研究，前景一定是无比光辉灿烂的。

（1986年12月）



---

① 转引自《计算机应用与应用数学》1976年第5期，第75页。

② 引自《自然辩证法通讯》1981年第2期，第35页。

③ 引自《列宁全集》第20卷，人民出版社1958年版，第189页。

# 新闻写作学基础理论建设的思考



近几年,以新闻改革的展开、深化作依托,我国新闻写作学的理论研究有了较长足的进步。这不仅表现在付梓的成果(学术论文、教材、专著等)累累,而且还呈现于研究方法、角度和途径的多样化与创新性上。其间有代表性的要推四川人民出版社出版的《新闻写作学》(张惠仁著)一书。其主要特点在于突破了新闻写作知识的一般告知,努力寻求传统与现实、历史与逻辑的统一,继承与创新的结合,新闻学与边缘学科的交融,从而使整个学科的研究面貌焕然一新。应该说,它较之以往的新闻写作教科书要高出一筹。然而,尽管有这些难能可贵的突破,但就总体而言,新闻写作学科的发展还没有达到令人十分满意的地步。究其原因,自然是多方面的,新闻写作学基础理论建设的忽视或偏颇则是关键所在。

新闻写作学的基础理论,是新闻写作学科的总体性和根本性的理论构建。它不仅对于新闻写作的实践活动具有指导性的理论职责,而且对于不同门类的新闻文体写作理论的构建也具有明显的指导作用。因此，切实加强新闻写作学基础理论建设，在促进新闻写作学科的发展上有着举足轻重的意义。

## 一

建设新闻写作学的基础理论，首先必须确定其先进的、科学的哲学基础。

本来，在上个世纪人类的思维已经进入把辩证法透彻到一切学科中去的历史阶段。辩证法的自觉运用，使得亚里士多德的形式逻辑只在一个很低的层次上、很狭小的范围内才有价值。当时，黑格尔率先提出了"正、反、合"的辩证思维模式，在其体系中，一系列的范畴都以正、反、合的范式构成了有序层次。继而，马克思扬弃了这种正、反、合的有序层次中的唯心主义的实质，把它放在历史唯物主义的基础之上；并在《资本论》一书中，以成套的正、反、合的有序范畴显示了辉煌的、严密的宏观系统和微观的精致的层次。自从马克思主义传入中国后，我国一些卓有成就的学者往往运用辩证思维的方法分析矛盾（正、反）、分析转化（合）和分析条件。正是这种哲学基础，特别是方法论的更新，使我国在短短的60多年里，创建了一系列现代意义上的学科。

然而，使人感到惊讶的是，20世纪七八十年代出现的一些新闻写作学研究文章和著作，却仍然盲目地把亚里士多德的形式逻辑作为自己方法论的基础。这突出表现在一种单维、单向的线性因果关系充斥于新闻写作学科的基础知识之中。比如，关于新闻作品的主题的论述，总是再三强调主题的客观性，主题来自生活；写出了好的新闻作品，便是由于写作者深入了生活，否则，就是没能深入生活。这表面上似乎符合唯物主义哲学，但在根本上却是机械唯物论。在新闻采写实践中，不同的记者同样深入生活，面对同一新闻事件，有的写出了令人拍案叫绝的好报道;有的却写不出来,或者写出来的也只是“过眼烟云”式的报道。这样的事例还少吗?事实上,新闻写作是一项复杂的精神劳动。新闻作品中主题的形成、深化,既不是写作主体脱离客观生活的纯主观想象的产物,但也不是与主体毫无关系的纯客观存在物,而是主客体相互作用的有机统一的结晶。高尔基在谈到文学写作时曾说过:“主题是从作者经验中产生、由生活暗示给他的一种思想,可是它聚集在他的印象里还未形成,当它要求用形象来体现时,它会在作者心中唤起一种欲望——赋予它一个形式。”[①]在这里,高尔基不光指出了主题与写作客体,即客观现实生活的关系;更强调了主题与写作主体,主要是写作主体的思维活动的关系,即强调了对主题的表现是写作者思维活动的基本动因,同时也是它的主要指向。文学写作是如此,新闻写作何尝不是如此?哪一篇新闻报道的诞生不经过新闻写作者的头脑“加工”?人脑的思维活动有它自身的规律,有它的自身的内在矛盾。按思维科学来说,思维内部的基本矛盾是普遍性和特殊性的矛盾,亦即同与异的矛盾。对于一篇新闻报道来说,则是特殊的具体素材与超越特殊素材的人生体验的矛盾。这就是在同样的新闻事实面前,不同的记者会写出不同的新闻报道的原因。此外,新闻作品中主题的形成与深化,不仅是个思维活动问题,还有个表达的问题。从这个意义上说,主题又是一个明晰的起点和终点意识,是思路的一贯与变幻问题,是素材与素材、素材与思绪之间的承接和引申的问题,是思维与素材的单纯和丰富问题,是思维的递进与素材的多方位问题等等。遗憾的是我们的新闻写作学不去研究思维与表达的内部结构,却反反复复地说明思维与原料的关系,便未免本末倒置了。这就是因为我们还没有自觉地、一贯地把客观(正)与主观(反),以及新闻作品(合)作为分析的中心,从而也就难以形成现代科学意义的主题范畴。



① 高尔基:《文学论文选》,人民文学出版社1958年版,第296页。

大凡学科都是由一系列基本范畴和基本原理组成的有机体系。就目前的研究状况而言，新闻写作学科的主题范畴之所以未能确立，还由于我们还未曾为它确立一个对立面，有正而无反，因而不能合，不能统一为一个有内在活力的结构。正因为这样，新闻写作学的主题范畴还处在草创阶段，显得非常贫困。范畴不能成对，因而也就谈不上像《资本论》那样，在一对范畴的矛盾对立中引申出另一对新范畴，使范畴与范畴之间形成一个严密的有内在自给性的逻辑系统。而正是在这个逻辑系统的有序层次中，才能显示出历史发展的进程，达到逻辑的与历史的统一。

从科学学的角度来说，任何一门学科要成为一门科学，要上升到科学的完备形态，就必须在基本范畴上形成一种共同遵守的规范。否则，概念的内涵、外延都不能统一，科学就不能通过基本范畴积累研究的成果；学科自身也就难以走向成熟。当前，我国新闻写作学所使用的基本范畴还处于不稳定状态，有时则严重到带有很明显的即兴性和随意性。此外，好些概念笼统模糊，有着很大的意会性；道理表述多作一般性的告知评价，缺少严密的逻辑推理与论证，道其然而不道其所以然。这就造成了新闻写作实践中大量的感性经验不能顺利地积累、沉淀，迅速地增殖，不能从经验层次向理论层次升华。因而，新闻写作学科中那些最有实用价值的部分长期在经验层次上徘徊。理论上的贫困和实践经验的丰富之间的不平衡，使得新闻写作学在理性上不能充分地自主，表现出了一种十足的“惰性”。它不得不向邻近学科借用理论，甚至从基本范畴借起。例如，主题就是从文艺学中借来的。可是，如今文艺学中主题的概念已经发展了，文艺学中最敏感的分支已经提出了主题的确定性与生活的不确定性之间的矛盾，因而有复调主题、多维主题等说法。但新闻写作学中主题这一范畴却并不具备这样的开放性；至今，作为一个范畴仍然自我封闭，不能吸取新鲜经验以发展自身的内涵。这样，新闻写作学中的主题范畴自然与新闻写作的实践不相适应了。

要改变新闻写作学的这种落后态势，当务之急是把学科基础理论的哲学基础，尤其是方法论的基础真正建立在辩证思维上，从而迅速形成一套科学的、统一的基本范畴、基本概念，以构建一种高层次的、能对实践真正起到指导作用的科学理论体系。

## 二

建设新闻写作学的基础理论，必须探索、揭示新闻写作活动的内在的基本规律。

任何客观现象的产生、发展都有着其内在的基本规律。新闻写作活动作为一种社会现象，当然也不例外。规律所在，学术所托。正确地揭示新闻写作规律，是新闻写作基础理论的重要任务。然而，令人遗憾的是，已有的为数不少的新闻写作学研究文章或著作，要么无视其规律的存在，认为“文无定法”，新闻写作无一定规律可言，就是有，也是“只可意会，不可言传”；要么由于研究者的思维模式囿于以新闻作品为中心，凭着微观的直觉体验和零星感发，误把新闻写作的一些外部特征，诸如要实、要新、要快、要活等等当作其内在的规律。对新闻写作规律的认识肤浅或偏颇，势必影响整个学科基础理论研究的科学价值和实用价值，从而也难以更好地指导新闻写作实践活动。



列宁说：“规律是现象中巩固的东西。”①探讨新闻写作的规律，便应当透过新闻写作活动这一现象的表层，进而揭示其内部的、贯穿于现象全过程的“巩固的东西”。新闻写作活动内部“巩固的东西”究竟是什么呢？

（一）从唯物主义反映论的角度看，“新闻的本源乃是物质的东西，乃是事实，就是人类在与自然斗争中和在社会斗争中所

① 《列宁全集》第38卷，人民出版社1959年版，第159页。

发生的事实"①。作为报道事实的新闻作品是客观存在的事物的反映,没有客观事物自然也就无所谓新闻作品这一反映。所以,新闻写作活动总是把客观事物视作写作的对象。但是,新闻作品绝不是客观事物的镜像式的反映。在新闻写作的过程中,客观事物并不像物质生产中的自然材料那样可以直接进行加工,而必须通过人的感知,转化为概念、表象等,进入人的意识系统才有可能进行精神生产的劳作。由"物"(客观事物)经过人的感知,在人脑中转化为"意"的过程,亦即意化过程,便是新闻写作活动中普遍存在的一个"巩固的东西"——由客体向主体转化。

根据心理学的观点,人的知觉是一个能动的过程,其对客体的知觉总是在现有的"心理定势"的基础上发生的。新闻写作活动的意化过程也是如此。当着手进行新闻写作时,记者不是作为一般的人去感知客观对象,而是自觉不自觉地在从事新闻写作活动的主体特有的"心理定势"基础上去观察客体、感知客体、认识客体的。因此,使意化出现与新闻写作活动有关的定向性。同时,在意化中这种被感知的某种客观事物,还能引起主体的一种写作冲动、写作欲望,从而进一步以定向的方式把一切有关"物"加以意化;或者根据表达的需要、表达的动机,对被感知的事物进行定向选择,而后加以意化。这种从"物"到"意"的转化过程,应当是记者的一种主动的意识活动。记者应以全部身心去拥抱世界,有选择地、定向地觉知世界,能动地把客观事物转化为意念、意象,从而萌发出新闻写作的意图和要求。

(二)把客观事物加以意化,只是完成了新闻写作活动中由"物"转化为"意"的第一次飞跃。这次飞跃,是客观事物对写作主体的"触发";同时也是主体从自己的心灵尺度和心理内容出发,对客观事物的过滤、筛选的结果。因此,也可以说,这是主体

① 陆定一:《我们对于新闻学的基本观点》,载延安《解放日报》1943 年 9 月 1 日。

的一次“发现”。但是,这种“发现”往往具有直觉的性质,写作者只是在客观事物与心灵碰撞而迸射出的“闪光”中,本能地看到未来新闻作品飘忽、隐约的轮廓。而要把这一轮廓稳定下来,清晰起来,写作者便要把有关意化的概念、表象进行创造性构思,孕育成内在意象、形象和雏形建构,成为有生命力的精神“活物”。这也是新闻写作活动中的一次质的飞跃。这第二次飞跃——由无机物向有机生命的转化,亦即内孕化,便是任何文体的新闻写作活动都具有的又一个“巩固的东西”。

新闻写作中的内孕化的完美实现,首先依赖于写作主体对写作对象的“情化”,即把主体的情志灌注到对象之中,使对象成为一个“人化”了的、“感情化”了的“第二自然物”。当然,在“情化”的过程中,要严格遵循新闻写作的真实性原则,决不允许借“情化”以人的意志、情感改变对象的本来面貌;而是把“情”潜入对象的内部,既销声匿迹,又无处不在,情寓托于对象之中。其次,新闻写作中的内孕化,还要十分注意“气”的灌注。宋代学者陈善在谈到文章写作时说过,“文章以气为主,气韵不足,虽有辞藻,非佳作也。”有了这种气韵,文章就“活”起来;反之,只是辞藻的堆砌而已。新闻作品同此道理。因此,新闻写作者在进行作品构思时,关键在于使材料不仅发生“物理”变化,更重要的是赋予其新的“生命”,即发生“生物”的变化。再次,新闻写作的内孕化,还在于作为新闻作品内在建构的有机整体的形成。写作者必须孕育成一个雏形的构架,用内部语言把有关材料按照写作构思定位、幻化,构成有相对完整性的隐形的作品“胎儿”。当然,这一整体化的构建过程,是与写作者的思维活动休戚相关的。写作者要善于运用多种思维、多种方式进行内部组合、融化,并根据表达目的,选择最优化的途径,勾勒出新闻作品内在的“蓝图”。



(三)新闻写作活动经过内孕化,孕育成了有生命的新闻作品的内在形态,但它还只是写作者头脑中的隐形的设想。至此,新闻写作活动还远远没有完成。要使这种隐态意识性质的雏形用物质形式固定下来,加以形迹化,使写作活动最后创造的精神产品——新闻作品在世界上诞生,新闻写作活动还得进行一次质的飞跃——由“内在形态”向“外在形态”的转化,亦即“外化”,这是新闻写作活动中再一个普遍存在的“巩固的东西”。

外化的内涵,就是用文字符号把新闻写作者头脑中的构思成果凝聚、化合为新闻作品。在这期间,写作者进入了手脑并用的阶段,将逐步克服其在内孕化时的模糊不定之处、疏漏矛盾之点、不够圆合之节、尚欠条贯之脉;这将是内孕化的继续深化、发展和完善的阶段,是写作者逐渐强化自己对作品内在形态的感受和把握的阶段。经过这一阶段,新闻写作意图才得以最终实现。

外化并不是写作者构思成果的原封不动的实录。写作者的构思要用文字符号表达出来,便要受到新闻写作技巧、语言文字等诸因素的影响和制约。外化的关键取决于写作者的写作技巧修养和语言文字功夫的高低与工拙。新闻写作者如果缺少这一修养和功夫,新闻写作技能不高,或者词汇掌握得少,不太懂得修辞,也就不可能把构思成果外化成像样的新闻作品。因此,外化在新闻写作活动中是一次十分重要的转化;不会外化,整个新闻写作活动便成了无效劳动。



综上所述,“意化——内孕化——外化”的“三级飞跃”,是新闻写作行为的一个基本模式,也是贯穿于新闻写作活动这一社会现象全过程的一个基本规律,它也揭示了新闻写作这种特殊的精神劳动的本质属性。正确认识和把握这一规律和本质属性,新闻写作中的种种“不解之谜”才能迎刃而解。这自然是新闻写作学基础理论的重要职责。

## 三

建设新闻写作学的基础理论,还必须注意其理论特征的概括性与相对性。

新闻写作学基础理论之所以称之为“基础理论”，就必须具有指导各种文体的新闻写作的普遍性理论意义，否则就没有存在的价值。而要做到这一点，首先便要注意其理论特征的概括性。这就是说，新闻写作学的基础理论，应当概括出各种各样的新闻写作实践活动的某些共性特征和各个门类、文体的新闻写作理论的共性理论特性。如果新闻写作学基础理论面对着丰富多彩、形态各异、手法多样的新闻写作实践活动，其观念、观点、定义及阐释等顾此失彼、捉襟见肘或挂一漏万，这样的“基础理论”显然就得不到社会的广泛认可。



纵观当前新闻写作学基础理论的研究成果，应该说它们无疑程度有别地具有一定的理论概括性；但也毋庸讳言，其间不少研究文章和著作在理论概括性上还存在着程度不同的缺憾。比如，谈到新闻写作的原则和要求时，多认为新闻姓“新”，须“事实新”、“时间新”。这对于反映事物的最新变动、以传播事实为主的事件新闻来说，无疑是适用的。但对于不以传播新的事实为其主要特征，而是以提出有现实性、针对性的问题或经验为主旨的非事件性新闻来说，其概括的依据和意义在哪里呢？还有，谈到新闻写作的章法时，又多说要结构有序、逻辑分明、因果相关；但现今不少推崇的“视觉新闻”、“散文式新闻”，其结构却越见淡化和散乱，时空结构在“意识流”中起跌闪烁。这又何以解释呢？再如新闻语言，且不说消息的语言与通讯的语言、报告文学的语言表现迥异，就是消息语言中，时政消息的语言与人物消息的语言也有着很大的差异；然而，在一些新闻写作学的研究文章和著作中，却要硬性规范新闻语言的几条框框，自然也就难以具有相当意义的概括性。诸如此类，不能不是令人思考的疑窦。此外，在一些新闻写作学研究的理论构建中，我们还可以明显地窥见这样的分庭抗礼：有的独尊传统的新闻写作“基础”理论，“拘古不变”；有的则独尊“三论”，“弃古不管”。如此或厚古薄今或厚今薄古，对于新闻写作这种既存历史又有现实，既存传统又有革新的实践活动来说，独尊一体、偏执一方的理论构建的概括性当然也就有了缺陷。如果说新闻写作学的基础理论是对古往今来各种各样的新闻写作实践活动进行科学的分析、归纳，进而寻找出其间普遍性的规律和特征的理论，它的概括性就不能不构建于既尊历史又崇现实、既尊传统又崇革新的进程性与动态性的基石上。正由于这样，新闻写作学基础理论的概括性设置显示出其艰难性。我们只有充分意识到自己的不足，克服浅陋自傲的态度，去掉“门户之见”，才能以兼容并收的豁达去逐渐完善它，才能力图在科学的认识中去正确地把握住它。

新闻写作学基础理论与其他任何学科的基础理论一样，必然要建立在相关实践活动的研究基础之上。换言之，任何理论都是对象化的理论。那么，新闻写作学基础理论的对象实在是太丰富了，大千世界的一切新闻写作活动及其物态成品都是新闻写作学基础理论的研究对象和指导对象。这便促使它必然需要极大的理论概括性，同时又决定了这种概括性又不能不是相对而言的，即具有相对性的“品格”。



众所周知，各种门类、文体的新闻写作实践活动，都具有自身的特定的写作原则、要求和特征。这些不同的写作原则、要求和特征，对于不同门类、文体的新闻写作来说，有时存在着非此即彼、水火不容的矛盾。例如，消息讲究朴实、明白、言简意赅，而通讯、报告文学则要“丰富、深刻”，非具“文采”不可；动态新闻重在叙事，而述评新闻则重在明理……诸如此类写作门类、文体的迥异要求，不能不使新闻写作学的基础理论的概括带有相对的意义，而很难面面俱到地顾及到各种新闻写作实践活动的特殊性。而这种特殊性的必然存在，使得新闻写作学基础理论的概括性尽管抽象出了不同新闻写作实践活动的某些共性特征，但它实质上还是相对的而非绝对的概括。与此同时，文律运周，日新其业，新闻写作学基础理论的概括的相对性，还必然受制于新闻写作实践活动的不断发展更新。比如，传统消息写作的结构崇尚“倒金字塔式”，但时下“彩线穿珠”、“移步换形”、

"二水分流"、"误会巧合"等散文式的结构却日见兴旺起来。这种变异，在其他门类、文体的新闻写作实践中也随着社会历史的前进、受众审美水准的提高而日趋频繁。再如，近几年问世的"采访札记"、"杂文式通讯"、"深度报道"、"立体报道"等等，这些新文体的出现就给新闻写作基础理论增加了新的研究对象而须作新的理论调整。这都说明，新闻写作实践的不断发展而带来的新的写作现象，使新闻写作学基础理论的概括历史地处于相对性之中，须随历史的发展调整自己的逻辑结构与理论实体。

当我们粗略地考察了新闻写作学基础理论的概括性和相对性之后，就能意识到新闻写作学基础理论的建设，不能不予以兼收并容的开放意识、革新意识和历史态度。我们既要认识到理论概括对新闻写作学基础理论的重大意义，从而努力使新闻写作学基础理论增加概括性而更具有普遍指导价值；同时，又必须意识到这种概括性并非一成不变、面面俱到，而是有着相对性的。认识到这两点，对于我们新闻写作学基础理论的建设是不无裨益的。

（1987 年 2 月）

# 新闻写作信息学初探



近些年来，随着科学领域的扩展及其研究的深入，现代科学出现了高度分化和高度综合的趋势，这是科学发展的一个极为重要、显著的特征。边缘学科正在不断发现，新的研究对象正在不断增加，新的学科正在不断产生；而综合科学和横向科学的出现，不仅丰富了科学研究的方法论，促进了科学的发展，而且也使人们认识客观世界的能力具有了系统、综合的深度。面对科学发展的这一态势，一切传统的学科理论与知识，都不能不受到冲击，不能不改变原先的面貌，从而为更切合实际、更符合时代和社会发展要求的新的理论体系、知识体系所替代。这是科学发展的必然。

新闻写作学作为新闻学科的一支，自然也毫不例外地要发展、改革、更新。近一个时期，一些从事新闻写作理论研究和实践工作的同志，都从不同的角度，思考、议论传统新闻写作学中存在的问题，发现其不足或不妥之处；同时，也在探索其发展、改革和更新的途径。这是十分令人鼓舞的行动。可以预见到，我国新闻写作在新的历史时期将得以振兴,新闻写作学科也将有一个新的突破。

本文试就引进信息论的观点和方法,创建新闻写作信息学的意义及其内涵作一简要的论述,以作推进新闻写作学发展的引玉之砖。

## 一



20世纪40年代,美国数学家、信息论创始人申农从研究通信理论的角度出发,认为信息是可用来通信的消息或知识。他认为人类借助通信的方式交换信息,目的在于获取新知识,消除认识上的不确定性,改变原来的知识状态。他和另一位科学家维纳认为:"凡是在一种情况下能减少不确定性的任何事物都叫做信息。"①语言文字是传播信息的一种主要手段。新闻作品是以语言文字为媒介,传递自然信息和社会信息的物质性载体。用信息论的观点和方法,研究新闻写作的规律及其系统特点的科学,就叫做新闻写作信息学。

今天,在我们所生活的这个星球上,由于以微电子技术的广泛应用为标志的新技术革命(国外也有人称之为"第三次浪潮"、"第四次工业革命"等)的兴起,人类正在跨入一个以信息、新能源、新材料、生物、空间、海洋等六大群体技术构成的"信息时代"。在这个"信息时代"里,信息已呈几何级数增长,"爆炸"般地涌现;人们离开信息、离开信息的交流已无法生存。在这种情况下,新闻事业作为人们传播、获取信息的主要渠道,其信息交流的中枢地位越发显得突出、重要了;新闻写作作为一项加工、处理信息的工作流程,与人们的日常生活和工作的联系也必然愈来愈密切了。如果说,新技术革命的"冲击波"将席卷全球

① 引自〔美〕施拉姆:《传播学概论》,新华出版社1984年版,第41页。

各个领域,那么,作为信息时代"潮头产业"的新闻事业及其主要工程——新闻写作自然首当其冲,受到严峻的挑战。尽快创建新闻写作信息学,着力研究新闻写作加工、处理、传递信息的规律和方法,以适应信息时代的要求,已经是摆在我们新闻写作研究者面前的一项十分重要且刻不容缓的任务。

与我们传统的新闻写作研究不同,新闻写作信息学是从系统性和整体性的层次上来研究新闻写作过程。它用信息论方法,把新闻写作过程视作一个信息的变换系统,注重从信息的传递中对其进行综合考察,以掌握新闻写作过程的整体性特点及其性能知识。这对传统的新闻写作理论是一大改革和更新。

从信息论的角度看,新闻作品是信息的载体,它承载的信息就是它所传递的具有新闻价值的事实和意见。这种信息并非是纯然客观的存在,而是依赖于人们对它所用符号体系的掌握。所以,新闻写作信息学的根本特征,是把新闻写作从"作品"为中心的观念中解放出来,形成以"信息"为中心的系统。由此,新闻写作学也就成了一门专门研究承载具有新闻价值的语言文字信息传递的独立学科,而不仅仅是传统意义上的应用新闻学科的组成部分了。此外,根据信息论的原理,信息的本质在于传通。新闻信息的传通过程,实际上也是一个社会互动过程,其间离不开人这个主体。客观事实要变成新闻信息进行传通,既需要信息载体和传播媒介,也需要传播者和接收者。离开人这个主体,任何客观事实都无法进入传播领域实施传通。据此,新闻写作学的研究对象也就由往往偏重于对事实客体和写作成果的研究,转为主要对信息传通的主体(信源、传者、接收主体)及传通过程的研究。这是新闻写作信息学的一大革命性的贡献。

新闻写作信息学,绝不是给一般的新闻写作理论披上一件信息论的外衣。新的观点、新的方法的研究,必然给一个学科带来新的生命。新闻写作信息学赋予新闻写作学科新的生命主要表现在这样几个方面——

第一,它使学科研究从封闭型向开放型发展。

以往的新闻写作理论，大多囿于新闻作品本身的微观研究，就作品论作品，成为一个封闭系统，其结果势必难以发现新闻写作的真谛，学科自身也必然裹步不前①。新闻写作信息学则是一个开放的系统，追求的是纵向和横向的发展。从纵向上看，它既注意传承已有新闻写作学中的优秀传统，又十分注意把握现实生活向新闻写作提出的新要求；并以发展的眼光，探测未来新闻写作的新动向、新趋势，随时注意摄取新的信息，以备自身的不断更新、完善。从横向上看，它与自然科学、社会科学、技术科学和管理科学紧密联系，不断拓展、丰富自身的学科体系和研究内容；并注意引进新的技术方法，包括电子计算机的使用，以改善、提升自己的运作过程及效能。这一切，就使得新闻写作学从专门的人文社会科学中拓展开去，转变成多学科交叉、渗透的边缘科学。

第二，它使学科研究从单一型向综合型发展。

传统的新闻写作理论，往往把新闻写作过程看成是一个单一的思维表述过程，只是围绕着物（客观事实）、意（新闻主题）、序（结构顺序）、文（语言文字）这条轴线来转动，寻找它们之间的和谐与配合。而新闻写作信息学则注重从各种自然信息、社会信息的联系中，从客观符号与主观把握的结合中，对新闻写作的全过程作整体性、系统性的观照。这样，新闻写作便由单一的静态的新闻作品生产过程，演变成综合的动态的新闻信息处理过程了。其间势必融入思维科学、技术科学和社会科学等多学科的知识与方法，新闻写作信息学的边缘性、综合性的特点也由此得以显现。

第三，它使学科研究从知识型向实践型发展。

长期以来，我国的新闻写作理论一般都侧重于新闻写作知识的灌输，而缺失对新闻写作实践能力的开发。有关的专著、教

① 参见拙文：《我国新闻写作学研究现状的反思》，载《新闻传播》1987 年夏季号。

材虽然也强调写作的实践和训练,但缺少科学的实践方法,仍然是停留在单纯的"写作训练"的知识传授上。新闻写作信息学则把新闻写作看作是认识生活和表现生活的统一过程,紧紧抓住表述思维、传递信息和语言文字的构造使用等问题,重在培养、训练新闻写作者对新闻信息的把握与运用能力。新闻写作信息学虽然也要包含理论和实践两个部分,但它的理论部分相当于电子计算机的软件设计,侧重于用推理的方法,乃至数理统计、电子计算机的方法,制定出信息传递的模式和规则。就发展趋势而言,它还将要求把信息分解成一系列能在电脑指令中加以辨识的基本符号(词汇、文字等),并提示其运作的一般规律与规定。这样的理论阐释,便不是单纯、抽象的"知识",而成了具有"可视性"、"可用性"特征的科学体系了。新闻写作信息学的实践部分,则相当于电子计算机的具体操作过程,具体训练有关新闻信息的摄取、加工、输送的技能与技巧。这样,新闻写作信息学便具有了十分明显的开发实践能力的功能。总之,新闻写作信息学的创立和发展,既有助于把电子计算机技术引进新闻写作领域中来,使其成为得力的辅助性工具;也有助于新闻写作者的实践能力的科学开发,从而为提高新闻写作的效率,并使其取得更加优化的成果提供"技术"保证。



## 二

新闻写作信息学主要是研究具有新闻价值的社会信息和自然信息的语言文字处理、流通、使用和反馈等方面的一般规律和方法。具体地说,其内容有以下几个方面。

### 1. 研究新闻写作信息的特殊形态、功能及其传递系统

新闻写作是以语言文字的形态来加工、贮存、处理、传递新闻信息。新闻作品是新闻写作的产品,是"语言的艺术",具有

“软件”的性质。但是,新闻作品又不同于一般的“软件”;它是人的新闻意识活动的结果,是人的专业化的认知、情感与社会和自然界交流的产物。新闻写作要引进电子计算机技术,以提高新闻信息的贮存、加工与处理功能;但是,新闻写作信息的贮存、加工与处理也不等同于一般电子计算机的信息贮存和加工、处理,它有着自己独特的形态和功能。这就是新闻写作信息学研究的一大主要内容。

当然,新闻写作信息的特殊形态与功能,是在其特殊的信息传递系统中显现的;离开了信息传递系统,也就不存在信息的形态与功能了。因此,研究新闻写作信息的特殊形态与功能,必须建立在对其信息传递系统的了解和把握上。众所周知,新闻信息并非是纯然客观的存在,而是客观存在顺应人的主观价值准则要求的结果,是主客体相适应的产物。“控制论”的创始人维纳认为,信息是“人们在适应外部世界并且使这种适应反作用于外部世界的过程中,同外界进行交换的内容的名称”。“接收信息和使用信息的过程就是我们对外界环境中的种种偶然性进行调节并在该环境中有效地生活着的过程”①。这个对信息含义的解释,不仅揭示出了信息的实质,而且也可以视为新闻写作信息传递系统的一个科学概括。根据美国数学家申农的阐述,信息传递的模式通常得经过这样几个程序:首先,由“信源”发出原始信息;然后,经过“编码器”的加工处理,进入“信道”(信息通道);接着,“信道”发出的信号又通过“解码器”的编码,重新复原为信息后才到达“信宿”(信息的归宿),最终被接收。在新闻信息传递系统中,客观世界发生的具有新闻价值的事实构成了“信源”;获取、处理、加工、传递新闻事实的新闻写作充当了“信道”的作用,其间产生的各种文体的新闻作品都成了包含着一定质的信息量;接收信息的人(新闻受众)则构成了“信

① 维纳:《人有人的用处——控制论和社会》,转引自《新闻学刊》1985 年第 1 期。

宿”。新闻写作信息学的一项基础性工作,便是要揭示这一新闻信息传递系统的特殊性与规律所在。

**2. 研究新闻作品多层次的结构功能**

从上文所述可知,新闻写作是一个复杂的系统,从信息源,到信息输入、加工、贮存、输出和反馈,形成了一条特殊的“信道”。这一“信道”的终极目标与结果,便是“生产”、“制造”新闻作品。因此,根据信息学的原理,新闻作品作为新闻写作信息传递过程中的核心环节,自然就具有了多层次的结构。其中,作为外在的表层结构的语言文字(编码),是它传递信息的基本形式。语言文字可以分为音响和字形两个信号系统;音响系统通常比文字符号具有更大的信息价值,这是因为它的音调、音色、语气等都有信息传递的作用。新闻作品的层次、线索、过渡、照应等则是属于其里层层次的结构,由此呈现出“信道”的特征,并影响着信息的传递。而新闻作品的思路、文脉和谋篇布局等构成的信息的内在组合,则是“信道”的深层次的反映。其间的意念、情景、意境等都有着其内在的意义,它们所包含的信息量也就是新闻作品的容量。新闻写作信息学研究的一个重要方面,就是把新闻作品的信息量作为这样一个可以分离的具有多层次内涵的集合。其主要作用在于,新闻写作者据此可以多层次地传递新闻信息,新闻受众也可以据此在不同层面之间自由地把握新闻信息,理解新闻作品(译码)。

新闻写作信息学将新闻作品作为多层次结构的信息组合,不仅有助于研究者从一个崭新的层面上探索和解决新闻作品的语法信息、语义信息和价值信息的问题,而且还有助于对新闻作品的风格、文体、节奏、技巧的研究科学化。比如,可以通过对语言文字(符号)的分析,以精确的数学方法,统计出其构成量的种种因素。信息量是表达信息组成的一种方式,掌握新闻写作对象的信息量便可以发现它的组成结构,从而加以分析和表现。

**3. 研究新闻写作信息的最优化组合**

研究新闻信息组合的最优化，是新闻写作信息学的又一主要内容。这里所谓的信息组合“最优化”，是指新闻信息的新颖度和可理解性之间的适当比例。通过对新闻作品信息量的测量，可以解决好在新颖度与可理解性之间，究竟选取哪一种比例能使新闻作品达到“最优化”这一难题；也有利于克服当前新闻写作中的陈陈相因、空泛疏陋之弊，以及“八股”气和“假大空”的现象，从而更好地实现其应有的传播效果。

一般地说，新闻作品传递信息时，新颖度和可理解性之间呈反比关系。新的信息愈多，新颖度愈高，新闻作品通常就越难以理解。反之，新颖度愈低，则可理解性越强；当然，这种信息难免陈旧而无味，难以引起受众的兴趣。所以，新闻写作过程就是要寻求新颖度和可理解性之间的适当比例。这样，就把新闻作品的定量分析，引入了定性研究的领域，使新闻写作达到了定量化的要求。因此，研究新闻写作信息的最优化组合，可以为统计数学和电子计算机在新闻写作中的普遍运用打下基础，从而推进新闻写作的科学化。马克思曾指出，“一种科学只有成功地运用数学时，才算达到了真正完善的地步”①。作为一种广泛、迅速传播信息的行为，新闻写作也当引进数学的方法，这样才能使其达到“完善”的地步，发挥更大的社会效用。



**4. 研究新闻写作信息的快速传递**

新闻写作作为“传播新近发生、发现或变动的事实”的一种社会活动，必须十分讲求时间性。新闻写作信息学的一个主要内容，就是研究如何尽可能地缩短信息的传输时间和渠道，以使新闻作品的新闻价值得到充分的实现。为此，就要根据不同文体的新闻作品的特征，研究其快速、优质传递信息的方式，以达到最佳传播效果。

---

① 引自拉法格：《回忆马克思》。

在现代社会活动中，各种类型的新闻作品都有着自身的写作原则和要求，加之我国语言文字的规范性又强，因此，如何充分发挥其信息传递的机制，加速其传递过程是一个十分具有研究价值的课题。比如，对于非事件性新闻作品的写作，便可按照信息论的方法，对其题材的抉择、材料的选用，确定出其最高的限量和最小的限度；对其内部的构建，则应考虑加大信息间作用的概率，也就是扩大信息的联系（结合）潜能，使其发挥更佳的效用。这样，自然就加速了新闻信息的加工和传递，节约了新闻写作的时间，提高了新闻写作的效率和质量。

**5. 研究新闻受众的接受问题**

就信息论的方法论而言，新闻写作研究的整个系统，主要包含着新闻写作者的写作和新闻受众的接受这样两个子系统。其中，新闻写作者的写作是第一个子系统，由此完成了承载着新闻信息的新闻作品；信息接受者的接受则是第二个子系统，是指新闻受众对新闻信息的接受过程。新闻写作信息学认为，这两个子系统是一个不可分割的整体，构成了一个完整的新闻写作过程。没有第一个子系统，便没有新闻信息的产生；而第二个子系统的存在，则不仅确保了信息传递的完成，还能通过其反馈，对第一个子系统所传递的信息作有效检验，从而促进信息的优化处理，提高信息的表述、传递效用。



新闻写作是面向新闻受众的一项社会实践活动。轻视新闻受众，是当前新闻业界的一大弊端所在；而忽视对新闻受众接受过程的研究，则是当前新闻写作理论的一大缺陷。不纠正这一倾向，新闻写作信息的传递势必受到影响，新闻作品就难以达到增强“可读性”的目的，也就难有新闻传播效果可言了。新闻写作信息学重视新闻受众对新闻信息的接受和创造性的使用，重视新闻写作信息的反馈过程，便可求得新闻写作与社会信息的同步发展，从而充分实现新闻作品的社会效益。

除了上述五个方面的研究内容外，新闻写作信息学还要研究自身学科的发展规律。与此同时，现有的、众多的有关新闻写作研究论文、专著、教材，为新闻写作学的发展提供了极其珍贵的资料。专门研究这方面的信息，并加以分类、整理、贮存、传输，以便交流和利用，这也是新闻写作信息学研究的一项内容。

引进信息论的观点和方法，创建新闻写作信息学，一方面要着眼于新闻写作学科自身的改造与发展，着眼于对新闻写作实践的指导，采取积极、主动的态度，加快建设的步伐；另一方面则要注意防止引进过程中的机械照搬，或简单的“对号入座”，要注意机械的、物质的信息传递与有机的、不断变动的新闻信息交流之间的本质区别，要立足于新闻写作规律和特点的基础上实行引进与创新。这是因为，信息论作为方法论的新学科，并不是包治百病的灵丹妙药，它只不过能深化我们对新闻写作的认识，拓宽我们的视野，变换研究的角度，给予新闻写作学研究以新的启迪、新的方法、新的内容。认真把握住学科间的科学“交融点”，既大胆又稳妥地开展必要且深入的探讨，新闻写作信息学的建设一定能沿着正确的轨道发展。

（1987 年 4 月）

# 现代新闻写作学理论体系的构建



新闻写作学是一门应用科学。建设高层次的现代新闻写作学理论体系，必须要求理论和实践两个方面的科学化同步前进。新闻写作理论作为新闻写作实践的概括与升华，相对地说，应该具有一定的“超前”意义。近年来，新闻写作从内容到形式，从观念到技法都发生了一些新的变革，这种实践和变革向传统的新闻写作理论提出了挑战。传统理论的贫困，已无法充分发挥其对新闻实践的指导功能。传统理论的改造，新的理论体系的构建，则是现代新闻写作学建设的当务之急。

现代科学的发展呈现着这样一种态势：一方面日趋系统化、整体化，形成高度的综合；另一方面其内部又更为细密、精致，趋向多元的深化。现代新闻写作学的建设和发展，也必然要顺应这一历史趋势。在新闻写作实践与自然科学、思维科学、人文科学日益交融的今日，新闻写作学的综合性与分支性已催促我们要尽快在基础理论和边缘学科的建设上取得突破性的进展。构建新的新闻写作学理论体系一定要关注这一点。基于此,现代新闻写作学的研究任务应该是:运用现代化的、科学的方法,从哲学的、规律的高度,对已经积累起来的大量知识性材料,进行理论的概括和抽象,研究由现实生活到新闻作品,再由新闻作品到现实生活的整个新闻写作过程的内部规律和外部规律,注重写作技能、技巧的研究,加强新闻写作主体(写作者)的心理、思维、审美意识、语言机制等深层结构的研究,实现新闻写作学科的综合改造与更新,从而把新闻写作学建设成一门真正对新闻写作实践具有深刻影响和指导作用的学科。这样,构成现代新闻写作学理论体系的系列至少应当包含以下这样几个方面。



## 一、新闻写作原理学

作为新闻写作学科的总体性和根本性的理论构建,新闻写作原理学着眼于从现实生活到新闻作品的整个流动过程来研究新闻写作的特殊“品性”及其内部规律,研究新闻写作的特定对象、任务、范围和方法,研究新闻作品和现实生活的双边关系,研究新闻作品的构成因素以及新闻写作的智能技巧等。

建设新闻写作原理学,首先必须确定其先进的、科学的哲学基础,以迅速形成一套统一的基本范畴与基本概念;否则,新闻写作实践中大量的感性材料便无法顺利地积累、增值,无法从经验层次向理论层次升华,新闻写作学在理性上也就无法充分地自主。其次,还必须注意其理论特征的概括性与相对性,既要使它具有指导各种文体的新闻写作的普遍性的理论意义,又要使这种普遍意义历史地处于相对性之中,从而保证新闻写作学科的建设真正建立在科学的基础之上。

## 二、新闻写作信息学

现代新闻写作学不仅要研究新闻作品写作的内部规律,而且还要研究它的外部规律。新闻作品是以语言文字为媒介,传递自然信息和社会信息的物质性载体。在现代信息社会里,信息量与日俱增,成倍增长。作为一种信息工程,新闻写作行为与人们日常生活和工作的联系愈来愈密切。把新闻作品这一信息传播的载体,放到信息交流的过程中去考察、研究,就便于揭示由生活信息到新闻作品,再由新闻作品到社会生活这一流动过程的外部规律。引进信息论的观点和方法以建立"新闻写作信息学"的意义就在这里。

新闻写作信息学主要研究社会信息和自然信息的语言文字处理、流通、使用和反馈等方面的规律和方法。它的根本特征是把新闻写作从以"作品"为中心的传统观念中解放出来,形成以"信息"为中心的系统,以求得新闻写作同社会信息的同步发展。此外,把新闻写作学的研究重心由事实客体转为信息传递、接收的主体及其传播过程,"这是新闻写作信息学的一大贡献"①,也是它区别于当前流行的新闻写作学的根本之点。

新闻写作信息学的具体研究内容可以有:研究新闻写作的信息的系统、形态和功能;研究新闻作品的写作和信息的本源关系;研究新闻写作的信息的最优化处理;研究信息的快速传递以及新闻受众的接受问题等等。

① 详见收入本书的拙作:《新闻写作信息学初探》。

# 三、新闻写作系统学

研究一切系统的模式、原理和规律的科学称为系统论。运用系统的观点来研究事物的相互联系及其规律,从而找出能够达到既定目标的最佳方案的方法,叫作系统方法。系统方法作为一种新型的科学方法,较之传统的因果关系方法、分析综合方法、单项研究方法、结构分析方法等等,有着更大的优越性,且更具科学性。

系统论的观点和方法,讲究事物的整体功能大于其各部分功能之总和,要求从整体上去把握、认识事物,强调系统的整体性、动态性和有序性。据此考察,新闻写作便是一个由若干组成部分结合而成的整体,其各组成部分之间既相互联系、相互依赖,又相互作用、相互制约。新闻写作本身是一个具有整体功能和综合行为的统一体,也就是一个系统化的活动系统。同时,新闻写作这个活动系统又处于人类社会之中,是整个社会活动系统的一个组成部分。这样,站在社会大系统的高度,来研究新闻写作学,视点高了,视野开阔了。它有助于我们研究者思维空间的拓宽,使研究由平面、单线,转向立体交叉、纵横渗透,整个学科势必会出现令人惊喜的突变。



运用系统论的原理和方法研究新闻写作学是一项复杂的系统工程。新闻写作系统学的理论框架至少应包括这些内容:

从系统的整体性来说,应有:1)新闻写作学同其他学科的相互交叉与相互渗透;2)各类新闻作品对社会生活的不同影响与反馈;3)新闻作品形成的多维性过程;4)新闻写作者的气质、才华、情感与思维方式在新闻写作过程中的地位与作用等。

从系统的有序性来说,应有:1)对不同写作者来说,新闻写作各要素的不同地位与功能;2)对不同类别的新闻作品来说,新闻作品各要素的不同排列与不同运用;3)新闻作品的立体结构的基本要义与轮廓等。

从系统的动态性来说，应有：1）新闻写作学科以及与之相关的学科的新的概念、观点、成果；2）新闻边缘学科以及横断学科对新闻写作学科提出的新课题；3）现代社会生活对新闻写作学科的新要求；4）新闻写作学科研究的新的理论手段与方法等。

## 四、新闻写作心理学

作为报道新近发生或变动的事实的新闻作品，是客观存在的事实的反映，没有客观事物，自然也就无所谓新闻作品这一反映。但是，新闻作品绝不是客观事物的“镜像式”的反映。在新闻写作过程中，客观事物并不像物质生产中的自然材料那样可以直接进行加工，而是必须通过人的感知，转化为概念、表象等，进入人的意识系统，才有可能进行精神生产的劳作，从而诞生新闻作品。而人的知觉，是一个能动过程，其对客体的知觉，总是在现有“心理定势”的基础上发生的。新闻写作活动，便是新闻写作者从特有的“心理定势”基础上，观察、感知、认知客观事物的结果。



前人囿于认知结构的缺陷，对新闻写作过程中的心理现象说不清楚，对人脑思维潜在的写作心理活动的奥秘无法揭示。在现代心理学、思维科学迅猛发展并取得累累硕果的今天，我们就不但有可能而且有条件对新闻写作心理的潜在奥秘作出科学的解释。新闻写作心理的研究，自然成了现代新闻写作学理论体系中的一个必不可少的部门。

根据发生认识论原理，从认识过程和心理特征着手，研究思维本性在新闻写作能力上的智能素养问题，应该包括对新闻写作者的智力、技能、素质、修养这四个层次的研究。同时，对新闻写作主体的心理机制、状态和思维形式等新闻写作心理规律的研究也极为重要。这些都是新闻写作心理学研究的主要内容。

## 五、新闻写作美学

当今,美学的热潮已经涉及社会的各个方面。新闻写作学同美学的关系之密切是不言而喻的。先从构成新闻作品的要素来说:一方面,新闻作品是客观事物的真实反映。它要使用翔实可靠的材料,大千世界的万事万物几乎都可能成为新闻报道的对象。因此,客观世界中千姿百态的"美"必然大量涌进我们的新闻作品中来,使新闻作品显示出多种形态、多种层次、多种类别的美。另一方面,美是人类追求和尊重自身价值的一种示差性的表现。因此,具有社会性的人都有爱美的天性。新闻作品不是客观事物的"照相式"的翻拍,它总是渗透着新闻写作者的感受和理解。每个人在写作新闻作品时,都会把其爱美的冲动带进新闻作品,将自己偏爱的美的事物或者憎恨的丑的东西写进新闻作品,使新闻作品或多或少地带上写作者的审美情趣。



再从新闻作品的社会功能来说,它是多方面的,呈现出一种复杂的机制。大体上,它表现为:传播交流功能,社会认识功能,宣传教育功能,科学规范功能,熏陶感染功能等。当然,这种划分只是为了清晰易辨;而在具体的新闻作品中,这些功能的显现是交错融合的。新闻受众对新闻作品的要求,除了功利性因素之外,很大程度上是从审美要求和美感愿望出发的。这是因为,美对于人的感染和调动,是一种比较柔和的和自由的方式,能真正形成人的内心情感和自觉。因此,新闻作品要想对新闻受众真正起作用,必须有较强的审美色彩。

可见,任何新闻作品都是不可能离开美而存在的。我们应该从美学中汲取其丰富的养料,借以早日建设起新闻写作美学这一分支学科,以发展、完善我们的现代化新闻写作学理论体系。

新闻写作美学研究的内容、范畴，主要有：新闻写作同美的多重关系；新闻写作美学同其他各类美学的多重关系；新闻作品美学的历史、演变及其内在规律；新闻作品美学的基本理论及其运用；新闻作品的观点与材料、内容与形式在审美层次上的复合关系；新闻作品美的分类及其写作要素、文气；新闻写作美学与思维科学的关系；新闻写作美学与社会主义精神文明建设的关系等等。

## 六、新闻文体学



大凡新闻写作的“物化”成果——新闻作品，都是再现客观事物和表现自我的统一。然而，客观事物是纷繁复杂的，新闻作品的样式又是多姿多态的，“本同而末异”，这就需要对新闻作品进行分类。恩格斯在讲到自然科学分类的意义时指出：“把自然界分解为各个部分，把自然界的各种过程和事物分成一定的门类，对有机体的内部按其多种多样的解剖形态进行研究，这是最近四百年来在认识自然界方面获得巨大进展的基本条件。”①广而言之，分类是人们认识各种自然的和社会的、物质的与精神的事物和现象的一个门径，是人们研究各种事物和现象并获得进展的一个标志。新闻作品分类的意义也就在这里。由于新闻作品和其他事物一样，是一个复杂的矛盾统一体，是许多规定的综合，因此可以从不同的角度和不同的层次上给以分类。这些分类，都表示了新闻作品反映客观事物的形形色色、大大小小的方式，也称之为新闻文体。

新闻文体学的研究虽然已有几十年的历史了，但一直侧重于对于各个具体新闻作品样式，诸如消息、通讯、评论等的写作

① 恩格斯：《反杜林论》，《马克思恩格斯选集》第3卷，人民出版社1972年版，第60页。

规范的一般告知上,而很少致力于新闻文体的发展进程,以及不同文体写作的内在规律的探讨与揭示。这样,势必导致对各种新闻文体写作活动的认识肤浅和把握偏颇。

新闻文体学的内涵,应主要是研究新闻作品的分类法则及其界定标准,研究各类新闻文体的起源、流变、发展的内部、外部规律,研究不同新闻文体的品性、特征以及写作的技法、章法等。

## 七、新闻作品鉴赏、批评学

研究新闻作品的阅读、欣赏过程及其应该把握的原则与方法,目的是为了克服盲目性,更好地对新闻作品进行汲取与借鉴。研究新闻作品的分析、评判过程及其标准和手段,目的则是为了克服随意性,准确地、科学地对新闻作品进行评估,以便优胜劣汰。新闻作品鉴赏、批评学的建立,不仅可以充分吸收新闻写作的实践经验,丰富我们的新闻写作学的理论,而且可以对新闻写作实践直接产生影响和指挥作用。这一工作做好了,将可以推动整个新闻写作学研究和新闻写作实践的发展和提高。时代呼唤着高水平的新闻鉴赏家、批评学的早日涌现。

(1987 年 5 月)

# 想象在新闻报道中的地位与作用



新闻是“新近发生的事实的报道”。我们的新闻要令人信服,产生应有的社会效果,主要是凭它的内容的真实。列宁说得好:“如果认为人民跟着布尔什维克走是因为布尔什维克的鼓动较为巧妙,那就可笑了。不是的,问题在于布尔什维克的鼓动内容是真实的。”①真实性是新闻的重要特征和基本属性之一,是新闻的生命所在。违背了真实性原则,也就从根本上取消了新闻存在的基础。这个道理是毋庸置疑的。

长期以来,我国新闻界在强调新闻真实性的同时,总是不免涉及“想象”或者“合理想象”问题,而且不少人都认为,想象是新闻真实性的大敌,是新闻报道的大忌。因此,要是有人提出新闻报道中可以允许“想象”,或者在新闻报道里掺入了一点“合理想象”,便会立即遭到哗然非难。由此,一些记者在“想象”面前不敢越雷池一步,“想象”成了新闻报道的一大

① 《列宁全集》第20卷,人民出版社1958年版,第273页。

禁区。

当前，随着新闻改革的深入，报纸、广播、电视等新闻媒介出现了一些可喜的变化，仅就新闻的写作技巧而言，短新闻多了，时效快了，报道面广了，信息量大了，内容丰富了，形式也开始活泼了。但是坦率地说，这种变化还没有达到令人十分满意的地步，尤其是一些新闻作品在表现形式上依旧枯燥呆板，缺少鲜明性、生动性和感染力，概述事实、报道事实轮廓的概念化新闻仍然时时出现在我们的报纸版面、视听节目，叫人生厌。笔者认为，要迅速扭转这种局面，增强新闻的可读（可听）性，满足受众的需求，固然要作多方面的努力，但重要的是要打破"想象"这个禁区，要对"想象"进行重新研究，明确想象和新闻真实性的关系，和新闻报道的关系，确认其在新闻报道中的地位与作用。本文试图就此作点探讨，以求教于新闻界同仁和有识之士。



## 一

纵观众多的否定新闻报道中的"想象"，批判"合理想象论"的文章，其中都有一个颇"有力"的理由：想象就是虚构，就是造假。新闻报道必须真实，因此万万想象不得。

我国新闻界公开批"想象"已有20余年的历史了。从1953年批判《人民日报》通讯《马特洛索夫式的英雄黄继光》开始，到1962年批判《人民日报》转载的《解放军报》通讯《姑娘的亲事》，直到粉碎"四人帮"后新闻界在深入批判"事实要为政治路线服务"谬论的同时，开展的对"合理想象论"的批判，乃至今天对一系列失实报道的批判。这些批判，对于维护新闻的真实性原则，杜绝造假新闻，有着很大的意义。但是，值得注意的是，在这些批判中，常常把想象和虚构、造假等同起来，认为想象和新闻真实性是一对水火关系，想象势必酿造假新闻，新闻要真实必须禁止想象。

想象是否等同虚构？在新闻报道中，想象和真实性是否只能互相对立、排斥，而无相互依存、统一可言？为了说明问题，让我们先来分析一下什么是想象？心理学告诉我们："人们在生活实践中，不仅能感知当时作用于自己感觉器官的事物，不仅能回忆起当时不在眼前而过去却经历过的事物，而且还能够在自己已有的知识经验基础上，在头脑构成自己从未经历过的事物的新形象，这种在头脑中创造新事物的形象，或者根据口头语言或文字的描述形成相应事物的认识活动，叫做想象。"①这就是说，所谓想象，是指借以描写形象、再现形象的一种认识活动，是需要想象力的一种形象思维形式。高尔基说过："想象在其本质上也是对于世界的思维，但它主要是用形象来思维，是'艺术的'思维；还可以说，想象——这是一种给大自然的自发现象与事物与人的性质、感觉，甚至是意图的能力。"②可见，想象实际上就是形象思维，是和再现形象密不可分的。新闻报道是客观事物的反映。记者从纷纭繁杂的现实生活中索取素材，去芜取精，去伪存真，进行提炼、剪裁、组合来完成新闻作品的构思，以再现客观事物，这就是形象思维活动，也就是想象。因此，想象在新闻报道中是客观存在的。



作为形象思维，想象有联想和幻想两种类型之分。联想，是因眼前客观事物的诱发，引起大脑由此及彼、举一反三地广涉眼前不存在的形象的思维过程，并选择准确的形象把它再现出来。而幻想，则是对客观事物的"假设"，因此它再现的形象是虚假的、不存在的。新闻作品是以报道现实生活中的真人真事为宗旨，它要求记者严格地忠实于事实，忠实于生活，真实地反映客观事实，反映现实生活。因此，新闻报道中不允许幻想型想象，

① 伍棠棣等主编：《心理学》，人民教育出版社 1980 年版，第 84 页。

② 高尔基：《谈谈我怎样学习写作》，《论文学》，人民文学出版社 1978 年版，第 160 页。

坚决反对虚构。但是,任何真正"够格"的新闻作品都不是自然主义的生活现象的模拟,它呈现在读者(听众)面前的不光是事实,还应是活生生的事物形象,这便得借助联想型想象,完美地再现客观事物,以达到更好地传播事实的目的。一些优秀的新闻名篇,之所以有很强的生命力、感染力,更是巧妙地运用联想型想象的结果。请看:

在汉江北岸,我遇到了一个青年战士,他今年才二十一岁,名叫马玉祥,是黑龙江青冈县人。他长着一副微黑透红的脸膛,稍高的个儿,站在那儿,像秋天田野里一株红高粱,那样淳朴可爱。

(魏巍:《谁是最可爱的人》)



这巨大的打击和难言的悲痛,几乎把吴吉昌击倒了,当他踉踉跄跄从外地赶回家时,沿途的村庄、道路、田野在他的泪眼中都蒙上了一层薄纱,模糊着,颤动着。"再也见不到总理啦!""再也见不到总理啦!"他失魂落魄地推开自家的院门,那些悬挂在屋檐下、窗前、墙头、树上的一株株棉花,在他的眼前一下子变成了痛悼总理逝世的白花……

(穆青等:《为了周总理的嘱托》)

这些新闻作品都是借助联想型想象,捕捉事实以外的形象——红高粱、白花,来生动地再现新闻事件。在这里,记者给读者、听众提供的不是呆板、机械的事实,而是充满生气的、形象化的生活画面。人们读了(听了)这样的新闻,犹如耳闻目睹眼前发生的事件,不但不会产生丝毫的"虚构"、"造假"的感觉,而且能更深刻、更真切地感受到新闻事件的意义。新闻报道中的想象便应是这种联想型想象。这样的想象有什么理由要禁止呢?由此看来,想象并不等于虚构,在新闻报道中并非不可用,关键在于要搞清楚什么是想象,掌握新闻报道中想象的特点,正确地运用想象。

## 二

对于形象思维形式的想象,不仅文艺剧作离不得,新闻报道也是不可缺少的。“抛开想象,不但写不成报告文学,也写不成通讯”①。理由这个说法,确实是经验之谈。

新闻采访是新闻写作的基础和前提。要搞好新闻报道,首先要依赖记者的新闻敏感,能面对纷繁多变的社会现象,形形色色的人、物、事,迅速地分析判断出哪些是有新闻价值的事实,哪些则不是新闻事实。记者的高度新闻敏感的造就,自然有着多方面的因素,但富于想象、善于想象不能不说是其重要原因之一。有位青年记者,“1981 年一天,到广西某县城访问,他看见一座楼房的门口挂着‘华侨投资公司’的牌子,觉得新鲜,又联系开放政策去想了想,很快就意识到这牌子后面隐蔽着一条有意义的新闻。后来他采写了它并由中国新闻社发到海外,在港澳和外国的一些华商中起到了一定的宣传作用”②。试想,如果这位记者缺乏想象力,不会想象,或者不去想象,那怎么能从一个公司的招牌,联想到“开放政策”的问题,又如何能从中挖掘出这条有意义的新闻呢?



新闻采访还得广征博采翔实可靠、生动形象的新闻素材,以巧妙地构思新闻作品,增强其可读(可听)性;而想象,便给予记者达到这一目的的一个有力武器。《解放军报》一位老通讯员,一次到引滦工地采访,当他往一口斜井的底下走去时,陪同的同志告诉他:“这个斜井共 517 层(台阶),听说等于上了一次北京饭店的顶层。”听到这话,这位通讯员立即张开了想象的翅膀,“他望着黑洞洞的险象环生的斜井,想着(北京饭店)那柔软的

① 理由:《谈报告文学的写作》,载《新闻战线》1980 年第 5 期。
② 引自朱执中:《采访与采访心理学》,广西大学出版社 1985 年版。

地毯,舒适的沙发,漂亮的壁灯,洁净的浴缸”。从而一种强烈的对比感冲击着他,写作的欲望升华了。后来,他在新闻作品中把这强烈的对比如实写下来,结果产生了很强的感染力。

有经验的记者在采访中都会有这样的体会或经历:除了一些亲临事件现场,目击事件过程而采写的事件新闻(诸如动态新闻、会议报道等)外,一般新闻采访都是事后采访;而事后采访得来的材料,往往是鱼目混珠,真假相杂。即使采访对象是事件的参与者、目睹者,也难免提供错误的情况。这里既有视力或听觉的差别,能力和经历等客观条件的限制,也有心理学上所说的选择性知觉和选择性回忆的原因,即参与者、目睹者在回忆事件的经过时,往往倾向于保留和重复那些对自己有利或赞同的事实。有些被采访者甚至连自己经历的事迹,也不一定记得十分准确,叙述时难免经过头脑的重新“加工”。对这些材料,记者便要借助想象,进行分析研究,判断推理,多方求证,以准确还原事实的真相。否则,“轻信必定上当”。

另外,由于事后采访,被采访者叙述的必然是已经过去的事情,时过境迁,很难回忆详尽。再加上被采访者有的“寡言少语”,有的“问十答一”,有的羞涩或不善言辞,叙述的事情便更难周全。“这就要求作者必须用想象去补充,使之完整、丰富起来”①。通讯《人民的好医生李月华》的作者曾经有过这样一番经历:一次,他们在采访中听说,李月华临终前在给一位产妇做胎盘剥离手术时微笑过一次。但李月华是在什么情况下微笑的呢?被采访者说不清楚。这时,记者驰骋想象,设计了几种可能,并请当时在场的人一一回忆,最后证实李月华是在听助手报告胎盘剥离得很完整时,脸上露出了笑容。于是,作者在通讯中写下了这一富有感人形象的细节:

> 人们把李月华扶到椅子上,她长长地吁了一口气,微弱的声音断断续续:“胎盘……完整……吗?”郑医生立即作

---

① 肖复兴:《采访的艺术》,载《文学报》1982年12月2日。

了检查，告诉她胎盘完整。这时，李月华脸上微微露出了宽慰的笑容。

这便是采访中想象的魅力，它有助于提醒、唤起被采访者的记忆。这样，被采访者所讲述的材料便会趋于完整、全面、逼真，便不是干巴巴的几条筋，而是可触摸、可感知，富有画面感的“活生生”的形象。

新闻写作要具体、生动、形象地反映客观事物，就更需要借助想象这一形象思维来构思，来表现了。比如，对于一些先天不足的材料（主要是新闻基本要素以外的一些描述），记者可以通过“一种合乎逻辑的想象”（基希语）把新闻写得更富于真实感，以达到用事实说话的目的。一般地说，人物心理活动是不易具体采访到的，特别是已经去世的人物的心理活动，更得依赖记者根据多方面的材料，如日记、语言、举止、表情等进行判断推理、“合理想象”，使其再现。人物语言的引用一定要准确，但也不是非得一字不动地抄录人物的原话；被采访者在谈话中常会出现一些语法错误，允许记者在引述时作必要的更正。新闻作品应力求精炼，言简意赅，要从采访到的大量材料中挑选出最能反映事物特征，最能表现主题的素材作题材，这也得依赖记者的想象，进行提炼、选择。写细节在新闻作品中有着重要作用，记者在深入采访，获得典型的细节之后，也还得依赖想象力的发挥，把典型细节生动地表现出来。至于整个新闻作品的谋篇布局，自然更得依赖想象进行构思了。

老作家丁玲说过：“艺术也需要一点点远视。要有点虚，太实在了，反而有失之‘死’。虚中才有想象、意境、韵味。”古往今来，一切优秀的文学艺术作品，都是十分善于运用形象思维，力求创造一种“意境”，使“其言动心，其色夺目，其味适口，其音悦耳”。在某种意义上说，新闻作品也是一种文字的艺术。新闻作品要想打动读者（听众）的心弦，也得讲究文采，寻求“意境”，以融色、形、声、味于一体。在新闻写作中，常常会遇到这种情况，即感到仅仅客观地描述事实，还不足以表达出自己的情感，也不能满足读者(听众)感情上的要求。这就得借助想象,赋予新闻事件或新闻人物以强烈的感情色彩。美国名记者朱尔斯·洛曾经说过:"特稿撰写人处理的不单纯是事实的细节材料,而是事实材料中的微妙之处,情绪和情感。"①我国名记者穆青则更明确地说道:"在采写人物通讯中,我们时常感到仅仅是用客观事实的描述,还不足以充分表达出感情,也不能满足读者感情上的需要。因此,为了使读者和记者一样地动感情,在必要时就需要用蕴含哲理的抒情描述和议论。"②记者的情感便是想象的一种表现形式。在一些新闻名篇里,记者自觉或不自觉地借助想象流露情感的例子俯拾即是。

比如,1925 年陆定一同志写的新闻特写《五卅节的上海》,其中有这样一段描述:"读祭文了,多慷慨激昂呀!我看见一个人倒在台上!台下的大声叫喊。好像在平地涌现出一股海水,突然泛滥过了我的头顶直到半天!我在水里,在深水里,在深水底站着,四边把我压得很紧……"

再如,通讯《为了周总理的嘱托》中这样写道:"一场冰雹,把棉苗打成了光杆。可是,棉苗不管枝断叶残,仍然顽强地继续抽芽。就在这个时候,吴吉昌拄着拐棍在村头出现了。人们三三两两兴奋地传颂着:老汉又站起来了。"

又如,消息《金山同志追悼会在京举行》的开头一段描述:"'雷电、钢铁、风暴、夜歌,传出九窍丹心,晚春蚕老丝难尽。党业、民功、讲坛、艺苑,染成三千白发,孺子牛亡汗未消。'悬挂在追悼大会会场的这副挽联,概括了金山寻求光明与真理,为人民鞠躬尽瘁的一生。人们看着剧场大厅里陈列的几十帧照片,仿佛又目睹他的音容笑貌,他成功地塑造爱国诗人屈原的形象,他在电影《松花江上》的拍摄现场,他为《风暴》与'二七'老工人谈心……"

---

① 《美国名记者谈采访工作经验》,新华出版社 1981 年版,第 105 页。

② 《中外记者经验谈》,中国人民大学出版社 1983 年版,第 169 页。

读罢这些消息、通讯、特写，你难道不为作者的情感所牵动，心弦震撼，联想翩翩?！想象在新闻写作中的妙用可见于此。这是任何呆板地罗列事实的新闻所难以媲美的。

想象赋予记者全面、翔实地获取新闻素材，并具体、生动、形象地表现新闻事件的技能，从而使写出的新闻作品“其言情也必沁人心脾，其写景也必豁人耳目。其辞脱口而出，无矫揉妆束之态”①，完美地实现报道事实所应有的效果。想象自然成了新闻报道不可缺少的一种构思方法和表现手段。

## 三



新闻报道中的想象和文艺创作中的想象是截然不同的。两者的主要区别在于想象的性质不一样。文艺创作中的想象，是把社会生活中的零散的社会现象汇拢来，根据艺术真实性的原则进行虚构性想象，即对生活素材加以集中概括，杜撰情节，塑造典型的艺术形象。因此，文艺创作中的人物形象可以“嘴在浙江，脸在北京，衣服在山西，是一个拼凑起来的角色”②。而新闻报道中的想象，则是再现现实生活中实有的事件和特定的形象。这种想象借助的联想，不是从无到有、从虚到实的主观缀合过程，而是从有到更具体、更形象的真实模拟。这种想象是以事实的实在性为依据的。新闻报道中的人物形象不是对现实生活中众多的人物形象的提炼、拼凑、熔铸的产物，而是以现实生活中具体存在的特定的“这一个”（黑格尔语）作为记者“提炼”、“加工”的对象。它不能超拔，更不能拼凑虚构。它要求准确、生动地描绘具体形象，做到准确性和形象性的高度统一。

---

① 《蕙风词话　人间词话》，人民文学出版社1960年版，第219页。

② 鲁迅：《我怎么做起小说来》，《鲁迅全集》第4卷，人民文学出版社1982年版，第513页。

那么,新闻报道中的想象靠的是什么?"材料的真实,仅仅为作者划定了一块有限的天地。达到艺术的真实,却在作者面前展开了迤逦的路程……站在有限的阵地上,面对无限的空间,大可驰骋、腾跃、施展身手……"①新闻报道的想象的依据和前提,便是"材料的真实"。离开了"材料的真实",想象便成了幻想。因此,记者只有充分地详尽地占有确凿可靠的材料,熟悉自己所要写的人和事,并经过反复的分析研究,把握人物事件的本质特征,想象才能入情合理,才能达到材料的真实和新闻作品的真实的吻合。黄钢在《亚洲大陆的新崛起》一文的开头写道:

李四光"快步踏上了一艘开往法国的渡海轮船"。

"正在这时,一位全球注目的巨人,在北京发出了震撼世界各大洲的声音:'我们的工作将写在人类的历史上,它将表明,占人类总数四分之一的中国人从此站立起来了。'



"此刻,当货轮离开海岸,李四光在轮机的轰轰声中看了一下手表:这正是格林威治时间深夜十二时。李四光在海轮调头之时朝那遥远的东方看了一眼,计算了一下西欧和亚洲的时差,欣喜地想到:现在好了,东方已经破晓,中国已经天亮了!"

多妙的天衣无缝的"巧合"!这种"巧合"难道是偶然的吗?不是的。它是作者"密切地沿着已知的事实"的特点,进行"合乎逻辑的想象"的结果。"记者自己必须创造出事件的实际价值,到达改造的成功的径路,而且只有留心着他的叙述的路线必须密切地沿着已知事实(事件所给的特点)进行。理想的条件是要具有那由记者所描画的在各点上都与实际事件的连续性相符合可能性的曲线;这种曲线的顺利的发展路向,由于极大多数的所给的特点确定,是可能而且可以得到的"②。新闻报道里想象的合理性,便在于它依存于客观事实的真实,想象顺乎情理,切合实际,而不是任意编造涂抹。这样,"巧合"便"是可能而且

① 理由:《谈报告文学的写作》,载《新闻战线》1980年第5期。
② E·E·基希:《文学回声》第20卷,1928年。

可以得到”。

想象是形象思维，是认识事物、再现事物的一种手段。想象总是伴随着对某一事物的感知而产生、驰骋的。“登山则情满于山，观海则意溢于海”①。新闻记者的想象并不是凭空产生的，而是从沸腾的现实生活中摄取的；是由于笔下的人物、事件、景物深深感动了记者，才激起记者想象的波涛。因此，记者要有丰富的想象力，便得深入到现实生活中去。有了坚实深厚的生活基础，想象才会栩栩如生。老记者刘白羽说得好：“作者不把自己融合在生活之中，对于当代生活，无知而又冷淡，那你是不能从旁人身上取得你的创作的灵魂的。”②让我们再欣赏几篇新闻名篇的片断吧：

> 这五个姑侄姐妹把手工技巧看得比什么都重要，做成一串串的葡萄比那园子里新摘下来的也差不多，深紫色的薄皮上覆着一层轻霜，柔软的枝干衬着几片绿叶，叫人望见它们嘴里就有酸甜的感觉。
>
> （邓拓：《访“葡萄常”》）
>
> 五月二十六日下午，河南濮阳和山东东明之间的黄河河面上，突然升起一条一公里长、五十多米高、由烈火浓烟组成的“拦河坝”。大坝上空滚过一串惊雷。瞬息之间，滔滔黄河为之断流。
>
> （1984 年 5 月 29 日《河南日报》：《黄河穿越 爆破圆满成功》）

在这些新闻作品里，记者想象之丰富，笔触之新奇，实在令人折服。试问：他们如果没有坚实深厚的生活经验，没有扎扎实实的采访作风，能如此逼真地“想象”出葡萄的“样儿”与“味儿”吗？能如此形象地“想象”出爆破的壮丽景象吗？

---

① 陆机：《文赋》。

② 刘白羽：《论特写》，原载《新闻战线》1958 年第 1 期，引自中国人民大学新闻系编：《中国报刊工作文集》，1964 年版，第 486 页。

要进行想象，除了丰富的生活经验和知识外，还需要记者有正确地全面地观察生活和认识生活的能力。美国新闻学者D·C·雷特狄克说："人们心中那些深刻的印象并不只是从视觉得来的。它们也来自人们的触觉、嗅觉、味觉、听觉。经验表明，初学描写的人大多只写自己看到的一切。而实际上，要反映出一个场景，仅仅运用一种官能是不够的。想一想我们在海滨过的时光吧。除了你看到的一切以外，你一定还记得那徐徐吹来的海风，那一阵阵海浪的拍击，你的嘴唇上还留着海水的咸味，那沙粒也还曾抚摸过你的双脚。如果仅仅写出你看到的景象，不就会遗漏掉许多生动的记忆吗？所以，要是你想要在报道中使这一切重现的话，你就一定要记住那种声音、滋味的感受。"①记者如果不能正确地全面地观察生活，把握生活的实质，那么想象便会失去可靠的依据，再现客观事物便会失真。老记者徐迟采写陈景润之前，先是听到了许多关于陈景润的"传说"，什么"白专"、"吝啬"、"怪人"等等。可是，采访完了，徐迟有了个概念："所有外边对陈景润的纷纷传说，大多是虚构的。他的本来面目被歪曲了。"陈景润"全心全意投入工作"，"他是又红又专的科学家"②。正是由于记者有了这样一个对陈景润的本质认识，记者在报道中的想象才符合客观实际，陈景润的形象也才会在千万人的脑际里留下深深的烙印。《哥德巴赫猜想》中有一段描述陈景润坐在桌前潜心思考、凝神运算的情景。这在一般人看来，不过是"专心"、"刻苦"罢了；而在记者的笔下，却成了一场惊心动魄的战斗，一种向着崇高目标的伟大进军："在抽象思维的高原，他向陡峭的峰岩升登……气喘不已，汗如雨下……用四肢，用指爪，他越过雪线，到达雪峰和现代冰川，更感到缺氧的严重，多少次坚冰封山，多少次雪崩掩埋……爬啊，爬啊，爬啊……终于登上了攀登顶峰的必由之路"。



① 参见江汉石油报社编：《新闻学论文集》（1986年）。

② 引自《一个报告文学作者谈报告文学》，载《长江文艺》1978年第6期。

在这里，记者写实不拘一格，想象不离事实。“虚实相成，有无相立”，写的是虚虚实实，反映的却是实实在在。这种想象基于记者对生活的深刻洞察，它使新闻作品中的生活更胜于现实生活，它再现的事件、人物也就更形象、更具体、更感人。新闻报道的想象来源于现实生活，扎扎实实地深入生活，正确、全面地观察生活，把握生活的本质，想象便能更逼真、更完善地再现现实生活。

综上所述，想象在新闻报道中是实际存在的，甚至是不可缺少的，应该给它以合法的地位，给予正确的解释和限制，而不能采取简单的否认，或者视而不见的不承认态度。想象有幻想型和联想型之区别。幻想型想象是和新闻真实性原则相悖的，在新闻报道中必须杜绝。新闻报道中的想象是联想型的想象，它与新闻真实性原则是一致的，互相依存，互为补充。想象要依据事实的真实才能绘声绘色地“再现”，事实的真实又依靠想象给以完善、丰富，从而使新闻作品更具体、更生动、更形象、更富于感染力。新闻报道中应大力提倡这种想象。我们应该鼓励记者大胆地去想象，去“合理想象”。这便是本文的结论。

（1987年10月）

# 记者“观察”散议



新闻(指新闻报道,下同)是客观事物的反映和再现。新闻的写作必须依赖于新闻素材的采集。因此,作为新闻写作主体(记者或通讯员)认识客观事物的一个主要手段、采集新闻素材的一个主要途径——“观察”,自然成了新闻采访写作应用理论研究的一个重要课题,观察力的造就也自然成了新闻实践工作者必备的一个基本功。

## 一

对于“观察”的重要性的认识,在新闻理论界和实践界看来是没有什么异议的;然而,对它的界说,已有的新闻采写教科书和有关论文、文章所下的结论却未必尽如人意。较为常见的说法有:“观察,是人们通过视线认识客观事物的一种重要方法”,“记者观察,就是用眼睛采访”,“观察是指记者采访中通过眼睛对采访对象介绍内的可睹内容和介绍外的可观现象，以及对采访对象本人的察看”等等。

这些对“观察”的解释，虽然不无道理，但未免简单化了，也不够精确。众所周知，记者观察之目的，是为了认识客观事物，采集新闻素材；换而言之，是为了获取新闻信息。尽管据现代科学测定，人们从客观世界获取的信息，百分之八十左右是通过视觉通道输入的；但是，客观世界气象万千，变幻无穷，人们哪能将接受信息的全部重任委托于一双眼睛呢？比如，“虽有佳肴，弗食不知其味”，要知其味，得靠味觉；入“芝兰之室 ”或“鲍鱼之肆”，若辨其香臭，得靠嗅觉；“大弦嘈嘈如急雨，小弦切切如私语。嘈嘈切切错杂弹，大珠小珠落玉盘”，要欣赏这美妙的月夜琵琶声，得靠听觉；“吹面不寒杨柳风”，“布衾多年冷似铁”，靠的是皮肤的感觉（触觉）。在新闻采写的实践中，许多优秀记者在张开捕捉客观世界信息的罗网时，总是根据需要调动各种感官的。请看通讯《旱天不旱地——记闽南抗旱斗争》中的一段描述：“旱情似乎一步比一步严重，气候也似乎一步比一步灼热，海岸上所特有的、凉爽而潮湿的、带咸味的清风总不见吹来，南方所特有的雨蒙蒙、雾茫茫的动人景色总不见在面前展开，扑面而来的尽是炙人的骄阳和闷人的热气。骄阳、热气，烤着人们的肢体，也绞着人们的心。”（注：着重号为引者所加。）这段描述，让人读罢有如见其情，如临其境之感。这便是记者在新闻事件现场观察的结果，它不仅通过视觉，而且动用了触觉、味觉等各种感官去联合捕捉信息。否则，光“看”，能获得如此丰富、形象的新闻素材吗？

“观察”两字，从字面上看，就包含着“观”——眼看和“察”——“体察”两方面。它得依赖于新闻采写主体的五官——眼、耳、鼻、舌、皮肤并用，才能实现捕捉信息的目的。然而，如果把启动各种感官从客观世界获取信息，就视作“观察”，这也仍然没有真正揭示“观察”之真谛。君不见在新闻采写实践中，一些记者尽管“五官”齐举，却依旧不识“庐山真面目”，难以达到真正认识客观事物之目的吗？著名记者田流就曾经经历过这样一件事：20 世纪 50 年代初期，他去一个县采访，住在县委大院里。头天早晨上班铃声刚响，他就亲眼看见“各个办公室的人全都开始学习了”，也亲耳听到了“人们朗朗的读书声”。各个感官的反应使他感受到这个县机关干部“学习空气真浓”。开始二三天，他对此事不在意了。谁知隔了五六天，他发现情况完全变了。没有人再来学习了。这是怎么回事呢？原来，这个县干部开头的学习劲头是做样子给记者看的，记者不在意，他们自然无心再做样子了。试想，当时田流如果单凭看到的、听到的、感受到的情况下结论，其所认识的客观事物能是正确的吗？可见，光靠“五官”捕捉信息，也还称不上是真正的“观察”。

那么，“观察”的含义究竟是什么呢？从心理学的角度看，客观世界的各种信息作用于人们的“五官”，便相对应地产生了视觉、听觉、味觉、嗅觉、触觉等感觉。感觉是“对客观事实个别特性（如声音、颜色、气味等）的反映”①，是某一感官活动的结果。而几种感官联合行动，“不同类感觉相互联系和综合的结果”则称之谓“知觉”。“知觉”是“对客观事物表面现象或外部联系的综合反映”②。新闻采写过程中对客观世界的“观察”，便是“知觉”的一种特殊形式。它基于感觉，但又不限于对事物个别属性的反映。而且“客观事物通常只有部分直接作用于感官，要认识事物的整体或联系，必须由已有的知识和经验（直接的或间接的）加以补充”③。所以，记者“观察”的过程，除了依赖于各种感官，还得依靠大脑。只有凭借大脑对各种感官捕获的信息，进行综合、分析、判断，才能“一观中的”。1978 年来华作短期采访的美联社记者米尼克斯尔，去东北访问后从哈尔滨回到北京，当他乘坐的飞机还在跑道上滑行时，他就问我方陪同



① 《辞海》，1979 年版缩印本，第 1596 页。
② 同上书，第 1784 页。
③ 同上书，第 1734 页。

人员:“美国有个要人在北京,请帮我打听一下是谁?”我方同志感到惊讶,反问他:“你怎么知道美国有要人在北京?”只见他指着舱外一架停在跑道旁的飞机说:“你看,那是一架白宫的飞机,没有要人来怎么坐白宫的专机呢?”后来一打听,果然有位美国总统的科学技术顾问正在北京访问。这便是道地的“观察”。

综上所述,对记者“观察”的定义可作如下说:“观察”是记者通过各种感官和大脑对感知对象的外部现象和联系的综合反映。

## 二

人们的“观察”能力,固然受着遗传、生理、性格、气质等内在因素的制约,而呈现出种种差异。有人长于听觉,有人长于视觉,有人长于嗅觉等等。但是,后天的、客观实践的锻炼则对敏锐的观察力的造就起着决定性的作用。现实生活中,那些本领高强的老农,只要看一看天上的云彩、地上的昆虫,就可以预测出将会有什么样的天气;那些出海捕鱼的高手,只要伏在船舱板上听一听,或者爬到桅杆顶上望一望海水的颜色和波浪,就会知道海里有什么鱼群在活动。“熟能生巧”,就是这个道理。新闻工作者应发挥主观能动性,尽可能地排除有碍于自己感知客观世界的不利因素,极大限度地提高自己的观察力。

首先,要自觉养成对客观世界的强烈“关注力”。

世界著名的艺术大师罗丹说得好:“美是到处都有的,对于我们的眼睛,不是缺少美,而是缺少发现。”但是,“如果对生活冷漠旁观,即使一些令人感动的东西摆在你的面前,你也不可能发生共鸣”,甚至会视而不见,听见不闻。所以,一个记者应该自觉培养强烈的关注客观世界的高尚情操,热爱生活。只有有了对生活的满腔热情,有了去“发现”生活的强烈欲望,才可能具备敏锐观察力的前提和条件。在烽火连天的战争年代，青年时期的范长江为了探索真理，研究红军北上以后中国的动向，不顾个人安危，经受住既有失去“沙漠之舟”的痛苦，又有搏击风沙，甚至遭受国民党反动派迫害的艰难，深入实地采访，终于观察到“我抗战军民的桩桩动人事迹”，写出了名噪一时的通讯集《中国的西北角》。今天，在改革、开放，建设具有中国特色的社会主义新时期，面对着绚丽繁杂的现实生活，更需要记者“内心要有巨大的激情，就像一块火石，遇到什么，就能迸出火花来”。纵观近几年涌现出来的一些优秀新闻作品，无一不是记者“以赤子之心去拥抱生活”的结果。在1986年全国好新闻评奖会上，备受众人青睐的四川电视台连续报道《长江漂流》，就是记者抱着不惜牺牲生命，也要把这一震惊世界的壮举公之于世的坚强信念（事实上，就有一位记者为之光荣献身了），和漂流队员一样投身探险行列，历尽千辛万苦，才能使自己的“观察”达到如此细致、透彻的境地，才采写（拍摄）出如此无愧于英雄业绩的优秀报道。

记者热爱生活，关注客观世界，其职业目的是为了从中捕捉具有新闻价值的事实信息，因此，除了对生活要饱含激情外，还必须对感知对象具有一种强烈的惊异感。心理学研究表明，刺激物持续作用于分析器（包括各种器官、传入神经通路和相对应的各个神经中枢），会引起感受性变化。而“适应”就是最明显的一种感受性变化的现象，它让人“入芝兰之室，久而不闻其香；入鲍鱼之肆，久而不闻其臭”，从而钝化、麻木人们的感知。此外，人们感知客观世界时，“惰性”也往往从中作梗，妨碍人们追求新的发现，使人见怪不怪。强烈的惊异感，则可以拨开“适应”所造成的混混沌沌的雾障，可以冲破“惰性”结成的僵化感知的茧壳。前些年，有两位记者采写《五千里路伴鸭行》这篇通讯，同押运员一起，随车采访。当运鸭车开到石家庄市吃早饭时，记者手抓暖水瓶塞子要倒水喝，发现水瓶结了冰。面对这一情景，押运员毫无表情流露，因为这是“常事”。但记者却“大惊小怪”起来,由此他们进一步“观察”到了鸭车上的寒冷,押运工作的艰辛,也更加感受到了押运员的崇高心灵。后来,记者把这一情景写进通讯,使通讯增色不少。

其次,要积极训练自己感知客观世界时的高度的“专注力”。

日常生活中,人们都会有这样的体验,专心致志地观看某一事物和漫不经心的态度所得的结果往往迥然不同。“专注”可以使人们的感知力凝聚在所选择的感知对象上,同时能抑制住有碍于感知这一对象的活动。新闻报道要“求新”,亦即强调要抓住的事物不同寻常的特征。这便要求记者感知客观世界时,要有高度的“专注力”;否则,浮光掠影,就可能使事物的许多含有新意的特征,从我们眼前悄悄溜掉。罗丹还说过一段对我们很有启示的话:“所谓大师,就是这样的人,他用自己的眼睛去看别人见过的东西,在别人司空见惯的东西上能够发现美来。”记者的观察,无疑也应当练就绘画大师上面所说的那种功底。请看二十三届奥运会上中国新闻社记者采写的一则报道:



……当雷顿向裁判举手示意准备起跳(跳马)时,她的教练、罗马尼亚前世界体操明星科马内奇的教练卡洛莱紧张得把双拳举到胸前,而观众都齐声高喊“TEN ! TEN!(十分)”。此时的雷顿,冷静得令人吃惊。只见她微微一笑,习惯地踮起脚尖,双手像翅膀似地缓缓扬起,突然拔腿疾冲,发力蹦跳,娇小的身体就像惊鸟掠起,飞向空中,一阵旋转过后,落地如钉地,纹丝不动。不等裁判打出分数,卡洛莱已激动得忘乎所以,竟一个纵跳,越过栏杆奔过场内,将雷顿紧紧抱住,亲吻不停。就在保安人员将他拉出场外时,四名裁判同时打出十分。此时的雷顿,激动得手足无措。她一会儿双手抱头,一会儿仰天长叹,一会儿双臂扒地,久久不起,观众们也不知怎样控制自己的情绪……

这里,记者的观察力确实令人佩服。毫不夸张地说,雷顿比赛那天,从电视机里亲眼看过比赛的人,恐怕也难以看到记者这样观察入毫、逼真传神的场景。可以说,如果记者没有高度的“专注力”,观察势必达不到如此效果,也就不可能写出如此细腻的描述。而没有这些描述,只有比赛者的姓名,比分的变化及项目的不同,这篇报道的价值便大大降低了。

在中新社记者的这则报道中,记者的感知对象是预先确定的,感知的目的贯穿于整个感知过程,这种感知也叫做“定象感知”。现实生活里,记者遇到更多的是“机遇感知”,即预先没有确定的感知对象,也没有明确、具体的感知目的,而是在生活中偶然引起自己注意的一种感知。这种“机遇感知”更要求记者具有高度的“专注力”,无论什么时候,走到哪里,都“竖起耳朵,睁开眼睛,像哨兵似的警觉”。只有这样,才能随时随地捕捉住新闻事实的信息,寻找到具有报道价值的新闻素材。



第三,要刻苦磨炼自己感知客观世界的深沉的“思考力”。

虽然说,“感知”仍是知觉的感性阶段,但大脑毕竟参加了其中初步的分析与综合的工作。人们在感知客观世界时,思考与观察总是相辅相成的。“思考,能帮助观察,唯有多思苦思,才能使你从缤纷五彩、光怪陆离的社会生活中,‘悟’出别人所还未悟及的东西……一个写作者的思维神经,应该像非金属元素中最活泼的氟一样,无时无刻不在活动;一切凝滞、漠然的思想状态,都会妨碍你的观察和发现”①。记者的观察,不仅要求准确无误,不被事物的假象所迷惑,而且要求透过事物的表象看出它所包含的内在本质,从而采写出具有深层含义的新闻报道来。缺乏深沉的“思考力”,便难以做到这一点。几年前,有位记者随同模范县委书记李锁寿下农村调查研究。路过一个村口,看到墙上写了一条大标语:“热烈欢迎县社领导来检查指导工作!”李锁寿同志就对随行的干部说:“这是群众批评我们下来得少。如果我们经常跟群众在一起,一家人就不说两家话了。”在场的许多同志都觉得这话讲得好,很受感动,但也不过

---

① 叶文玲:《愿你也铸一朵“金蔷薇”》。

“感动”一下而已。然而，这位记者却思考一番，玩味不已，很快就事论理，写了一篇题为《不要爱听两家话》的报道，深刻地说明了干部要时时刻刻深入群众，和群众脉搏息息相通这样一个重要道理。可见，带有思考的观察，才能“从美的事物中找到美”（席勒语）。

心理学研究还告诉我们：感知，总是在过去积累的知识和经验的基础上进行的；在感知某一对象时，人们就根据原有的知识和经验来解释它、理解它、补充它、丰富它。带有思考的观察，可以帮助人们凭借已有的知识和经验，产生丰富的联想，从而把感知引向更深广的空间。这样，有助于采写的报道内容深刻，文采生动。曾荣获全国好新闻的《“飞天”凌空——跳水姑娘吕伟夺魁记》，之所以使人“犹如置身于达卡多拉游泳场，亲眼目睹了吕伟的精彩表演，获得了审美的快感”，就在于记者思考独到，联想活泼，导致了观察的精致。记者由吕伟“那修长美妙的身体犹如被空气托住了”，联想到“敦煌壁画中凌空翔舞的飞天”；由“旋风般地空中转体”，联想到“疾如流星”；由吕伟入水时的姿态，联想到“轻盈的箭”；由吕伟压水花的表演成功，联想到“自天而降的仙女”等等。观察得惟妙惟肖，写得声色情景俱现，自然动人心弦。可见，记者唯有多思、善思，感知客观世界的结果才会放出夺目的异彩，为一般人所惊叹和艳羡。

（1987 年 12 月）

# “深度报道”探析



近两年来，我国新闻文坛上涌现出了一批内容深刻、手法新颖的深度报道群体，引起了人们的广泛关注和议论，产生了不同凡响的社会效应。本文试图从深度报道当前在我国重新崛起的历史必然性，这种报道样式所具备的品格特征，及其发展中应注意的问题等方面，对它作些初步的探讨，以就教于新闻界的同行。

## 一

深度报道起源于西方。它是第一次世界大战后，为适应当时复杂的经济、政治形势的变化而诞生的一种新型的报道形式。在英美等国，深度报道又称为“大标题后报道”；在法国则被称之为“大报道”。深度报道所包括的文体形式，主要有六种，即：解释性新闻、事件性通讯、分析性新闻、新闻综述、新闻故事（西方所谓的新闻小说)、特稿。深度报道的基本特征是:阐明事件的因果关系,预测事件的发展趋向,即通过系统地提供新闻事件的背景材料和其他事实,用客观的解释和分析手法来延伸和拓展新闻领域。它既要有深度——深入新闻事实内部,揭示新闻事实的本质含义;又要有广度——详尽报道有关新闻事件的来龙去脉、前因后果,以及存在的环境。

深度报道这种形式,在我国并不陌生。早在辛亥革命时期,新闻写作中就有了字数较多、夹叙夹议的长篇新闻和对同一类事件经过分析后进行的综合报道。到了民国初年,我国进入近代史上极为重要的转变时期:民主与专政反复较量,政治经济、军事外交矛盾纵横交错。社会的大动荡要求新闻界迅速作出反应,以真实全面、具有深度与力度的新闻报道满足政治斗争的需要和公众社会心理的需求。当时,著名新闻记者黄远生以敏锐的洞察力和叱咤风云的大手笔,成功地报道了民国初年关系中国命运的一系列重大事件,映现了变幻频繁的历史真实面貌。1921年,当深度报道在西方报纸上流行之初,周恩来同志就提倡对新闻事件的报道要“溯其根源,求其真相,判其出路”;他认为“现象一日千变,简单消息,每与前后矛盾,缺乏有系统之排列及有条理之叙述,故长篇通讯终不可少也”①。其实,现在看来,这正是对深度报道的一种提倡。



然而,遗憾的是,新中国建立30多年来,由于深刻的历史和现实原因,深度报道这一颇具特色的报道方式却长期遭受冷遇。直到近两年来,随着社会改革和新闻改革的深化,深度报道才开始受到普遍重视,进而自觉运用,以至蔚为风气。笔者认为,深度报道此时之所以受到青睐,绝非偶然,而有其历史的必然性。

第一,我国正发生着举世瞩目的变化,在党的十一届三中全会制定的路线、方针、政策的指引下,经济体制的改革同政治体制改革交叉进展,对外开放与对内搞活同步进行,改革已全方位

---

① 周恩来:《旅欧通讯》,人民日报出版社1979年版。

地渗透到我国社会生活的各个领域。面对丰富多彩的新思想、新观念、新潮流、新事物、新信息，单有传统的一事一报、一事一议的动态新闻与述评新闻，已无法作出全面客观的反映；而足以当之的只有深度报道，因为它可以深刻展示事件的来龙去脉、原因、结果、影响和意义。

第二，近年来，随着各种传播媒介手段的出现，社会成员的综合文化素质和情报意识有了普遍提高，参政意识亦日益加强，人们对报道形式和内容的追求都发生了深刻变化。如果说，过去许多人看报主要是为了满足信息量上的需求，那么，当今人们对新闻的需求则进了一步，他们不仅要求获得大量的信息，而且要求获得最大的信息值，即不单要了解发生了什么事，而且还要了解发生的事情意味着什么（即"为什么"和"怎么样"）。因此，深度报道成了满足受众这一需求的最佳的一种新闻文体。

第三，现今的世界已进入了电子新闻时期，在有了广播、电视这些又快又形象的传播手段后，报纸如果仍然沿着版面的丰富多彩，报道内容的"新、快、实"的轨迹发展，既难同广播、电视新闻相抗衡，也不能满足社会对报纸的期望。比较而言，"新、快、实"正是广播、电视的优势，报纸的劣势。但从报道的深刻性来看，报纸却优胜于广播、电视。由于受时间的限制，传播接受方式的左右，广播、电视节目很难作深入的报道，它们一般都侧重于报道事件的动态；而报纸则可以充分利用纵深分析、横向对比、叙议结合等手法，将报道写得富有特色，给读者以区别于广播、电视新闻的印象。可见，深度报道使报纸具有了强大优势，是报纸与广播、电视争夺受众的一个最有效的手段。

第四，党报是党和政府的耳目喉舌，也是人民的耳目喉舌，它担负着宣传指导和舆论监督的光荣使命。然而，坦率地说，现在为数不少的党报还没充分利用它所占据的社会地位、作用来取得特定的传播效果，即缺乏可读性。其根本原因在于目前我们的一些党报存在着"三多、三少"的现象，即一般化报道多，有背景、有意义的报道少；被动地反映事物的报道多，而从思想上、客观趋向上去分析的报道少;动态性的报道多,能提出问题的报道少。总之,由于报道的深度不够,在很大程度上影响了党报功能的发挥。随着改革实践的深入发展,人们思想认识的深化,群众所期望于党报的,是抓住人们所关心的社会重大问题,予以深刻、全面的反映。党报面临这一新的社会期待,只有加强报道的深度和广度才能不失其优势。因此,深度报道成了党报新闻报道力摒肤浅、开拓纵深、增强可读性的必经之路。

二

从 1985 年底以来,我国报端上相继涌现出这样一批引人注目的报道:

——《中国青年报》1985 年 12 月 13—28 日,刊登出一组系列分析报道《大学毕业生成才追踪记》。这组报道通过对大量人们司空见惯、熟视无睹的现象,以及各种大学生不同遭遇的描述,剖析了影响大学生成才的种种限制因素,把成才问题放入社会这个网络中去研究,读后给人以思考、启发。这组已具透视化特征的报道所引起的冲击波,使一些传统的新闻报道模式(如“为事实而去记载事实”、“总结式”、“完成式”等)受到了挑战,它被新闻界人士称为深度报道在我国重新崛起的“突破口”。

——《羊城晚报》1986 年 1—6 月登载了《谁是她的爹和娘》的连续报道。报纸围绕广东省人民医院和广州市居民陈郁权、苏敏捷夫妇的女婴性别纠纷一案的发生、发展和解决过程,连续报道了五个月,因势利导、来去自然、图文并茂、情理兼备,进行了一场生动的社会主义道德新风、科学知识和法制知识的教育,批判了重男轻女的思想,一时成为广州市民街谈巷议的话题,是近年来社会新闻报道的一次突破。

——《光明日报》1986 年 6 月 17 日在一版头条发表了《一个工程师出走的反思》。该文报道了工程师谢中秋擅自从工厂出走后所遇到的一系列始料未及的怪事,冷静、客观地为人们描述了一个个迂回曲折、错综复杂的场景,以及由此引起的深刻思考。

——《哈尔滨日报》1986 年 12 月 20 日刊登《一个青年个体户说:“我们穷得只剩下钱了”》。报道指出,青年个体商贩这个庞大的社会群体不应成为精神文明建设中被遗忘的角落,呼吁社会关注个体青年群体的精神生活的追求。

——《经济日报》1987 年 6 月开始的一场“关广梅现象”的讨论,提出了租[illegible]企业究竟姓“社”还是姓“资”这个关系到改革命运和前途的大问题,展示了对待改革的不同思想观念的激烈较量。

——《人民日报》于 1987 年 8 月 6 日发表《鲁布革冲击》。报道具体地、真实地描绘了在鲁布革大型水电站的建设中,中日双方一场无形的“擂台赛”, 这是一场没有裁判的角逐,它再现了一段艰苦而曲折的改革历程。9 月 8 日,该报刊登出《石狮沉浮记》。报道轻轻撩开蒙在这繁荣小镇上的面纱,揭露了富裕背后的污垢(小镇又脏又乱,缺乏管理),繁荣中的阴影(街头叫卖,投机倒把)。接着,10 月 6—7 日该报又在一版推出气势恢宏的长篇政论型通讯《中国改革的历史方位》和《改革阵痛中的觉悟》。这两篇报道直接综合、传播了十多位中青年理论工作者的最新研究成果,从人类社会发展的宏观角度,及时地面向公众分析了社会的进程,回答了中国改革面临的众多理论难题。



此外,《中国青年报》自发表《大学毕业生成才追踪记》后,便开始了深度报道的尝试,随即掀起了一个又一个的系列报道高潮:

——1987 年 5—6 月发表了《西部贫困探源》(1—4)。10 月又发表了《西部贫困地区移民采访记》(1—5)。这两组报道第一次将我国西部贫困的真实原因公开展示给读者。1987 年 6 月,该报刊登了《定远县农村青年恋人“私奔”采访记》(1—6)。第一次将深度报道涉足于爱情题材。在 6—7 月大兴安岭特大森林火灾发生后，该报相继推出系列报道《红色的警告》（6月24日）、《黑色的咏叹》（6月27日）、《绿色的悲哀》（7月4日）。这组报道，一反过去大灾以后大奏英雄凯歌的老套，从自然、社会、人的相互关系，剖析了造成这场灾难的生态的、社会的、体制的、观念的原因。到1987年底，该报又登出了《命运备忘录——38名工商管理硕士（MBA）的境遇的剖析》（12月2日头版）。报道通过对人才浪费这一现象的剖析，抨击了不合理的人才管理体制、某些领导部门的不负责任及某些领导的愚昧无知。

新华社此时也不甘居后，于1988年1月13日播发《关于物价的通信》。报道对涨价原因作了分析，把涨价后不同阶层、不同社会群体的利益消长、变迁等实情都告诉了读者。作者的笔触及了改革中的“热点”和“难点”，在社会上引起了强烈的反响。



从以上列举的篇目中，我们不难看到，这是一批着眼中国社会改革的宏观背景，具有历史的纵深感与时代宽广度的深度报道群体，它们以独有的深度、力度及广泛的社会影响，向单一化、表面化的传统报道方式发起了挑战。透视这批构思宏大、思想深邃的报道，我们可以看到深度报道所具有的一些特点。

### （一）不回避矛盾，敢抓“热点”和“难点”

纵观新闻事业发展的历史，那些反映社会重大题材的深度报道无一不是忠实地记录了社会变革的躁动不安和矛盾冲突的过程。近两年涌现于中国新闻文坛的深度报道群体同样具有这一特点。20世纪80年代的中国大地，改革已全方位地渗透到社会生活的各个领域，人们生活一下子变得复杂起来，新旧体制观念的摩擦、较量，人与人、人与自然、人与社会的矛盾冲突都成了广大群众议论纷纷又莫衷一是的话题，而这些话题都是社会舆论的“热点”和“难点”。这批深度报道的一个显著特点是：着眼于历史转折关头对国家民族命运的思考，不避矛盾，大胆地把笔触伸向人民群众普遍关注且又有争议的问题，对改革中所出现的重大社会现象及体制、文化、观念等方面给予深刻反映，尤其注重揭露旧体制、官僚主义对社会进步和人类自身发展的阻碍作用，具有浓烈的批评色彩。如《关广梅现象》中关于租赁企业究竟姓“社”还是姓“资”的公开讨论，实质上是对待9年来经济体制改革性质如何认识的问题；《鲁布革冲击》提出的问题是要不要学习外国的先进管理经验；《命运备忘录》揭露了中国现有干部人事制度的种种弊端，抨击了不合理的人才管理体制；《关于物价的通信》更是触动了社会最敏感的神经，击中了社会“绷得最紧的那根弦”。

**（二）深入新闻事实的内部，挖掘新闻的深层价值**



我国著名新闻记者黄远生认为：“作为新闻记者，必须做到：不满足于表面之事实，要深入内外里面之关系，寻求离合纵横之故，并律收所闻及所观察者解剖之。”[①]十分清楚，黄远生这里强调的对新闻事实的深入寻求和解剖，就是提醒我们记者，在新闻报道中既要报道新闻事实的表象，又要揭示新闻事实的本质。因为，新闻事实意义和价值的呈现，就在于新闻事实本质的揭示。在这批深度报道中，作者的笔没有停留在新闻事实表象的报道上，而是从不同的层次、不同的角度、不同的方位，透过种种表象去揭示问题的本质，来挖掘新闻的深层价值。《中国青年报》那组脍炙人口的“三色”报道便是这方面的典型。这组关于大兴安岭火灾的报道，不仅比较全面、真实地反映了火情变化和扑救过程，而且报道了灾害发生的更深层次的人为因素及其种种反思。报道里，作者通过对烈火中显现出来的人与社会、人与人、人与自然的关系的探究，揭示了这场人间悲剧肇始于何时、蕃衍于何方的深刻原因，歌颂了在烈火中升华的灵魂、鞭挞了种种丑恶的现象，提出了一系列严峻的问题。人们从这里得到了大火以外更多的东西。

① 转引自《新闻与写作》1987年第1期。

**（三）让事实经过理性过滤，加深了报道的思辨色彩**

长期以来，我国新闻界存在着两种倾向：一是缺乏对新闻事实深度的挖掘，“为事实而去记载事实”，因而，读者无法从报道中受到启迪，进行思考；二是习惯用传统的理论思维，以单纯的“政治审视”方式来教条地解释各种新闻事实，从而使各种报道千篇一律。而这批深度报道的记者，逆这两种倾向而行，他们面向有限事实外部的广阔世界，以更开阔的视野和更高层次的思维冷静地、科学地对新闻事实进行筛选和分析，将所获得的新闻事实（感觉材料）经过理性的过滤；使新闻报道的分析显示出一种内在的逻辑力量，充满了思辨色彩。《人民日报》发表的《中国改革的历史方位》和《改革阵痛中的觉悟》是两篇独特的政论型通讯，记者在采写如何认识中国改革这个宏大的题目时，他们既没有用人们已经明白的空洞道理去说教，也没有局限于用事实说话的报道宣传中，而是把我国理论工作者对改革的探索思考来同读者进行交流：既有理论的阐释，也有事实的剖析；既有创见，但也不是定论，供读者探索问题时参考。在如何认识改革的问题上，记者并没把读者的目光局限在束缚生产力发展、现行体制弊端等人们已熟知的道理中，而是把读者推上世界和中国历史的制高点上，纵览横观，从历史发展的高度来认识中国改革的必然性和改革方式选择的必要性。

**（四）突破传统的格局，追求新的报道形式**

现代社会是一个“信息社会”，信息传递呈辐射状，人们的思维方式也在向多元化发展。显然，一些旧的新闻形式难以容纳涵量丰富的报道内容。因此，需要大胆突破传统的格局，勇于创新，不断追求新的形式。其具体表现，有如下几点：

第一，这批深度报道注重表现新闻事件的背景、发展过程和趋势，以促进读者对社会状况形成完整而深刻的认识，这样就大大拓宽了报道领域。在信息传播极为迅速的今天，受众不满足于“单纯地记述事实”、“总结式”、“完成式”的新闻报道，他们不仅要求了解未知、应知的事情，还渴望了解事情的来龙去脉和未来可能发生的前景预告。要满足受众这一要求，仅靠事实本身是极不够用的，因此，必须注重对新闻事件发展“过程中”的报道。哲学家告诉我们，任何事物都是作为一个过程而出现的，事物的矛盾以及存在和提出的问题，事物所蕴涵的思想和闪烁着的某种精神都体现在“过程中”。因此，对事件过程的报道是深度报道的重要表现手法。如《四川日报》“长漂”系列报道，记者亲自参加了这场震惊世界的壮举，历时半年，贯穿始终，他们冒着生命的危险自始至终地追踪报道，辛勤地记录下了“科考队”勇士们探险的足迹，歌颂了祖国江山的自然美和中华健儿征服自然的伟大壮举。这组系列报道前后发稿一百几十篇，十多万字，真实地将“科考队”历经艰辛，首次完成漂流长江全程的经过展现在人们眼前。由于这组报道“传播及时，纪实性强，信息量大，有头有尾”，结果一举夺得了1986年全国好新闻“深度报道”一等奖。



第二，全方位的思维、多元化的报道方式，使新闻报道具有动态感和立体感。首先，这批深度报道的记者，是站在高处广角地看问题，他们既从横的方面展示事物各方面的联系，又从纵的方面追随事态发展过程，逐步揭示新闻事件的全貌及内部联系。如《人民日报》的《中国改革的历史方位》和《改革阵痛中的觉悟》，这两篇政论型通讯，不拘于一人一事一地，而纵观古今、横比中外，从历史的高度来论述改革的必然性和迫切性。又如获1986年全国好新闻深度报道类一等奖的《谁是她的爹和娘》(羊城晚报)，通过对女婴事件历时5个月的连续报道，将新闻事件的全貌告知读者。透过这一事件，人们可以感受到社会进步和文明的复兴。

## 三

毋庸置疑，在新闻改革不断深化的今天，深度报道这粒早就置身于中国土壤之中的种子，已经找到了适宜的气候，它破土而出，开始茁壮成长。这与我国新闻竞争环境的形成，社会民主化进程的加快以及记者素质的提高无不紧密相连。

尽管如此，我们还应清楚地看到，近两年深度报道在我国新闻文坛虽然发展很快，但就其内容和形式来看，尚处于不成熟阶段。如有的报道主观色彩过重，往往是以自身的情感代替冷静的分析；还有的报道虽然在思想上有一定深度，但其语言文字表述的凝练程度不高。此外，深度报道在如何体现报道“深、广、高”的巧妙结合方面，也还显得欠缺。因此，深度报道在其自身的发展过程中，还有一个不断完善和创新的过程。

笔者认为，搞好深度报道首先要在“深”字上做好文章。如何写得“深”呢？关键在于“看”得深。这就要求记者要深入调查研究，因为，深度报道涉及的范围、地域广，材料往往要挖到事物的内部以及事件的历史和现状，如果没有深入细致的调查研究，是驾驭不了有广度、有分量的题材的。行家们常说：笔力不足在于眼力不深。便是这个道理。

当然，深入实际调查研究只是一种获得感性材料的方式，而在调查研究过程中，如何抓住一些问题，捕捉到一些具有普遍意义的现象，或提出一个有启发的思想，还得依赖于记者思维方式的变更。20 世纪 80 年代的记者，思维方式应该由“单维”向“多维”发展，观察社会、看人看事都应该是多角度、多层次、多侧面的，只有这样，我们的作品才能由表象、概念，进入综合、概括和分析，同时在反映事物的深度上，在所含信息量的程度上，都可能超过一人一事，并且具有动态感和立体感。

其次，应提倡深度报道方式的多样性。近两年涌现出的深度报道群体，多数是通过连续报道、系列报道和组合报道的形式来表现，结果给人以这样的印象，即只要一提深度报道，人们往往认为只有长篇大论的连续式、系列式和组合式报道才能达到深的境界。其实不然，笔者认为，只要所报道的事件具有丰富的内涵，并且具有深刻的认识价值，那么，报道的深浅就不能以篇幅的长短而论了。

最后，笔者认为，写好深度报道与作者的思想素质、理论水平和知识结构是有密切关系的。成功的、有影响的深度报道要靠记者的政治远见、洞察社会的深邃目光和把握事物之间的联系的能力。因此，一个合格的记者首先应当是政治家，有了敏锐的政治眼光，才能了解人民的心声，按住时代的脉搏，抓住社会所关心的问题。

（1987 年 12 月）

# 电视新闻“受众意识”探



任何一种大众传播媒介都是依其受众而存在的。没有受众,任何传播媒介都将失去其存在的价值。电视新闻的受众意识,指的是电视新闻采访、拍摄和编辑制作过程中牢固树立受众观念的自觉性。

进入20世纪80年代以来,我国电视传播业有了惊人的发展。据不完全统计,到去年年末,电视机的社会拥有量已逾1亿台。“我国城镇12周岁以上居民中的电视观众达95%以上,农村居民虽然受到缺电等客观因素的限制,电视观众大约也在70%左右”①。电视已跻身于主要传播媒介的行列,成了人们获取信息的主要渠道之一。然而,在这一历史表象的背后,令人遗憾的是,人们对电视新闻的期望值与其实际收视率存在着明显的差距。“中央电视台于1986年7月在北京地区开展了一次电

① 陈崇山:《改革电视新闻增强传播效果》,载《广播电视业务》1988年第3期。

视新闻的专题调查……他们在抽样调查1 000名观众的同时，将电视从业人员调查表发给了制作《新闻联播》节目的编辑、记者、翻译、组长和部主任，请新闻的发布者来判断观众收看电视的主要目的是什么。结果有69.2%的电视新闻从业人员认为，观众收看电视的主要目的是‘娱乐消遣’。而在回收的804份有效调查表中，观众以‘娱乐消遣’为主要收视目的的人占22.5%，有33.9%的人看电视主要是‘了解国内外大事’，有37.9%的人是为了‘增长知识，开阔眼界’。(后)两者合计为71.8%”①。这一反差的出现，个中原委自然是多方面的，但笔者认为，电视新闻的受众意识不强，则是导致其实际收视率不高的主要症结所在。



本文试就增强电视新闻受众意识的途径和手段作一粗浅的探讨，以求教于电视新闻界的行家和有识之士。

## 一

电视新闻同报纸新闻、广播新闻一样，是依赖于受众的主动选择、自愿接受来完成其传播过程，并进而实现其传播价值的。而受众对电视新闻传播信息的主动选择、自愿接受，又首先来源于其视、听感官的注意。如何使传播的信息赢得受众的注意，制约受众的心理选择，便是增强电视新闻受众意识的一大课题。

按照现代心理学的观点，促成受众选择性注意的因素一般有两类：一类为结构性因素，主要是外界信息的形式，亦即信息传播的外部形态能否吸引受者；一类为功能性因素，亦即信息传播的内涵能否与受者产生“共鸣”，这涉及信息本身与受者的兴趣、愿望、动机、需求等的关联程度。电视新闻只有充分调动这

① 陈崇山：《改革电视新闻增强传播效果》，载《广播电视业务》1988年第3期。

两类因素,才能有效地制约受众的选择性注意,以达到理想的传播目的。

电视新闻要制约受众的选择性注意,首先要在信息传播的内容上力求牵动电视受众的新闻欲。作为新闻传播媒介,电视新闻所传播的必须是,而且也只能是新闻事实。因此,采访、拍摄和编辑制作电视新闻是一项具有强烈的排斥性的活动。

一方面,它要排斥不是事实的"新闻"。客观事实是新闻的源泉,也是新闻赖以生存的基础。电视新闻主要是通过视觉形象来再现新闻事实,以诉诸于受众的视觉感官而产生作用的(口播新闻除外)。它所反映客观事物的真实性,主要表现于视觉形象的真实,有新闻事件的现场气氛和新闻人物的真情实感。因此,电视新闻采、摄的对象,一定要是现实生活中的真人真事、真情真景。然而,眼下一些电视新闻中,不是事实的"新闻"却不乏其例。有的有着明显的"生造"痕迹:如在没有发生新闻事件的场所,授意被采访对象生造"新闻"让其拍摄;或者一些新闻事件进行的场景、人物、时间等不合记者的口味,便随意更换;或者新闻事件已经过去,为了"补救",请被采访单位按事件的原貌重新"表演"。有的则露出了"导演"的马脚:如在拍摄中,为了单纯地追求画面的"美",凭着记者的主观意图对新闻发生的现场和人员,任意调度;或者为了突出"现场感",按照记者的"主观想象"对新闻事件进行组织、加工、摆布等等。凡此种种,都是和电视新闻的真实性原则背道而驰的。"假作真时真亦假"。电视新闻一旦失真,便会失去受众对电视媒介的信任感,自然也就无法吸引受众的"注意"了。

另一方面,它要排斥不是新闻的事实。新闻的本源是新近发生或变动的客观事实,但并不是现实生活中所有的新近发生或变动的事实都能成为新闻的。进入新闻传播媒介传播的事实,必须是具备一定新闻价值的事实。事实的新闻价值是随着事实本身的新鲜、重要、接近、有趣等程度的增高而加大,随着事实发生与传播之间的时间差距的增大而减低。新近发生或变动的事实是否具有“新意”，是否具有“社会普遍意义”，亦即事实的新闻信息量是否大，事实的新闻信息值是否高，则是新闻价值诸种因素中首要的、起决定性作用的因素。因此，一则电视新闻，如果其传播的事实是陈旧的；或者这一事实是路人皆知的；或者事实虽然是新的，但传播的时间延误了；或者所传播的事实是和受众利害关系不大的，不为人们所广泛关注的；或者新闻事实虽有一定的社会意义，但已为别人所报道过了的等等，那就谈不上是名副其实的新闻。不是新闻的事实，也绝对不会为受众所青睐。

其次，电视新闻要制约受众的选择性注意，还要精心选择新闻角度，力求面向受众，贴近受众。刘勰在《文心雕龙》中说：“文场笔苑，有术有门。”这里所谓“术”和“门”，就包括着精选好的角度。新闻角度是指新闻报道的立意之处和构思的出发点。具体地讲，就是记者将所得的题材，通过一个最佳的方位来表述，把新闻事实生动、透彻地再现在受众的面前，以取得最佳的传播效果。



多年来，由于受传统观念和习惯做法的束缚，不善于选择最佳新闻角度的电视新闻在我国电视屏幕上比比皆是。这主要表现在：一是习惯于从领导角度再现事物，不善于展示人民群众的实践活动；二是习惯于从工作业务角度介绍经验、做法，不善于反映工作、生活中的矛盾、冲突；三是习惯于从正面颂扬的角度报喜不报忧，不善于多侧面、全方位地揭示现实生活的真相。从而导致不少电视新闻充斥了“说教”腔、“宣传”味，内容空洞无物，画面单调贫乏。比如，一些会议新闻只报会议议程、领导名单，只见“台上台下，会标高挂，群众拍手，领导亮相”；一些经济新闻只报生产流程、结果和一些抽象性概念、数据，只见“机器轰鸣，人声鼎沸，工人忙碌，干部开会”。如此电视新闻只能令受众“倒胃”，注意力必然转移到其他方面。

“横看成岭侧成峰”，新闻角度应该是多姿多态、繁花纷呈的。电视新闻工作者只有勇于冲破旧传统观念的樊篱，深入社会生活中去，注意观察、剖析客观事物，注意揣摩受众心理，从受众最为关注、最感兴趣，又最能体现新闻事件本身特征的方位，来精选最佳新闻角度；这样，采、摄和制作的电视新闻才可能得到受众的爱慕，乐看不已。

再次，电视新闻要有效地制约受众的选择性注意，还要力求报道样式的多样化，以满足受众的多层次需求。从心理学的观点看，人们的需求不仅是多方面的，具有广泛性的特点，而且总是由低到高、由浅入深地递进式地发展着，具有层次性的特征。受众对电视新闻的需求同样如此。大体上，这一需求是按照这样三个层次进行的，即信息需求——形象需求——理解需求。受众从电视新闻的传播中获取信息是最基本、最起码的需求；而具有形象性的新闻能使受众"动之以情"，切身感受到新闻事件的"魅力"，并产生浓厚的兴趣乃至情感上的"共鸣"；于是，希望对新闻事件加深理解的需求也就随之而萌发了。当然，受众的这三种需求在实际生活中并不是截然分割的，一般情况下是逐层发展的，有时则是相互渗透，同时产生的。

受众需求的多层次，决定了电视新闻的报道样式也应当是多层次的。有些新闻事实，只需口播，报道动态，告诉信息；有些则要配之以声像，生动、逼真地"再现"事件；有些则应深入报道、连续报道，以加深受众对新闻事件的理解。三者巧妙使用，相得益彰，方能真正满足受众的需求。尤其在当前，随着社会经济体制和政治体制改革的深入，社会成员的综合文化素质的提高和自我完善意识的增强，人们对电视新闻报道的内容和样式也有了更高的要求。他们不仅要求了解未知、欲知的事情，还渴望了解事情的来龙去脉、前因后果以及未来可能发生的前景的预示；他们已不满足于单纯地获取信息及其外在形象，且更重视对信息的理解和运用。这样，传统的单一的"一事一报"、"一事一议"以及"结论式"、"完成式"的电视新闻报道样式，便难以顺应现今受众需求的变化。大胆地突破固有的电视新闻报道格局，刻意求新，不断创造新的报道样式，以熔新闻报道的信息性、形象性、理解性于一炉,乃是今日电视新闻工作者努力追求的目标。

## 二

电视是声像兼备的双通道的现代化大众传播媒介。形象性、直观性是其最主要的特色和优势所在。而这一特色和优势,是电视新闻工作者运用摄像机通过电视画面显现的。如何使电视画面与受众建立亲近感,则是增强电视新闻受众意识又一个亟待解决的课题。



大众传播学者认为,“如果媒介是低清晰度的,则(受众)参与补充的程度就高。由于电视的低清晰度,必须使受众在观看时要深度涉入”,“电视的低清晰度,直接带来的倒是电视对现实生活的逼视性”①。电视画面与受众亲近感的建立,要求电视新闻不仅在时间上,而且在空间上与受众“亲近”。要做到这一点,电视新闻工作者便要善于发挥电视媒介的独家优势,多运用现场报道、现场转播、录像剪辑、现场片断等形式,多通过新闻事件现场的同期声、实况声,让受众在观看电视新闻时感受到浓烈的现场气氛,犹如身临其境,如见其人,如闻其声。同时,在摄像机的镜头运用上,要多用长焦距镜头拍摄,调度场面;多用生动、细腻的特写镜头来满足受众的视觉心理要求,通过缩短新闻事件与受众之间的空间距离,来达到缩短新闻传播者与受众之间的心理距离的目的。这样,电视新闻与受众的亲近感就自然形成了。

电视新闻拍摄中,运用长焦距镜头、特写镜头,可以体察入微地逼视客观事物的细节和微妙变化。这种特殊的镜头功能符

① 参见马歇尔·麦克卢汉:《媒介通论:人体的延伸》,麦格劳-希尔出版公司1964年版。

合电视媒介的低清晰度对现实生活逼视性的要求。对电视新闻来说，它更具有不可低估的对事物的真实再现和揭示作用。它所再现和揭示的是新闻事件中最有代表性的细节，从而能集中、细致、突出地表现新闻主题，加深受众对新闻事件的印象和理解。我国台湾著名传播学者李茂政认为，“所有非语文行为也是富有传播性的……非语文传播有高度的可信性”①。在传播过程中，非语言符号传递的信息量不小于语言符号，它既能加强和扩大语言符号传播的信息，也能否定或纠正语言符号传播的信息。因而，电视新闻中，通过长焦距镜头、特写镜头所展示的，诸如人物细微的面部表情、身体姿态的变化等非语言符号都能大大提高新闻传播的效果，而且比语言符号的传播更富于可信性和表达能力。比如，1986 年 1 月 28 日，美国电视直播航天飞机“挑战者”号在佛罗里达州卡纳维拉尔角的肯尼迪航天中心发射的实况。当“挑战者”号航天飞机点火顺利升空飞行 72 秒钟时，屏幕上的“挑战者”号突然化为一火球，顷刻消失：“挑战者”号爆炸了。原先在现场观看的“挑战者”号宇航员的家属们瞬间由极度的兴奋陷入了极度的悲痛。这时，电视记者马上用一个个特写镜头缓缓地从人们的脸上摇过。于是，一张张惊、恐、悲、哀的面孔逼真地出现在电视受众面前。这样，电视新闻传播的威力产生了：现场气氛使不少受众从惊愕之中醒悟过来，失声悲哭。再如，1988 年 10 月 19 日，中央台《新闻联播》节目中播放的《湖北沙市南南轴承集团订货会，令行不止，滥发纪念品》的电视新闻，通过长焦距镜头、特写镜头的拍摄把一些热衷于“掏公家钱，肥自己腰包”的会议“蛀虫”的狼狈相在电视屏幕上暴露无遗。此情此景，留给受众的印象和思索，远比单纯通过语言符号所披露的要多得多，也深刻得多。

在今天的“信息时代”里，信息的传递呈辐射状，人们的思维方式也在向多元化发展。固有的“明知”心理，加上强烈的

① 李茂政：《传播学》，时报出版公司 1981 年版。

“参与欲”，使现在的电视受众在观看电视新闻时，尤其是面对一些重大的突发性新闻事件时，已不满足于站在理想的、被告知的角度上，仅仅充当新闻事件的旁观者、目睹者了。他们企求着从对新闻事件的旁观变为对事件的参与，他们渴望着体验那种亲身卷入到新闻事件之中的“新奇感”和“兴奋感”；从而不仅在感官上得到某种“刺激”的满足，而且在精神上享受到“自我判断”的快感。电视受众的这一心态变化，更要求电视新闻工作者在拍摄电视新闻（主要是重大的突发性新闻事件）时，要善于通过摄像机运用好“运动”镜头的拍摄，以促成受众的这种“参与感”，使受众与电视画面“融为一体”。

在电视新闻中，“运动”镜头由于摄像机的连续不停地移动，或上或下，或进或退，保证了电视画面的空间与时间的完整与统一；即使这种“运动”不太规则，不太稳定，也照样能产生强烈的现场感，使电视受众在这种连续“运动”的引导下，在第一时间内便进入新闻事件的第一空间，从而有效地增强了新闻的传播效应。这种能使电视受众产生“参与感”的“运动”镜头，体现了电视新闻所要求的与受众在空间上的“亲近”。请看，美国广播公司（NBC）电视记者布朗拍摄的《里根遇刺》电视新闻。当美国总统里根正微笑着走出希尔顿饭店的大门，向站在饭店外围观的人们挥手致意时，枪击发生了。这时，电视镜头晃动起来：只见里根的手捂在胸前，脸上露出紧张、痛苦的表情；几个警卫人员迅速拔枪捉拿凶手，人们骚乱不安，有的四出奔跑，有的伏卧在地；里根总统的新闻秘书布雷迪头部中弹，趴倒在血泊里；一名身材高大的警卫人员把里根很快扶进了轿车，轿车疾驰而去……面对着这一系列又杂乱、又晃动的电视画面，受众仿佛置身于这场枪击事件的现场之中，其感受就非同一般了。

增强电视新闻的受众意识，是电视新闻自身规律的要求，也是电视受众的共同心愿和电视新闻改革所赋予的一大使命。广大电视新闻工作者在采、摄和编辑制作电视新闻时，一定要牢固树立受众观念，在新闻传播的内容和角度上精心选择、深入开掘,在新闻报道的形式和表现手法上多方构建、勇于创新,不断提高电视新闻的质量。这样,电视新闻才能真正成为受众天天不可缺少的信息来源,电视媒介也才能在当今众多新闻传播媒介激烈竞争的状况下永远立于不败之地。

(1988 年 11 月)

# 论社会主义市场经济与经济新闻采写的改革



进入20世纪90年代以来，随着社会主义市场经济理论的提出与形成，我国的经济体制及其运行机制发生了重大的变化，我国的社会生活也出现了一场由计划经济时代开始向社会主义市场经济时代“转型”的深刻变革。

面对这一新情况、新变化，长期以来我们所熟悉并为之实践的经济新闻采写模式与方法自然受到了极为严峻的挑战。综观这几年的经济新闻报道，应该说不乏一些能够顺应这一社会变革，为推动建立我国社会主义市场经济体制进程发挥出应有的新闻舆论功能的新闻佳作。然而，就总体而言，为数不少的经济新闻报道不论是在新闻价值取向的定位上，还是在报道范围、报道时态以及事实运用等采写的行为方式上，都仍然没有脱离传统的计划经济观念支配下的经济新闻采写模式与方法的“老路”；不少的经济新闻报道还难以与社会主义市场经济行进的步伐相“合拍”，有些甚至给社会主义市场经济的建设与发展带来了不该有的负面影响。因此，正确地认识、把握社会主义市场经济条件下经济新闻报道的特点、规律，矫正旧的、不合时宜的经济新闻采写模式与方法，推动经济新闻改革的深入开展，应该是我国新闻界的一大当务之急。

## 一、经济新闻报道的新闻价值取向定位

经济新闻报道的新闻价值取向定位，应该由“指令传递型”，转变为“信息传导型”。

新闻价值作为新闻采写者衡量、取舍新闻事实的一种尺度，显然是一种观念形式。由于过去的新闻报道是计划经济通过新闻手段的反映，因此新闻采写者的新闻价值观便不可避免地要打上计划经济的烙印。计划经济的一个显著特征是，国家对经济活动进行由上而下的指令性安排，运用行政指令作好资源配置。这样，经济新闻报道的新闻价值取向定位自然囿于上级指令的传递上：经济新闻的重心便是宣传、贯彻上级的指令、决策和计划；衡量、决定一个企业值不值得作报道，便是看企业发挥生产实体的功能如何，是否完成了国家或上级规定的生产指标、产值、利润等。在这种新闻价值取向定位的影响下，多年来我们的经济新闻报道的运作过程，一方面偏重于报道企业完成上级指令所取得的成就、经验；另一方面则强调报道的“声势”，强调报道的“集中性”、“一致性”，以保证上级指令传递的及时、畅达。从现实的新闻实践看，这一经济新闻报道的思维定势十分强劲，不少新闻采写者与“把关人”至今还难以摆脱。比如，当“承包制”一旦被肯定为企业改革的方向时，我们的经济新闻便众口一致地报道“承包好”，大大小小的新闻传媒上便到处可见“一包就灵”的典型；而当“股份制改造”一度被有关决策层认可为国有大中型企业改革的重点时，我们的经济新闻又众口一致地唱起了股份制改造的“赞歌”，股份制改造的成功经验又充斥于我们的报纸版面和视听节目。至于“承包制”或者“股份制改

造”在实施过程中遇到什么问题，在理论上还存在什么不足，便很少有人去采写，去报道了。应该公正地说，计划经济条件下的经济新闻报道，在反映、宣传我国社会主义建设的成就上是比较充分的，它顺应了我国社会政治生活的激励机制，产生了较为积极的社会效果。因此，对计划经济条件下形成的新闻价值观和思维定势，我们不能轻易地一概否定。但是，面对现在正在实践着的社会主义市场经济，这种单纯从指导性、工作性上取舍新闻事实，单纯强调新闻的宣传舆论功能的经济新闻报道观念及其新闻价值取向便不合时宜了。



社会主义市场经济区别于传统的计划经济的一个主要特征是，在运行机制上它以价值规律为轴心，改变以往靠自上而下的行政指令配置资源的做法，而让市场在国家宏观调控下对资源配置起基础性作用。在市场经济中，企业便不是一个“奉命生产”的生产实体了，而是一个在商品的生产、交换中，自主决定经济行为并承担相应后果、相应风险的经营实体了；同时，国家和政府对经济的管理方式，便不是靠行政手段而主要是通过法律的、经济的手段以及信息的引导来实施。市场经济的条件下，资源配置的合理与否，企业（乃至个人）的经济行为、决策的得当与否，一个重要的环节就是要解决好各种各类信息的收集、传播、反馈与运用。与此同时，市场经济行程中，商品经济高度发展，促使经济领域里各方面的新信息层出不穷，人们（企业和个人）离开了信息便难以正常工作和生活；因此，现今社会对经济信息也有着多方位、多层次的广泛需求。社会主义市场经济的新特点、新情况，理应要求经济新闻报道的采写者更新观念，调整思路，对经济新闻报道的新闻价值取向重新定位：变过去以传递行政指令为主的“指令传递型”为注重经济信息的采集与传播的“信息传导型”；从而突出和强化新闻传媒的信息传导功能。可以说，市场经济条件下的新闻传媒，实质上就是信息的载体；经济新闻报道的新闻价值，就是取决于报道的事实给受众提供的信息量；采集、传播各种富有价值的信息，就是新闻传媒为社会主义市场经济服务的主要手段。为此，经济新闻报道要大力加强经济信息的传播广度与密度，既要注意传递涉及有关经济政策、社会经济生活与经济活动等方面的信息，还要注意传递金融、技术、劳务、人才、物资等各种信息；既要注意传递反映某一经济现象的微观性信息，更要注意传递反映经济发展的趋向、走势和预测的宏观性信息；既要注意传递本地的、国内的信息，更要注意传递海外的信息，尤其是世界各地经济活动与经济行情变化的信息。这样，经济新闻报道才能为受众提供多样化的信息服务，才有利于受众在纷繁复杂的市场经济中作出正确的判断和决策，也才有助于新闻传媒充分发挥自己的应有功能。

## 二、经济新闻报道的报道范围



经济新闻报道的报道范围，应该由“生产封闭型”，转变为“市场开放型”。

几十年来，由于我们的经济新闻报道一直处于计划经济的环境中，所以，其报道范围便与计划经济控制的范围有着明显的相关性。在计划经济条件下，整个经济活动的运作是围绕着“以生产为中心”而进行的；其间的经济联系也是单一的封闭型的纵向联系，企业只对其上级负责，按照上级的规定完成生产任务，生产的产品也由上级负责“统收”、“包销”。因此，那时经济新闻报道的报道范围便囿于车间、矿井、田头，报道的内容无非是反映生产成绩、生产经验、建设成就，以及新产品、新工艺的问世等；而且报道的重点也仅是围绕着国家或者上级的经济工作步骤的重心来安排的，一旦经济工作步骤的重心从某一行业、某一领域转移到其他行业或领域时，我们的经济新闻报道的重点也就随之转移。

社会主义市场经济中，生产与流通是相衔接的，市场对生产和消费起着决定性的作用。市场既是检验商品及其生产企业效益的试金石,也是调节和指导企业生产的调节器、指示器;同时,市场又联结着社会生活的方方面面,关系着千家万户的利益。市场上,不仅有五颜六色的各种有形的商品,而且有各种无形的经济信息、科技信息、人才信息,还有各种未转化成有形商品的科学研究成果。活跃在市场上的,不仅是商品的经营者、消费者,而且有商品的生产者。市场的运行和变化,不仅左右着商品的消费者、经营者,而且指挥着商品的生产者。因此,这里所指的市场,已不仅仅是计划经济时期传统意义上的商品流通和货币交换的场所了,而是今天我们社会经济生活中最活跃、最多变、内涵与功能又最丰富的大舞台了。社会主义市场经济的经济活动便是以"市场为中心"来运作、来开展的。我们的经济新闻报道要顺应社会主义市场经济的这一新动向、新要求,就必须面向市场、走向市场、反映市场、引导市场;经济新闻报道的重心就应转到市场上来;经济新闻报道的报道范围就应从过去的"生产"为主体,转到现在的"市场"为主体;经济新闻的采写就应注意围绕着市场经济所赋予的商品流通、资金融通、生产要素流动、经济信息传播、生产调节指导等多元化、多功能的社会主义大市场找选题、找素材、搞报道。不光是商品的生产与销售,大凡涉及各类市场的建设与成熟,涉及市场的运转情况及其运行机制、规则;涉及各种动态的市场行情与信息,诸如汇率、利率、债券销路、股票指数的升降、中央银行的干扰程度等金融行情,国内贸易的销售量、国际贸易的平衡与逆差等贸易行情,商品品种、价格、成交量的变化等商业行情,以及房地产、期货市场的信息等等,都可以作为我们经济新闻报道的选题对象。



社会主义市场经济的经济联系是开放型的,其经济的"触角"伸向四面八方,从而形成一个以市场为中枢的纵横交错的立体经济网络。市场经济中,企业和个人的经济行为并不为单一的地域观、行业观,乃至文化观念、价值标准所制约、所影响,而是多种因素、多种条件综合权衡、判断的结果。在经济活动的实务领域里,是无"权威"可言的,也是无"典型"可以模仿的。

为此,我们的经济新闻报道应注意改变过去那种偏重于微观,进行一厂、一店、一村式的所谓“典型化”的报道模式,力求从宏观上,从全方位、深层次的经济联系上来反映丰富多彩的经济生活,反映变化多端的形形色色的经济现象,并要注意加强对经济发展的现状与趋势、走向作分析性、预测性报道。除此之外,为了满足企业和个人对各种信息作综合权衡、判断的需求,提高新闻的可受性,我们的经济新闻报道还应注意改变过去那种局限于经济领域,围绕着经济建设的成就、经验来报道经济的做法,力求从经济与文化、经济与法律、经济与科技、经济与社会的结合部上变更经济新闻报道的视点,拓展、延伸经济新闻报道的报道范围。比如,可以从经济活动、经济生活的各种现象中,寻找涉及文化的、法律的、科技的、社会的等方面内容的报道题材;也可以从文化的、法律的、科技的、社会的视点上审视各种经济活动、经济生活的现象与问题,以采写出为广大受众(不仅是经济圈内的受众)所关注、所感兴趣的文化性经济新闻、法律性经济新闻、科技性经济新闻、社会性经济新闻等。



## 三、经济新闻报道的报道时态

经济新闻报道的报道时态,应该由“报道滞后型”,转变为“报道即时型”。

新闻是新近发生、发现的事实的报道。迅速、及时地传播既具新闻价值又具宣传价值的事实信息,是我国社会主义新闻报道的一大特点和规律所在,也是我们社会主义新闻价值观的一大体现。然而,在长期的计划经济条件下,传统的新闻观念的束缚,导致了今天经济新闻报道上的新闻价值观的“错位”——注重事实信息传播的宣传价值而忽视其新闻价值。这样,我们经济新闻报道的报道时态就往往不是“及时型”、“即时型”的,而是“滞后型”的或者是“趋前型”的。

众所周知，经济活动及其发展如同社会上的其他事物一样，是存在一个不断运动、变化的曲折的行进过程的，而不是一帆风顺的或者静止不变的。回顾以往的经济新闻报道（不是指一般的政策性信息传递的报道，主要指经济活动的现象及其发展的报道），每当国内经济形势较好或较顺利的时候，我们的报道时态通常是呈“即时型”的，能对经济发展的现状与行进态势予以及时报道；而当经济发展的形势不尽如人意或者遇到挫折，出现经济滑坡时，我们的经济新闻报道的报道时态就常常不相一致了：要么“滞后”——当时保持沉默，不予报道，等待经济发展走出“困境”，朝好的方向转化时才着手进行报道；报道的便是经济发展“已经走出低谷”，“开始出现好转”，“呈现回升局面”等等，至于何时进入“低谷”，何因进入“低谷”，这两个重要的新闻要素则很少予以涉及、披露。要么“趋前”——在经济发展处于困难或不利局面，而又必须作报道时，便从“今后会怎么样”的“预言家”的角度着手进行报道，报道的便是“明年的经济增长率将会达到……可望超过今年……”，“明年职工收入可望提高到……”等等。当然，从经济活动信息的传递和稳定大局、安定社会的宣传目的和效果看，这种“滞后式”、“趋前式”的经济新闻报道并非不可以（尤其是，“趋前式”的报道如能科学地预测、预见经济活动及其发展的未来走势，那更是经济新闻报道所不可缺少的），且有着一定的报道价值和积极意义。但是，这种报道时态带来的一个很明显的问题和弊端是，经济新闻报道作为经济活动及其发展的“同步记录”，便常常会出现不应有的“空白带”。要根据我们的经济新闻报道来了解、研究中国的经济现象与问题，便有了一定的难度，因为这些报道之间是“跳跃式”的，是“不连贯”的。我们今天的经济新闻报道，就难以作为明天的“经济历史”来看待。



社会主义市场经济中，经济活动和经济生活的现象纷繁复杂、多姿多态且变化多端，人们需要通过新闻传媒及时地、全面地了解和掌握这一现象及其变化，以随时调整、规范自身的经济行为，适应市场经济的要求。为此，经济新闻报道也必须对经济活动及其发展的现状作“即时态”的反映和传播，即不仅要及时报道“上坡期”（尤其是“波峰期”）的经济形势，也要及时报道“滑坡期”（尤其是“谷底期”）的经济形势。这样，我们的经济新闻报道才能客观地、较完整地反映出经济活动及其发展的全过程，才能给受众一个对经济形势的较客观、较全面的认识的参照系数。与此同时，在市场经济条件下，我们国家和政府对经济活动和经济生活的管理是通过市场作宏观调控来实施的。市场的种种要素及其结构关系是处在经常性的变动之中的，新情况、新变化层出不穷，因此，国家和政府为实施宏观调控而制定的方针、政策便具有不间断调整的特性。当前，我国社会主义市场经济还处于建设阶段，必然存在相对的不完善性和渐进性；国家和政府所制定的具体的有关经济政策、方针以及相应决策、措施等，在实践过程中也必定会逐步暴露出各种状态的不协调现象。为此，我们的经济新闻报道也必须是呈“即时态”的，要及时地传递各种经济活动与经济生活的现状，要及时地反映市场经济行进过程中的各种不完善性的存在，从而较完整地勾勒出市场经济渐进性的发展态势，这样也才有助于国家和政府不间断地调整有关经济方针与政策，消除已经出现或者可能出现的与实践不协调的现象，以积极推动社会主义市场经济健康、有序地发展。



总之，“即时态”的经济新闻报道，是顺应新闻传播规律，提高新闻报道自身质量的要求；也是顺应社会主义市场经济规律，争取经济新闻报道最佳社会效果的要求。

## 四、经济新闻报道的事实运用

经济新闻报道的事实运用，应该由“焦点透视型”，转变为“散点透视型”。

用事实说话，即通过对新闻事实的取舍和客观描述来显示、阐明新闻传播者（新闻采写者及其所服务的新闻传媒）的观点、意见，是新闻报道的基本形式，也是其又一大特点和规律所在。但是，如何运用事实进行“说话”呢？经济体制及其运行机制不同，经济新闻报道对此要求与做法也不尽相同。

多年来，在计划经济体制的制约下，我们经济新闻报道的习惯做法是，借助某一个（或者某一类、某一方面）的事实材料作依据，来说明、来反映某一种经济活动和经济生活现象的合理与否，或者某一种经济观点、主张的对与错（评析的标准就是看是否符合上级的决策、规定）。例如，某个时期，国家和政府强调重视重工业的建设时，我们的经济新闻报道便大量地收集、运用那些能够反映重工业建设“欣欣向荣”的局面的事实材料，或者那些能够反映重工业企业成功经验、成就的典型事例进行报道，以此证明上级的决策、政策的正确、英明，并借此推动上级的政策、决策的贯彻落实。这种单向的“焦点透视式”的经济新闻报道模式，是计划经济时代的必然产物，当时有它存在的合理性和必要性。



然而，社会主义市场经济体制下，经济活动呈多元竞争的状态，社会经济生活广阔、复杂。单向的“焦点透视式”的经济新闻报道模式，由于局限于对经济活动和经济生活作简单的“一事一报”、“一事一议”等告知式的传递与评析，局限于对事实材料作单面、单体式的审视与运用，不但难以客观反映经济活动与经济生活的真相，而且也难以适应今天市场经济社会里，受众由于群体文化素质的提高和情报意识的增强所形成的更乐于参与外部世界、更乐于作独立思考的心理要求。比如，前些时期，为了强化引进外资的宣传力度，我们的经济新闻报道便纷纷围绕着各地开办了多少家外资企业，吸引了多少外资投入（尽管有些投入还是意向性的，也计算在内），如何治理吸引外资的“软环境”，引进外资后可以增加多少出口创汇，又可以解决、容纳国内多少劳动力的就业等事实材料作报道。这样的报道，由于单纯地传递引进外资的重要性、优越性的信息，一方面可能诱发一些地方和部门互相搞攀比，搞形式主义，甚至弄虚作假的错误行为，导致经济活动、经济生活走向歧路；另一方面也可能在部分受众中引起“反思”：引进外资真的那样“十全十美”吗？难道不会对我国国内市场带来冲击？难道不会加剧国内已经出现的能源、交通的紧张？难道不会影响到国内企业尤其是国有大中型企业与外资企业的平等竞争？……其结果不但不能达到应有的传播目的，还会诱发受众对报道的“逆反心理”。

面对正在实践着的社会主义市场经济，我们的经济新闻报道应该改变过去那种单向的“焦点透视式”的报道模式，而代之以多向的“散点透视式”的报道方式。即在传递、评析某种经济活动和经济生活的现象时，要力求选择、运用各个方面与之相关联的事实材料（包括对这种现象的不同评价的观点材料），并以“释析”的手法审视、剖析这一连串的相关的事实材料，借此达到“说话”的目的——揭示所报道事实（信息或现象）的真相及其内在意义，给受众以正确的“导向”。“散点透视式”的经济新闻报道，十分注意追求所传递信息的整体丰富性，它既要揭示信息的不同的“质”（包括各种不同的意见、评价），又要揭示信息的不同“流向”（各种成因及其带来的各种不同的后果）。这样，经济新闻报道所传播的信息便是多方位、多侧面、多层次的，便是立体的，且富于思辨色彩的，其所要“说的话”便是全面、客观、公正的。也只有这样，经济新闻报道才能满足今天受众的“新闻欲”，才能合乎社会主义市场经济所带来的社会经济生活自我调节机制的要求，才能充分发挥新闻传媒在社会主义市场经济中的新闻舆论功能。

社会主义市场经济，既给我们传统的经济新闻报道模式提出了前所未有的挑战，同时也给我们今天经济新闻报道的改革注入了强大的活力，带来了十分难得的机遇。勇于迎接挑战，善于把握机遇，我们的经济新闻报道一定会随着社会主义市场经济的发展、成熟，而不断创新、繁荣，一定会以崭新的面貌、生机勃勃的姿态，展现在新闻传媒的百花园之中，赢得广大受众的青睐。

（1994 年 10 月）

# 党委机关报当前的困境及其对策



随着社会主义市场经济体制的建立，我国的新闻传播业出现了前所未有的剧变和飞跃。这不仅表现在一大批新型传播媒体在“市场竞争”的呼唤声中应运而生，争奇斗艳，从而打破了几十年来，由党委机关报“一统天下”的新闻传播体制格局；而且更体现在我们固有的新闻传播理念、传播方式，及至传播内容都在“市场意识”的催促声中发生了“质”的改造，新闻的“本色”开始得以回归。“市场”造就了形形色色的新闻传媒，也生成了五光十色、丰富多彩的新闻报道，从而使今天的新闻受众在“新闻欲”得到充分满足的同时，也真正享受到了作为精神消费者的“上帝”的滋味与乐趣。

然而，我们在为新闻传播业的这一变化欢欣、叫好的时候，不能不感到遗憾和痛惜的是：在“市场”面前，作为我国主流新闻媒体的中央和省级党委机关报大多显得竞争乏力，发展空间日见其窄，有些甚至陷入了生存困境——得靠其衍生的子报（诸如周末版、都市报、晚报等市民报）的“输血”、“供氧”来维持生计。究其原因,以“对症下药”,从而帮助党委机关报重振“雄风”,应该是我们新闻理论界和实务界当前迫切需要解决的一大课题。

## 一、困境的原因

造成不少党委机关报目前生存、发展困境的原因,应该说是多方面的,但笔者以为其症结主要来自以下两个方面。

**1. 传播市场竞争的不规范,使党委机关报处于不公平的竞争之中**



据有关统计资料表明,20 世纪 90 年代以来,我国新闻媒体的数量基本上呈急剧扩张之势。以报业而言,到 1998 年止,虽经几度整治,但总量仍达 2 053 种。其间,不少新办报纸是附属于经济、文化等行业,或者由行政、执法等部门所主管或经营。从这几年新闻传播业的实践看,这些新办报纸良莠不一。办得好的新办报纸对繁荣我国新闻传播市场,多方面满足受众的新闻信息需求确实立下了“汗马功劳”。然而,一些办得不好的新办报纸,其给我国新闻传播市场的良性、健康发展所带来的负面影响也是不容忽视的。这一方面表现在这些新办报纸“上马仓促”,缺乏新闻理念、实务运作以及队伍素质建设等方面的必要准备,加之明显的商业利益驱动,因此在办报过程中常常不遵守新闻传播市场的“游戏规则”,无视新闻传播规律,而是一味地、不择手段地争夺新闻受众源。其结果,势必导致新闻传播市场的脏、乱、差现象不时出现。脏,就是将所谓的“趣味性”、“可读性”作为唯一的“新闻卖点”加以兜售,热衷于以庸俗、低级的“隐私新闻”、“色情新闻”或者残忍的“暴力新闻”等迎合部分受众的“感官”需求,以致报纸成了“毒化”社会风气的一大精神污染源。乱,就是全然不顾同业间的职业公德,既在发行量上搞欺诈,混淆视听,肆意“抬高”自己,“压低”同行;又在传播内容中搞欺骗,为达到“轰动效应”之目的,随意编造新闻、策划事件、愚弄受众。差,就是不顾新闻传播质量,办报无特色、无个性、沉迷于当“二传手”,甚至借“炒作”新闻之名,任意“克隆”、侵占同行的“知识”成果。另一方面也表现在,一些带有较为浓烈的行业或部门色彩的新办报纸,凭着行业、部门特有的“垄断”依托,不仅有着公款支撑的优势,发行量再少也照样能生存,而且还有着“强制性”发行的促销优势,在市场上“胡搅蛮缠”。

实事求是地说,我国新闻传播市场目前尚处于“初级阶段”。市场运作的不规范,竞争规则的不健全,自然使新闻传媒陷于“低层次”的竞争之中。在这种竞争环境里,一向“循规蹈矩”、“洁身自好”的党委机关报显得力不从心,甚至无所适从,便是可以理解的了。众所周知,市场竞争是市场主体在统一的价值法则下的公平竞争。我国党委机关不仅承担着新闻信息传递的功能,而且还肩负着社会舆论导向主导控制的历史使命。它们与那些扛着各种旗号的专以提供“休闲”、“娱乐”为主功能的新闻媒体,本来就不是处在竞争的同一“起跑线”上。何况,面对着的又是不良的、不正当的竞争,党委机关报的“落败”当然在情理之中了。



**2. 传播定位的失当,使一些党委机关报失去特色与优势**

新闻媒体的传播定位,主要关系到传媒为谁服务,从哪方面服务的问题,也是关系到传媒的受众群的规定问题。这是直接影响着传媒的宗旨、编辑方针、内容选择、表现手法等等一系列如何办好传媒的根本性问题。正是因为拥有着既明确但又不尽相同(或构成上,或分布上,或需求上)的主要受众群,不同的媒体才显示出彼此间的差异和个性,从而在新闻传播市场上才能求得自己生存和发展的空间。长期以来,我国的党委机关报靠着“国家出钱,报社办报”,无须承担经济压力,因此,其传播定位是十分明确的、坚定的,就是以各级党政机关和企事业单位的领导、干部以及知识分子为主要读者对象,着力宣传党和政府的方针、政策,传递重大的、权威性的信息,以影响并引导社会舆论。然而,在眼下的经济体制转轨和社会转型期,随着国家对报纸"外部断奶"的政策的实行,党委机关报在尽好"本分"的同时,还得负荷上沉重的经济压力。面对这种状况,党委机关报便不仅要抽调一部分精兵强将去办经济实体,搞经营,搞创收,而且还不得不注意"开掘"报纸的商品属性。这样,党委机关报如何规定自身的传播定位呢?"固守"阵地,"咬定青山不放松",让受众群继续囿于社会的"精英层",则可能丧失其在新闻传播市场的应有的占有额,导致生存危机。而改弦更张,让党委机关报也"飞入寻常百姓家",则势必要突出"生活味"、"趣味性",弄得不好则可能使报纸"变味"、"变质"。传播定位上的两难境地,使一些党委机关报只能作出这样尴尬的抉择:要么以"两面人"的角色出现在新闻传播市场上,出现在社会大众面前。一面"认认真真"地办"母报",一以贯之地着眼于新闻宣传与舆论引导功能,严肃、庄重地担负着"弘扬主旋律"、提升读者"品味"职责;一面"不清不白"地办子报(周末版、市民报等),千方百计地取悦读者,不讲条件地迎合读者的需求。要么在传播定位上搞"模糊哲学",来个"兼容并蓄",既传达党的声音、民众的呼声,又打"擦边球",要些噱头,搞些"花边新闻"。传播定位上的失准,"不明方向",势必使这些党委机关报失去自身的特色与优势,其结果必定赢不得读者,也留不住读者。这是新闻传媒不成熟的表现。



## 二、"脱困"的对策

党委机关报作为我国主流新闻媒体,尽管在目前我国报业总数中其所占比例仅达到20%左右,但其举足轻重的地位和作用是自不待言的。"舆论导向正确,是党和人民之福;舆论导向错误,是党和人民之祸"。在舆论引导的阵地里,党委机关报自始至终是肩负这一光荣使命的"排头兵"。为此,让党委机关报从眼前所面临的困境中尽快摆脱出来,从而更好地发挥其"排头兵"功能,是我国新闻传播业管理层以及新闻理论界和实践界的一项义不容辞的职责。笔者以为,当前党委机关报"脱困"的对策可以从这样两个方面考虑:

**1. 外部机制**

就外部机制而言,首要的措施是整治媒介市场上的滥与劣,以合理利用新闻资源,避免媒介市场杂牌军"群雄并起"、旌旗猎猎下的资源浪费,从而给党委机关报以健康的生存环境和公平的参与市场竞争的条件。其整治的标准主要是两条:1)是否属于"重复建设"(无一手信息、专以"克隆"、抄袭别人成果营生);2)质量上是否合乎"市场准入"标准(办报理念是否端正、实务运作是否规范、队伍素质是否合格)。当然,在"重复建设"这一问题上,党委机关报自身也需做"战略收缩"。一些信息重复、"一手货"不多的县级甚至地市级党委机关报,应考虑重组、兼并。在此基础上,有实力的省市级党委机关报应尽量兼并、淘汰其他小媒体,从而有组织、有计划地实行集约化,形成以其为龙头的真正的媒体集团(而不是原先意义的母报与子报联合体)。在这一过程中,新闻媒体的主管部门的宏观调控以及新闻法律、法规的建立与健全显得十分重要。客观形势迫切呼唤《新闻法》。

其次,要给党委机关报政策上的倾斜和"减压"。前面谈过,党委机关报是在市场压力与宣传重任下生存发展的。相对于其他报纸的单一目标——很大程度上只需应付市场压力而言,党委机关报无疑亟须相应的扶持与资助。除了以上所谈到的整治滥、劣,给党委机关报营造一个纯洁的生存、竞争环境外,在重大政策性新闻的"首发权"以及发行、办报经费等方面也需要一定的关照。应该说,这绝不是一种“走老路”的做法,而是客观形势特别是竞争态势使然。在媒介市场竞争由不规范逐渐走向规范的过程中,党委机关报需要各级党委及政府有关部门“扶上马,送一程”。事实上,重大政策性新闻“首发权”的授予,在西方国家新闻传播史上早有先例。党委机关报享受党委给予此“特权”亦是情理中事。此外,在发行方面,党委机关报长期以来就有依靠党委订阅以扩大发行的传统;进而言之,作为党委的耳目和喉舌,利用党费订阅、积极发动党员订阅党委机关报亦属正常所为。至于办报经费来源,公正地说,党委机关报能够“两个轮子一起转”无疑是一种理想的状态,但它在致力搞好新闻传播工作的同时,究竟要不要腾出大量精力搞经营、抓效益(利润),并过多地浸淫在经济事务之中,这本身尚值得探讨。在这一问题没有解决之前,给党委机关报以办报经费上的保证,应是其主办单位——党委和政府责无旁贷之事。



**2. 内部机制**

就内部机制来说,党委机关报必须挖掘出自身优势,在自身属性——党报姓党,价值取向——以宣传、引导为要义,版面风格——庄重、大方等方面毫不含糊;在信息资源方面,党委机关报具有无与伦比的权威性、可靠性、丰富性,这种权威、可靠、丰富,保证了党委机关报反映舆论的全面、真实与快捷,并因此为其争取受众、引导受众,协助党和政府开展工作奠定了基础。当然,党委机关报在注意张扬自身固有优势与特色的基础上,也要注意在传播定位上作适当调整,尽量扩大受众面,以适应传播市场竞争之要求。这主要体现在新闻传播内容的选择及其表现手法上,要力求在新闻价值、政治需要与社会大众情感三者“共通点”上作文章。

在市场竞争方面,行业报、部门报、专业报等媒介市场严重分割与分流,一方面对党委机关报形成了冲击,但换一种角度来看,这种多元化,未尝不是一种机会:在这种分流中,党委机关报能以其信息传递的重大与权威优势稳居一席之地，而后以其规范化的管理与质量保证逐步开拓媒介市场。

激活党委机关报的另外一个方面是用人与激励机制。这方面，中央电视台《焦点访谈》、《东方时空》等一些媒体名牌栏目以及一些都市报的成功可资借鉴——它们普遍采用聘任制，竞争上岗，不行就下，毫无通融，这便大大挖掘了人的潜能，增强了记者、编辑的危机感与责任心。从某种意义上说，党委机关报本身是一块“金字招牌”，它能吸引人才，而后又激活其潜能。这样，势必能大大提高党委机关报的竞争力。

随着探索与实践的深入，在媒介市场日趋规范化的前提下，以党委机关报为龙头（大股东）实行报业股份制，组建报业股份公司，或许也不失为党委机关报摆脱困境的一条道路。



（1998 年 10 月）

# 我国证券类金融报道理念与运作的反思



改革开放以来,我国社会(指大陆,下同)政治、经济、文化生活等各个领域都发生了一系列令人瞩目的变革。其间,资本市场的被承认和逐步形成,无疑是经济领域里最深刻、最富生机和活力的一大变革。当前我们正在积极建立并不断完善的社会主义经济体制,就是要使市场在国家的宏观调控下对资源配置发挥基础性作用;而各种资源的配置,最终都要量化为资本并形成资本市场。资本的外化则是金融。因此可以说,不研究资本市场,不懂得金融,就不能算是真正懂得市场经济。由此可见,金融报道在今天我国新闻传播中的重要性是不言而喻的。

在市场经济成熟的西方发达国家,金融报道历来是经济类新闻的主要支柱之一,它在新闻传播业中的"强势"地位也早已确立。然而在我国,长期以来由于计划经济体制的约束,加之传统的重生产、轻流通的文化理念及思维定势的影响,金融报道一直没能在传媒的经济类新闻中占据应有的地位,也没能得到社会大众的应有的重视。20 世纪 90 年代以前,在综合性传媒上,为数不多的金融报道仅仅是作为“边角”、“配料”而存在。这种状况直到1991年下半年才有了根本改观。当时,《人民日报》连续报道了由银行发放启动资金清理“三角债”,以救活大中型国有企业的举措及有关事件。报道所据版面、版位极为突出,标题也做得极为醒目;报道在社会上引起广泛关注和强烈反响。在此之后,金融报道受到了我国传媒的普遍“关爱”。尤其是1992年邓小平南方谈话发表后,人们对股票、期货交易等这些“资本主义东西”的疑忌得以释解,有关证券市场的报道随之活跃起来;次年还相继出现了以专门报道股市行情、上市公司动态以及国家金融政策为主的《上海证券报》、《中国证券报》、《证券时报》等一批专业性证券媒体。金融报道在我国经济类新闻中的主流地位从此得到了确认。这是我国新闻传播业进入市场经济“深处”的重要标志之一。

我国的金融报道虽然起步很晚,但是伴随着社会改革的日益深化,市场经济的不断成熟,加之新闻传播界同仁的努力和受众的支持,其进步、成长却是极为迅速的。这不仅表现在报道面与量的纷繁丰富上,而且还呈现于报道内容、报道手法等的多样化与创新性上;一些优秀的精品报道甚至令受众爱不释手、难以忘怀。应该说,今天的金融报道在我国传媒的受众市场上,已经营造了一道十分亮丽的人气旺盛的独特风景。然而毋庸置疑,在这一历史表象的背后,人们对金融报道的责言怨语还经常出现,一些金融报道的权威性、科学性以及公信力都让人疑惑丛生。究其原因固然是多方面的,但笔者以为,除了制度性因素外,当前我国金融报道理念及其运作方法上的错位则是其关键所在。(限于篇幅,本文仅就证券类金融报道存在的问题作探讨。)

## 一、新闻价值取向上的“泛政治化”现象

新闻价值取向上的“泛政治化”现象,导致金融报道“本位”

的迷失并违背了市场经济的“游戏规则”。

新闻价值作为新闻采集者及媒介衡量、取舍新闻事实的一种尺度,显然是一种观念形式的东西。由于我们过去的新闻报道是计划经济通过新闻手段的反映,因此新闻采集者及媒介的新闻价值观便不可避免地要打上计划经济的烙印。而计划经济所体现出的是一种低结构化程度的社会形态;在这种社会中,国家对经济以及各种社会资源实行全面的垄断,政治、经济和意识形态三者高度重叠。意识形态是高度总体性的,政治是高度意识形态化的,经济与其他社会生活则是高度政治化的。新闻事业被视作一种社会意识形态,自然也呈现出高度的政治化。在计划经济体制下,国家对经济活动实施由上而下的指令性安排,运用行政指令进行资源配置。这样,金融等各类经济报道的新闻价值取向定位自然囿于国家、上级等“上头”的指令的传递上;新闻报道的重心便是宣传、贯彻“上头”的指令、决策和计划;衡量、决定一件事、一个单位或部门值不值得报道,便是看其是否符合“上头”的精神,是否发挥了生产实体的功能,是否完成了“上头”规定的生产指标、产值、利润等。在这种“泛政治化”的新闻价值取向定位的影响下,我们的金融等各类经济报道的运作过程,一方面偏重于报道企业完成“上头”指令所取得的成就、经验等;另一方面则强调报道的“声势”,强调报道的“集中性”、“一致性”,以保证“上头”指令传递的及时、畅达。

从当前的新闻实践看,这种新闻价值取向上的“泛政治化”的现象,在一些媒体及金融报道采写者的身上仍然表现得十分明显。比如,一旦有关管理层或者某位高层人士倡导某一举措或者推出某一决策时,我们的报道便会一哄而上,齐唱“赞歌”。至于这一举措或决策,出台的“背景”是什么,在实施的过程中会遇到什么问题,是否真正具有“生命力”等等,则很少有人去采集,去报道了。再如,不少金融报道习惯于从“政治”的视点或者社会文化的角度去审视金融现象,离开金融自身的规则、规律去报道有关金融事件或问题,从而使金融报道“政治化”、“社会化”。1997年由泰铢贬值进而取消其与美元的汇率引发了一场震惊全球的亚洲金融风暴,对此,我们的一些媒体先是无动于衷,后是淡化处理,再则欣喜这个风暴“与我擦肩而过”。其间,新闻报道的“政治倾向”显现无遗。

应该公正地说,计划经济条件下我们的新闻报道,在反映、宣传我国社会主义建设的成就上还是比较充分的,它顺应了我国社会生活的激励机制,产生了较为积极的社会效果。因此,对于计划经济条件下形成的新闻价值观和思维定势,我们不能轻易地一概否定。即使在实施市场经济体制的今天,作为党和政府“喉舌”的我国新闻传媒,注意发挥新闻报道的宣传和舆论引导功能仍然是一个不可动摇的基本原则。但是,需要指出的是,新闻报道的宣传和舆论引导功能的发挥,必须建立在充分尊重新闻报道的传播规律基础之上。否则,违背传播的特定规律,新闻报道也就失去了存在价值。那种单纯地从政治指导性和工作规定性上取舍新闻事实,单纯强调新闻的宣传和舆论引导功能的金融报道观念及其新闻价值取向,不仅背离了金融报道“按照新闻规则,真实、及时地反映客观世界,以揭示金融现象的本质与规律”的本位,背离了金融报道的传播规律,而且也有违市场经济的“游戏规则”。众所周知,市场经济区别于计划经济的一个主要特征是,在运行机制上它以价值规律为轴心,让市场对资源配置起基础性作用。在市场经济中,企业或个人不是“奉命生产”的生产实体,而是在商品的生产、交换中,自主决定经济行为并承担相应风险和后果的独立的经营实体了。因此,市场经济体现出的是一种结构分化程度相当高的社会形态。在这种社会里,政治、经济和意识形态是相对独立的,具有一定的分离性。国家和政府对各种经济活动的管理方式,主要是通过法律的、经济的手段而不再靠行政手段来实施了。在市场经济的条件下,资源配置的合理与否,企业或个人的经济行为、决策的得当与否,一个重要的环节就是解决好各种各类信息的收集、传播、反馈与运用。面对这种情况,如果我们的新闻报道仍然“奉命"行事，热衷传递"上头的声音"，或者单纯地从"政治"上着眼选择、评判新闻事实，其结果势必造成信息传递的不充分、不完整，给受众的经济行为的决策带来误导。何况，我们今天面对的市场经济是不成熟的；由于经验的缺乏等原因，"上头"的精神、决策等也有一个不断完善的过程。对此，我们一定要有足够的认识，简单地当"传声筒"、盲目"跟风"的作法应该摒除。比如，1999年11月，某地政府出台了《关于促进上市公司发展的若干政策意见》，其间颇具"创新"意义的是第六条规定："对控股股东向受让方实施'净壳'出让的，优先予以政策倾斜"。这里所谓的"净壳"，就是指上市公司把自己原有的所有资产（包括债权、债务）统统剥离出去，而仅仅剩下"上市公司"这一"外壳"。从金融理论与规律上讲，这种"外壳"是毫无价值可言的；然而，由于我国股票发行上市至今还带有沉重的计划经济的痕迹，企业（公司）上市欲望十分强烈，从而形成了上市需求与上市指标间的极不协调的供求关系，这样便使得上市公司的"壳"不仅有了价值，而且奇货可居。地方政府提倡这种"净壳"出让方式，其用意就在于通过对股市的干预，为地方政府获取可观的经济利益。对此，我们的报道如果盲目"跟进"，竭力"颂扬"，便可能给整个股市带来灾难性的影响。再如，1999年下半年，证监管理层曾经发布过一则《关于进一步完善股票发行方式的通知》，其中第五款第一条规定："在对一般法人配售和对一般投资者上网发行前，战略投资者应与发行公司订立配售协议，约定其持股时间不得少于六个月"。在我国证券法规中首次引入了"战略投资者"概念。从新闻价值上看，这当然也是很有新意的提法和举措。但是，根据该《通知》的规定，能如愿以偿地形成真正的战略投资者的机制吗？一般的投资常识告诉我们，在六个月的时间内是不可能完成一项战略投资的；何况股额配售数量上该《通知》又有着5%的持股上限规定，这样，投资者更不可能对所投资的上市公司的发展战略构成大的影响。因此，按照该《通知》的规定，实际上就为所谓的"战略投资者"以投机思维参与法人配售提供了便利条件。试想一下,如果热衷“宣传”这一举措,其结果会如何呢?随着法人配售的增多,《通知》精神的深入和执行时间的延长,在一定时候便可能出现法人配售股的集中抛售,那样必定给股市市场带来新的不稳定因素,中小投资者必将面临着更大的风险和更小的获利空间。好在该《通知》的有关条例内容很快在实施过程中得到了纠正,这种状况才得以避免。

市场经济条件下的新闻传媒,本质上应归属于一种专业化的信息载体,金融报道的新闻价值,就是取决于报道的事实给受众提供信息量是否全面、充分,是否客观、公正。力求摆脱“泛政治化”的思维定势,使金融报道尽快回归本位,这样才有助于我们的新闻传媒在市场经济中发挥出自己的应有作用。



## 二、新闻舆论引导上的“急功近利”

新闻舆论引导上的“急功近利”,导致金融报道服务功能的异化。

从传播学的角度看,任何媒介都是联系现实环境与受众的中介;失去受众,媒介也就失去自身存在的意义。牢固树立“受众意识”,千方百计地为受众服务好,更是今天处于激烈的市场竞争环境中媒介求生存、求发展的一大法宝。

在现今我国社会里,随着改革开放的逐步推进,普通百姓的金融意识开始觉醒,懂得“算计”钱,想方设法多挣钱用好钱已经成了众多百姓经济生活中一项不可或缺的“自觉”行为。因此,引导百姓建立投资意识,帮助他们拓宽投资渠道,更好地理财生钱,自然是我国传媒及其金融报道的一项不可推卸的责任,这也正是金融报道张扬其独特的服务功能的用武之地。

纵观现阶段众多新闻传媒及其金融报道,应该说,其为受众投资理财的服务功能的确得到了较为充分的发挥。然而,我们也应该清醒地看到:改革开放带来的社会的急速变迁和公众心态的浮躁,使作为社会公器的新闻舆论在很长一段时期呈现出一种迷茫和情绪化的状态,从而在舆论引导上出现了明显的“急功近利”的倾向。这在金融报道中则表现为一味满足投资者“一夜暴富”的不切实际的心理和“钱立刻生出钱”的求富心态。例如,一些媒体的证券节目和证券版面中充斥着国外股市中早已淘汰的技术分析内容,而鲜见从中国的国情出发、从中国股市并不成熟的实际出发的属于我们自己的技术分析方法和技术分析理论。由于报道中所出现的技术分析侧重于分析证券价格的短期行情,因而更适合于谋取价差收入的短期投机行为,这样便无形中助长了市场的投机气氛。而短线炒作越频繁、收益越低的事实,一旦成为由股民用血汗钱买来的教训,股民入市时的获利梦想化为乌有时,无疑会使股民对“庄股”画出的美妙的上升通道顿生憎恶之情,进而加剧对中国证券市场的怀疑。显然这不仅不能有效地实现证券报道的服务功能,而且还会对我国正在积极建设中的投资为主、投机为辅的证券市场造成负面影响。也正是由于当前一些金融传媒及其报道营造的这样的舆论氛围,结果导致我国股市出现这样一种奇怪现象:一方面股市不成熟、不规范;另一方面股评却异常发达,股评家汗牛充栋。时下一些金融传媒的另一个热门“服务”手法是荐股和行情预测,令人疑惑不解的是荐股的理由往往简单到只有几个字,如“庄股”、“强庄入驻”、“主力筹码集中”;至于行情预测,则大多是依据西方股市发展轨迹逐渐形成的“西式”分析理论和分析方法,诸如“KDJ 指标低位金叉或高位死叉”、“突破强阻力位或跳空缺口”的纯技术分析理论,这样当然不可能真正描画出中国股市的涨跌规律。如国庆 50 周年前后的股市行情就走出了与多数股评家预测完全相反的走势。去年 9 月 11 日一位股评家在《股市面临深刻变革》一文的结尾中说,“周四的放量长阳,一举突破 8 月份的盘整箱体,表明原先的多空平衡格局开始向各方转化。今后市场大涨小回,步步为营是主旋律”。另一位股评家在《跨世纪行情迈新步》一文中更为坚定地说，“相信下周将反复放量上扬，挑战六月底的历史新高……投资者应满仓持股等待跨年度牛市的大丰收”。还有一位股评家在《节后行情可乐观》一文中甚至这样断言，“真正强势行情，或者突破1 700点，可能在9月28日前后”。当九十月份股市实际运行的轨迹与这些股评精粹大相径庭时，随着预测信息变成天方夜谭，金融传媒及其报道的“服务”功能也陷入令人尴尬的境地。

在社会主义市场经济体系日益完善的今天，证券类金融报道要全方位地体现服务功能，既要看到股民特别是刚入市的新股民把一夜暴富作为自己追求的最高目标是人之常情，同时更要认识到帮助投资者树立正确的投资心态，对建立一个成熟、高效、规范的证券市场的积极影响。显然，目前这样过多的介绍技术分析的内容以及荐股、行情预测的方法，是不利于引导投资者和社会公众形成理智的投资心态的。因此，金融报道要引导投资者辨清这样一个因果关系：一个投机盛行的证券市场是不会以普通投资者的利益取向为其发展方向的。要实现把“一个规范的、充满生机和活力的证券市场带入21世纪”这一目标，我们的金融传媒及其报道便应力求做到成为“诚实的金融家和可敬的经纪商之友”、“不道德推销商和赌徒的敌人”①，给投资者以真正意义上的服务。

当然，证券类的金融报道要实现服务功能的到位，并不是要摒弃技术分析，单纯地传导信息，而是应该跳出纯粹的技术分析的窠臼，应在完善信息披露制度的基础上，确立以基本面分析为主的金融报道方向。这种基本面分析方法，应是侧重于分析证券的内在价值、研究证券价格的长期或较长期趋势的一种投资分析方法，这也是成熟、高效的证券市场中最主要的投资分析方法。这就要求金融报道工作者从经济发展的全局来审视、把握



① 周树春：《世界经济潮流的瞭望塔——访英国〈金融时报〉》，载《中国记者》1999年第7期。

中央有关经济工作的重要指示，尤其是宏观的调控思想，并以此作为金融报道实现其服务功能的指导思想。市场经济的特点是承认并保护不同的利益集团。外界变动，包括国家重大政策的调整，国内外政治、经济、社会形势的变化等，都会对不同利益集团带来不同的影响；而这种影响，有的投资者并未意识到，尤其当前我国的股民中相当多的人文化程度并不高，他们把握时局的能力和理解政策的能力也不强，所以更需要金融报道对此作出具体的阐释，以为投资者的证券投资提供决策依据。如《羊城晚报》1996 年 5 月 25 日的“今日理财”版刊出《减息，激活证券市场》一文，通过报道当年 5 月 1 日中国人民银行公布人民币存、贷款利率下调的信息，进而对年初开始的国债改由工商银行、建设银行、农业银行、中国银行等国有商业银行主承销一事作了深入细致的分析，这样，报道最后得出“更多的社会资金开始进入证券市场”、“在减息消息的刺激下，国债市场和股票市场将可能大幅上扬”的结论自然合情合理。这样的报道以事实分析稳定了人心，并增强了股民的投资信心。再如，该报 1996 年 5 月 29 日“今日理财”版刊登的题为《给拆借利率“松绑”——人行下月起取消其上限管理》一则信息，及时介绍了从当年 6 月 1 日起银行拆借利率不再实行上限管理的直接控制方式及金融机构拆出资金的投向规定。表面上看，这信息似乎与股市无关，实际上却与证券市场、与股民有着密切的关系，因为银行间拆出资金，加大了定向资金投入，势必促进了被定向方的金融“宽松”，从而对证券市场起到了“点活”作用。信息传递的及时、正确、充分，自然有利于受众作出科学的投资理财决策。

金融报道要做到服务功能的到位，还应在为百姓解疑释惑上下功夫，尤其对国家金融政策的出台背景及其对投资者投资行为的影响一定要注意阐释全面、剖析清楚。如适当的货币政策内容是什么，为什么要实行这样的政策？为什么要对股市发展实行规范、健康发展的“八字方针”等。这些问题如果介绍、解释失当，投资者的投资行为往往容易出现偏差；而投资一旦出现损失,投资者就会把矛头指向政府,引发社会的不稳定。中央高层领导曾说过:“金融安全关系到国家经济的安全,如果金融不稳定,势必会影响经济和社会稳定,阻碍整个改革和发展的进程。因此必须高度重视金融安全工作。”所以,只有不厌其烦地把解疑释惑作为金融报道的一个主要工作来抓,才能保证国家金融政策正确执行,也才能保证金融的安全和投资者的利益不无辜地受损害,金融报道的服务功能才真正落到了实处。

## 三、新闻的不适当“炒作”

新闻“炒作”有余而理性思索不足,导致金融报道科学精神的缺失。



随着市场机制的引入,新闻媒介之间的竞争日趋激烈。在欣喜竞争给我国传媒带来积极的、正面的效果的同时,对其负面影响,我们也不容忽视。不负责任的“炒作”风盛行,便是当前一些新闻传媒背离新闻规律、科学精神失落的一大明显症状。金融媒介及其报道当然也未能独善其中。有的甚至更为严重。

其表现之一,为追求“独家新闻”,热衷传播“小道消息”或者不实信息,有意无意地充当谣言的“加工厂”,信息污染的“滋生地”。最为典型的是“新中国股市第一桩全国性诈骗案”苏三山事件的报道。1993 年 11 月 5 日,一个自称“北海正大置业公司”的机构向许多报刊发传真,称其已购得苏三山股票 5.006%,并说同时电告中国证监会、深圳交易所和苏三山公司。海南的一家证券专业报未作任何核实即在次日头版头条予以全文发表,造成苏三山股票从开盘的 8.30 元猛涨至收盘的 11.40 元。后经中国证监会等监管机构近一个月的调查,所谓“收购苏三山”竟是个大骗局:湖南某违法分子挪用公款 100 万买了苏三山股票后高位套牢,故意编造出这一收购的假新闻借以“拔高出货”。按规定,类似收购、兼并这样的有关上市公司的重大信息,必须由交易所作出判断,并及时采取股票停牌等措施,让所有投资者都能公平获知并消化这一信息。然而,由于个别传媒的这一虚假报道,很多股民信以为真纷纷“跟进”,真相大白后股价急剧“跳水”,股民损失惨重。据查,此次事件受骗者直接经济损失约 8 000 万元。而其所带来的隐性损失,即对股民投资心态的负面影响则是无法估量的。

其表现之二,盲目追“新”炒“新”,甘为市场“造势者”吹喇叭、抬轿子。在去年“5 · 19 井喷”行情中,表演得最为出色的“网络股”可以说是传媒这一“炒作”的经典之作。若要问中国现在到底有多少“网络股”,谁也说不清楚。确切地说,中国现在还没有真正意义上的网络股,因为目前中国的网络产业并没真正形成,还不具备开展完全网络贸易的基本条件。现在被传媒热炒的一些“网络股”,或是半路出家,或是附庸风雅,在网络界大多属名不见经传之辈,不能代表中国网络发展的现状,也很难能够代表中国网络发展的未来,之所以冠之以“网络股”的美名,是因为“网络股”这顶帽子能招财进宝,提高知名度,所以,一些上市公司竭尽牵强附会之能事,一些机构大户更是大要指鹿为马之花招,一些股评家凭一张把稻草说成金条的嘴巴,互相利用,推波助澜。在这里,一些金融报道不仅没有起到很好的舆论监督作用,反而跟风“炒作”,使广大不知底细的中小投资者被蒙在鼓里,蒙受不必要的投资损失。



其表现之三,只讲时间,不讲效果,甚至违规违法抢发新闻。所有的新闻传播都应强调时效性,金融报道的时效性更有个法定时间的限制,这就是法律规定的所有重大信息必须在第一时间报告证券交易所和证券监管机构后,再由证券传媒发布。所以,金融报道既要快(抢新闻),同时重大信息又必须在第一时间获得者获得后才能公之于众。违反信息披露原则抢发所谓内部消息,以求轰动效应,是金融报道的违规违法行为。比如 1996 年 1 月的“广华事件”:四川省广信市国有资产管理局将所持的四川广华公司国家股 5 780 万股中的 3 500 股以协议方式转让给美国凌龙公司(中国工业集团),转让部分占该局所持国家股股权的60%,占广华公司总股本的25%,凌龙公司由此一跃成为广华公司的最大股东。这一切应属上市公司的重大经营变动,照理说应该按信息披露原则先在第一时间向中国证监会和证券交易所报告,后在有关传媒进行信息披露。可是,一家证券大报却未经报告,抢先于1月25日以独家新闻的方式把这一信息透露出来。结果造成股市大幅震动,市场一度非常混乱。针对这一事件,中国证监会在当晚发布的公开意见中指出:“此举违反了《公开发行股票公司信息披露实施细则》的第19条规定,造成了不良影响”,并决定“1月25日至26日两天停止该公司流通股交易”。针对我国金融管理和报道中的这一混乱局面,著名经济学家吴敬琏严正指出:“证券立法和证券市场监管的一个基本出发点,就是保护投资者,特别是小投资者的利益。为了保护他们的利益,必须严明披露制度,确保信息透明,同时严厉惩罚内幕交易、操纵市场、造势做局等侵犯投资者利益的行为。如果做不到这一点,处于信息和权势的劣势地位的‘股民’,就会真的成为股官股霸可以任意鱼肉的百姓。”①



其表现之四,头脑发热,信口开河,随意“预测”,为高风险的股市推波助澜。这集中表现在一些媒体及其报道,对证券市场的走势一味作跟风式的推测分析,而忽视对投资者风险意识的指导和培养,更缺乏对风险理论知识的系统阐述及风险案例的对比分析。其结果势必直接导致股票交易中的过度投机。1997年春夏季,国民经济的运作状况处于近几年来的低谷,股市却相当火爆,大批股民盲目入市,造成极大的投资风险。这期间,金融报道中很少有提醒股民保持清醒头脑、注意投资风险的“告诫”;相反,一些证券报道还竞相鼓噪,放言“1 500点指日可待”、“1 600点为时不远”等等。直到《人民日报》发表评论,才改变了市场及舆论的狂热,使许多投资者避免了损失。

① 吴敬琏:《确立股市投资者主权》,载《财经》1999年第4期。

凡此种种缺乏理性、缺乏科学精神的新闻"炒作"现象,是传媒及其记者不成熟的表现,其危害不容低估。今天随着我国《证券法》的出台和实施,为证券市场的规范化发展提供了基本框架。金融报道要以此为契机,纠正思想上的误区和认识上的盲区,以科学的精神和理性的态度来把握金融报道的内涵和规律,引导投资者和社会公众认清经济规律,树立正确的投资理念。"如果说,经济学家对现实经济问题的'望、闻、问、切'主要是宏观的、一般的、开药方式的,那么新闻更多地表现为微观的、个别的、具体解剖式的。这里对新闻工作者的基本要求在于:你对经济理论或许还称不上专家,但你对专家的论点不能知之甚少,最要紧的是在你的新闻作品中,不但需要充满人文精神的价值判断,而且需要强大的科学理性精神。没有两者的理性结合,就不可能对中国的现实经济问题的成因和实质进行实事求是的新闻披露和分析"①。这段话虽然是针对一般的新闻报道提出的忠言,事实上也正是金融报道所必须遵循的写作精神。



金融报道的科学精神首先表现在遵循信息披露原则的基础上,要更多地运用自己的职业理性,对有关金融事件和问题作深入的调查研究,而不要只听上市公司或某些信息传播者的一面之词,更不能受经济利益的驱动而偏离了舆论导向的轨道,这也是规范我国证券传媒市场的当务之急。

其次,这种科学精神融入在金融报道中,应体现出用唯物辩证法观点给投资者以正确的引导。正如自然界潮涨潮落、柳暗花明一样,证券市场行情的涨与跌、冷与热、强与弱都是对立统一的矛盾,两者都受到许多因素的制约和影响,在一定条件下会向相反方向转化。用辩证法观点报道证券行情,就要正确分析市场行情变动的原因特别是深层原因,找准相互转化的条件,这样分析、思考问题,既能防止金融报道的片面性和绝对化,符合证券报道的规律,又能使投资者保持清醒的头脑,对证券市场的

① 时统宇:《我们最欠缺的是什么》,载《新闻记者》1997年8期。

稳定发展起积极的促进作用,同时也提高了报道的质量。如1994年8月初,股市开始暴涨,一个多月后升幅下挫,出现了债市火爆,股市萎缩、疲软的局面,针对这种不常见的态势,《中国证券报》连续发文分析股市低迷的原因。如《国债股票风水轮流转》一文,阐明了债市股市涨跌的辩证关系,国债投资市场也是今日河东明日河西,风水轮流转;庞大的游资将会杀回股市,提醒股民用"平常"心看待市场行情。再如,《从国债热看债市与股市的关系》,指出国债热、股市冷不足为奇,散户投资者的广泛、证券市场中资金总量的增加,也会为股市发展行情打下基础。这些报道尽管在剖析的深刻性上还存在着缺憾,但其注重理性思索的科学态度和方法是值得称道的。

现在,我国经济领域的改革已进入到攻坚阶段,金融在经济生活中的作用日益突出,与普通百姓的关系也越来越密切;经济工作对金融的依赖程度和社会对金融的关注程度也越来越高,所以金融报道对金融工作及社会生活所产生的重要影响也日益显现出来。"要让人家以读《金融时报》为一天之必须,我们必须首先确保自己讲的话具有特殊的价值,既是他人所未能言明之语,又能被事实证明是先见之明。可以说,一张好的金融报纸,犹如为商海中航行的船只指南的灯塔。这就是我们的目标"①。职业经济家出身的英国著名专栏作家马丁先生对《金融时报》精神实质的这一概括,对我们的金融报道也许不无裨益。

(1999年12月)



① 周树春:《世界经济潮流的瞭望塔——访英国〈金融时报〉》,载《中国记者》1999年第7期。

# 我国财经报道琐议



## 一

财经报道一开始就是商品经济的产物，它与人类最早的“新闻”几乎同时出现。16 世纪中叶，随着资本主义经济的萌芽和发展，地中海贸易中心威尼斯出现了手抄“新闻书”，有偿向订户提供商业信息和政治情况。可以说，这种手抄“新闻书”便是财经报道的雏形。

我国建国前，经济相对发达的上海很早便涌现出了一批商业性报纸，像《上海新报》、《申报》、《字林沪报》、《新闻报》、《商报》、《大众报》等等。这些传媒普遍重视财经报道，十分关注货币汇兑、股市行情、期货交易以及内外贸易等内容。1948 年 8 月国统区“币制改革”，以《申报》、《新闻报》、《商报》等为代表的上海新闻舆论界纷纷秉笔直书，采写了一批颇有见地的报道；连一贯对国民党政府“小骂大帮忙”的《大公报》也本着“不党、不私、不卖、不偏”的态度客观报道了这一金融动态。这些都显示出当时我国财经报道队伍的专业、职业水准。

实际上,从上个世纪 20 年代末起,由于要躲避军阀统治时期险恶的政治环境和错综复杂的斗争,旧中国的一些资产阶级新闻传播业就采纳了西方客观主义新闻理念与运作方法,极力倡导新闻业的商业化道路。这便是当时商业性报纸盛行、财经报道受到传媒普遍重视的一大缘由。

## 二

1949 年后我国大陆建立起的是一个总体性社会,即一种结构分化程度较低的社会。总体性社会的三个基本构成要素是:1)国家对大部分社会资源(包括新闻资源)直接垄断,也就是说,国家不仅成为生产资料的垄断者,而且也是生活资料的发放者、权力和威望的配置者;2)社会结构从横向看,是高度集中的、一致的,其间,意识形态是总体性的,政治是高度意识形态化的,经济与其他社会生活则是高度政治化的;3)从纵向角度看,消灭了剥削阶级,社会结构由过去的三层联结“国家—民间精英—民众”变为二层联结“国家—民众”,国家直接面对民众。



在这样一个总体性社会中,新闻事业一直被视为一种单纯的社会意识形态。这样,新闻业便与经济基础相对应,呈相对稳态。这种理念反映在新闻实践中,表现为我们的新闻传播业对消息来源、新闻事实的超稳态处理。这样的新闻处理方法,当然顺应了我国社会生活的激励机制,也取得相当积极的社会效果;但是对于作为“历史记载”的新闻来说,要全面、客观地呈现复杂多变的社会生活便显得难有作为。

从建国后财经报道的行进轨迹看,由于社会经济体制的束缚,加之“重生产、轻流通”的传统文化遗存和思维定势的影响，财经意识先天不足，经济文化以社会政治为理论归宿，致使财经报道偏离"本位"，"政治化"、"社会化"，不以经济论经济，而囿于从"政治"、"社会"的视点审视经济现象。由此，财经报道一直没有受到社会的应有重视，其在传媒上的地位也一直抵不上工业报道、农业报道。应该说，这是一种历史的无奈。

## 三

随着改革开放的逐步推进，财经报道在我国受关注的程度超过了以往任何年代。其原因，一方面是，经济建设这个中心成为中国最大的政治。而"中国要摆脱贫困，实现四个现代化，最关键的问题是需要稳定"，"中国的问题，压倒一切的是需要稳定。没有稳定的环境，什么都搞不成……"①与其他报道相比，财经报道具有高度敏感性的特点，它与公众的切身利益密切相关，财经报道若在内容、时机掌握上稍有不慎，就可能对公众的信心和"预期"造成冲击，进而影响稳定大局。另一方面，当前我们正在积极建立并不断完善的社会主义经济体制，最主要的就是要使市场在国家的宏观调控下对资源配置发挥基础性作用；而各种资源配置最终都是要量化为资本，形成资本市场的。不懂得资本市场，不了解财经的运作特点、方法和规律，便无法真正进入市场经济。财经报道的重要性便不言而喻了。再一方面，从国际上看，西方发达国家，金融、财税、贸易等财经报道的三大支柱，早在媒体中占据了主流地位。一旦国际金融市场发生重大事件时，其财经报道常常占据报纸、广播、电视、网络等媒介新闻的头条位置。例如，1994—1995 年墨西哥金融危机期间，西方各大媒体的头版，几乎天天都有金融报道；在版面安排



① 《邓小平文选》第 3 卷，人民出版社 1993 年版，第 284、348 页。

上，还常常压倒包括其国内领导人重要活动的其他新闻。1997年7月泰铢贬值，最初几天形势不太明朗，但西方媒体对这一动向非常敏感，反应迅速，像路透社、《华尔街日报》等媒体均将这一消息放在了突出的位置。重视财经报道是当今国际新闻媒体一大潮流。我们现在经济领域里正在“走的路”，在一定层面上可以说，有许多是市场经济发达、成熟的国家“已经走过的路”。根据社会学方法论的观点，站在世界的角度，站在人类已经发生的阶段的角度，是我们进行目标假设的一条捷径。因此，西方国家有关财经报道的理念与方法，也是可以为我们所借鉴的。

从近几年的财经报道看，应该说起步虽然晚了些，但进步却是十分迅速的。这不仅表现在报道面与量的纷繁丰富上，而且还呈现于报道内容、报道手法等的多样化与创新性上；一些优秀的“精品”报道甚至让人爱不释手。今天的财经报道在我国传媒的受众市场上，已经营造了一道人气旺盛的亮丽风景。

但是也毋庸置疑，在这一历史表象的背后，人们对财经报道的责言怨语还经常出现，如有些新闻媒体在报道财经领域的有关事件或问题时，只注重宣传内容，不讲究宣传艺术；有的只机械地传达“精神”，不进行理性思维；更有的不顾职业道德，传播小道消息或虚假信息，误导投资者，为自己获取利益等等。笔者认为，目前财经报道最突出，也是后果最为严重的现象，一是炒作，二是垄断和操纵舆论。这两个问题也许是当前国内外媒体的财经报道的共通性问题。

热点炒作是新闻界比较普遍的现象，在相对自由宽松的社会环境里尤其如此。社会舆论和学术界对其不良影响及后果的认识也是共同的，但是如何根治，可以说至今并无良策。例如，1998年有关“知识经济”报道，整体上存在乱炒作之弊。有些记者甚至某些专家学者，连知识经济的基本文献都没认真阅读过，凭一知半解就任意发挥；有些媒体把知识经济炒得神乎其神，“言必称知识经济”成为一时的时髦，以至海外一些媒体对国内的某些报刊"爆炒"知识经济颇有微词,甚至说中国新闻界把知识经济"拔"得过高,云云。

媒体还常常利用权威性、公开性、时效性等自身优势,在一些重大财经问题上"制导",操纵社会舆论。其主要做法是发表政府有关部门、专门研究机构、专家学者的报告、谈话,阐发倾向性非常明显的观点;对支持和反对什么,媒体往往流露出过分明显的立场和态度。严格地说,这样的财经报道是算不上真正意义上的"新闻",套用一句话可以说,"一个没有五个 W 的新闻,可能什么都是,但唯独不是新闻"。这种财经报道的鲜明的倾向性,既背离了新闻的"重客观"、"重公正"的运作规律,也违背了市场经济的"游戏规则"。其后果在这几年股市"风波"和亚洲金融危机爆发之后,暴露得十分充分。



可见,财经报道中出现的问题,除了传统的制度性因素之外,媒体自身新闻价值取向的失误也是不容忽视的。

## 四

无论如何,我国传媒拥有一个共同的目的:为以经济建设为中心的社会主义伟大事业服务;目前,就是要为建立和完善社会主义市场经济制度服务。市场经济的成功机理在于它遵循人性规律,利用人的自利心理和自我奋斗的动力,建立起以竞争为基础,以供求调节为杠杆的始于自利、终于利他的经济运行机制,真正的市场文明是自由、公正、竞争、开放、理性的文明。当然,目前由于市场经济还在建设中,我国经济制度更多表现为一种"混合经济"。在这一制度中,相互存在着表现出计划经济要素的国家调节、国家资本和私人资本的产权形式以及一部分高度紧张竞争的市场。因此可以说,我们今天还处在一个并非真正意义上的成熟的市场经济制度之中。

经济学有一个非常基本的理论命题:制度是至关重要的。

一个稳定和合理的经济制度的根本性意义,在于它能帮助人们形成一个稳定和合理的"预期",也就是,制度给予人们信心。这是理性对于制度约束所做的反应。曾几何时,人们形象地把对计划经济制度缺乏"信心"的事实描述成"你假装支付我们工资,我们假装工作"。1999年底在南京召开的"国有企业与证券市场"研讨会上,《上海证券报》的一名记者提了一个问题,她说,我们内地股民大都知道我们的很多上市公司多是那些没有发展前途的奄奄一息的国有企业,可是为什么他们还在拼命地买它们的股票,不断有人被"套牢",也不断有人"解套"呢?她想象说,香港或纽约的股民肯定是不会选择这些股票的;相比之下,内地的股民显然缺少理性,他们在股市上"过度投机"。这位记者提的这个问题是有意义的,或许我们可以说这些股民是对现行制度没有信心,他们的心态也可以形象描述成"你们假装上市,我们假装投资"。糟糕的是,在制度与公众之间,我们的一些媒体及财经报道记者却热衷于为隔阂、摩擦推波助澜。比如在财经报道中,我们偏重于从"政治"上做好舆论引导工作,给人"信心",而对涉及的敏感问题,如金融机构的破产、关闭等,尽可能少报道或仅作内参,重在"鼓劲"、"不添乱"。而这样做的实际结果是公众的知情权无缘无故被剥夺了,失去了独立思考的机会。从长远来看,势必让公众越来越失去风险意识、失去理性。对于媒介的愿望与结果来说,这是一个悖论。



从传播学角度看,媒介是联系现实环境与受众的中介,记者在采访报道活动中不只是一个普通的私我,他是代表公众去收集各方面的真实材料和情况。基于一种职业的、制度性权力,记者理应随时随地对社会内部进行内在的修正,协调各种矛盾。

这样说来,出于职业责任和社会责任,从事财经报道的记者,为市场经济服务,为市场经济呐喊,就应该遵守市场经济的"游戏规则",具有一种自由的眼光、公正的眼光、竞争的眼光、开放的眼光、理性的眼光,不能甘当机械的“传声筒”或“马后炮”。如果不能做到知识、眼光上的“同步”,就很难把握市场经济体制的宏观的、准确的走势。这样从人类历史的长河中看,我们的财经报道在发展文化这一终极功能上,只能是徒劳无功。所以,市场经济环境中财经报道的本位是按市场经济规律办事和按新闻规律办事的有机结合,两者不是简单相加,而是化合在一起;就是要遵循新闻规律,真实全面地反映客观世界,体现经济现象的本质。立足本位,保持本色,办出特色,财经报道才真正具有不可取代性。

目前,世界多极化和经济全球化趋势的迅速发展,科学技术突飞猛进以及知识经济的出现,正在深刻地改变着整个世界的面貌。尤其是随着中国加入 WTO 的进程,经济活动已不是一国孤立的经济,而是全球化的经济。将一个具体的财经事件置于国际大背景下比较,这种视角,也正是我们一直在追寻的纵论世界市场风云所需要的“大眼光”。我们财经报道只有放眼全国、全球市场,才能拓展财经报道的思维空间,从封闭、僵化向开放、辩证,由单一、平面向立体、系统,由静态、保守向动态、创造,由后馈思维向前瞻思维转变。当然,要做到这一点,关键得靠人的素质。财经报道合理的人才结构应建立在三个支点上:1)新闻采编人才,2)经营管理人才,3)既懂经济又懂新闻的研究人才。当前存在的突出问题是“一点重,两点轻”。第一个支点相对而言较强,人数多一点(质量还有待提高);第二个支点比较弱,正在加强过程中;第三个支点特别弱,在经济规律和新闻规律面前,表现出不同程度的盲目性,偏离了财经媒体的本位,影响了其质量。可见在报社、广播台、电视台的人才结构上,必须加强经济与新闻并重的研究人才。



我国金融等财经领域的改革刚刚起步,尤其是金融改革还处于摸索之中,加之金融监管水平较低,体制又不健全,多年来积累的经济与金融矛盾还很多。如果新闻媒体稍有不慎,就可能引发地区性、系统性甚至全局性的金融混乱。为之,金融等财经报道既要注意大胆创新,“敢为人先”;又要强调用科学精神、科学方法,严肃认真地对待,从而最大限度地最有成效地发挥出财经报道的应有功能。

(2000 年 2 月)

# 中国电视新闻性节目：现状、问题与趋势



## 一

电视新闻性节目伴随着电视业的发展，在我国（指大陆，下同）已经历了40余年的历程。从初期简单、单一的硬性“说教式”的新闻宣传样式，到今天丰富多彩的新闻节目形态，我国电视新闻性节目的变迁不啻是电视业发展变革的一个最好缩影。从总体上说，我国电视新闻性节目无论是在传播理念上，还是在制播实践上，都发生了极为深刻的变化。

传播理念上，由纯宣传观念向信息传递观念逐渐转化，由完全的传者主导向受众主导过渡。虽然直到今天，宣传理念在一些电视新闻节目中还显得突兀，信息交流特性仍需进一步强化；但是，这种传播理念的转变是非常明显的。其具体表现是：从20世纪90年代初以来，国内电视新闻性节目呈现出了信息量大、时效快、可视性增强等特点；新闻报道领域大大拓宽，尤其是

社会新闻、批评性新闻大量增加，电视新闻发挥出了明显的参与生活、介入生活的作用；新闻的视角日趋“平民化”，内容更加贴近社会生活，贴近民众需要，关注、讲述“老百姓的故事”，已经成了电视新闻中的“家常菜”，此外，电视新闻报道的客观真实性程度也有了显著提高。可以说，今天，电视新闻的影响力已经超过报纸、广播等其他传播媒介，而成为真正的公众信息主渠道。

在制播实践上，随着电视人对电视传播特性的认识的逐步深刻，以及电视技术的进步，电视新闻性节目的制播模式在不断变化。从最初的电影纪录片风格式新闻算起，电视新闻性节目大致经过了单一的简要式新闻、初级电视化新闻、真正电视化新闻这样三代制播模式，现在已经开始进入所谓的“第四代”，也就是电视与网络等新传播科技融合的、具有多媒体特征的电视新闻新形式。与此同时，电视新闻的节目形态也在不断丰富，从消息类的动态性综合新闻节目主打，到今天的新闻评论栏目、深度报道栏目、新闻性专题、新闻性谈话节目、新闻性纪录片、新闻杂志等多样化的专栏性节目形态“雄起”，形成了异彩纷呈的新闻节目群，基本上与国际上电视新闻的发展接轨。

20 世纪 90 年代后期，随着国内整个传媒业商业化运作步伐，一些商业运作手法被引入电视行业，新闻性节目也不例外，例如隐性采访、偷拍偷录、炒作、包装、新闻策划等。电视新闻业带有明显商业味道的制造“卖点”行动以及各种营销举措，一时在国内各大中型电视台间相互仿效，甚至在有些电视台被默许为常规做法。这些做法无疑超出了传统新闻业务的范围，对新闻理论也是一个挑战。然而，这类商业动作在实践中确实取得了令人感叹不已的成效；在一定意义上说，它也给今天的电视新闻性节目带来了勃勃生机。抛开争议客观地看，商业做法进入电视业尤其是电视新闻性节目，可以看作是传统新闻理念与新闻实践的一个大突破。

近 10 年来，我国电视新闻性节目加速变革，频繁出新，虽然有着纷繁复杂的社会政治背景,但最直接的动因是,电视新闻业承认并越来越尊重收视率的引导作用。收视率不仅直接催动着电视新闻采编播实践的变化,还触及制度层面的改革。当然,这还仅仅是开始,目前,收视率的调节作用还受到许多因素制约,导致电视新闻性节目存在下面将要提到的诸多问题。但是,收视率必将是电视新闻性节目未来发展中起根本引导作用的因素。

## 二



应该承认,当前我国电视传播理念依然处在从宣传主导型向信息传递和交流型过渡的阶段,各个电视台之间以及电视节目类别之间对此认识与转变的步伐并不均衡。电视新闻性节目虽然在20世纪90年代开始发展迅速,但在娱乐性节目和社教类节目日益浓厚的平民化倾向反衬下,不少电视台的新闻性节目总体上仍然显得呆板有余而灵活不足,说教有余而信息不足,套路有余而“卖点”不足。电视新闻与报纸同业相比,其可视程度也不令人乐观。具体归纳为以下问题:

**1. 对新闻价值的强调不够**

一些电视新闻性节目在制作和编排上,并没有完全尊重新闻价值原则,即按照显著性、新鲜性、接近性、及时性、趣味性的标准来制播新闻,导致新闻节目信息量不足、吸引力低下。现在有一个比较普遍的现象,即黄金时段的新闻节目反而不如非黄金时段的新闻节目好看。从中央台到省级台都不同程度地存在这个问题。例如,中央台的午间《新闻30分》和晚间新闻板块、21点档的《现在播报》等,较之《新闻联播》更为好看。原因很简单,前者在制播和编排上相对而言更遵循新闻价值的规律。观看中西方电视新闻节目,如果从非价值观层面上作比较,应该承认西方新闻节目普遍更具冲击力和张力,能调动观众的身心介入,甚至造成一定的紧张感,这是一种比较好的观赏状态。而我国的电视新闻性节目,尤其是黄金时段的综合性新闻节目,总体上显得比较平稳,新闻中的常规事务报道过多,信息值高的事件性新闻过少;"结论"型、"定性"型新闻过多,有"冲突"、有"故事"的"过程"型新闻过少。新闻价值法则的缺失,自然难以激发观众的收看兴趣。我国电视台作为党和政府"喉舌"的特殊地位,要求新闻报道必须重视宣传和舆论引导功能,这是不可动摇的基本原则。与此同时,新闻报道还有着自身的特定传播规律,即必须尊重新闻价值法则,这也是不容忽视的。如何将充分发挥宣传和舆论引导功能同尊重新闻价值法则很好地结合起来,是电视新闻工作者必须掌握的一门非常现实的传播艺术。其实,在现阶段,除了某些特别重大的"规定性"题材外,电视新闻节目应该而且完全可以做到重视舆论引导功能与尊重新闻价值规律两者兼顾。



今天国内电视媒体常用的一些报道模式,也往往同新闻的价值规律相违背,需要好好琢磨。例如,电视新闻的结构方式和意义揭示方式,现在仍然流行的是导语 + 主体 + 意义的结构,意义同主体经常混淆不清。在处理意义的时候,常见的误区一个是将意义等同于议论,一个是意义空泛模糊。我们常常可以听到这样的意义延伸:"学生们受到了一次深刻的爱国主义教育"、"群众的积极性大大提高"、"原法轮功练习者们深刻地认识到"等,此类意义提示倾向于定性结论,太过抽象,主观性强,没有精确度,也缺乏科学性。其结果,不仅不能更好地引导舆论,反而削弱了新闻本身的传播效果。新闻报道结构上的封闭性也会损害新闻价值要素的传递,表现在:一种是先有意义框架,再寻找事实,形成意义为主事件为次的内容组成;另一种是将新闻事件纳入固有的解释框架,对其意义归纳过于简单化和模式化。这些都与当今信息传导型的新闻传播要求相矛盾。

**2. 电视新闻节目报道深度不够**

1993年以来,从央视到地方台出现了一大批深度报道节目,新闻评述、新闻分析、新闻调查节目等都属于此类,像央视的《时空报道》、《新闻调查》、《焦点访谈》以及地方台的《焦点透视》、《新闻空间》、《新闻观察》、《新闻追踪》等等。这类节目一般以"关注民生,倾听民声,抨击时弊,扬善抑恶"为宗旨,因此一经出现,便引起社会的轰动效应,给电视传媒增添了"活力"和"魅力",其功不可没。然而,透过这一表象的背后,我们不能不面对这样的现实:其间不少节目在"热闹"一阵之后,便出现了观众开始疲软,收视率渐渐走下坡路的景况。究其原因,固然是多方面的,但报道深度的欠缺是其主要症结所在。深度报道有较充足的时间来解析事件,其成功的要素在于提供充分、全面的信息,包括全面的事实信息、复杂的关系信息以及多元的意义信息。许多此类报道恰恰未能提供足够的事实信息,或者让事实信息在同一个层面简单重复,对于关系的把握则过于简单化,总是停留在一个可以预见的框架内;意义和评论不能呈现多面性,而是流于简单甚至片面。因此报道常常不能出人意料,就像一个老套的故事,缺乏新鲜感。目前,电视台大多对深度报道节目非常重视,不断改版、包装、撤旧换新,这些都是必需的,但真正能吸引收视率的还是报道本身的质量。

**3. 新闻节目缺少个性**

现在各电视台的新闻性节目,类型丰富,数量也不少,但能被观众记住的着实不多。这对电视台的整体形象塑造十分不利。因为新闻性节目是电视传媒的立身之本,也是电视业竞争"出彩"的一大砝码。新闻性节目做得好不仅能吸引收视率,还将给电视台带来良好的声誉,这是娱乐性节目所不能代替的。目前众多电视台的新闻性节目普遍缺乏创意,雷同的多,有个性的少,有鲜明特色与风格的更少;从节目内容到包装,到主持方式,互相模仿,形成千台一面。这样节目虽多,观众的选择依然受限。在当今频道增多、节目丰富的情况下，电视台宜取求异思维，形成创新机制，形成自己的独特个性与风格，这才是媒体竞争的有效策略。

## 三

当前，有两个方面的因素正在对我国电视业的发展起着重要影响。一个因素是网络科技的发展。网络融合了印刷和电子媒体的多种特性，实现全面的功能覆盖，使传统媒体各自的原有特性被消解。它还具有新技术优势，如超文本链接、极大容量、交互性等，形成新的传受方式。在国内，近年内电视虽然仍会保持传媒老大的地位，但网络的增长势头非常强劲，其影响力是真真切切的。它一方面冲击传统电视的传播方式，另一方面进一步分割观众群。对此，电视传媒决不能掉以轻心。影响我国电视业发展的再一个因素是制播分离制的实行，即电视台作为播出机构，只保留制作新闻性节目，其他节目从台外购进。这一举措势必直接带动节目市场成熟，以及电视台内部的体制改革。制播分离后，众多的节目供应渠道将促使节目趋向多元化，电视业的商业化程度也将大为提高，电视新闻性节目受其“冲击”，自然难以避免。

传播环境的变迁、传受关系的变化，加之日益激烈的市场竞争，都将促使电视新闻性节目出现如下发展趋势。

### 1. 新闻性节目走向专门化

频道增多，再加上网络的发展，将促使观众市场进一步细分，整齐划一的收视需求越来越被多样化、小众化的收视兴趣所代替。其实，这一趋势是20世纪90年代初以来，国内整个传媒市场细分化走势的延伸。显然，传统的、以最大观众面为诉求对象的电视节目将面临危机，今后电视节目的“卖点”将主要体现在针对性和特殊性上。随着节目市场的孕育和成熟，其他类型的节目也将越来越多样化，促使电视新闻性节目向着专门化发展。电视新闻性节目专门化，一方面指内容的专门化。即除了面向大多数观众的以时政新闻为主体的综合性新闻节目外，面对特殊收视群的专业化、特色化及专题化的新闻节目将日益增加，成为主要新闻性节目。这类节目不以吸引大众为目标，而以信息的专业、权威、独到吸引相关人士，争夺本领域的市场份额。另一方面是品味的专门化。即根据不同观众群的欣赏口味采用不同方式制作、编排、包装和播出新闻。现在的新闻性节目大多持严肃、正统面貌，缺乏平民视角和平等姿态，这一状况将成为历史。小众化的新闻节目锁定目标观众，追求亲和力，采取柔性化的传播方式，增加交流感，将是今后电视传播中一道亮丽的风景。总之，电视新闻性节目也将像其他节目一样，必须适应传播市场规则。



**2. 新闻性节目的专业化标准提升**

信息渠道日益增多，特别是网络来源多途，极大丰富，是任何传统媒体都无法比拟的。网上信息主体仍然是新闻。据中国互联网络信息中心的调查，网民主要信息需要是“新闻”（占65.5%）和“科教信息”（占31.43%），两者合计达97%。调查同时显示，虽然现在网站很多，信息量很大，网民却认为“值得看的”信息太少。网上信息普遍存在着非专业化以及浅、杂、雷同的缺陷，甚至真伪难辨。这个调查结果显示出受众对新闻信息的要求较从前大大不同了，即在信息越来越易得的情况下，已不满足量大、时效快了，需要新闻的专业水准更高。这代表着未来新闻的发展方向。

电视新闻的专业化标准提升，主要表现在四个方面。首先，客观真实性程度。这是新闻业作为一个独立的行业必须具备的专业标准，虽然可能受到一些因素干扰，但它始终应是第一位的。信息环境越是开放，不同来源的新闻越便于相互验证，报道的客观性要求自然越高。新闻节目要占有市场，电视台要树立良好形象，必须确保新闻的客观真实性。其次，报道的精确程度。随着新闻渠道增多，信息量增大，以往那种单纯从时间上抢快，抢发“独家新闻”，以战胜竞争对手的做法，在网络时代的今天，对于任何一家传媒来说都难以奏效了。电视台要发挥专业化新闻机构的优势，必须在信息传递的精确、深入上下功夫，即要注意通过深入的调查、采访，提供那些更具分析深度、更具整合广度、更具独到见解的新闻作品，从而达到非专业机构所不及的专业水准。这是今后电视新闻的一大“卖点”所在。第三，舆论引导的公正程度。在一个趋向开放的信息环境里，信息被操纵的可能性降低，因此越是公正的舆论越具有引导作用。对于电视台来说，舆论越公正，越有“市场”营销力。舆论引导本身需讲求实效，目前那种较为生硬的引导方式着实应该扬弃。第四，节目制作的精致程度。电视作为直观性的传播媒介，节目制作是否精良，是否好看，直接关系到节目给观众带来的视觉冲击力和情感上的审美愉悦，进而影响到节目的市场占有率。为此，从节目标识的包装，到报道选题的确定、报道手法的运用以及电视话语的显现等，都要做到精心策划，精心制作，力求奉献给观众的是既具有原创性，又具有好看性的高质量的电视新闻作品。这是电视台体现专业水准并在激烈的市场竞争中“克敌制胜”的又一法宝。



**3. 地区性新闻愈益重要**

从美英日等发达国家电视新闻近十年的发展历程来看，电视传播中的地区性新闻比重不断增加，这反映出民众对地区事务越来越关注。例如，一些全国性大台的国际新闻的比重明显下降，20 世纪 80 年代在 20% 左右，现在只有 14%；许多地区台和联盟台的国际新闻的比重则更少。专家认为，这种趋势同社区在人们生活中发挥越来越重要的作用有关。应该说，这种状况在我国也早已存在。对于国内省台、市台及其网站来说，做地区性新闻是自己的优势，关键是如何做得好。目前国内地方台的新闻性节目大多仿效央视格式，创意较少，有的甚至迷失自我，这是不足取的。地区性新闻不仅要在内容上贴近民众，贴近生活，更具深度，更生动活泼；同时要注意在节目的整体定位上突出服务性、功利性（实用性），增加近效信息，减少远效信息，也就是说要强调新闻的直接功利价值，而相应淡化其认知价值，这是地方性新闻与全国性乃至国际性新闻的不同之处。当然，强调地区性新闻，并不是要求地方台的新闻性节目要囿于本地信息的传播，更不是要求电视新闻人的视野及其价值取向要局限于封闭的区域内；而是要求电视新闻节目强化地方特色，关注地方的"民生"、"民意"、"民权"，既要注重从与地方的"相关性"、"接近性"出发去审视、去报道国内的或国际的新闻，同时也要注意用全国性甚至全球化的眼光去审视、去报道地方新闻。



**4. 探索"第四代"电视新闻节目**

前三代电视新闻节目，是一步步摸索电视传播特点，发掘声画匹配优势的结果。第一代电视新闻节目沿袭新闻纪录电影风格，重摄影而轻声音；第二代电视新闻节目是文字新闻与画面的简单叠加，或称文字新闻的图解；第三代电视新闻节目才真正体现了电视特点，画面、声音（包括同期声、现场音响）、字幕、特技等多种符号综合运用。"第四代"电视新闻节目将是电视同网络技术结合的产物，具有网络电视的新特征。这类探索目前刚刚开始，谁也不能给出精确的描述，但第四代电视新闻节目至少具备多媒体和超文本的基本特点，新闻节目的交互性也是正在被研究的课题。应对网络媒体的挑战，国内电视记者需要提高网络素养，训练运用网络进行远程采访、超文本编辑写作、网上主持等能力。

**5. 经营品牌新闻节目**

21 世纪媒体竞争十分激烈，作为主流新闻媒体，电视台需以高品质的新闻节目立足,其成功要件是:着力经营品牌新闻节目。品牌新闻节目,即由特定电视台制作、发布的,具有该台形象及特色的新闻节目。品牌新闻节目除了具有一般新闻节目的价值要素外,还具有公信力、唯一性、影响力和鲜明的独家特色。唯一性和独家特色是品牌新闻节目最具价值的所在,它决定了观众在众多频道中如何选择。例如 BBC、CNN、PBS 等都有代表各自风格的品牌新闻节目,有很高的知名度。我国央视的《焦点访谈》、《新闻调查》等,也是很有市场影响力的品牌新闻节目。品牌新闻节目是传媒的招牌,它既是节目辨识的标记,更是沟通节目与观众情感,锁定观众的重要纽带。品牌节目是节目的知名度、美誉度和市场占有率高度统一的结果。品牌新闻节目理应是电视台的拳头产品,一定要精心经营好。毋庸讳言,就目前国内电视传媒的一般状况看,在经营品牌新闻节目的投入(人力、财力、物力)上,远不如经营品牌娱乐性节目。这种状况,应该迅速扭转。经营品牌新闻节目,当然有赖于环境的营造:外部环境,需要更宽松的民主氛围,放宽言论尺度;内部环境,需要培养和网罗一批名记者、名评论家、名观察家。另外,经营品牌新闻节目也有赖于传媒的自我推介,诸如广告宣传、举办公益性的社会活动等等,以扩大其市场的号召力。



综上所述,电视新闻性节目在我国有着极好的发展前景,尤其是地方台的新闻性节目。要办好新闻性节目,当务之急是强化节目的质量意识和营销意识。虽然新闻性节目与娱乐性节目功能完全不同,但新闻性节目也是一种特殊的商品,也需要符合市场规律。电视新闻性节目的将来发展,归根结底会遵循市场法则。

(2000 年 8 月)

# 新闻网站的市场前景、存在问题及发展策略



本文中的新闻网站指由传统新闻媒体创办经营的、以传播新闻及言论为主的网站，这类网站是现在及将来国内媒体网站的主体。

国内新闻网站创建至今已有6年历史。6年来，新闻网站从无到有，从少到多，其数量递增之快是有目共睹的。尤其是从1999年末起，一些新闻网站进行了大刀阔斧的改革，取得了明显成效，其中像“人民网”、“新华网”、“光明网”等国家级媒体所属网站更是有长足进步，其社会知名度和影响力不断攀升。但就总体来看，新闻网站的目前处境难以令人乐观，尤其是众多地方媒体网站访问量过少，一些网站甚至已成为“死站”。迅速扭转这一局面，推动和加速新闻网站的发展，应该是传统媒体和广大新闻人应对网络时代的当务之急。本文试图就此作些探讨，以起到抛砖引玉的作用。

## 一、市场前景

国内商业网站由于创办在先,抢占了市场先机,因此目前仍然占据着我国网络市场的最大份额。然而,从我国的整体网络环境和信息需求看,新闻网站有着良好的市场前景。

**1. 网络普及程度的提高,正在为新闻网站发展营造良好的外部环境**

从20世纪90年代后期起,国内计算机配置量和网民数量都迅速增长。据最新报道,今年上半年,我国计算机工业生产总值达1 200亿元,同比增31.9%,国内计算机市场总销售额达990亿元,增近20个百分点(CCTV新闻,2000.08.27.)。网民数1999年上半年是400万人,下半年达到890万,今年9月前已接近1 700万人。网民数虽然占全国人口比例还小,但在城市普及势头迅猛,今后几年更会成倍增长。其原因包括以下几个方面:一是随着电脑硬件业竞争激烈,电脑开始步入低价位时代。同时产品更新周期加快,但产品的性能价格比越来越高,使用周期大大延长,电脑使用的技术门槛不断降低。二是网络技术在带宽上不断突破。三是上网费率持续下降,已越来越接近工薪阶层消费能力。四是网上服务将越来越多,越来越完善,人们日常生活和工作的许多行为都将借助网络,像用电脑结算、银行转账、购物、通信、远程医疗、远程教育、网络会议、查阅资料、娱乐等等,不上网反而会给工作、生活、休闲带来诸多不便,当然会促进网民数激增。

推动我国网络普及的另一个重要因素是中文网站建设。我国目前有15 000个网站,发展速度非常快。就在几年前,中文网站还如凤毛麟角,语言问题阻止了许多人踏进网络空间,但短短几年间已经到处是中文网站了。有理由预期,不久的将来,中文网点会更多。网络化环境已不是预期，而是事实。这是新闻网站面对的市场和生存环境。

**2. 网上信息需求量的加大，有利于新闻网站传统优势的充分发挥**

我国网络业仍以商业性门户型网站占主导，这些网站大多采取整合方式，主要从传统媒体拿来内容，其所经营的信息一般杂、浅、非专业，远远不能满足网民的信息需求。1999 年末的 CNNIC 调查表明，用户上网的主要动机是“寻求信息”，最主要的信息是“新闻”(65.5%)和“科教信息”(31.43%)，两者合计达97%，可见网民实际上处于信息“饥饿”状态。现今网上信息量和质的局限，直接导致网民上网时数明显低于国外，影响网络业的整体形象和经营业绩，这反过来对网络业的整体发展非常不利，但对新闻媒体网站却十分有利。



另据复旦大学新闻学院所作的《上海网络受众的现状及发展趋势》调查报告，网民与非网民对信息的满足程度评价不同。网民对“每天获得的信息量”表示“不满足”的占 38.7%，“基本满足”的占41.9%，只有 4.8% 的人认为“完全满足”。而非网民中，“不满足”的有 19.2%，“基本满足”的有 62.8%，“完全满足”的占 5.8%。“全体市民”的对应评价分别为 24.0%、57.7%和 5.9%。这组数字显示，网民对信息的不满足感大大高于非网民(2 倍)，满足感则大大低于非网民(20 个百分点)，说明网民对于网络的信息期待不同于一般传统媒体。由此反映出一个问题，即媒介供应信息的能力与受众的信息需求之间呈互动关系，受众对信息的需求量是随着媒介技术可能性的扩张而扩张的。信息“饱和”是相对的，或者说只是纵向比较产生的满足程度的提高。并且，一旦受众对某种信息渠道产生依赖，其信息期待值会逐渐提高。由此可以得到两点启示：第一，网民的信息需求完全可以并且完全需要通过网站的经营来培养，换句话说，网络信息市场可以不断挖掘。第二，新闻网站需要增加亲和力，以吸引网民的信息依赖。

这说明目前网络信息市场大有可为。传统媒体正具有信息供应者的独家优势，专业化的新闻队伍、长期形成的品牌、广阔的信息渠道、丰富的经验都不是商业性网站在短期内可以造就的。从国外的经验来看，主流媒体网站也是网民的主要信息来源，列入访问率最高的站点行列。因此，新闻网站有着极大的发展空间，关键是吸取商业性网站的经验教训，强化内容建设和服务意识，在“专、精、深”上下功夫，做成货真价实的新闻网站。

**3. 网络市场的细分，合乎新闻媒体传承的小众化发展态势**

网络市场的分化在1998—1999年露出端倪。国内网络中占主导地位的商业性网站，从前一概追求大而全的门户形态，以整合为主要内容来源，现在随着网站数目的增多，开始朝着不同方向发展。有的坚持做门户网站，但强化搜索功能；有的转向垂直纵深型网站。去年末今年初，新闻网站通过改版，试图改变以往“千网一面”的状态，同时也显示出网媒本身的分化倾向。显然，市场细分将是网络业走向成熟必不可少的一步。市场区隔给媒体网站带来了有利的发展空间，因为分化的趋势是网站走向垂直纵深、专业化、特色化，这与当今传统媒体本身的发展方向一致。自20世纪90年代初报业“扩版潮”以来，报纸、电台、电视台都逐步走向多元化、小众化，传媒市场日益区隔。如今，专业化的报、台、频道都已趋于成熟，与网络市场的细分方向十分契合，也为新闻网站参与竞争提供了极为有利的条件。

## 二、存在的问题

新闻网站虽然有着良好的发展前景，但就目前状况看，其生存与发展受到了外部和自身一些不利因素的制约，主要有这样几个因素：

**1. 商业性网站"抢滩"在先及其业务拓展，削弱了新闻媒体网站应有的市场份额**

商业性网站比新闻媒体网站起步早，发展快。在20世纪90年代中后期，当传统媒体还对网络感到陌生的时候，商业性网站已经办得有声有色了。当新闻媒体涉足网络的这几年，商业性网站更是强化了经营意识，表现在以下几个方面：一是在人力和财力上加大投入，加快技术升级，网站带宽增加，速度大幅提高；二是加强了网站的内容建设，增加原创内容，办出特色；三是明确了网站定位，较为主动地在网络市场中找准位置。同时，商业性网站在过去的几年里十分重视品牌炒作，一些大网站，如新浪、搜狐、263等都展开了声势浩大的"抢滩"行动，在广告上投放大量资金，有效地吸引了公众的注意力。



商业性网站已经抢占了主要市场，无疑削弱了新闻网站的市场份额，不利于网站的发展和新网站的进入。目前虽有近400家网上新闻媒体，除了人民日报网、新华社网、光明网、东方网、千龙网、大洋网等几家外，大多数没有什么市场。据有关统计表明，上述几家网站也未进入网络排行的前15位。从访问量看市场占有情况，商业性网站高于新闻网站，传统媒体网站远低于其他专业性网站。据上海热线今年8月对该地区网站日访问量的统计，"证券之星"访问量3 000万人次，"电脑之家"1 000万人次，"信息世界"133万人次，《新民晚报》119万人次。传统媒体订阅率排行相差一个档次，往往意味着广告收入上的倍数差别，这需要引起网站的警觉。

当然，网络市场本身是具有弹性的。如前所述，网民的信息需求可以由网络来培养，就看新闻网站如何利用自身优势，既要着力于挖掘已有市场，又要培育和创造新市场。在现有网络市场格局下，新闻网站亟须调整经营策略。

**2. 融资渠道及手段单一，制约了新闻网站的资金投入和技术升级**

网络是一项高投入、高消耗、高风险、高收益的事业，越是资金投入少，越是盈利机会小、收益慢，越不利于网站占领市场。商业性网站近年来通过上市、争取“外援”、股权转让等多种渠道，吸纳多方资本迅速壮大。在短短二三年内，商业网站技术频频升级，网站面貌焕然一新，其市场不断扩大。目前有影响力的几个品牌，无一不有较为复杂的资金背景。网络业竞争异常激烈，淘汰率高，边缘化更快，网站的一切发展都首先依赖资本实力。

国内新闻网站的资金来源目前主要依赖媒体的信息产品和广告收入，来源过于单一，造成网站资金投入不足。我国现有报纸2 053 家，1999 年报业广告总收入 120 亿元人民币，其中 1 亿元以上的有 33 家，最高的《广州日报》集团，收入 9. 7 亿元(《新闻三昧》,2000 年第 4 期)(广电行业少于报业)。比起西方国家来，这个数字差得远，美国前 6 位传媒集团 1997 年的销售额都在 50 亿美元至 250 亿美元之间。而我国媒体这些收入的绝大部分被用作传统媒体自身的再生产，能投入网站的更少，再加上媒体在观念上的偏差，不愿尽全力投资网站。新闻网站每年的投入只有商业性网站的十分之一到几十分之一，新闻网站一直以来技术更新慢，服务内容少等问题，都直接与资金投入相关。这里既有政策因素，更有新闻媒体本身的策略问题，对网站发展认识不足，缺乏长远规划。现在看来，这种单一渠道模式已经成为新闻网站进一步发展的瓶颈。

**3. 固有的传播形态、经营理念和运作方式，与网络特征错位，制约了新闻网站“创新”**

目前国内新闻网站的运作方式总体上显得过于谨守，反映出经营理念上存在种种问题。首先，对网站角色的认识存在偏差。媒体将重点放在传统媒体自身的经营上，新闻网站处在依附地位，被视为母媒体的辅助宣传工具，因此网站普遍缺乏整体经营策略，缺乏筹划和具体的经营目标。网站基本上被母媒体养着，没有内在的盈利驱动和外在的竞争压力，导致新闻网站总体经营意识薄弱，竞争意识不强，这同传统媒体自身日趋成熟的经营理念极不相称，与网络业的发展规律更是背道而驰。同时，新闻网站的这种依附状态，也使网站自身的独立运作受到限制，难以挖掘自身潜能，寻找商机。目前新闻网站普遍地不是在网络业的游戏规则里运作，而更多是在传统媒体固有的框架内运作。

其次，新闻网站沿袭传统媒体的传播模式和传播观念，与网络的传播特征不相一致。多数新闻网站由于采取被动策略，跟风上网，目标不明确，对网络的意义不甚明了，因而网络的传播优势得不到发挥。许多网站仅是传统媒体的翻版，有的只在BBS上有些网络特点。这样的网站访问量低，有的甚至成为"死站"。当前新闻网站最突出的现象是：开放性、交互性、个性化等网络特色远远不够，而"泛宣传"化倾向却显得突兀，使网站单调有余而丰富不足，严肃有余而活泼不足，教化意义强而交流意义弱。显然，这与上网"新人类"的口味发生错位，是眼下新闻网站缺乏吸引力和亲和力的主要原因。我国新闻网站的进一步发展，必须解决好网络特征与宣传模式这一基本矛盾，从根本上处理并把握好传统媒体的"喉舌"功能与网络媒体的信息传递和交流功能的关系。



## 三、发展策略

随着网络市场的分化和成熟，20 世纪 90 年代那种"占位"、"圈地"式上网已没有多大意义。媒体需要审时度势，根据自身特点，制定成熟、完整、长远的和细节化的网站发展策略。

**1. 定位策略**

首先确定新闻网站在区隔的市场中的发展方位。目前国内新闻网站定位大致相同,缺乏针对性。除了少数证券信息网站外,几乎都是综合性新闻站点,并且,信息结构、传播方式都大同小异,这似乎在沿袭商业网站90年代中期走过的老路。

新闻网站定位似乎可以借鉴目前电视节目市场的定位思路,采取优势定位、特色定位和价值定位。

优势定位,即利用媒体自身优势进行网站定位。实力雄厚的大型媒体,可发挥其品牌和资源优势,以信息传播为依托,建设综合型新闻网站或门户型信息网站。例如国内某些国家级和沿海省级大媒体,经济实力强,信息渠道广,品牌效应好,广告来源充足,有良好的发展势头,便可依此定位。就目前状况看,要办好这类网站,尚需转变传统媒体观念,强化服务意识:一是加强搜索功能;二是增大信息量;三要拓宽服务范围。作为主流新闻网站,必须谨守严肃、权威、信誉、深度的原则,以高品位的新闻产品立足。



特色定位,即根据媒体自身特点进行网站定位,走垂直纵深型网站路子。一些有某方面特长的媒体,或专业化媒体,可量身定做,锁定某方面内容,办成特色网站。这类网站要求:专业性和权威性高;原创内容;坚持个性。

价值定位,即根据网站的实际经济价值来定位。我们一直以点击率来计算网站的经济价值,这里有两个误区:一是点击率不必然代表浏览率;二是浏览率不必然等于经济价值。访问者人口构成比数量更直接关切经济效益。例如,一个给20—45岁人看的网站一般要比给其他年龄人口看的网站更有广告价值,一个白领阶层和经理人喜欢的站点,比其他站点更适合做电子商务和广告。国外一些非主流的网站,像石板杂志,订阅人数并不多,但仍生存得很好,就是瞄准了有消费实力的特定人群。国内新闻网站可以对受众人群的市场价值作分类评估,再做针对定位。

**2. 经营策略**

进入新千年,国内少数新闻网站的改革已不再停留在改版,而是延伸向经营模式的整体探索。新出笼的上海“东方网”,北京“千龙网”等,都给人崭新的感觉,提供了有益的示范。我们认为,目前新闻网站的经营策略方面,需要把握5个方面:

第一,以网络意识建构经营理念。

媒体首先要解决观念上的“网络化”。从1995年上网以来,不少媒体一直将网络化简单地理解为“电子报纸”或“网上电视”,这种单维的思维方式,使网站运作机制囿于传统模式,表现在1997年后网媒数量虽然大增,但几乎都是原媒介的翻版。新闻网站不讲经济效益,缺乏创新机制。

网络意识包括:



(1)传播模式的网络化,按照网络特性进行新闻传播,充分发挥网络交互性、丰富性、选择性的优势。目前国内网站新闻的开发度低,信息加值少,缺乏卖点,服务单一。

(2)经营方式的网络化,即探索符合网络自身发展规律的经营管理方式。一是处理好网站与原母体媒介的关系,由依附关系转变为依存关系,即两者既独立运作又相互联系,给予网站与其母体媒介同样的发展空间。二是推动新闻网站朝向商业化独立运作。

(3)体制和人才机制的网络化,即完全摒弃传统媒体积重难返的用人制度,引入全新的网络竞争机制,彻底实行人力资源的市场化。一方面运用市场机制优化人才资源配置,降低用人成本;另一方面,运用激励机制,将拔尖人才的报酬与支付形式同市场行情接轨,特别对于那些紧缺的高层次决策人才、经营管理人才和营销策划人才,以高薪延揽,形成人才优势。同时,更要强化责任机制和约束机制,以确保用人质量和用人效益。

第二,以品牌意识打造网站形象。

没有品牌必然带来两种不利,一是访问率低,市场小;二是难以吸引投资,影响长远发展。传统媒体向来长于“吆喝”,因此需要利用这一优势，对新闻网站进行包装和宣传，帮助网站尽快树立品牌形象。媒体可以通过交换广告、网站互联、投放户外广告、举办社会活动等方式来打出知名度，并提升行业的整体形象。（但目前有些网站陷入了重炒作轻经营的误区。）

品牌新闻网站，首先必须生产精品，以质取胜，争取网民的忠诚度。其次必须有品牌新闻和品牌言论，从趋势看，新闻竞争的焦点将不再是拼抢速度和独家新闻，而在如何报道和诠释的“软件”上，这是无法模仿的，形成网站的独特风格。再者，必须有特色服务。

第三，以合作意识促进板块崛起。

在商业性网站仍占主导的情况下，新闻网站寻求多向合作，取长补短，有益于形成行业强势，催动板块崛起。合作可以形成规模效益，又降低投资风险。1999 年 11 月召开的全国“广电系统 Internet 网站建设应用研讨会”，已经提出了“广电站点联盟”的思路，这当然是个好消息，但这只是一种合作方式。就现状看，对新闻网站发展直接有利的，还是网站间各取所需结成的区域性的、或跨市场的资源共享联盟。这种合作要形成规模经济效益，最终将以资本重组为背景。另一种是新老媒体之间的优势互补合作。传统媒体利用网络公司或电信企业的技术、线路、覆盖面等，甚至扩张网站功能；网络公司则可利用媒体的品牌、人才和经验，达到资源互补，以取得竞争中的“双赢”结果。

第四，以资本意识带动市场战略。

如何将自己所拥有的物业资源、人力资源和其他无形资源都作为可经营资本，通过各种途径有效运营，以获取最大的经营利润，这是新闻网站及其母媒体经营的重头戏。新闻网站仅靠媒体母体的资金给养，远远不能满足迅速发展的需要。而网站越是弱小，越不能尽快占据市场份额。传统媒体本身已经在尝试新的资本经营方式，例如湖南电广实业去年上市融资 4.5 亿元，《成都商报》采取了控股融资的方式，湖南经济电视台 3 年前以借贷起家，现在年营销收入已过亿元，进入全国“明星台”

之列。新闻网站更应以资本运作带动市场经营,一方面拓宽融资渠道,可以尝试上市融资、股权转让、收购兼并、与实力企业合营等方式。另一方面通过多元化经营,加速资本积累。目前国内新闻网站的盈利期待仅仅放在以信息产品换取广告和尚未起步的电子商务上,经营渠道比较单一。从现状看,媒体多样化经营是大势所趋,湖南和上海的电视产业就是例子。上海的电视产业由于经营有道,行业固定资产规模 1997 年就达 51 个亿,雄踞全国省级广电系统之冠。因此,新闻网站宜走出“电子报纸”的框框,尝试介入与信息产品有关的“上下游”领域,例如电子出版、图书、电子商务、数据库、咨询业、影视娱乐业等,做成含有更大容量的产业。

第五,以产业意识推动整体创新。



把网站作为媒体产业化的一个重要部分,作为实体来办,制定具体的营销策略,从体制上推动其产业化经营。虽然目前网站盈利很难,但盈利意识的强弱对于网站的整体经营非常重要。新浪网今年首季报告称,广告收入达到 310 万美元,去年同期仅 30 万美元,同比增长 784%,较上一财政季度的 210 万美元增 46%。中华网首季广告为 930 万美元,较上一财政季度增 105%,毛利增 35%;电子商务获利 1 020 万美元,增 88%。这些耀眼的增幅是最好的说明。产业化经营促使网站为了抢占市场份额,必须不断调整经营策略,追求创新,激活整体机制。

**3. 人才策略**

网络竞争归根结底是人才和资金的竞争。新闻网站的人才到什么层次,基本上决定了网站能做到什么层次。目前国内媒体的网络人才普遍存在以下问题:一是数量少,不能跟上网络发展需要;二是与新闻业务脱节,多数是计算机专业人士和台里专职搞技术的,对新闻业务的知识不足。例如,不懂版面编辑规律,不懂受众心理,缺少新闻敏感,不懂新闻策划等。这导致新闻网站虽然技术上过关,但在传播技巧上往往乏善可陈。

据1999年12月31日举行的CNNIC调查统计，在使用网络人员的行业分类中，新闻媒体从业人员仅占1.8%，在知识行业里名列倒数，远远低于计算机业(12.9%)、外资合资企业(8.7%)、专业技术(8.6%)、商贸业(7.4%)，甚至工商税务(6.2%)、在校学生(21%)。说明许多记者、编辑尚未运用网络手段，甚至还未意识到网络的重要性，特别是那些中年以上挑大梁的记者。而有资料表明，93%的欧美记者运用网络采制和传输新闻。这与我国新闻网站的发展势头不太相称。

那么，媒体记者眼下需要具备哪些基本的网络素养呢？

首先，网上采制新闻。即上网获得新闻线索，利用E-mail采访，在网上写作传输等。

其次，网上搜集资料，加快新闻制作速度，拓展新闻报道的深度和广度。



第三，新闻网页制作和传输。采编人员须改变现在只管采写，不管上网的状况，自己制作网上报道页面，策划网上版面，进行相关内容链接，制作“包裹新闻”等。

第四，制作多媒体新闻，运用文字、视频、音频进行复合传播。

第五，更进一步，记者、编辑和主持人应努力学会在网上制造“热点”，网上主持交流。那些才华横溢的记者和主持人还可以设置自己个性化的“沙龙式”网页，既达到与网民交流的目的，又提高自己的知名度，对媒体也有广告效应。

网络人才建设非一朝一夕之功，需要纳入媒体的整体管理体系加以考量，制定出完整的、切实可行的网络人才培养计划。目前看来，有三条途径：

一是网罗网络新闻人才。招揽那些既具有足够的新闻采制能力又具有熟练的网络运用技能的年轻人，他们有视野有活力有创意，将在21世纪新闻业中唱主角。近几年，人大、复旦、北大、武大、华中科技大学、北广等一些新闻院校已开始朝这个方向培养学生，这是十分可喜的现象。

二是培训在岗人员。从用人体制上鼓励从业人员学习新技术,提高整体的网络素养。组织分期分批的在网培训,提供大家学习的机会;同时,把网络技能纳入考核、升级、评奖的指标,定出硬性条件,促进人们尽快掌握网络技能。对于一些重点栏目和骨干编导、主持人员,有必要进行重点培训,并给予较为宽松的网上传播空间。对于计算机专业人才,台里则应提供条件,帮助他们尽快提高新闻素质,成为真正的网络新闻人才。

三是培养和网罗高层次的网络经营管理人才,这是目前新闻网站最缺乏的。可以尝试打破传统的行政升级制度,招聘职业的经理人才来经营网站。

此外,鼓励记者、编辑、制片人和主持人敢于、勤于并善于利用网络,推销栏目和自己,制造广告效应。如果能在较短时间内,出几个"网上明星"、"网上名牌栏目",谁说不是网络竞争的筹码呢?



分析家 Dan O. Brient 说过,传统媒体领悟网络的魔力尚需努力,互联网不只是建立一个网站,填入内容,然后就坐等用户来点击。对于中国新闻网站来说,要学和摸索的东西太多了。但有一点是肯定的:从现在做起。

(2000 年 9 月)

**本文参考文献**

1. 美国 Lexis-Nexis 数据库关于"因特网与传统媒介"的研究资料。

2. Journalism & Mass Communication Quarterly, 1998—2000 年度。

3. "Cybersociety", Steven G. Jones 主编,1995 年版。

4.《世界广播电视参考》1999 年度。

5.《新闻与传播研究》1998—2000 年度。

6.《国际新闻界》1999 年度。

7. 中国新闻传播学评论网(http://www.cjr.com.cn)。
8.《新闻记者》1999—2000 年度。

# 关于当前媒体市场现状与走向的对话[①]



**毛晓梅(以下简称"毛")**:近20年来,我国新闻传媒业沿着"事业性质,企业管理"的思路经营和发展,成就是有目共睹的,但是其间也出现了愈来愈明显的商业化运作的趋势。这主要表现在不少媒介热衷于市场经济资源的抢占,不仅广告及多种经营办得红火,而且在日常的新闻实务运作中也很看重经济效益的回报,报道讲究"卖点"与"炒作",发行量、收视率、收听率成了媒介的成败标志。在传统的马克思主义者看来,作为公益性质的社会主义新闻媒介参与了市场经济利润的分割,媒介资源形成单纯的商品交换关系,这简直是不可想象的事情。您怎么看待这个问题?

**罗以澄教授(以下简称"罗")**:马克思主义是一个开放的、动态发展的科学体系。它不是真理的终结,而是在实践中不断

① 本文是新华社记者毛晓梅女士就如何正确评估当前我国媒介市场所作的专访,由毛女士整理,本人审阅后略作修改。

开辟认识真理的道路。那种脱离真理发展的历史长河,用孤立的、静止的眼光看待马克思主义的观点是片面的、有害的。现阶段我们要坚持的邓小平理论,就是马克思主义发展的新阶段。因此,如何看待、评价当前我国的新闻实践和媒介市场,邓小平理论应该是我们认识问题的思想基点和思维的支撑点。从这一基点出发,媒介"事业性质,企业管理"的思路无疑是正确的,是符合当今社会发展和媒介自身发展的要求的。我国当前的新闻实践及媒介市场出现的种种新景观,从总体上看是坚持邓小平理论、坚持新闻改革的结果,是马克思主义运用和发展的结果,是与马克思主义新闻观相适应的。

况且,媒介经营广告业、开展多种经营、追求发行量和收视(听)率以及通过兼并组建媒介集团等商业化运作的举措,并不意味着也不会导致信息产品的商品化。否则,靠下"猛料"或炒作"星闻"让信息产品变味来达到扩大媒介市场份额之目的,其结果只能是媒介属性和功能的异化,自毁媒介的信誉和前程。这两者(指媒介的商业化运作与信息产品的商品化)的界限应该分清。我认为,媒介商业化运作最根本的市场资源,不在媒介生产、传播的信息本身,而在于这个过程中创造的巨大的受众市场;不是媒介的时段、版面承载的信息本身具有商业价值,而是媒介的时段、版面所拥有的受众市场具有商业价值。媒介唯有通过向受众提供最佳的信息产品和最优化的服务手段,才能最大限度地争取受众,从而扩张自身的市场份额。从这个意义上说,当前我国媒介商业化运作的力度还远远不够,媒介还应继续着力于受众市场的扩张和深化,合力将媒介自身的实力做大、做强,以应对加入 WTO 之后可能遭遇的各种挑战及全球化的市场竞争。这正是我国媒介产业化和媒介市场的正确的发展取向。

**毛:**媒介市场的评价是多层次、多方面的,而媒介市场主体的文化品位的良莠则是一个重要的、决定性的要素。当前我国新闻媒介还呈现出又一个明显的趋势,即平民化倾向日益强化。

您认为其结果会不会导致社会主流文化让位于边缘文化、非主流文化?

**罗**:媒介的平民化趋势,我认为是媒介"人本"意识的觉醒,是新闻传播活动本意的回归,也是马克思主义新闻观的回归。众所周知,新闻传播活动是一种建立在人与人互动基础上的社会性活动,是应人的需要而产生,为服务于人而存在的(这里所指的人不是概念化的虚拟的大众,而是具体的有着自觉意识的接受主体)。新闻传播使人们之间建立起一种分享信息的关系,这种关系是人类社会得以存在和维系的最基本形式。为人且有利于人是新闻传播活动的出发点和归宿。马克思在主办《新莱茵报》时就非常尊重读者,强调报刊要对读者负责。因此,《新莱茵报》渗透着浓烈的人文旨趣。遗憾的是,在过去很长一段时间里,我们的媒介一直为政治性话语所左右,唯"上"而不对"下"负责,使人成了政治性话语下的虚设品,成了媒介魔弹塑造的心智迷失的牺牲品。这是媒介的悲哀,也是社会的悲哀。改革开放以来,我国媒介出现的平民化趋势,注入了强烈的人文关怀理念并融入到新闻传播模式、传播内容与效果之中,这是在市场经济催动下媒介醒悟的表现,也是我国媒介今后发展的新向度。



这里,我还想强调一下,平民化强调的是媒介为谁服务、如何服务的问题;而精英政治强调的是立场观点,也就是站在哪个社会集团的立场上来观察和报道的问题。两者属于不同的范畴,并不相互矛盾、冲突。何况现阶段我国精英政治所规定的宗旨所在,恰恰是以"平民化"为根本取向的,是以"全心全意为人民服务"为其根本目的。所以,我国媒介的平民化趋势,不应也不会导致社会主流文化的失落。

**毛**:那您怎么解释在市场竞争的新形势下,党委机关报当前所存在的发展困境呢?

**罗**:的确,当前不少党委机关报在发展过程中不同程度地陷入了困境。这个问题要从两个方面来看。一方面,党委机关报近些年在新闻运作观念以及所采取的措施上确实落后了一截，不适应社会主义市场经济体制下的新的工作要求（这一点我在前些年所著书稿或文章中都有过论述，这里不再赘述了）。另一方面，我认为，在市场化的环境中，党委机关报当前处于一个不公平的境遇。党委机关报本来就很超重地负荷着政治教化和信息传播的功能，她既要满足和协调党和政府的宣传需要，又要满足社会公众的信息需要，如今还要承当起自身的盈利需要。现在许多党委机关报的总编辑都要亲自跑发行，难以集中精力办报，因此很苦恼。国家对党委机关报如果轻易地实行“断奶”，将她全面推向市场，对她来讲是不公平的。

**毛：**这种制度安排难道不正是为了创造更公平的市场竞争环境，以利于党报在竞争中发展吗？

**罗：**不，实际情况恰恰相反。国家给党委机关报“断奶”，让党委机关报和非党委机关报站在了同一起跑线上，表面上看竞争更公平了；但在竞争的过程中，国家继续对党委机关报进行规制，党委机关报既要自谋生路，还要当好党和人民的喉舌，肩负着双重使命，不得不一只眼睛盯市场，一只眼睛盯“市长”。相对而言，其他报纸受到的规制较少，能做到“两只眼睛盯市场”，自然在竞争中胜出。所以，急急忙忙把党委机关报推向市场，追求的不过是各个市场主体起点的公平。事实上，这一起点条件的平等却掩盖了过程规则的不平等，必然造成结果上的不平等。

**毛：**有道理，公平应该是一个动态的过程。

**罗：**当然，我国所有的报纸都要讲政治，要强调“政治家办报”，不只是党委机关报。但不同类别、不同品格的报纸出于自身利益的考虑，各有各的做法，不是都遵守既定的游戏规则的。现在的媒介市场用一个词来形容，就是“鱼龙混杂”。这种现象的存在，对党委机关报而言也是不公平的。因为我国报刊受众市场高度重合，在不讲规则的无序竞争中，最先受到伤害的势必是“循规蹈矩”的党委机关报。

**毛：**记得邓小平同志说过，马克思主义的思想理论工作是离不开现实政治的，这个政治就是国内外阶级斗争的大局，是中国人民和世界人民在现实斗争中的根本利害。可不可以这样说，党委机关报具有天生的历史凝重感，它要牢牢把握社会主义的思想政治命脉，就像国有企业把握着我国的经济命脉一样。因此，现阶段国家要在切实加强和完善对党委机关报领导的同时，更多地给予其相应的、多方面的扶植，而不是一边"断奶"，一边"加压"，并寄予很高的期望值。

**罗：**可以这么讲。由于特殊的事业性质和功能规定，我国党委机关报的生存和发展，不可能完全通过媒介自主行为来实现，而必须借助和依靠一定的行政手段，或者说，我国媒介市场的竞争今后一段时间内仍将是带有行政配置色彩的垄断竞争，这才是符合现实国情的。我认为，当前国家对党委机关报最有实效的扶持就是进行必要的政策倾斜，比如授予其重大决策性信息的"新闻首发权"、高层内幕信息的"优先披露权"等等，以维护党委机关报信息发布的权威性。这种做法在国外是早有先例的。与此同时，以中央和省市党委机关报为龙头（或大股东），实行报业股份制，组建报业集团（公司），也不失为党委机关报摆脱当前困境创建新的"经济增长点"的一着重棋。



**毛：**说到媒介市场的竞争，您刚才好像用了一个词，"鱼龙混杂"。为什么这样说？

**罗：**20世纪90年代以来，随着大众化通俗报纸的兴起，一些品位不高甚至兜售虚假、色情、暴力"新闻"的报纸也涌入其中，使得报刊市场变得鱼龙混杂。其结果一方面使人们造成了一种错觉，似乎当前报刊市场糟透了、庸俗透了；另一方面也破坏了媒介市场的有序竞争，影响了媒介健康的、正常的发展。对此，我们绝不能熟视无睹。

**毛：**我也有同感。不过我感到困惑的是一些格调不高的生活类、文化类报刊，有的本身就是党委机关报系统所主持的子报；我宁愿相信它们主观上只是想把新闻做得更通俗一点、市民化一点，不一定具有主观恶性，知其不可为而为之。党委机关报自身毕竟“曲高和寡”。看来,在俗与雅之间很难把握一个度。

**罗:**“俗”和“雅”有一个基本的评判标准,就是看它是单纯地刺激、满足感官的需要,还是在刺激感官的同时激发人的理性思考,给人一种文化的、审美的体验。前者是庸俗的,后者是高雅的。当然,两者在新闻选题的确定及其表现手法上并没有天然的鸿沟,关键在于报道价值取向以及文化品位的区别。从这一视点看,大俗可以是大雅,大雅也可以是大俗。比如说,党委机关报上常见的一些传达工作性、事务性的政策文件、会议精神以及领导讲话等“大块头”的报道,我认为就很俗,一点都不雅,因为它们也仅仅是追求强感官刺激,是灌输式的,不能给人某种文化的体验。而一些富有理性思辨色彩的讲述人间情感纠葛的社会性新闻、市井新闻,看上去很俗,却可以提升人的生命素质,这就是大雅。



**毛:**我同意您对这个问题的解释。但是,在实际运作上很难保证所有报纸都自觉地遵照这个标准,以防范媚俗、庸俗的东西的传播。

**罗:**情况正是如此。所以,我们一方面要大力倡导媒介的自律意识,强调媒介和新闻从业人员的道德操守,提倡“以德治报”。最近,各地新闻界正在开展的马克思主义新闻观教育,就是一个十分重要的及时的举措。另一方面,更有效果、更有实际意义的还是事后惩戒。有关权能部门、机构应加强对媒介市场的监管力度,整治、规范媒介市场秩序,强化并完善市场准入和准出机制。平时还可以采取专家评定与受众调查相结合的办法对报纸进行“信用评级”,监测报纸的质量,并定期在信誉度高的权威媒体上发布评定结果。对于那些过“俗”的报道占到一定比例的不合格媒体要坚决淘汰出局,以最大限度地净化当前我国的媒介市场。

(2000 年 12 月)

# 武汉地区新闻传媒的精品打造之路



## 一

打造传媒精品，经营特色品牌，以浓缩时代气息、具有长远价值的精品名牌扩张传媒影响力，确立自身生存力，增强市场竞争力，已经越来越成为今天新闻传媒发展的趋势和共识。与此同时，对于习惯了扎根一方水土、经营一方受众的地方传媒来说，危机意识与观望态度并存却是一个不容忽视的现实问题。一方面，WTO 即将登陆，境外传媒的影响势必迅速彰显，吸引众多的眼球；而国家级传媒以其人才、资源、资金、政策等优势呈级数扩张态势，也将不断挤压着地方传媒的生存空间。另一方面，一些地方性传媒则自以为拥有区域优势和本土受众，以接近性和亲和力便可以笼络当地民心，维持一方市场。

我认为，危机并非多虑，优势并不必然。对于拥有灵活的销售网络的报刊，对于拥有越来越多的卫星频道的电视媒介，或者对于彻底打破地域界限的第四媒体来说，现今的受众会感到世界越来越小，视野越来越大，在更多的接触和选择中，他们的辨别力更敏锐、兴趣更多元。不拿出好东西，而一味奢望依赖受众的怀旧意识和恋家情结来办传媒，是难以赢得现今受众青睐的，是不明智之举。明确了这一点，我以为我们的讨论才有深远的现实意义。精心打造武汉地区新闻传媒的精品，刻不容缓，正当其时。

应该说，作为一个高度商业化的、具有强烈开放意识的大都市的新闻传媒，武汉地区媒体的品牌意识萌发得较早，也确实在经营品牌上有许多独到的做法，产生了一些国内外瞩目的精品名牌，积累了一定的品牌经营经验。如长期占据央视七台黄金时间、堪称当今中国最好的科技节目的武汉电视台《科技之光》栏目，以及《武汉晚报》的《范春歌工作室》等等。这些品牌在全国乃至国际上宣传了武汉新闻传媒的形象，提高了武汉新闻传媒的地位，是值得深刻总结、学习、借鉴的真正的精品。



同时也应看到，对于期待经济、社会、文化共同繁荣，尽快与国际接轨，确立在华中地区的龙头地位的武汉市来说，新闻传媒的精品在总体上还是很不够的，没有形成足够的数量规模效应，没有形成整合出击的影响力，没有产生广泛的社会认可度，因此，还远没有打开自己的一片市场，吸引更多受众的关注。与北京、广州、上海等大都市相比，与我们的近邻湖南长沙相比，与长江流域的城市成都、南京相比，都还有明显的差距。同时，我们自身拥有的资源也尚未得到足够的开发利用，不能不令人遗憾。

造成这种局面的原因，既有观念上的，也有经营上的；既有政策上的、也有操作上的；既有与时俱进出现的，也有传统惯性造成的。归结起来，我认为主要有以下三个方面。

**1. 观念上缺乏大视野**

作为地方性新闻传媒，武汉传媒十分注重与武汉民众的贴近性，注重为他们提供具有亲和力的本地信息。应该说，具有地域性和社区亲和力历来是地方性新闻传媒的特点和经营策略，也是不错的“卖点”，这是无可非议的。但应该看到，仅仅把目光局限于武汉的区域内，局限于为武汉民众的工作、生活服务这一招鲜上，缺少大的视野，是不能适应社会发展需要的，也是武汉地区缺少有影响力的传媒品牌的一大重要原因。

应该看到，今天经济全球化和社会信息化程度在不断加强，武汉市正在向国际化大都市的目标迈进，市民收入水平、文化水平、综合素质在普遍提高，对信息的需求已经突破有限的地域局限，呈现出关注大事的主流化、信息获取的规模化和多元化的特点。他们希望传媒突破单纯的地理上的接近性，着力追求心理上的接近性，当今的新闻传媒应该不仅是武汉市区域信息的总汇，更应成为武汉受众关心的信息总汇。他们不仅需要本土新闻、地方信息，也需要综合性信息和有指导性的高层权威信息；不仅需要了解生活“琐碎”，也需要精神世界的沟通。他们希望借助地方传媒提供的具有实用性、权威性、综合性、深刻性和感召力的信息，来增广见闻，增强自身的竞争力，丰富对社会和人生的了解，使自己在生活的征程上站得更高、看得更远、行进得更踏实。



同时，随着武汉市与市外、省外乃至国外交流的增多，以地方新闻作为主打，而对区域外的信息置若罔闻，对区域外的重大事件不“发言”，也是难以适应当今传媒竞争的要求的。今天，地方性新闻传媒要生存、要发展，一定要摒弃“小家子”作风，要加入全国传媒的大合唱，在其中奏响自己的声音，不仅要报道好本地新闻，更要拓宽报道领域，以大气势、大视野去关注国际、国内的重大题材，并在其中发出自己的声音；不是为本地区利益“患得患失”，而是以精察意识、大局意识高屋建瓴地关照和透视整个社会；不是去迎合地方观众的趣味，而是以强烈的文化时代气息，表征时代和社会发展的崭新景象，从而体现地方性和综合性的辩证统一。

**2. 经营上缺乏异质化**

目前，武汉地区新闻传媒的竞争之激烈有目共睹。日报、晚报、晨报、快报、都市报几分天下，电视频道也在不断增加。但这些传媒之间还缺乏严格的市场细分和异质性。由于定位接近，许多专刊、专栏名目相似，内容风格雷同，信息内容重复，走不出奇闻趣事、时尚娱乐、健康财富的小圈子；对某些国内知名品牌从内容到形式拿来就用，一些电视节目甚至连主持人的风格也带着明显的模仿痕迹，缺乏原创性，没有自己鲜明的指向，因而无法形成鲜明的特色，创出自己的品牌。这些，都一定程度上造成了自身潜力的无从发挥，资源的浪费，传媒市场的无序化以及非规则竞争现象的存在。

市场竞争是一种比较级上的竞争，在适需对路的前提下，宠爱有个性、有特色的传媒是市场的天性。传媒的生存质量与它的特色有无及其多少是紧密联系的，没有市场细分就无法拓展传媒的行动空间。市场细分要求根据市场上受众需求的差异性，将传媒的市场整体划分为若干个受众群体，从而确立目标市场。其中，每一个细分市场都是由具有类似需求倾向的受众构成的。选择不同的分众群体作为自己的目标受众，将有利于自己的特色和风格的形成。



同时，异质化经营要求传媒瞄准市场空档或薄弱环节，提供别人没有想到或无法替代的，市场又十分需要和欢迎的有特色的传播产品。构成传媒特色和风格的内涵是极其丰富的，武汉传媒应始终把自己看作整个社会传播网络中的一分子，抓住机会，专注于为社会提供自己所擅长的，比其他传播竞争者更优的传播产品。

**3. 运作上缺乏大魄力**

目前，武汉地区的新闻传媒虽有一些类似《科技之光》这样一年投入上千万，制作队伍庞大、精良，并由科技界专业人士参与策划，志存高远的节目（栏目）品牌，但如此大气魄、大胆识和大手笔还比较少。这主要表现在策划意识不够,搞短期行为,应景之作,今天文摘走红就办文摘版,明天时尚热就出时尚版,这样即使取得一时轰动,但容易在被动和盲目中迷失自我;专栏、专版、节目缺乏策划高手,多由编辑、记者少数几个人拍脑袋完成,缺少对社会生活有深刻认识的各路有识之士、各行业专家以及对传媒运作规律和流程极为圆熟的业内高人的参与;运作过程得不到科学的决策和严密的控制,水准也得不到有效的保证。有的点子本来很好,但没能坚持贯彻下去,常常是开头几期还挺吸引人,最后虎头蛇尾,草草收场。

精品的打造是一项系统工程,绝非一朝一夕、散兵游勇式的操作可以实现的。举凡精品,无不是历经了观念的沉积,具有独特的知识理念;包含巨资的投入、精心的策划和严密的操作;依靠卓越的团队,达到极高的专业水准,千锤百炼而成的。全球十大知名品牌中唯一的媒体品牌《探索频道》,它的一个长度三小时的选题,可以用三名记者花两年时间来拍摄,参与拍摄、编辑、制作的都是业内最好的专业人士。非大手笔,没有打造精品的决心和底气,没有大的投入和高水准的制作,总之,没有大的气魄和胆识,是无法创造出流传长久的有生命力的精品。



## 二

武汉地区要想打造属于自己的品牌,应树立强烈的精品意识,把握精品构成的内核,遵循精品生产的规律,以高远的追求、专业的态度,整合和利用一切可能拥有的资源,走品牌经营的可持续发展之路。

**1. 追求特色经营**

构成传媒品牌价值的一个重要方面就是特色。尽管受众的兴趣千差万别,但在特定阶段和时代氛围下的需求在一定程度上仍有一致性，这就为传媒提供了有效的市场空间，构成了传媒竞争占位的基础。明确市场定位，针对目标受众，以特定的构想、取向和表现风格，满足他们特定的接受需求，让各类信息各得其所，各类受众各得所需。这不仅可以解决传媒的趋同问题，优化信息资源的配置，也将使传媒尽显自己的特色。

受众市场的细分是建立在对其深刻和细致的了解上的。为此，应该在武汉地区受众中和传媒市场上开展有针对性的市场调查。了解媒体市场的整体状况，受众的阅读和观看口味的变化，接受行为的习惯和偏好，接触传媒的目的，现阶段对传媒的要求，当前关心的热点，传媒市场的卖点，各个层次受众的构成等深层次信息。只有这样，才能从市场出发，确定传播对象；从受众的信息接受心理出发，确立诉求点，投受众所好，在受众心目中占据有利位置，实现有的放矢的差异化传播。市场细分、定位明确虽然是以小众化为目标，但事实上，特定的传播内容只要做好做透，就可以吸引广义层面上的大众，各有特色的栏目将吸引不同的人群。



形成特色还要整合自身的资源，把握自身的优势，突出鲜明的个性。武汉市具有商业色彩浓、对外开放意识强、人们接受新事物快、各种信息交汇集中等特点，各家新闻传媒在长期经营中也形成了一些自己的想法，培养了一些人才。要充分利用这样的条件，发挥自己所长，同时又要超越自我，博采众长，不断创新，打磨属于自己的特色。

**2. 铸造大新闻模式**

新闻传播要树立大新闻模式，首先要在内容上突破地方新闻主打和地域选题的局限。在增强对本地受众的亲和力，为本地受众增广见闻，主导本地区传播的同时，一方面要注意以第一时效的且是宽视角的地方要闻努力扩大对外的影响力，即要注意着力报道上传带有全国乃至全球意义的地方要闻；另一方面要十分注意参与国际、国内重大事件、话题的传播，增强重大题材、宏观内容的报道。关注时代发展的基本矛盾，人民群众心之所系的焦点，关系国计民生的重大问题、热点人物事件、普遍社会现象。以对新闻事件快速的反应，重拳出击的报道，精辟独到的见解，树立信息的权威，大报的品味，在重大要闻报道中先说第一声，发出自己的声音。

在信息来源多样化、信息传播社会化的今天，仅有动态的报道不可能营造出多少独家性和影响力。要在动态地、高质量地为人们提供实用、好看、重要的信息服务的同时，加强对信息的分析、评述、预测，增加深度报道、调查性新闻，丰富新闻报道的样式，提高新闻报道的思想深度。以深刻的洞察力和敏锐的新闻直觉，反映社会生活的本质，启发受众的思路。以信息本身的真实性、深刻性和系统性，营造出令人心悦诚服的感召力和控制力，使人感到观于此，即可止。在这方面，国内一些著名传媒品牌如《南方周末》、《今日话题》（北京台）、《记者观察》（山西台）等的成功经验值得思考。虽然都是地方性传媒，但它们新闻报道视野开阔，立意高远，题材重要，思想深刻，可读性强，因而备受关注。

**3. 进行精心策划**

精品的出现，策划是关键。传媒的领导和编辑、记者应树立强烈的策划意识，以策划为品牌的生命。

策划主体由智多星式的个体向智囊团型的群体转化是大势所趋。武汉地区大专院校、科研院所比较集中，专业性组织也不少，有许多优秀的专家学者和专业人士。传媒应善于利用这一资源，吸引他们加入策划行列，并相对固定下来，组成策划库。传媒专业人员也应由具有洞察社会、透视事物本质的观察分析能力，具有把握大局和方向的政策水平，把握实际、灵活应变的决策能力，谙熟各项新闻业务的人员组成。有了智囊团，就不愁好点子、好方案。

策划本身也应由以出点子为主的经验型策划上升为全盘统

筹的科学型策划。策划是一个系统工程,需要大量信息和综合分析。科学型策划的前提是发现问题、确定目标。这些都要经过深入调查研究,获取信息,预测分析。策划方案要优中选优,从多角度思维和设计中形成各个方案,并经多层次论证,从而形成共识。精品产生的所有环节都应经过严谨的策划,形成严密的内部组织架构和工作流程标准。从新闻性的捕捉,选题的控制,到人员的协调,都应有严格的控制。

**4. 重视自我包装**

新闻传媒品牌面对的将是严酷的市场竞争,是对内容和形式的要求都日臻提高的受众。没有系统、专业的包装"造势",好的内容也不一定能获得好的效果。新闻传媒应树立市场意识,全方位、多层面、立体化地包装推广自己,展开品牌经营之路。



对于电视传媒来说,包装应充分利用电视技术手段,发挥电视传媒优势。新鲜醒目的栏目名称,令人耳目一新的节目形式,具有亲和力、知名度的主持人,融合高度电视技术手段以及新颖的多媒体视听手段的制作技巧等,都是精品必不可少的包装元素。从这一点来说,前期内容的打磨和后期形象的包装,思想性和生动性的结合,对于形成自己完整的形象都十分重要。报刊也应善于为自己造势。把记者、专栏作者推向前台,打造媒介名人,使其成为专栏、报道的标志,利用其号召力推广品牌。

在自我包装上也应多向海内外的主流媒体、兄弟媒体学习。凤凰卫视非常善于自我包装,它的千禧之旅、欧洲之旅、寻找远去的家园等栏题,大量起用名主持,请来著名专家学者担任嘉宾,打出响亮的口号,配上动听的主题曲,还有不断地宣传、跟踪和后续报道,最后还出版了与专题内容配套的出版物,整个包装造势扩大了品牌的影响。在这方面,武汉市新闻传媒应多请深谙品牌包装推广的专业人士参与。

品牌经营是长远之计。新闻传媒经营的强势已经由一招鲜让位于多点支撑,受众的要求也正在呈现兼容与复合化的趋势。新闻传媒只有形成投合和兼容多种需求的特质,形成多个卖点的符合支撑,才能留住受众,开拓市场。打造更多的精品,这是武汉地区新闻传媒发展的必由之路。

(2001 年 1 月)

# 新时期新闻评论的价值取向

## ——兼评《湖北日报》“新世纪展望”系列评论



新闻评论作为媒介常用的一种以发表意见为主而有别于一般新闻报道的新闻体裁，在我国党的报刊史上历来占有十分重要的地位。尤其进入新时期后，党报新闻评论，经过“拨乱反正”，无论在议题的设置上，还是在说理的态度与方法上，或者是在文风的表现上，都较以往有了长足的进步，其传达政策、引导舆论、释疑解惑、激浊扬清的“旗帜与灵魂”的作用也发挥得更充分、更有效了。但是，在这一历史表象的背后，我们也要看到，新时期的党报评论工作也遇到了前所未有的挑战。首先，随着改革开放的不断深入，特别是在当前实现经济体制与经济增长方式两个根本性转变的社会大变革时期，在计划经济向市场经济“转型”过程中，新旧问题总是交汇碰撞，人们的思想和社会矛盾表现得异常复杂，出现许多斑驳繁杂、光怪陆离的社会“怪胎”。有些事情，积重难返；有些事情，风起萍末；有些事情，似是而非；有些事情，又往往令人困惑丛生，百思不解。这都给党报评论的“说话”（说什么，怎么说）设置了种种“难关”。其次，随着媒介市场的繁荣，竞争的日益激烈，特别是高新技术带来的“网络传播”的冲击波，如电子论坛的出现与普及，各种意见性信息（评论）传播的速度越来越快，数量也越来越大。如何抢夺新闻市场的“先机”，掌握舆论的主动权，这对党报评论来说无疑是一种沉重的“压力”。第三，当前受众的心理已经发生了明显的变化，读者在阅读报刊言论时，再也不是传统意义上的被动接收者，他们会用比以往任何时候都更为挑剔的眼光，审视着来自报刊的言论。读者的这一变化，自然对党报评论的“质量”提出了更高的要求。

面对新时期的新形势、新变化、新情况，如何重新定位新闻评论的价值取向？如何奉献给读者内容与形式完善统一的言论作品？这是需要每一个党报评论员认真思考并且努力实践的问题。《湖北日报》在世纪末重头推出了“新世纪展望”系列评论（一组5篇，见该报12月22日、23日、25日、28日、29日头版），应该说，在这方面做出了令人欣慰的、十分有益的探索。



## 一、新时期新闻评论的选题取向

新时期新闻评论的选题取向应从单纯的“眼光朝上”转变为“眼光朝下、上下结合”。

所谓新闻评论的选题，就是选择和确定什么议题的问题。不管是就一篇评论写作而言，还是就一段时间评论写作的计划而言，选题都是新闻评论写作的第一步，也是最重要的一步。所谓新闻评论的选题取向“眼光朝上”，就是说，新闻评论的选题单纯局限于中央、地方的有关文件、领导的讲话或指示，或者有关会议的决定上，也就是局限于政策的宣传、贯彻上，而对实际工作，对社会生活中读者的关注点、关注度不予考虑或考虑较少。这种“眼光朝上”的新闻评论选题取向，在过去计划经济时期是比较盛行的，也起到过一定的作用，这是毋庸置疑的。对此，即使在今天我们也不能轻易地否定。但是，选题取向局限于此，则存在着明显的不足。这是因为，一方面，任何政策的产生与实施，都是离不开社会实际，离不开群众的，是“从群众来”，并且要“到群众中去”；另一方面，在今天市场经济时代，新闻市场已经进入到“买方”市场，读者获取信息的渠道、能力和主体意识大大增强。单纯“眼光朝上”，而不顾读者“是否”关注的评论选题，是难以抢夺读者的“眼球”，难以获得读者的青睐的。因此，只有那些“领导重视、群众关心”，“上下共识”的重大新闻事件或普遍关注的问题，才是我们党报评论的最佳选题。《湖北日报》的这一组评论，分别论及 WTO、农业、光谷、信息化、旅游经济，这些选题应该说都是湖北省上下各界关注度很高的“热门”话题，是今天社会上绷得最紧的“那根弦”，谁触动了这根弦，就会赢得最大的反响。这样的选题，读者会认同，领导会满意，编辑部也会高兴。



## 二、新时期新闻评论的立论重点

新时期新闻评论的立论重点应从“宣传灌输为主”转变为“启发引导为主”。

新闻评论的立论，或称立意，是指新闻评论的基本观点和看法，它是评论所要表达的内容。在过去计划经济时期，国家对经济生活乃至整个社会生活，进行自上而下的指令性安排，这就在某种程度上决定了党报新闻评论的内容、立论方式不可避免地打上如下痕迹：完全从传者的角度看待问题；有意无意地把报纸上的新闻评论等同于“上级文件”；评论写作满足于做政策的“收发室”、“传达室”。应该说，传达党的路线、方针、政策，迅速地让广大群众了解和掌握，并变为他们的实践，是我国党报新闻评论的优良传统，也是它的神圣使命和义不容辞的责任。但是新闻评论毕竟不能等同于文件、政策本身，它只是一种新闻体裁，有着自身的规律。新闻评论要想达到预期的社会效益，就不仅要考虑传者，也要考虑受众；它不仅要告诉人们“是什么”、“怎样做”，更重要的是还要告诉人们“为什么”、“如何看”。也就是说，新时期新闻评论的立论重点或方式，应从“宣传灌输为主”转变为“启发引导为主”。

《湖北日报》“新世纪展望”系列评论之一《WTO，我们时刻准备着》，围绕着怎样看待我国即将加入世界关贸总协定展开论述，政策性不可谓不强，但全文四个部分《为何要进这道门》、《得与失》、《知识外溢效应与赶超效应》、《“引进来”与“走出去”》，分别论述了入关的必要性、得与失及具体做法，处处就事论理，引人思考、给人启发、催人奋进，丝毫没有那种硬性的“宣传灌输”的味道。相信每一位读者看过之后，都会得出这样的结论。



## 三、新时期新闻评论的论证方法应从一般地讲大道理转变为摆事实、讲道理

新闻评论当然是要讲道理的，但离开事实的道理是空洞的道理，是说教，不能让读者信服。列宁向来主张“从最简单的、众所周知的材料出发，用简单易懂的推论或恰当的例子来说明从这些材料得出的主要结论，启发肯动脑筋的读者不断地去思考更深一层的问题”（转引自邵华泽著：《同研究生谈新闻评论》，人民日报出版社 1999 年版，第 141 页）。事实为什么具有这么大的力量？因为任何道理都是从具体的事实中抽象出来的，理在事中。摆出事实，就等于让读者也经历了这个抽象的过程，就更容易取得他们的认同。在摆事实的基础上展开论述，可以说是《湖北日报》这组系列评论非常明显的共同特征。在《农业·重新认识粮棉油》这篇评论中，第一部分“粮棉油怎么了”，为了说明“种植粮棉油，让人直发愁，忙碌大半年，最后没得赚”

这一分论点，作者摆出了一系列论据（事实），其中既有种粮户的收支情况，也有种棉户的收支情况；既有最新的具体事实，也有概括性的背景材料、统计数字，显得很有说服力。也许正因为这一组评论在论述中提供了大量的新闻事实，所以它们都署名"本报记者"而非"本报评论员"，正文的字体也没有变化，这也许也是这组系列评论一大"亮点"所在。

## 四、新时期新闻评论的语言表达应从"平铺直议"向"灵活生动"转变



语言是思想的物质外壳，新闻评论的选题、立论、论证最终都要通过语言表达出来。没有一定的语言表达技巧，闪光的思想也会显得黯然失色，这一点在媒介竞争日趋激烈的新时期，越来越多地表现在言论写作上。这一组系列评论篇幅都不短，但读起来并没有冗长、啰嗦之感，这除了与文章的思想内容有关之外，恐怕与作者具有较强的语言驾驭能力也是分不开的。这里仅从三方面做简要分析。

其一，平等交流的态度。平等地对待读者，还是居高临下的"说教"，可以说是评论员能否赢得读者的关键。在《湖北日报》这组评论中，完全没有我们以往在一些长篇评论里经常见到的那种"板着面孔"教育人的姿态，而给人的总体感觉是一种朋友间的、同志似的、和风细雨的思想交流。这里仅举一例。"而体制，更是制约旅游业发展的'瓶颈'。一些景区景点，政出多门，文物部门管一块，旅游部门管一块，地方行政管一块，有的地方统战部门还管着一块。部门之间又难免不发生扯皮拉筋的事，这就常常弄得有'戏'没法唱"（见评论之五）。这里触及的问题虽然很尖锐，但字里行间没有一点"火药味"，而是在心平气和地介绍情况中引发、启迪读者去思考，去辨析。

其二，富于情感的笔调。文贵情真，写新闻评论也应如此。

如果我们在晓之以理的同时,又能做到动之以情,那么新闻评论的传播效果就会事半功倍。请看:

“面对这道门,我们张望,我们争取,时间长达10多年。在就要跨入这道门的时候,我们禁不住还要自问:准备好了吗?”(见评论之一)

“‘武汉·中国光谷’还是个婴儿,但它呱呱坠地时的第一声啼哭,就似黄钟大吕,震惊全国,震动世界。”(见评论之三)

读了这些生动形象又富有“亲和力”的语言,你能不为之动情,不为之震撼吗?!

其三,理性思辨的色彩。所谓理性思辨的色彩,就是说新闻评论通过对具体事物、具体问题的分析,上升到对事物发展一般规律的揭示,并用简练、精警的语言(警句)概括出来。可以说,警句是精湛的思想内容与精妙语言艺术的结合,是一篇评论文章的闪光点,也是评论员的毕生追求。在这一组评论中,我们不时可以见到这种闪光的警句。比如:



“我们失去的,将是旧体制的锁链;我们得到的将是新机制的活力。”(见评论之一)

“价值实现,是人才流动的万古不变的规律。当价值低估时,他就想离开;当价值得到合理估价时,他就会留下;当价值最大化实现时,他会竭尽全力地工作,包括作出必要的牺牲。”(见评论之三)

“国民素质不能跨越‘数码鸿沟’,国民经济怎能跨越‘数码鸿沟’?!”(见评论之四)

这些精炼警策的语句,自然贴切,意蕴深隽,既让人回味无穷,又引人深思远虑,大大增强了评论的穿透力。

以上几点,都是这组系列评论的特色所在,是很值得称道的。我们期待着《湖北日报》涌现出更多的类似“新世纪展望”这样优秀的新闻评论。

(2001年1月)

# 精心打造电视节目的品牌形象

## ——解读《财智时代》



《财智时代》是湖北卫视2000年4月隆重推出的一档财经类谈话节目。一年多来,《财智时代》以其独特的栏目定位、精心的节目制作、出色的品牌宣传,在当今国内电视节目群雄纷争的“战国”时代异军突起,成为万紫千红的电视百花园里的一枝奇葩,吸引了越来越多的观众“眼球”,也受到业内专家和同行的一致好评。据统计,《财智时代》的节目收视率一直稳定在8%~11%之间(湖北省内),居湖北卫视收视排行榜的第2位(仅次于一档娱乐节目)。在湖北电视台去年和今年先后举行的两次全台自办节目评审中,《财智时代》均获得评委们的高度赞扬,综合得分在全台社教类节目中名列第一。这实在可喜可贺。解读《财智时代》的成功运作,对于电视人如何打造节目的品牌形象,进一步办好电视节目,无疑有着十分积极的现实意义。

## 解读之一:栏目定位的独特个性

栏目定位的个性化,是电视媒介从“广播”走向“窄播”的必然要求;也是在电视竞争日趋激烈的今天,栏目制胜的根本之道。电视栏目的定位是个综合的概念,它一般包括栏目的选题与内容的确定、制播方式和风格的选择以及目标观众群的规定等方面。《财智时代》的决策者们在对现有电视栏目状况、社会时代背景、观众需求、技术手段等诸因素整合思考的基础上形成了自己独特而准确的栏目定位。这主要体现在以下方面:



**1. 栏目内容——锁定“财智”**

当今知识经济时代,是一个用才智博取财富的时代。随着社会主义市场经济体制的建立和逐步完善,人们原有的生存境遇和社会地位将被不断重新“洗牌”、重新建构,如何挣钱、如何用智慧博取财富已成为新经济时代人们不得不面对的一大重要问题。《财智时代》将节目的触角敏锐地延伸到知识经济的宏大背景中,选择“财智”的集中体现者——企业界成功人士作为栏目主人公,展现他们的创业经历、人生感悟、人格魅力,让他们畅谈世界经济的风云变幻、企业发展的成败得失、经营理念的胜负优劣。应该说,这一节目内容的定位是准确而独特的。说它准确,是因为它敲响了当今时代和观众心目中“绷得最紧的那根弦”——财智;栏目的选材、议题的设置具有广泛的社会关注度和“可议性”,容易形成强烈的“舆论场”。说它独特,是因为这档节目所确定的主要目标受众群,是那些正在追求致富“成功”或者渴望“成功”的社会精英层。这一目标受众群是市场经济环境里社会的主流人群,然而由于这一人群文化素质较高,一般又属于专业人士,因此往往容易被现今众多电视媒体所“遗忘”或者“敬而远之”。《财智时代》以这一社会精英人群为节目的收视主体，是独具慧眼的，从而也显示了其不同凡响的胆识。

**2. 栏目形式——追求创新与变化**

《财智时代》独特的内容定位，需要有独特的栏目制播形式（栏目类型）相匹配。《财智时代》栏目形式的特色，集中体现在节目方式的创新和节目形式的变化多样之中。

在我国，关注社会问题的谈话节目早已有之，娱乐类的谈话节目也不少，但鲜有专门关注经济这一专业话题的大型演播厅谈话节目；像《财智时代》这样在演播厅的录制现场云集主持人、主人公嘉宾、特邀嘉宾以及百余名现场观众的经济类谈话栏目，可以说是开了我国电视节目的先河。采用这种形式，虽然并不是真正的现场直播，但也算是直播式的录播，它将一个完整的、一气呵成的纪实现场置于观众面前：没有排练，没有背台词，没有一次次的"重来"；不同意见的即时交锋，几方语势的碰撞变化，话题的陡转起承和情绪气氛的渐积递增。这样，自然让观众产生身临其境、参与其中的"真实"感觉。尤其是节目中的谈话内容，也不像其他节目那样有着预先的"事无巨细"的周到设计，而是让节目尽可能地遵循话语本身的脉络，忠实、完整地把客观事件传达给观众，从而最大可能地唤起观众的期待与探知欲望。应该说，《财智时代》这一节目形式是富有创造性的，它使节目特点更加鲜明，话语优势更加突出，观众对节目的青睐也就在情理之中了。

与此同时，为了避免一般谈话类节目容易出现的"你问我答"的单调乏味，《财智时代》在节目的展开上，还十分注重层次感，增强互动性。在《财智时代》30 分钟的节目里，大致分为《看一看》、《问一问》、《听一听》、《议一议》4 个板块，每个板块都注重调动不同方面的人物参与，以促使节目主题层层展开。在《看一看》中，主嘉宾以自己在商海中的亲自经历，现身说法演绎创业的艰辛；在人物对话的同时，插播新闻背景资料，把演播厅对话与现场纪实有机结合,理性思辨与真情流露交融,从而完整地反映事件的来龙去脉和人物整体形象。《听一听》板块中,根据主人公陈述,嘉宾和主持人以敏锐的触角、独特的观点,展开对话和讨论,传播成功谋略,提供启发思考。《问一问》和《议一议》板块,则充分调动电视的表现手法,突出互动交流的栏目特色;观众可以提问,要求主人公释疑解惑,主人公也可以提问,垂询良策,从而使演播厅变成了思想交流的平台、财智对接的舞台,很好地烘托了节目气氛。

**3. 栏目风格:理性与综艺的融合**

栏目风格是特定的栏目内容和表现技巧在节目中的综合体现。《财智时代》独特的内容和形式结合后产生的一个必然结果,就是风格上的理性色彩与综艺色彩交融合一。在《财智时代》的节目里,既不乏财经名流的高谈阔论,也有普通观众的对话交流;既有非常前卫的新经济名词和观点,如 ERP(企业、资源、规划三个英文单词的缩写)、PDA(掌上电脑)、风险投资等,也有对它们通俗的说明、解释和比喻。把神秘的企业明星平民化、把高深的经济问题通俗化、把节目的思想深度与娱乐色彩融为一体,成为《财智时代》栏目风格的一种追求。

通常情况下,人们会认为经济类谈话节目属于阳春白雪,不具备娱乐性。实际上,这种观点一方面说明了经济类谈话节目娱乐化的难度,另一方面也与对娱乐性过窄的理解有关。《财智时代》的总策划之一景高地同志认为:“《财智时代》的主要收视群体具有较高的文化素质,在他们眼中,《财智时代》不仅具备解惑功能,具备思想深度,还能成为他们欣赏的审美对象,感受到精神愉悦,娱乐性便由此产生;而《财智时代》在解除商界人物神秘性,化解经济话题沉重性的努力中,使得一般观众群也不至于认为《财智时代》特殊深奥,让他们看得懂,喜欢看。”这一见解,是有道理的,是独具匠心的;在《财智时代》的实践运作中也是成功的。

## 解读之二:精心策划与制作

一般来说:栏目的定位属于观念的范畴,比较抽象,重在创意;节目的策划与制作则属于实务的范畴,比较具体,重在落实。独特的栏目定位能否在节目策划与制作中得到完美的体现,是每一个栏目制作者必须解决的问题。《财智时代》目前已推出的几十期节目,应该说比较好地体现了栏目创意的宗旨:把节目办成为观众量身定做的有关智慧和财富的文化商品。

### 1. 主人公嘉宾选择



对于电视谈话类节目而言,主人公嘉宾选择是节目能否成功的基础。在《财智时代》主人公嘉宾行列里,我们看到了这样一些"腕级"人物:

香港丝宝集团董事长兼行政总裁梁亮胜

北京裕兴电脑公司董事长祝维沙

湖北中天集团董事长兼总经理向汉林

伊利集团董事长兼总裁郑俊怀

科龙集团营销副总裁屈云波

加拿大亚加国际集团总裁王辉耀

此外,武汉大学教授谭力文、伍新木,国内著名策划家陈惠湘、赵强等则多次出现在特邀嘉宾行列里。

从这些不同行业、不同地区,甚至不同国家的商界名人、业界大腕、知识精英的名单上,我们可以看到《财智时代》在主人公嘉宾选择上所做出的努力。这些企业明星、商战英雄中,既有传统国有企业的老总,也有民营高科技企业的总裁;既有连销业的巨头,也有咨询业的高手。他们是一群头上闪着光环、富有传奇色彩的成功人士,是搏击在商海里的佼佼者。他们所面临的问题,他们的创业历程,他们对人生的感悟,他们用智慧博取财富的故事，又具有很强的代表性，对观众、对那些正在淘金或者梦想淘金的人们无疑具有极大的启发性，是一种难以抗拒的“诱惑”。精心选择这些主人公嘉宾，正是节目最具新闻价值的一大“亮点”所在。

**2. 话题设定**

《财智时代》的每一期节目都围绕一个话题（主题）展开，这一话题既在栏目宗旨的视野观照之内，又根据不同的主人公嘉宾而各具特色。总的来讲，《财智时代》节目设定的话题，都是受到广泛关注的社会经济热点问题，具有很强的前沿性和穿透力。比如：



《梅花与剑》是丝宝集团董事长梁亮胜先生的专著，是他人生经验和管理经验的浓缩，也是一期《财智时代》的话题。这期节目不仅介绍了梁亮胜先生的传奇经历，而且集中展现了他的品牌营运战略和独特的人才培养理念。

在《交融》这一期节目里，德国 KCH 公司中国分公司总经理白兰德先生和他的华人妻子黄映红女士，通过大量的个案剖析，畅谈了东西方的文化差异、经营理念差异，其间也吐露了他俩浪漫的异国恋曲。

一个企业创立之初需要英雄式的企业家，但一个成熟的企业更需要一个优秀的企业管理者。在中国，英雄式的企业居多，这种企业能走多远，它又如何走向成熟呢？在《英雄式企业能走多远》这一期节目里，青岛双星集团董事长汪海的富有哲理性的思考与深入浅出的独特见解，一定会给许多处于同一境遇的中国企业带来启示……

这一系列既热门又具品位的话题的设置，无疑是《财智时代》栏目赢得观众、留住观众的又一大“奥秘”所在。

**3. 制作精致**

一个节目的成功运作往往需要宏观、中观、微观等多方面的协调与配合,仅有定位这一宏观思路正确,或者仅有主人公选择和话题设定这一中观方略准当,而缺少与此相适应的微观操作,便可能使宏观设想和中观策划都流于“纸上谈兵”,节目是难逃失败之命运的。为了确保《财智时代》的制作和播出质量,节目组不仅汇集了国内一流的财经界策划高手,而且还精心挑选、组织了一支高水平的电视拍摄及编辑队伍,从片头设计到画面、音响等电视语言的运用,从结构安排、细节捕捉、镜头运动、造型处理到节奏把握等等,都精心制作,精心包装,从而使每一期节目都力求做到赏心悦目,流畅、好看,富有观赏性。

为了提高《财智时代》的收视效果,节目首播后不久,还将播出时间由湖北卫视周五晚12:00调整到周六晚7:50;2000 年12 月后又再次调整到湖北卫视周五晚7:35播出,周一下午1:40重播。时间的调整,既便于观众收看,也进一步提高了节目的收视率。



精品栏目,黄金强档,是《财智时代》自觉的追求,也是电视观众对《财智时代》制播质量的总体评价。

## 解读之三:品牌形象的自我宣传

“皇帝女儿不愁嫁”,在电视业已经成为过去的回忆。在竞争日趋激烈的今天,电视节目作为一种文化商品,必须注重自我包装和自我宣传,它们也是构成栏目成功运作的不可或缺的组成部分。《财智时代》创办伊始,就以年薪 50 万元面向全国招聘节目主持人为切入点,隆重推出了一场品牌自我宣传的重头戏。

2000 年 12 月 12 日,《中国经营报》以半版篇幅刊发一则广告:湖北卫视《财智时代》以年薪 50 万元面向全国招聘主持人。此则广告同时在湖北卫视及互联网上广为传播,在全国迅速掀起了一场“财智冲击波”。

50万元年薪招聘主持人，既是《财智时代》自身发展的需要，也是一件很有新闻价值的事情，必然会受到众多媒体的关注。其一，用50万元年薪招聘这一举措在全国媒体中是属于“第一个”，且又是涉及热门而敏感的主持人这一特殊行业。其二，财经类谈话节目，要求主持人既懂经济，又懂电视媒体；既有优雅的外在形象、风度气质，又有良好的语言表达能力，应对自如；既能与顶尖级企业家平等对话，显出学者风范，又能深入浅出，不失机智幽默等，这些对象性因素对观众具有很强的悬念感。《财智时代》从这里切入打造品牌，应该说是一种很有眼光的选择。

从刊播广告、报名比赛，到主持人试用、观众投票评选，历时三个多月的时间，《财智时代》的招聘活动，始终成为媒体跟踪报道的对象。据不完全统计，全国各省、市、区有影响的报纸几乎都报道过这一消息，刊发文章上百篇。在招聘决赛中胜出的主持人更是成为媒体竞相采访的明星。



经过一年多的精心打造，经过一系列“造势”宣传活动，《财智时代》如今已声名远播，不仅成为许多观众翘首期待的节目，更成为企业家们心仪的对话平台，国内许多顶尖级明星企业家，如今都表示希望做客《财智时代》。《财智时代》成了名副其实的“财经名流的思维俱乐部，白领阶层的洗脑泰山会”。

总之，《财智时代》的品牌营造战略是成功的。衷心祝愿湖北卫视在媒介市场竞争中，抓住机遇，有效地实施品牌战略，成功地塑造更多具有品牌效应的品牌形象。

（2001年7月）

# 我们离主流新闻网站还有多远



自从20世纪90年代中后期媒体跑马圈地式上网以来，国内主要新闻媒体现今都已建立了自己的网站，它们构成了网络媒体中极为重要的部分。传统新闻媒体办网站几乎别无选择地把建成主流新闻网站作为目标，这与商业网站瞄准门户网站或信息港的定位相区隔，然而这也正是媒体新闻网站的优势与特色所在。

经过了短短几年的建设与发展，应该说，不少媒体新闻网站如今都有了程度不同的进步；有的还开始形成了新的经营理念与新的运作方式，影响力也日见增长。但是，从总体上看，这些依托传统媒体办起的新闻网站，在网络新闻传播方面的优势远未得到充分发挥。特别是在重大新闻事件的报道上(例如近期的美国“9·11”恐怖袭击事件报道等)，众多新闻网站的表现常常落在“新浪”等商业网站之后，其整体形象不尽如人意。这不能不令人思考新闻网站运作过程的种种问题。

什么样的新闻网站才有竞争力？我们今天的新闻网站经得起“入世”后的竞争吗？诚然，一个主流新闻网站需要具备多种“素质”。我们这里只讨论其中最基本的、不可或缺的一个“素质”，即：主流新闻网站必须拥有新闻品牌，以及由此带来的足够的市场占有率和网民忠诚度。以此衡量，现今众多的新闻网站离真正意义上的主流新闻网站还差得远。

## 一、新闻品牌是主流新闻网站的必需品



长期以来，我们对传统新闻媒体的网站抱有优越感，这是基于这样的理由：即认为传统媒体的品牌必然会延伸到其网站上，因此母媒体知名度越高，级别越高，其网站也将越具优势与强势。然而，这些年的网络经营实践却似乎并不支持这一看法，一些在国内拥有很好品牌的大新闻媒体，其所属网站的业绩却与其母媒体的地位极不相称，甚至还不如某些级别较低的传统新闻媒体所办的网站，比商业网站更是逊色。例如，中央电视台的网站在网民中的影响力就比较有限，与中央电视台自身的强势媒体形象不太一致。这说明，传统新闻媒体的品牌并不必然延伸到其所属的网络媒体上；网络媒体的品牌需要通过自身的经营获得，这种经营必须遵循网络传播规律而不是简单地照搬传统媒体模式。这是因为，网络媒体与传统媒体分属于两个不同的领域，它们有着不同的衡量标准、不同的参照体系，受众对它们则有着不同的需求和期待值。

主流新闻网站，相对于非主流或边缘新闻网站而言，在网络传播中占据着主导地位，因此，它本身必须是一个品牌网站。这也就是说，主流新闻网站必须拥有比其他网站更多的、足够的市场份额，具有足够大的市场号召力。而主流新闻网站的市场影响力大小，归根结底要靠其产品——新闻的品质，亦即新闻品牌。

网站的新闻品牌不是指具体的某条或某几条新闻，而是指新闻网站所精心打造的一种新闻产品的独特的风格和品质。它是个性化的，因而是易被辨认的；它是优良的，因而具有很强的竞争力；它是"软件"，因而不易被克隆。它唯这个网站所独有，构成这个网站不一般的风格。世界上任何知名媒体无一不有自己的新闻品牌。例如BBC、CNN、《华盛顿邮报》、《华尔街日报》、《泰晤士报》等，其新闻都有各自的特色；甚至像《华盛顿邮报》上的右派言论，也是它的品牌的显示。

网站的新闻品牌是由其一系列的品牌新闻所组成。品牌新闻不同于一般的新闻产品，它具有一般新闻产品无法企及的高度的形象认知功能。这就是说，品牌新闻是高知名度的精品新闻，在受众中有高出其他新闻的号召力；它对网站的形象塑造能起到以一当十的功效，能带来高阅读率，进而为网站带来可观的经济收益。这是品牌新闻的有形价值所在。



比起一般新闻产品，品牌新闻给人印象更深刻、更强烈、更鲜明，能引发人们长久的阅听依赖，从而提升网站的亲和力。通过品牌新闻作纽带，有利于引导网民对整个网站做出积极的评价，培养网民对网站的忠诚度；而网站自身也由于长久的传播强势形成传播上的话语垄断，大大提升其竞争力。这是品牌新闻的无形价值所在。

对于新闻网站而言，新闻品牌是竞争的重要筹码。这是因为，网络是一个更为开放、自由和公平的媒体，传统媒体可以依赖的人为限制在这里很微弱。与此同时，互联网从一开始就是一个开放的平台，任何一个网站都要同时面对国内和国外的竞争，因此它不能像一些机关报那样可以依靠行政摊派提高市场份额，也不能像有些电视媒体那样限制他人进入以保护收视率，更不能依靠行政级别造成自己的强势。互联网是一个有着太多选择的媒体，在这里，只有品牌最具吸引力。

## 二、新闻品牌是目前网络传播市场的稀缺品

毋庸讳言,新闻品牌一直是国内传统媒体所缺乏的。尽管少数传统媒体,像中央电视台、《中国青年报》、《南方周末》等也拥有自己独特风格的新闻产品;但是就总体而言,国内传统媒体,即使是主流大媒体,普遍缺乏深入人心的、具有市场营销力的新闻品牌。一些大媒体主要依赖长期形成的行政级别,以及对新闻发布的垄断来占据市场的优势。当然,随着媒体竞争日益激烈,不少传统媒体的新闻报道质量有了提高,也出现了如央视《焦点访谈》、《新闻调查》等少数几个品牌;但是,从报道的深度、透明度、揭示问题的尖锐度等方面考量,这几个品牌都有着种种先天不足。此外,从市场影响力来看,在广东等频道相对开放的地区,这些品牌节目的收视率则比内地明显要低;这说明在一个比较公平、开放的环境中,其市场价值并不令人乐观。



新闻品牌在网络传播市场上同样稀缺。众所周知,网上的信息主体是新闻。据中国互联网络信息中心的调查(1999 年 12 月 31 日),网民主要信息需求是“新闻”(占 65.5%)和“科教信息”(31.43%),两者合计超过 97%。调查同时显示,一方面网上信息量很大;另一方面网民认为“值得看的”东西太少,网上信息普遍存在着非专业化和浅、杂、雷同的缺陷,量和质的矛盾突出。这个调查结果表明,受众对新闻信息的要求较从前大大不同了,即在信息越来越易得的情况下,已不满足于量大和时效快了,而需要专业水准更高的新闻。这个调查同时还表明,从 20 世纪 90 年代以来,网络业的发展已经培育出了一个足够大的新闻需求市场;并且,网民的新闻胃口随着网站供应能力的增长而不断提高。复旦大学张国良教授等2000 年所作的《上海网络受众的现状及发展趋势》调查也证明了这一点。该调查发现,尽管网上信息量大大多于传统媒体,然而,网民对信息的不

满足感却大大高于非网民，为其2倍；而对信息的满足感则大大低于非网民，相差近20个百分点。这同样反映出网民对高品质新闻信息的需求。

现今众多新闻网站的传播现状是：普遍缺乏信息的广度和深度；不少报道因不够客观公正而导致权威性的缺失；此外，服务性差，人情味欠缺，也是一大通病。最为关键的是，一些主流传统媒体所办的新闻网站，常常在热点问题和敏感问题上主动规避，或含糊其辞，从而没能摆脱其母体的固有弱点。这便是当前网络传播市场上新闻品牌稀缺的原因所在。

目前商业网站中，已有“新浪”、“搜狐”、“网易”等少数几个网站开始形成了自己的品牌。它们在新闻传播方面呈现出与传统媒体不一样的特色。比如，新浪网以快捷、丰富为特点，从1999年科索沃事件开始，在几次突发事件的报道中始终抢先一步，从而奠定了它在新闻传播方面的领头雁地位。“9·11”美国遭受恐怖袭击，新浪网又拔得头筹，在事后仅7分钟即发布第一条快讯，接着从当天晚间20点55分到23点59分之间，滚动发布大约99条新闻。以后连续几天里，新浪网每天约有相关报道600条左右。其丰富程度在国内所有媒体中遥遥领先。相比之下，传统新闻媒体所属网站在数量和速度上都远远不及，显示出“官办”媒体积重难返的不灵活。

当然，商业网站新闻传播方面的弱势也同样明显。新浪网的新闻虽多，但缺少深度。关于“9·11”事件的报道，日均600条新闻，量非常大，但其中相当一部分新闻内容重叠，而且单条新闻的信息含量偏少，多为快讯和简要消息，缺乏有深度的分析性新闻、背景新闻、预测新闻、观察新闻等。另外，由于专业人士的缺少，难以对新闻信息进行“整合”，实施“二度开发”，以提升信息的使用价值，这也是新浪网等商业网站的不足之处。到目前为止，“新浪”等商业网站新闻的“卖点”仅停留在丰富和快捷上，它们离真正的品牌新闻也还有距离。同时，由于政策限制，目前商业网站不能自行采制新闻，新闻来源必须转载自省级以上媒体。因此，至少在短期内，商业网站还缺少树立品牌新闻的条件。这正是媒体新闻网站的发挥空间。新闻网站需要确立的品牌新闻，是既有别于现阶段商业网站的新闻，也不同于传统媒体上宣传模式下的新闻，而是真正能够赢得市场的新闻产品。

## 三、主流新闻网站的品牌新闻要素

新闻网站的品牌新闻，是符合网络传播特点的、具有较高品质的精品新闻。符合网络传播特点，就是要能在公开、自由、平等、多元化的传播环境中流通。因此，除了具有一般新闻的素质外，新闻网站的品牌新闻还需具有如下特别素质。



**1. 权威性**

品牌新闻首先必须是公正、客观和真实的，且是去除了狭隘的政治偏见和功利的、准确的报道，这样的新闻才能在真正的媒介市场上通行。品牌新闻不仅坚决固守新闻传播业的专业标准，并且要求更严格。其次，权威性还反映在新闻具有独家意见、独家视点上。这些意见、视点必须是科学的，经得起检验的；而且在众多其他渠道的新闻相互验证中，能显示其不一般的品质。新闻竞争到了今天，渠道越来越多，信息量越来越大，时效上的争抢也已经到了尽头，因此主流新闻网站应该在新闻的“软件”上见功力，提供那些更具分析深度、更具整合广度、更具独到见解的新闻作品，达到其他媒体所不及的高专业水准。

这里需要强调的是，新闻的权威性特别表现在对重要事务、问题以及重大新闻事件的报道上，表现在媒体是否有信誉、能否占据主要受众市场上。国内大多数传统媒体（尤其是机关报），由于长期遵循宣传模式，导致其权威性不足；或者说，其有限的权威性是建立在对重要消息源和新闻发布权的垄断上。因此往往越逢“大事”、“要事”，其报道往往越没有市场。如果传播环境再开放一点，竞争再公平一点，它们的市场会更小。新闻网站如果不走出这个局限，将很难确立新闻品牌。

**2. 大视野**

所谓大视野，就是用全球化和全国性的视野来审视、观照新闻事件，从而站在更高角度、更大背景上，挖掘新闻价值之所在。目前，国内有一种“地方主义”新闻理念，强调新闻的“本地关联度”，即从本地的视角去关注、去报道全国性或国际性的事务，以拉近受众的心理距离，使新闻更具接近性。例如，报道世界油价上涨，便从它对本地经济的发展、对人们日常生活的影响出发，去选择角度和组织材料。这样的报道并非完全不可，它能有效吸引中低文化层次的受众。但是，这种报道方式是存在着十分明显的弊端的。正如某些西方学者指出的，它可能引导阅听人习惯于从本地角度看问题，眼光聚集在本地事务上；另外，它还可能消解新闻的严肃性、厚重感和复杂联系。新闻报道的大视野并不反对新闻采写方式的平民化和贴近性，而是要求新闻的视野以及价值取向不局限在封闭的区域内，既要注意从与地方的“相关性”、“接近性”出发去审视和报道全国或国际新闻，更要注意用全国性、全球化的大眼光去审视和报道地方新闻。总之，大视野追求的是“大新闻”。例如我们报道武汉，站在全球化高度，用世界眼光看武汉，就会看到武汉的种种不足，看到其与世界的差距。如果从武汉或湖北省自己的视角看问题，就不容易看深看广，也不容易客观，新闻也就免不了“小家子气”，甚至带上政治功利的色彩。



**3. 触及大问题焦点问题，报道透明化**

由于众所周知的原因，多年来我国的一些主流新闻媒体常常主动规避“大问题”、“敏感问题”；就是对于一些无法回避的“焦点”事件的报道，也往往让人感到不透明，或有意淡化、避重就轻，甚至误导舆论。例如人们普遍关注的司法腐败、依法行政、国企改革、体制改革、农村问题等等，以及近期的厦门“远华”案件，一些媒体的报道总是在事件的外围“绕圈子”，不去碰触其核心问题，有意无意地消解其中的复杂性。这样做的结果，势必妨碍了新闻的形象，降低了媒体的信誉，也会促使一些受众转而去关注海外媒体的“声音”和“说法”，从而导致“小道消息”满天飞（例如厦门“远华”案）。当然，这一现象不是媒体本身可以彻底解决的；然而，它确实是造成现今不少主流传统媒体（尤其是机关报）萎缩的一大主要原因。这也是这么多年来，众多传统媒体历经改革，尽管在新闻的呈现方式、报道内容上都有了很大变化，却仍然难以形成新闻品牌的主要症结所在。作为新闻网站，理应吸取经验，敢于触及“大问题”、“焦点问题”，敢于报道“透明”。如果沿袭传统媒体的陈旧做法，建立网站新闻品牌就成了一句“空话”。



**4. 引领舆论潮流**

品牌新闻担当着舆论引导的责任。在一个趋向开放的信息环境里，信息被人为操纵的可能性大大降低；因此，越是公正的舆论越具有引导作用，也就越有市场营销力。网络传播的特点，决定了网上舆论引导更要讲究科学性和策略，追求实效。传统媒体那种较为生硬的舆论引导方式，在网上效果并不好；需要代之以更高明、更依据事实的网上舆论引导方式。与此同时，主流新闻网站还应十分注意运用品牌言论来引领舆论潮流。品牌言论同品牌新闻一样，应有着鲜明的媒体特色、个性化风格的独到见解。

此外，品牌新闻还需要制作精良，并有着与众不同的独特包装。

衡量品牌新闻的标准，最终要看市场营销力。现在新闻渠道多元化，新闻也在向多元化发展，不同口味、不同阶层的人对此都会有着不同的选择。但是，新闻网站的品牌新闻的市场价值，当前最主要体现在它对“有效人群”——知识阶层的吸引力，就是看知识阶层的人群是否占据着其主要的市场份额。

## 四、我们离主流新闻网站还有多远？

实事求是地说，目前媒体新闻网站的运营状况，离新闻品牌、离真正意义上的主流新闻网站还有不小的距离。其根本的原因在于，现今的网络传播仍然受到传统媒体运营模式的制约，从而使新闻网站难以做到在网络规则上运行，而更多的是在传统媒体的既有轨道上运行。其主要表现包括以下一些方面。

**1. 传播模式上**



网络新闻传播是传统媒体宣传模式的实际延伸。媒体新闻网站基本上分享着传统媒体的新闻产品，由此大多数新闻网站便成了纸质媒体的网络版，在新闻的制作和发布上不能突破传统媒体的弱点。网络新闻更开放、更多元、更丰富和快捷的特性也就无法得到发挥。另一方面，传统媒体经营新闻网站存在着观念上的偏差，大多数媒体只是把新闻网站作为其附加的一块新版面或者一档新节目、新栏目，而没有认真研究网络传播的特殊性和规律所在；在资金、人力投入上都远远不足。这就使新闻网站难以建立起专业化队伍来做好网络新闻，新闻品牌也就难以形成。

**2. 管理模式上**

媒体新闻网站是传统媒体以宣传为中心的管理模式的实际延伸。当今我国网站一般都依附其母媒体而生存，作为母媒体的一个版面或者一档节目、栏目，经济上由母媒体支持。这样，其新闻管理模式自然难以摆脱其母媒体的影响与控制。即使有少数新闻网站尝试与母媒体“剥离”，实施独立运作；但涉及新闻传播这一块，根据我国现行政策规定，仍然是难以脱离母媒体的管理模式而真正“独立”的。

众所周知，长期以来我国传统媒体的新闻管理模式，一直是以宣传为轴心，围绕舆论引导目标运行，并受制于中央宣传部和地方同级党委、政府的双重领导。其管理方式通常以行政手段为主，通过制定宣传计划、宣传口径、经验交流、组织评奖、节目审查等多种办法，实施具体细致的新闻管理。由于新闻法尚未出台，只有一些“管理条例”在实践中施行，而这些“管理条例”并不能担当新闻法的任务，新闻管理缺少可以依赖的法律平台。加之，不少地方的行政管理手段不规范、不清晰、不透明，对新闻传播的管理常常不是依据明确的管理条文，而是一些时时变动的“暗杆杆”，以及管理条例中由主管部门掌握解释权的“软杆杆”；并且，实行“事后追惩”，使新闻媒体放不开手脚。无疑，这种新闻管理模式与媒体正进行的产业化经营是相矛盾的，也必定影响、妨碍主流新闻网站的建设。不难预料，“入世”之后，如果没有共同遵循的法律平台，无论是新闻网站还是传统媒体，都无法同以各种形式进入的外来竞争者站在一个起跑线上。到那时，谁是中国的主流新闻网站就难说了。

然而，我们有理由相信，随着中国加入 WTO，一个全面、彻底的市场机制必将迅速建立，而且将很快渗透到各个行业。虽然中国政府尚未承诺开放媒体，但是媒体不可能游离在市场轨道之外。目前这种半官半商的状态可望结束，媒体商业化进程定会加快。与此同时，“入世”后政府职能将会有个根本性转变，政府行为将会越来越规范。WTO 的 23 个协议、492 页纸，只有两个条款提及企业，其他都是规范政府行为的。“政府是一个导航者，不能变成划桨人”（国务院发展研究中心相关课题报告负责人张成福语）。今后，政府将不再参与微观的经济活动；工作中心将转向宏观管理，以及维持市场良性运作必要的秩序。政府的媒体管理方式也将随之改革，与其行为规范相一致。此外，“入世”要求有一个良好的法制环境，这势必促进我国法制建设的步伐。“入世”后，定将再一次催动我国新闻管理法规的出台,催动网络媒体管理法规的诞生。

我们还相信,随着“入世”,我国传媒业自身的竞争行为将日益规范,从而确立起真正的市场规则;并且,随着传媒市场准入门槛的逐步提高,传媒竞争将更公平、更凭借实力;真正的网络新闻品牌和主流新闻网站将会在良性、规范的市场竞争中早日形成。当然,传媒市场环境的好转,绝不是影响、阻碍我们现在努力的理由,因为我们缺乏的绝不仅仅是媒体新闻网站的外部环境。

(2001 年 12 月)

**本文参考文献:**

1. 中华传媒网(http:/www.mediachina.net)。

2. 《南方周末》2000—2001 年关于入世与媒体变革、政府正位的相关报道。

3. Lexis-Nexis 数据库关于“因特网与传统媒介”的研究资料。

4. 中国新闻传播学评论网(http://www.cjr.com.cn)。

5. 《新闻与传播研究》1999—2001 年度。

6. 《中国政府如何应对 WTO》,《南方周末》独家采访国务院发展研究中心相关课题报告负责人张成福,2001 年 10 月 14 日。

# 从美国电视儿童广告规约与网上隐私权保护规约的效果比较看自律原则对网络传播的适用性



媒介自律是指行为主体为避开政府管制而实施的自我约束,它与来自外界(主要是政府)的约束相对应。自律与政府的"他律"是并行的两种媒介规约方式。自律对他律起到增补作用,通常被认为是更具灵活性、更有效率的约束;它可以减少立法程序上和条文上的麻烦等,因而具有其他管理方式所不具备的优势。但是,从媒介实践来看,自律并不总是成功的,这说明有效的自律具有一定的适用原则。

本文拟通过比较自律对美国电视儿童广告与儿童网上隐私权保护的效用,分析自律原则在网络传播中的适用性。本文选择美国作为分析实例,是因为该国的媒介自律较为成熟,而且,其网络传播发展目前也处于领先地位。我们试图从中探寻具有普遍意义的规范,同时比照国内现状,提出有关网络媒体自律方面的建议。

# 一、自律原则的适用性

衡量自律的方法是否有效，一般有两个标准，一是看它是否达到既定目标，一是看其既定的目标是否正确、是否最佳目标。作为媒介，当自律达到了其设定目标，例如避免了政府施加的外来约束，或限制、压抑了外来竞争等，便可以认为自律取得了成效。

根据这种思路，道格拉斯·C·麦克尔教授着手分析了电视、广播、报业、广告业、电影业、连环画册出版业等行业的自律实践，提出了具有权威性的有效自律的四个适用原则。

第一，自律动机和技术专长。



麦克尔提出，自律要取得成效，自律主体（如媒体）必须既有技术专长又有明确的动机来施行自律。动机是自律成功的基本条件。在大多数媒介产业里，主要的动机是担心如果媒介不自律，政府将会插手管理。这种政府约束的威胁实实在在地促进媒介自律。因此，在那些政府约束的威胁减退的部门或单位，自律就可能失效。当然，如果法律的强制力量超过了或涵盖了自律条例，自律也会消失；因为自律条例必须高于法律的底线，否则就失去了意义。

除了要有明确的动机愿意自律，媒体还必须具备能实施自律原则的技术专长，即拥有专门的技术手段和有经验的专门人才。缺乏技术专长，将会导致自律管理机构无法准确评估媒体行为，降低其工作效率，因而降低其权威性，自律也就难以取得成效。

第二，代理机构具备审查能力。

媒介的自律如果同时也受到政府的约束，那么自律将更易成功。这种自律被称为“审查的自律”，这个概念是指政府机构参与审查自律规章是否合理，检查自律的履行情况，抽查它提供的自律情况是否准确等。麦克尔指出,“审查的自律”要发挥更好的作用,代理机构的工作人员必须具备一定的专业水准来“审查”自律的执行情况。

第三,自律评价标准的可操作性。

麦克尔认为,那些规章制度涉及面相对狭窄和内容可量化的自律,会取得较大成效。他还发现,自律标准如果带有很强的主观性,贯彻起来难度就会非常大。一个模糊不清、主观性强的自律条例,比具体实在、量化性强的条例贯彻执行的可能性会小得多。

第四,自律程序的公开性。



自律组织应该让自律的程序和规章制度公开化,并尽最大的可能使其达到所有受影响的组织,为其提供“发言”机会。对所有在制定规章中征求到的意见必须作出积极反应。自律程序应该让公众知道,吸引公众参与规章制度的制定和执行过程,促使他们开展监督。

上述四项“有效”自律的原则,被证明基本适用于传统媒体的自律实践。以下我们分别分析自律原则在美国儿童电视广告和儿童网上隐私权保护方面的效用。

## 二、儿童电视广告的自律

长期以来,大众传媒尤其是电视上的儿童广告存在着诸多问题,常常引起社会的广泛关注和不满。作为媒介自律“外在威胁”的政府方面,联邦通讯委员会(FCC)和联邦贸委会(FTC)等机构对此给予了足够重视,从而迫使媒体先行采取自律措施。对于儿童电视广告的自律约束,主要来自两个方面:一个是全国广播工作者协会(National Association of Broadcasters, NAB)的《电视条例》;另一个是儿童广告审查小组(Children's Advertising Review Unit, CARU)的《指导准则》。

**1. 全国广播工作者协会的《电视条例》**

自从无线电广播诞生起，自律便伴随产生了。因为作为广播事业基础的"电波资源稀有理论"与报业所依赖的基于经济实力的自由主义理论有冲突，政府似乎有更多理由介入电子媒介的约束，因此，电子媒介更有积极性来自我约束。全国广播工作者协会制定的《广播条例》(Radio Code)和《电视条例》(Television Code)在媒介自律条款中历史悠久，对儿童广告的发展产生了不可低估的影响。全国广播工作者协会当属美国推动自律最有成效的组织。

《电视条例》1951年底开始生效，它是在《广播条例》的基础上拟定的。该条例的大部分实施内容涉及商品广告的限制。它对凡是能在电视中播送的广告的数量和类型作了各种各样的限制。比如，节目单以外的节目(包括广告)的数量，在黄金时段限制在每小时9.5分钟以内，其他时段每小时不超过16分钟；禁止烈酒、算命和烟花爆竹等广告，但啤酒、葡萄酒和个人天性喜爱的产品，只要它们"味道好"，则允许做广告。另外，还规定电视台要对其广告节目中的产品质量负责，必须有有效材料证明广告宣传的真实性。



《电视条例》实施后，在电视儿童广告管理方面取得了较大成就。"条例"限制儿童电视节目中广告的数量，也因此成功地阻止了政府对儿童电视节目中广告的直接约束。1961年，全国广播工作者协会还采纳了儿童玩具的广告指导准则，这些准则在广告的范围和实质内容上都把握了一定的分寸，致使当时诱导儿童消费的广告很少。但是，到了20世纪70年代，电视儿童广告的状况发生了改变，大量的广告致力于用令人眼花缭乱的方式引诱儿童；并且由于儿童节目集中在周六早晨，导致了儿童电视广告在某些时段特别集中，影响特别大。从70年代初起，儿童电视节目的广告就引起了一些团体，比如儿童电视行动组织的关注；他们呼吁联邦通讯委员会禁止或限制引导儿童消费的电视广告，这促使全国广播工作者协会修订《电视条例》。新条例进一步减少了儿童广告的数量,限定周末儿童电视节目广告时间不得超过9.5分钟,一周中的另外几天不得超过12分钟。这一限制在1976年开始生效。

1979年,联邦通讯委员会成立的"特别工作小组"经过调查,发现电视台基本上都遵守了全国广播工作者协会的儿童电视广告指导准则,便逐渐放松了对其的"外在约束"。然而,随着1983年《电视条例》因"外在约束"的减弱而最终退出历史舞台,所有儿童电视节目中的广告限制又被媒体"置之不理",电视儿童广告重新开始不断增加。其结果,导致1990年联邦通讯委员会不得不通过《儿童电视法案》(Children's Television Act),"法案"恢复了对儿童电视广告数量的限制,规定周末儿童节目中广告时间每小时不得超过10.5分钟,这比以前《电视条例》中的限制还要宽松。由此看来,《电视条例》在限制儿童电视广告方面应该说取得了明显的成效。



**2. 儿童广告审查小组的《指导准则》**

儿童广告审查小组(CARU)的成立也是为了"防止产业外部集团严格限制甚至禁止对儿童广告的努力",也就是规避政府的约束的威胁。"审查小组"是一个依靠媒体产业资助的组织,因此,对其能否真正客观地约束广告业务,当时美国联邦贸委会和消费者团体都持怀疑态度。在它成立的那年——1974年,联邦通讯委员会发表了"儿童电视报告和政策声明书"。与此同时,儿童电视行动机构不仅要求联邦通讯委员会消除或限制儿童节目中的广告,而且与其他消费者团体一道呼吁联邦贸委会对儿童广告采取措施。据此,联邦贸委会发出建议,禁止所有针对不满8岁儿童的广告,并限制其他类型诱导儿童消费的广告,特别是加糖的米粉广告。于是,"审查小组"颁布了《指导准则》,该准则至今已运作了近30年。

"审查小组"颁布的《指导准则》适用于各种形式的儿童广告。"准则"列出了引诱儿童消费的广告的6条基本特征,规定了广告工作者必须遵守的基本原则，如“务必考虑观众的知识、理解和成熟的程度”，他们“有特殊责任保护儿童免受他们自己的感情的影响”，他们还应该注意“不要不公正地利用儿童的想象力”等等。此外，“准则”对一些专门问题还作了非常具体的规定，如怎样介绍产品、节目和编辑个性的认同、推销方式，如何保证安全等等。

《指导准则》中有一些条款与联邦通讯委员会的“法规”相同，还有一些条款则超出了其要求。例如，“准则”规定广告不得引导儿童要父母或其他人购买产品，FCC 政策规定中则没有这一条。“准则”另有条款对欺骗和不正当的广告行为作了具体限定，这些措施联邦贸易委员会“法规”中也均未提及。《指导准则》经常修订以适应形势变化。随着 1983 年 NAB《电视条例》退出历史舞台，“审查小组”的《指导准则》成了唯一保存的全行业指导儿童广告的自律条例。



儿童广告审查小组投入大量精力作调查研究和监督工作，同时还接受外界举报。据统计表明，大约有 14% 的举报来自外界。该组织的调查包括内情审查、产品检验，或与外面的专家磋商。调查之后，“审查小组”一般采取三种解决办法：第一，它可能发现广告是可以接受的，于是撤销案子；第二，它可能发现广告不可接受，从而要求广告商停播或修改广告；第三，它可能发现广告值得怀疑，从而要求其拿出证明材料来。一般说来，“审查小组”撤销案子的占 7%，要求停播和修改的占 71%，要求拿出证明材料的占 22%。

同其他自律组织一样，儿童广告审查小组没有法令或强制执行的权力，遵守准则纯粹出于自愿。但是，广告商如果不配合，“审查小组”便会把案子提交给具有强制约束力的机关，像联邦贸委会或通讯委员会。同时，“国家广告处”经常发布案例摘要，典型案例则由报界发表，公之于众。这样，儿童广告审查小组实际上借助了社会舆论来实施“软”制裁，从而加强了自律准则的效力。

一项研究发现,违规案例的多寡似乎随着外界对儿童广告的压力而波动。例如,1978—1979年间是美国媒体自律效果最佳的时期,也正是媒体产业受到FTC对儿童广告商务约束的威胁较强的时期。当时,随着威胁的增强,违规案例极大地减少(阿姆斯壮,1998年)。这说明自律与外在威胁确实存在着密切关系。另一项调查显示,当时96%的儿童广告遵守了《指导准则》,只有约占3.7%的被调查者在一个方面或多方面违反了"准则"。违规行为涉及所有频道,有线电视网比独立电视台多,而独立台又比主要广播电视网的附属台违规更多。面对严厉的约束,儿童广告审查小组的确对改进儿童广告作出了显著贡献。



## 三、儿童网上隐私权保护

随着网络的普及,隐私权保护成为网络最突出的问题。网络隐私侵权主要集中在以下几个方面:进入、诱导、搜集、分析、转让和储藏消费者信息。其中,网上搜集儿童信息的问题尤其严重。在网络出现以前,传统媒体并不涉及儿童隐私权问题,因为传统媒体无法与儿童进行个别化的直接的接触。但是,网络的交互性解决了这一难题,使商家与儿童之间容易进行直接对话、个体交流,网站侵犯儿童隐私权成了普遍的现象,这引起了家长和儿童保护组织以及政府的注意和不安。

有关隐私权保护的法律在网络出现之前早已有之,如1974年颁布的《隐私法》、1988年颁布的《计算机相关隐私保护法》以及1986年的《电子传播隐私法》等,然而,对于已收集的个人信息的应用和发布、信息搜集前的揭示等内容,这些法律则未涵括在内,因此这些法律并不契合信息高速公路上的隐私权保护。1995年,克林顿政府在《信息基础建设计划》中提出了一系列涉及隐私权保护的原则。这些原则规定信息搜集者必须对所搜集的信息保密,指出:“直接从个人那里搜集信息者,必须提供这些适当、相关的信息,即为什么搜集信息?信息的用途?如何保证信息保密、完整和真实?提供或拒绝提供信息有何后果?补救措施?”尽管如此,政府对电子商务还是采取了放任自流的政策。在《全球电子商务框架》中,甚至表示政府应该避免过分限制电子商务。

1996 年,非盈利组织“媒介教育中心”向联邦贸易委员会正式提出针对儿童的在线交易问题,指出这些行为具有“误导性、欺骗性和侵犯性”。与此同时,它还发表了一系列关于网上儿童信息搜集的行为指南,呼吁经营者要征得家长同意;并要求其提供对以前搜集信息的修正程序,以及能够防止信息将来用途的程序。1997 年,联邦贸委会组织了一系列在线隐私权保护方法的研究,并于下半年发表了《关于儿童网站隐私保护概览》。“概览”声明有 86% 的网站搜集儿童个人信息,其中只有极少数,约 4% 的网站征求家长同意。“概览”强调保护儿童网上隐私的重要性,吁请“国会”出台政策加以规范。

为了回应,1997 年,儿童广告审查小组修订了《指导准则》,制定了关于在线广告的规约。在“交互性电子媒介(即网络)的指导准则”一章中,“审查小组”清楚地表明:“在获取任何可确认的个人信息以前,公司必须取得家长许可,无论信息用途如何”;“儿童广告的一般原则适用于在线广告”。此外,它还采纳了一些专门的指导准则,指导 13 岁以下儿童的在线消费和在线收集个人信息行为。例如,在资料收集部分,《指导准则》声明,广告者应当:1)在要求儿童提供信息之前,提醒儿童要得到父母允许;2)告知为什么要提供信息,这些信息是否与他人(或组织)分享;3)告知潜在的信息收集;4)如果收集可以辨认的个人信息,网站须作出“合理的努力”以征得其父母的允许。当“审查小组”发现一则广告或网址的行为与《指导准则》不符时,它便“通过广告者的自愿合作寻求改变”。在这同时,许多大型私营企业也做出回应,如 1998 年 6 月,成立了“在线隐私权保护联盟”,要求其成员保护网上个人隐私;该联盟还制定了一系列涉及从12岁以下儿童那里获取信息的原则。

但是,联邦贸委会发现,到1998年3月为止,也就是“审查小组”的《指导准则》公布将近1年以后,严重问题仍然存在。有89%的网址收集一类或多类儿童个人信息,其中只有23%的网址要求征得家长许可,7%的网址说它们事后将告知家长,少于10%的网址给家长对于信息未来用途的选择权。联邦贸委会还发现,“那些收集个人身份信息的网址也收集其他类型的信息,从而使自己能够全面地认识儿童”。联邦贸委会的考察结果,揭示了这些网址一直在使用各种技术手段征求个人信息,包括注册、竞赛、理想、常读的书目、交友活动和获奖情况等,还要求儿童提供其他人的信息。



网上儿童隐私权保护存在的问题很多,不仅限于网上冲浪,来自商家的垃圾电子邮件和聊天室同样引发隐私权问题。许多站点(不仅儿童网站)通过便捷的链接把儿童引向不适当的站点(如产品、性等),儿童遭遇的风险更高。另外,一些网站还通过许诺给儿童“好处”,引诱他们加入俱乐部,从而更有效地把儿童带进“市场”。

## 四、比较:自律原则对网络传播的适用性

自律在约束儿童电视广告方面取得了较好成绩,而在儿童网上隐私权保护方面目前效果却并不理想。自律的适用原则基本上可以解释其原因。电视儿童广告和儿童网上隐私权保护都受到了来自外界,也就是政府规约的威胁,这能促使媒体产业选择自律。广告自律的效果随着外界压力的强弱而有变化,越是政府压力大,自律越有成效,说明政府在媒介自律中起着不可低估的作用。例如,美国全国广播工作者协会能够实现对电视广告的限制,是基于联邦通讯委员会在更换电视台执照时要查看

其广告数量这一事实。同样,儿童广告审查小组努力阻止不公正和欺骗性的儿童广告,也受到了联邦贸委会(有时是FCC)强制行动的支持。然而,在儿童网上隐私权保护方面,政府由于倾向于放任自流,缺乏强有力的监督审查和制裁机制,自然使儿童网上隐私权保护的自律效果不彰。

标准的可操作性以及程序的公开性对于自律的成效也显得十分重要。《电视条例》中,儿童广告条例得到了较好的贯彻,而有关儿童节目条例却形同虚设,就是因为后者主观性强而不易把握,前者则具体、直率从而好测量、易操作,如广告每小时不超过9.5分钟的时间限制。儿童广告审查小组的《指导准则》也作了同样具体的规约,如对推销商品的方式、如何保证安全等都作了十分具体的规定。这样,实施起来也顺利多了。但是,儿童网上隐私权保护的自律条例,由于网络本身传播方式的多样性,以及侵权方式的多样性而不易操作,条例的规约便显得空泛,成效当然不大。因此,约束的条款应该尽量地容纳量化的标准。与此同时,儿童广告审查小组的运作模式类似NAB,在《指导准则》的制订中还注意了自律程序的公开性,它强调接受公众举报,努力公开自己的行为;甚至还设立了一个学术咨询委员会,其中有若干公众代表参加,并经常与非产业团体进行磋商。



此外,还有一些其他条件影响自律发挥作用,如制裁措施是否得力。儿童广告审查小组虽然不具备强制执行的权力,但是如果广告商不配合,它可以将案子移交给有强制执行力的政府机构处理。与此相反,联邦贸委会却没能对违规的儿童网站采取有效的惩罚措施,只是要求通过商家的"自愿合作"来寻求改变。这样,由于违规带来的利益诱惑大于守约的好处,必定造成令难行而禁不止的局面。

电视和网络两种媒体自律规约的效果不一样,显示出新旧媒体自身的差别。网络传播的自律难度还在于以下一些方面。

**1. 产业结构方面的因素**

虽然广告商和广告代理机构数量众多,但电视台数量有限,而且存在着在市场中占主导地位的公司——三大公司网,这自然便于运用其优势地位推行市场权力。相比之下,网站目前还没有这种有利条件。供应儿童网址的公司,除了包括同样的广告者外,范围要更大得多。再者,电视上儿童广告产品的数量相当有限,主要是玩具、早餐食品和速食食品;而网上产品类型则包罗万象。这些无疑都给网络传播规范带来了难度。

**2. 技术方面的因素**

网络传播方式的多样性使制定一个量化的、细化的、易操作的自律标准显得困难。例如,儿童广告"审查条例"要求"家长许可制度",在儿童提交个人信息前,必须征得家长同意。而多数网站仅仅显示需要家长许可的字样(调查显示,相当数量的网址中该字样不醒目),并未要求家长确证同意;在眼花缭乱的画面的引诱下,许多儿童会越过家长而提交信息。一些比较负责的网站尽管要求必须有家长的书面同意或电话同意,但被证明这与网络快速、交互的传播特性不相容,会给人们带来不方便,并会因此把许多网民拒之门外,使网站自己处于不利地位。所以,在在线传播与实际的家长许可之间取得平衡确实困难。再有,网络的超文本链接方式、邮件垃圾等都会轻易地把儿童引向危险境地。



虽然目前自律在网络传播方面尚未取得预期效果,但因此认为自律原则对于网络传播不适用便未免轻率。以上分析只是说明有效自律原则还没有在网络传播中得到很好贯彻,网络传播自律至今尚不成熟,需要借鉴其他媒体自律的经验。

自律要在网络传播中发挥作用,首先必须遵循有效自律的适用原则;其次必须考虑网络媒体的特殊性和网络技术的特性;此外,还必须特别注意要制定出更具操作性的、客观的自律规则。

## 五、结论与启示:可操作性和执行能力

网络传播在我国起步较晚,但同样遇到了管理的困难。我国目前网络传播在版权保护、隐私权保护和信息污染等方面都存在着管理上的问题。与报业和广播电视业一样,我们过多地依赖政府立法或出台相关政策,较少运用自律进行管理。至今,我国政府已颁布的有关网络传播的法规有《中华人民共和国电信条例》、《互联网信息服务办法》、《互联网从事登载新闻业务管理暂行规定》和《互联网电子公告服务管理规定》等;然而业界自身却尚未对互联网传播采取自律行动。



客观地说,媒体自律在我国始终是薄弱的。我国新闻业自律组织主要是中华全国新闻工作者协会和各省市记协;中国广播电视学会及其各省市学会虽然作为学术研究机构,但近年来也兼顾到媒体自律方面,发挥了一些自律组织的作用。但是,应该看到,这些组织结构松散,成员主要来自媒体的离退休人员和部分负责人、学者,年龄一般较大;再加上经费不足,对媒体有依赖,因此,这些自律机构的独立性、公正性和工作效率都受到一定的限制,影响了管理效果。近些年,"记协"和"广电学会"虽然通过发布一些规章来对媒体施加约束,如《中国新闻工作者职业道德准则》,其主体部分规定:"一、全心全意为人民服务。二、以社会效益为最高原则。三、遵守法律和自律。……六、保持廉洁奉公的作风。七、发扬团结协作的精神。八、增进同各国新闻界的友谊与合作……"这些规定由于本身比较宽泛,主观性强,缺乏可操作性,给具体的执行和评估都带来困难,自然难以发挥效力。

我国现有的媒体自律不够完善,并不十分契合网络传播的要求。网络传播更需要有效的自律,因为它面对的是一个迅速变化的市场,它比任何其他产业更需要对日新月异的技术更新

做出迅即反映。无论从自律的目的和优势看,自律在网络传播中都是不可或缺的,是与政府约束并存的。网络媒体的自律应该比政府的立法约束更细化、具体化;同时,它也应更具弹性,更能随着形势而变化,这样才能适应网络传播的发展特性之要求。在许多方面,自律应该先于政府约束而存在,为后者提供立法的参考。

网络传播要行使有效的自律,一定要注意吸收以往传统媒体自律的经验和教训,同时要善于借鉴国外的先进经验。首先,必须明确政府的角色。政府需要施以足够的压力,需要积极参与、帮助业界实施自律,检查、监督媒体自律执行情况和自律标准的合理性。同时,对违规者需要依靠某些权力机构进行有效的惩罚,以维护自律的成果。在这个过程中,需要把握的是,政府不是自律的主体,而是自律的辅助者。自律主体是网络媒体自己。本末倒置将使自律失去弹性和灵活性,从而丧失自律的意义。



其次,对我国网络媒体来说,自律标准的可操作性不容忽视。当前,我国报业、广播电视业自律效果不彰同其自律标准的模糊、空泛、主观性强有着直接关系。网络媒体自律规范的可操作性包括:1)自律规范必须尽可能量化、具体、客观,即根据网络媒体的特点,制定出细化的自律规则。2)必须制定明确可行的奖惩方式,借助经济手段和行政手段来强化自律效果。3)提高自律手段的技术水平,网络媒体的自律是一项技术含量相当高的工作,显然不能沿用传统媒体自律的操作方式;网络媒体的自律机构需要积极投入相应的软件开发,以便运用相应的技术手段准确和科学地跟踪、评估、监督和制裁媒体行为,有效地实施管理职能。

此外,网络媒体必须建立有执行能力的自律机构。一个有执行能力的网络媒体自律机构,第一要求其具备独立性,不受网站、传统媒体、政府机构和利益团体的干扰。因此,其成员的构成不能局限于网站本身,同时应有常规的资金来源,并保证经费充足。第二,机构成员必须具有相当的技术素质,能够准确、科学地评估网络传播行为;还应具备协调能力,能及时解决争端,果断地采取奖惩措施。第三,自律机构的工作必须常规地通过媒体告知公众参与监督,增加透明度,以避免机构的不作为和不公正。

网络传播管理任重而道远,我们需要不断地学习和摸索。

(2001 年 12 月)



**本文参考资料:**

1. 《媒介与自律》专题,《联邦通信法杂志》1999 年第 5 期。

2. 《儿童网上隐私权问题》,《广播与电子媒介杂志》2000 年春季号。

3. Lexis-nexis 数据库。

4. David M. Rabban:《被遗忘的言论自由》,剑桥大学出版社 1997 年版。

5. 《世界广播电视参考》1998—2001 年度。

6. "Journalism Quarterly"1997—2001 年度。

# 综合·贯通·提高

## ——对新闻业务课程体系一体化的思考



我国的新闻学研究与教育工作,始于20世纪初期。将近100年来,随着新闻实践的发展和科学研究的不断深入,新闻学的学科体系逐渐完备,目前基本上形成了新闻理论、新闻史、新闻业务和新闻事业经营管理四大板块,并由此构成了现代高校新闻教育课程体系的基本模式。在这四大板块的模式中,新闻业务无疑是最为关键的一块。这一方面是因为新闻学的学科性质(属于应用性学科)所规定,加之高校新闻学专业(本、专科段)又是以培养能顺应社会发展要求的高素质、强能力的专门化的实用人才为教育宗旨。另一方面则因为在整个新闻学学科体系中,新闻业务作为一种基础性的子学科而存在,关乎着新闻理论、新闻史以及新闻事业经营管理等其他子学科的研究依托和研究结果。没有新闻业务的实践,自然谈不上新闻理论、新闻史以及新闻事业经营管理的研究;前者的实践与发展状况又直接影响乃至左右着后者的研究开展。因此,有学者认为,"新闻业务是新闻学的中坚,是新闻研究的出发点和归宿,在新闻学中占有重要的、第一的地位"①。这话是有一定的道理的。对高校现时新闻业务课程体系的设置作批判性思考，应该说，对于整个新闻学学科的建设与发展，对于进一步推动新闻教育改革的深入都有着十分重要的意义。

## 一

新闻业务，是新闻学研究与教育的历史起点。在我国，其开创性人物当数徐宝璜和邵飘萍。1918 年 10 月，北大校长蔡元培发起成立新闻学研究会，并开设"新闻学"作为政治系四年级学生的选修课，由徐宝璜每周讲授《新闻学大意》，这是我国新闻教育与研究的发端。徐氏讲稿后经修改出版，虽定名为《新闻学》，但用现在的眼光来看，这部仅 6 万余字的讲稿，基本上涵盖了现代新闻业务学科的主要内容，既包括了新闻采访、新闻写作、新闻编辑与新闻评论，甚至也包括了广告与发行业务。与徐宝璜同时代的另一位新闻学拓荒者邵飘萍，其代表作《实际应用新闻学》常被誉为我国第一部新闻采访学专著，但该书只是邵飘萍计划编写的《新闻学丛书》四编中的一编。第一编为《新闻学总论》，第二编为《实际应用新闻学》，第三编为《新闻编辑法》，第四编为《广告与发行》②。只是由于命运多舛，邵飘萍最终未能完成自己的写作计划。



在这之后，经过了将近一个世纪的发展，我国新闻业务的学科体系日趋专门化，课程体系相应地明显细分化，初步形成了现代新闻采访、新闻写作、新闻编辑、新闻评论这种四课并立的课程体系格局，并在我国高校新闻教育中成为一种范式。可以说，从徐宝璜、邵飘萍到现在，新闻业务的研究与教育整体上呈现一

① 何光先：《现代应用新闻学》，新华出版社 1990 年版，第 484 页。

② 余家宏：《新闻文存》，中国新闻出版社 1987 年版。

种由综合到分散、由混沌到不断精确的发展轨迹。从学术发展的角度看，这种发展轨迹应该说是一种历史的必然，有着一定的合理性。“近现代的学术发展往往以一些新学科的自我定位为一种重要标志，而定位的结果就是学科愈分愈细”①。

然而，在肯定学科细分化这一历史趋势的同时，我们也不能不关注到学科细分化的“标尺”（亦即规矩）所在。众所周知，任何一门学科都是作为系统的整体存在，学科组成的各子系统之间必定有着互相关联的千丝万缕的联系。如果学科无“标尺”地随意细分，势必隔断甚至破坏其系统间的相关联系，从而导致学科整体上的科学性的缺失。新闻业务作为新闻学科的子学科，对其作细分化研究自然也应遵循一定的“标尺”进行，这样才合乎科学的规范。而像目前这样，不顾新闻业务活动整体间的联系，简单地抽取业务工作流程的各个环节作孤立研究是不足为取的。“实际上，如果对新闻报道的基本原理不明晰，对新闻报道的整体驾驭能力不强，越是在细枝末节上花费精力就越难形成完整的新闻观，就越容易犯教条、僵化、狭隘的错误”②。



问题还不仅在于此。值得我们进一步思考的是，学科分类趋于严密和研究课题专业化，是否必然导致出课程体系细分化的合理性的结论？或者说，新闻业务学科分类精确化，是否必然导致出新闻业务课程体系的细分化？

## 二

重新构建新闻业务课程体系的问题，与其说是一个理论探

① 王宁：《学科分类不宜细　知识结构宜贯通》，载《文摘报》2000年6月4日。

② 陈作平：《对新闻学学科体系研究的再认识》，载《现代传播》1999年第3期。

讨的问题,不如说是一个教学实践的问题。在新闻业务教学实践中,现有课程体系细分化导致的课程门类过细、过滥的现象,其弊端是显而易见的。

其一,现有的新闻业务课程设置,容易给初学者造成与新闻实践活动脱节的印象,并且越来越不适应新闻实践的发展。这有两层意思:首先,在新闻工作实践中,新闻采访、新闻写作、新闻编辑、新闻评论,都只是新闻业务工作中相互衔接的环节和手段,它们原本是融为一体、不可分割的。新闻采访是新闻写作的前提和条件,新闻写作是新闻采访的必然结果和体现,而撰写新闻评论则是编辑工作的题中应有之义;新闻采访、写作、评论,最终又都要经编辑工作才得以显现。合格的新闻工作者应该是能采、会写、精编、善评的多面手,通晓新闻报道的不同环节和手段,并使之融合、贯通、互相促进。现有新闻业务课程体系,完全按照新闻实践的不同环节来设置,割裂了新闻报道整体的不同环节之间的联系,其结果既不利于初学者融会贯通、互相促进,也不利于培养新闻工作多面手。邵华泽同志说过,现在很多记者存在着"重述轻评"的倾向(重视新闻的采写、不愿意和不会写新闻评论)①。究其原因,可能与此有关。其次,现代新闻工作者为了完成自己的崇高使命,迅速、准确、深刻地反映越来越复杂多变的社会生活,比以往任何时候都更多地需要综合运用多种技巧、手段、体裁,而媒体本身的发展,特别是电子媒介现场报道等形式的出现和普及,也使得以往新闻采访、新闻写作、新闻编辑、新闻评论的界线变得越来越模糊。

其二,现在新闻业务课程的专门化设置,极易导致教学与研究中的学术分离。长期以来,一直有人认为新闻(新闻业务)"有术无学",其根源就在于此。这是因为,现有的新闻业务课程设置,"由于完全按照实践的操作环节来划分,每一环节都是十分具体实在的,这就决定了研究的内容的技巧性、操作性强而

① 周文华:《新闻评论探讨》,人民日报出版社 1993 年版,第 1 页。

抽象程度不足，而缺乏抽象的研究很难为理论的发展留下余地”①。反过来，这种“学”“术”分离的结果，又造成了新闻业务教学科研中的如下现象：一方面，现有的新闻业务教材、专著，虽然成果迭出，但大多数尚局限于实践经验总结的层面，难以从理论上加以拓展；另一方面，由于新闻业务的实践性非常强，仅局限于实践经验总结层面的教材、专著，总是比不上新闻实践丰富多彩，它对新闻实践的指导作用就很欠缺。

其三，现有的新闻业务课程设置，容易造成不同课程之间内容重复、交叉。如前所述，新闻采访、新闻写作、新闻编辑、新闻评论，都是新闻业务工作的不同环节，是一个整体。因此，不同的环节（课程），必然会有一些共同的要求，而不同的课程出于自身体系完整的考虑，势必都涉及这些共同的要求，其结果必然导致各门课程之间出现内容重复、交叉的现象。比如，新闻报道的真实性与倾向性问题、新闻价值的判断与价值取向、新闻工作者的修养等等，这些内容采、写、编、评各门课程似乎都要涉猎。于是，新闻业务的教学中不可避免地出现一个奇怪的现象：每一门类新闻业务课程内容愈加完备，则新闻业务整体课程体系愈加难以符合科学的规定性。



其四，现有的业务课程设置，不利于优化课程结构，培养复合型人才。我国的新闻教育长期以来偏重“纵向深入式”的培养法，专业越分越细，专业课程越开越多，其结果是学生根底浅、知识面窄、视野狭小、思路不活，这与时代要求的“厚基础、广适应、高素质”的复合型人才培养模式越来越不适应。现有的这种培养模式，反映在新闻专业课程设置上，就是必修课比重过大，学生任意选修课比重偏低②。据了解，当前我国高校新闻专业课程设置中，必修课比重一般占70%，选修课为30%。因此，

① 陈作平：《对新闻学学科体系研究的再认识》，载《现代传播》1999年第3期。

② 李进才：《高教改革与发展趋势探讨》，武汉大学出版社1997年版，第156页。

用新闻业务课程体系一体化的设想,取代现有的课程设置过细、过滥的状况,将有助于减少专业课教学时间,提高教学效果,增加选修课比重,为复合型新闻人才的培养提供条件。

## 三

古希腊哲学家亚里士多德说过,整体大于它的部分之和,系统的整体性,具有其各组成部分在孤立状态中没有的新质。新闻业务课程体系一体化,当然不是现有的新闻采访、新闻写作、新闻编辑、新闻评论等几门课程的简单相加,而是在对诸课程内容批判基础上的综合、贯通和提高,进而形成全新的、较为科学的“新闻业务通论”。初步设想,其主要内容将由三大部分构成。



第一部分是从理性层面上对新闻业务范畴的总体阐述和把握,或称新闻业务基本理论。这一部分是对一般新闻业务活动规律的再抽象。如果我们把新闻报道(传播)过程加以简化,其传播模式大体如下:

事实→记者→媒体→受众

或者表述为:

客体→主体→媒体→受体

以上“四体”是新闻报道活动所必须具备的基本要素,可视为新闻业务的基本范畴。因此,新闻业务基本理论的具体内容就包括——

新闻报道客体研究。事实是新闻的本源,新闻报道归根结底是对事实的一种认识和反映,但并不是所有的事实都能成为新闻报道的对象。事实的内涵与性质,事实的把握与选择,事实所具有的新闻价值判断,等等,将是本部分研究的重点。

新闻报道主体研究。新闻报道的主体是新闻工作者,其在新闻报道活动中并不是一个消极被动的角色,报道什么、怎样报道都会打上新闻工作者的主观烙印，新闻工作者的认知观、心理、情感、倾向、思维方式以及思想道德修养等便构成了新闻报道主体研究的主要内容。

新闻报道媒体研究。媒体是新闻报道得以实现的中介，是报道活动的组织策划者和物质承载者。新闻媒体对新闻报道活动的制约主要体现在两个方面：一是媒体的性质，通常表现为媒体的定位及相应的编辑方针、新闻政策等；二是媒体的介质，不同介质的媒体（包括报纸、广播电视、网络等）在新闻报道活动中具有不同的特点。

新闻报道受体研究。受体即受众，是新闻报道的接受者和归宿，从一定意义上说，它也是新闻报道的出发点和着眼点。受众引导、受众需求、受众心理、受众调查等都是新闻报道受体研究的范围。



第二部分是对新闻业务活动基本规律和操作原理的描述，主要揭示新闻报道活动中采访、写作、编辑、评论诸环节的基本规律与操作原理，属于新闻业务中观层面的研究，其内容主要包括两个方面：一是从新闻报道系统论的角度研究新闻采访、新闻写作、新闻编辑、新闻评论诸环节的地位、特点及相互关系；二是研究每一环节需要掌握的一般方法与技巧。

第三部分是新闻业务特例研究，主要揭示特殊形态下新闻报道活动的具体操作方法与技巧，它直接来自于新闻实践经验的总结，属于新闻业务微观层面的特例研究。

新闻传播模式（事实→记者→媒体→受众）是一个非常复杂的系统。对于记者而言，这一系统里的事实、媒体、受众都是变量，经常会发生变化。其中，受众相对比较稳定，或者说，受众的变化是历时性的，即一定时期具有相对的稳定性；事实和媒体的变化则是共时性的，即共生的，也就是说，在记者具体的新闻报道活动中，新闻报道的客体（事实）的形态是无限丰富的，而新闻报道的载体（媒体）种类也是多样的。不同形态的事实、不同形式的媒体会对记者的新闻报道活动提出特殊的要求。

不同事实的特殊的新闻报道技巧，按事实的内容可分为政治新闻采写技巧、经济新闻采写技巧、文教新闻采写技巧等；按事实的形态可分为事件性新闻采写与非事件性新闻采写，等等。

不同的媒体对新闻报道活动也有特殊的要求。不同性质、不同介质的媒体，在新闻报道活动中，在遵循新闻业务基本规律与操作原理的基础上，还有一些特殊的技巧需要掌握。如，报纸版面设计、图片处理；广播电视新闻采写及节目制作、录音报道、现场直播、网络新闻报道等。

对新闻学科现有课程设置而言，新闻业务课程体系一体化的设想，无疑是一项重大改革，不可能一蹴而就，还需要不断探索和实践。可喜的是，时下国内新闻教育界已有不少同志认识到这一问题，并进行了一些有益的尝试。比如，有的高校已把采、写、编、评合为一体讲授；有的则要求按统一大纲分别讲授；武汉大学新闻系还开设了“新闻实务”的公选课；通论性质的新闻业务教材（专著）也出版了几部。应该说，这一切都在为逐步过渡到新闻业务课程体系一体化积累着经验。



（2001 年 8 月）

# 中国大陆传播学教育的历史、现状与发展走向



## 一、大陆传播学教育的基本历程

从总体上说，中国大陆传播学教育先后经历了发轫期、突破期、高速发展期三个阶段。

**1. 发轫期(1978—1985年)**

大陆传播学教育的发轫期，大体上与大陆传播学的导入期相一致。20世纪70年代末，伴随着“文革”灾难的结束和思想解放运动的开展，人们开始对原有的新闻传播观念进行了多方位、多层次的重新审视。就是在这一背景下，传播学得以在“名不正，言不顺”的地位中进入大学课堂，成为新闻学专业学生的选修课，个别新闻学硕士生也开始选择传播学的课题作为毕业论文选题。1978年9月，复旦大学新闻系在高年级学生中开设了介绍传播学的选修课，这可视作大陆传播学教育的起点。

1983 年 9 月,该校陈韵昭教授把赛弗林和坦卡特的《传播学的起源、研究与应用》一书的译稿,作为《西方传播学介绍》选修课的教材印发给学生,这是大陆高校使用的有案可稽的第一部传播学教材。1981 年 6 月,在中国大陆撰写首篇传播学硕士论文《美国传播理论研究》的复旦大学新闻系研究生居延安通过论文答辩。居延安的硕士论文答辩,在一定意义上,可以说是大陆传播学硕士教育的起点。总之,传播学的导入是传播学教育发端的重要基础。

大陆传播学的导入期有三个特点:其一,起点与中国社会的改革开放的起点基本同步。尽管在 1956 年复旦大学新闻系编辑出版的《新闻学译丛》总第三辑上,曾发表过一篇《拆穿自由、独立报纸的西洋镜》的译文,有人认为这是传播学的触角进入大陆学人视野的第一缕光线;但事实上,这篇译文中所涉及的传播学是被视为西方资产阶级的意识形态和资产阶级新闻学的一部分,是作为批判的对象而被国人及大陆学者所注意的。大陆的传播学研究的真正起点是在 1978 年 7 月。当时,郑北渭教授在复旦大学新闻系内部编印的《外国新闻事业资料》第 1 期上发表了他编译的《公共传播学的研究》和《美国资产阶级新闻学:公众传播学》两篇文章,引起了学术界的普遍关注。其二,导入期的传播学研究,基本上并未形成有自己特色的观点而仅停留在翻译介绍的层面,这是一个典型的"拿来"阶段。导入的先驱们,更多的是为一些词语的翻译、称法而争论,这是当时社会政治、经济环境的折射。比如,对于 communication 一词的汉语译法,就经历了"通讯"、"交流"等一系列的变化,直到后来确定为"传播"。其三,在导入阶段中,最具里程碑意义的突破,应当是 1982 年召开的第一次传播学研讨会。此次会议的突出贡献,在于把"符合中国国情的、有中国特点的"传播学作为学科发展的一个重要方向,并为此提出了十六字方针——"系统了解,分析研究,批判吸收,自主创造"。按照这一目标与方针,我国传播学的研究、教学及应用全面展开,从而将传播学研究推向普及。

20 世纪 70 年代末至 80 年代初,我国新闻传播业界的主要工作是对“文革”的拨乱反正,以及对于“工具论”新闻理念的反思。虽然传播学的引入主要是在学术界内进行,且仅仅在学界引起“一波才动万波随”的扩散效应,并没有引起国内的新闻传播实务界的关注,但不能说其与当时新闻传播实务界毫无关系。实际上,学界导入传播学的动机是为传统的以“工具论”为宗旨与特色的新闻学寻找理论突破的“武器”。

**2. 突破期(1986—1993 年)**

伴随着传播学研究的深入发展,传播学教育进入了学科建构与突破时期。在这一时期,大陆传播学教育形成普及之势,不仅新闻传播学专业有了很大的发展,而且广播电视专业也得到了发展;另外,北京广播学院、厦门大学、深圳大学等高校还开了广告学本科教育的先河,设立了广告学本科专业。至此,包括传播学、广告学、广播电视学,以及编辑出版学等领域在内的大陆传播学教育体系的基本架构初步形成。



这种局面的形成,既有实践的需求,又有学术的推动。传播产业的空前发展,加之传播学研究的评介与消化是促成大陆传播学教育发展的主要动因。

20 世纪 80 年代中叶以后,我国经济体制改革的持续深化和社会整体向信息化时代迈进,国民的信息需求空前高涨,导致传播产业急剧发展,不仅纸质媒介数量增长十分迅猛,而且电子媒介(尤其是电视)也得到了扩张性的膨胀。这样,随着大众传播媒介的发展,社会对传播学人才的需求迅速旺盛起来,传播学教育也获得了空前良好的发展契机。

与此同时,传播学的研究也进入评介与消化阶段。在这阶段里,人们开始注重传播学的学科体系的系统性和完整性。首先,人们对传播学的了解的视野大为开阔和全面。美洲传统的经验学派的成果,无论是芝加哥学派,还是帕洛阿尔托学派的主要成果，这时都有不同程度的译介；欧洲批判学派的思想、方法和成果也受到了充分重视，各种译介也频频出现。其次，对传播学消化、评介乃至重新建构学科理论与知识体系的成果也大量涌现。据不完全统计，1986—1993 年间，大陆学者编著出版的传播学以及书名含有“传播”字样（如大众传播学、组织传播学、媒介传播学、舆论传播学、人际关系传播学、广告传播学、公共关系传播学等，不含一般的广告、广播电视、公共关系学研究著作）的专著和教材，近 40 部。大多数著作在学习、借鉴西方传播学研究成果的基础上，不是胶柱鼓瑟地照搬西方传播学的理论体系和研究模式，而是以中国文化为背景，以中国国情为坐标，整合了许多学科的知识，采用了科学合理的研究方法，紧紧联系实际，努力服务于实践，从而展示了中国传播学者的理论开拓勇气和创新精神。第三，应用传播学领域大为扩展。在传播学的术语、思想、方法、理论架构相对普及的情况下，新闻学、广告学、广播电视、公共关系学等学科，开始自觉地运用传播学的视点和思想、方法来建构各自学科，从而形成了新闻传播学、广告传播学、广播电视传播学、公共关系传播学等应用分支学科，使传播学的应用领域迅速扩展。



虽然传播学在大陆的发展并非一帆风顺，且充满艰辛，但是，“青山遮不住，毕竟东流去”，作为 20 世纪的世界性显学，传播学不仅在理论上受到空前的重视，而且在教学和应用层面上也得到了扩散和发展。正如陈韵昭教授 1988 年在《传播学原理与应用》的序言中所描述：“不仅开设传播学的大学日见增多，还有传播学专业、传播学研究所亦相继建立。”此时，尽管国务院学位委员会规定的学科分类中，尚没有传播学科的应用地位，但在教育部制订的专业目录里，已经设有法学门类下属的新闻学和传播学二级学科。

**3. 高速发展期（1993 年至今）**

最近 10 年，是大陆传播学教育的高速发展期。首先，传播学的学科地位得到进一步提高。1997 年,国务院学位委员会改设新闻传播学为一级学科,明确规定其下设新闻学与传播学两个二级学科,传播学的学术地位从此得到国家的正式承认;1998 年 7 月,教育部颁布的《普通高校本科专业目录》中,也进一步明确“新闻传播学”作为“文学”门类中的一级学科,下辖新闻学、广播电视新闻学、广告学和编辑出版学四个本科专业。学科地位的提升,不仅是对传播学人 20 年奋斗成果的承认,更为传播学在新世纪的发展奠定了学科基础。因此,新旧世纪更迭之际传播学研究及其教育如火如荼,方兴未艾,蔚为显学,并非偶然。其次,传播学教育体系基本形成。这一方面表现在,广告学教育得到扩张性发展。据 2001 年 11 月在深圳大学召开的中国广告教育研究会第三届年会的粗略统计,国内各类高校设置的广告学和广告设计本、专科专业近 200 家,北京、上海、武汉三大都市的广告学和广告设计专业均在 10 家以上。其中,经教育部批准或备案设置的广告学本科专业约 110 家(2001 年)。另一方面也表现在,高层次的传播人才培养得到了开展。1995 年以后,一些高校开始在新闻学专业名下招收传播学方向的硕士研究生。1998 年,中国人民大学、复旦大学正式设立传播学博士学位授权点,武汉大学、北京广播学院、浙江大学、兰州大学等 9 校正式设立传播学硕士学位授权点。2000 年,北京广播学院正式设立传播学博士学位授权点,武汉大学则在新闻学博士点下招收传播学方向博士生。



这段时期,大陆传播学教育高速发展的实践基础包括以下一些方面。

第一,社会主义市场经济体制的建构和新闻传播业的产业化进程。如果说,从 20 世纪 80 年代开始,政府推行的逐年减少对传媒的财政补贴、鼓励传媒开展多种经营等政策,是引导传媒逐步面对市场、适应市场的话,那么,1993 年以后,伴随着社会主义市场经济体制的建立、健全,大陆传媒的舆论引导者(事业)和经济创收者(产业)的双重角色定位初步完成,服务市场、走向市场成为传媒生存和发展的必由之路，传媒一步一步地成为市场主体。受众、传媒、广告主之间的三角关系凸显出来，以受众为中心的传播业市场开始建立。实践探索中出现的一些有关新闻传播的现实问题，诸如媒介的集团化、产业化，媒介经营与管理以及媒介竞争与品牌塑造等，都急需大量的高层次人才来研究并实践。

第二，网络传播的勃兴。1995 年 10 月，《中国贸易报》率先在国际互联网上发行电子版；《广州日报》随后跟进；1997 年，中国第一大报《人民日报》也推出了网络版。自此之后，中国大陆的传媒业进入了网络化发展的新阶段。新的媒介技术环境和传统媒介与新媒介的激烈竞争，又从理论及实践需求上刺激了传播学教育的发展。



第三，广告产业的理性化。1994 年以后，中国的广告业进入了成熟期，从过去的低起点、高速度向平稳发展过渡。这个阶段，数量众多而力量分散的广告公司开始了集中和整合。与此同时，日趋激烈的市场竞争，促使广告主与受众逐渐走向理性，广告代理制也由此开始形成。无论是广告从业人员、广告主还是消费者对广告已经有了一个比较准确的认识，这就是广告不是万能的：从传播的角度讲，它只是一种产品（包括服务、观点等）的信息传播活动；从市场营销的角度说，它只是一种营销的手段。规范化、理性化、成熟化的广告当然需要大量的专业人才。

第四，国际传播业的竞争加剧。国际媒介市场上，伴随着世界经济全面进入全球化时代，全球寡头垄断制促使优势明显的企业集团极度扩张，形成经营全球化、管理全球化和竞争全球化的局面，加之多媒体产业的蓬勃发展和媒介市场的全面开放，媒介企业集团（Media Conglomerate）和专业媒介购买公司（Media Buying Network）迅速崛起，使国际传播业的竞争狼烟四起，激烈异常。特别是传媒巨人新闻集团（News Corp）登陆网络，与雅虎（Yahoo）等商业网站的合作，以及美国在线吞并时代华纳等事件的出现,从根本上改变了国际传媒市场的疆域结构图。不仅如此,媒介企业集团和专业媒介购买公司一直虎视眈眈,非常希望进入中国大陆的媒介市场,对于中国大陆的媒介市场竭尽全力进行渗透和开拓。一些跨国媒介(广告)集团事实上已在大陆投资成立媒介购买公司,如由盛世长城牵头的实力媒体、由奥美牵头的传立媒体等等。

这个时期,大陆传播学教育高速发展的理论基础,则是传播学研究的深化与建构。这一深化和建构开启的契机是 1993 年的全国第三次传播学研讨会。这次会议所论及的传播学的本土化与国际化,以及传播学如何为传播实践服务等论题,一直是 1997 年、1999 年、2001 年传播学研讨会讨论的重要议题。传播学研究的深化与建构状况,大致可以通过以下几个方面进行简要描述。



第一,深层次、全方位译介国外传播学经典著作。中国社会科学出版社的《传播与文化译丛》、华夏出版社的《高校经典教材译丛·传播学》、南京大学出版社的《当代学术棱镜译丛·媒介文化系列》、企业管理出版社的《龙媒广告选集(译丛)》等传播学类学术专著,在时下学术译著出版低迷的背景下纷纷涌现,凸现了传播学译著出版热。这个时期,不仅西方传播学的"欧洲起源"、"三个流派"、"四位先驱"和作为集大成者的施拉姆的主要著作有了中译本,而且 20 世纪八九十年代传播学代表人物的较新成果也得到广泛译介;不仅理论传播学的核心学术成果得到译介,而且人际传播、组织传播、大众传播、发展传播、跨国传播等分支学科和广告传播、网络传播、广播电视传播等应用领域的多数经典著作和新成果,也有了中译本。

第二,传播学学科的建构水平有所提高。这个时期,在传播学基础理论方面,出现了一批融会贯通传播学理论的、具有较高学术水平的专著,如张隆栋的《大众传播学总论》(1993)、李彬的《传播学引论》(1993)、董天策的《传播学导论》(1995)、张国良的《传播学原理》(1995)、郭庆光的《传播学教程》(1999)、戴元光等的《传播学通论》(2000)、邵培仁的《传播学》(2000)等。与此同时,在研究的深度和广度上,更是针对我国的传播实际,基本上做到了研究重心下移,论题细分化。其间,马克思主义传播观、新闻传播学、中外传播史、舆论学、传播受众、传播效果、媒介产业化、传播文化、广播电视传播、广告传播等方面的研究,均取得了可圈可点的实绩。

第三,网络传播研究异军突起。1995 年 5 月 17 日,邮电部宣布向社会各界开放互联网业务,这可以看作我国向信息高速公路迈进的起点。自此,有关"第四媒体"的研究一时成了传播学研究的热点。特别是 1997 年以后,每年面世的网络传播研究论著的数量和质量均呈逐年上升之势。就整个研究来看,最初关注的重点限于网络传播的特点、网络传播与大众传播的异同,而后则注重关注网络传播与社会发展的关系,例如网络与政治、经济、文化等的互动。现在,已有一些网络传播的著作,试图建构"网络传播学"的学科体系;有些研究还开始从"第四媒体"的视野重新反思建构新闻传播价值观。



第四,研究建制开始形成并日趋完善。中国传播学研究会、中国新闻教育学会传播学研究分会以及广告教育研究会等,在这个时期相继建立,标志着传播学研究建制的形成。2000 年,教育部在普通高校设置了中国人民大学新闻与社会发展研究中心、复旦大学信息与传播研究中心、北京广播学院广播电视研究中心三个国家级新闻传播学研究基地。2002 年,武汉大学设置了跨区域、跨行业的媒介发展研究中心。一些高校还设置了国际广告研究所、品牌研究所、网络传播研究所、现代广告研究所等不同层次的传播学科研机构。由此,传播学的研究建制得到了进一步完善。与此同时,经过教育部批准或备案,复旦大学、北京广播学院、中国农业大学、华南师范大学等四所高校正式设立了传播学本科专业(专业代码是 050305W)。至此,大陆的传播学教育形成了本、硕、博层次递进的完整的体系。

## 二、大陆传播学教育的特色与问题

经过发轫——突破——高速发展几个阶段之后，现今的大陆传播教育已呈现出自己的特色，同时也暴露出不少问题。纵观大陆传播学教育的现状，有这样几个特点值得注意。

第一，大陆传播学教育体系建构过程的“外启—倒置”型。1978 年以来，伴随着大陆对外开放范围的扩大和社会生活国际化的进程，传播学在大陆的发展，经历了先由学术思想的引进、扩散，再到学科的建设的过程。20 世纪 90 年代，是大陆确立市场经济体制这一改革开放的目标模型的关键年代，正是在这一年代的后期，国家才明确承认传播学的学科地位，并且形成传播学教育的第一批博士点和硕士点。尽管属于“三级学科”的传播学分支学科广告学、广播电视、网络传播等本科专业，在此以前已有很大的发展，但直接以“传播学”为名称的本科专业，却是在 2002 年才得以正式建立。因此，在引进、消化国外传播学的过程中建构的大陆传播学教育，在学科建设上，经历的是“由高而低”的“倒置”式的建设顺序：博→硕→本。



第二，开始形成传播学对传统新闻学的整合趋势，并初步建成传播学的学科群。在我国传统新闻学需要重新选择研究理念和学术话语时，正是一批有胆识的新闻学者冲破重重压力，把传播学引进中国，并且加以研究。传播学的引进，不仅拓宽了我国新闻学科的研究视野，带来研究内容与方法上的变革（例如，定量研究的理念和方法的引进，导致媒体内容分析、受众研究、视听率调查成为重要研究领域），而且为新闻学研究观念的转型和学科整合提供了重要参照系。在一定意义上说，我国新闻理论的研究理念，从 20 世纪 70 年代末至今，大体上经历了“党报”本位、“新闻事业”本位、“新闻”本位三个阶段；这三个阶段的基础理论分别是党报理论、报纸学说、传播学。20 世纪 90 年代“新闻”本位理念的建构之所以能够成立，主要是因为把新闻传播现象置放于传播学的视野里进行解释和多维透视。由此，也导致了新闻传播理论研究主题的多元化，“现在中国新闻学科名下的全部理论中，或为引进新的理论，或为应对实践需要，已包含多个研究主题：传播学、受众调查、广告学、媒介经济学、媒介经营和管理学、广播电视学、媒介文化研究、媒介法律法规研究、传播新技术研究、跨文化及国际传播研究，等等”①。

与此同时，需要强调指出的是，伴随着我国新闻传媒业体制改革的进程和新闻传媒产业的发展，传播学教育也在面向新闻传媒产业实际，即在面向报纸、电台、电视台、通讯社、出版社、杂志社、互联网等媒介的过程中得到了长足的发展。最近十几年，大陆传播媒介的社会角色定位发生了巨大的变化。对应新闻传媒产业的发展，在各大学的新闻与传播院系里，形成了新闻传播、广告学、广播电视、国际新闻传播、报业或媒介经营、传播学、网络传播等专业，使传播学教育成为日趋分化而又相互联系的学科群，传统的新闻学专业只成了该学科群教育链中的一环。



第三，传播学专业教育呈现出数量上扩张性发展的态势。这几年，我国的传播学专业设置点得到了急剧扩张。据不完全统计，目前有本科层次的广告学专业达到 110 多个；广播电视专业达到 90 多个；网络传播专业（或专业方向）达到 30 多个；编辑出版专业达到 20 多个。同时，设有传播学硕士研究生专业 50 多个；在社会学、法学、文学硕士专业设有大众传播类硕士研究生培养方向 20 多个。设有传播学专业博士点 3 个。

第四，设立传播学专业的高校呈现出层次与类型的多元化。传统的新闻学专业主要设置在综合性大学内，而现今的传播学类专业设置情况比较复杂。从高校的层次上看，函授大学、电视

① 袁军、龙耘、韩运荣编：《传播学在中国——传播学者访谈》，北京广播学院出版社 1999 年版，第 65 页。

大学、专科学校、教学型高校、研究型高校,以及市属、省属、教育部或其他部委直属管理的高校均设有传播学类专业。从高校的类别看,除了综合性大学之外,师范类高校、理工类高校、农林类高校、地矿类高校、医科类高校,以及艺术院校、民族院校、出版印刷院校等传统意义上的单科性高校也设置了传播学类专业。办学层次和类型的多元化,一方面反映出传播产业对于人才需求的多样性;另一方面,也为探索传播学人才培养模式的多元化、特色化,以及传播学研究的细化提供了重要基础。例如,在中国农业大学、华中农业大学设置广告学、传播学等专业,有关传播与农村发展方面的研究和人才培养的空白便有望得到填补。

当前,大陆传播学教育在快速发展的同时,也存在着一系列不容忽视的问题:



首先,重实用技能培训,轻学科素养培养。一些高校由于教育理念上的"错位",或者受经济效益的驱动,片面地强化实用功利的高教价值观,单纯追求"高校教育与产业对接",其结果造成了传播技能、技巧的训练在传播学课程体系和教学内容中占据绝对优势。例如,一些高校的广告学专业,在教学方案的设置上只重视开设设计基础、广告设计、广告策划、广告媒介和广告制作等技能课程,而轻视开设心理学、文学、传播学、社会学、广告史等学科基础的课程;一些广播电视新闻学专业,开设的也多为电视新闻摄影、电视采访、电视编辑、电视音乐音响、电视评论、电视栏目设置与编排等技术性强的课程,很少开设文学、传播学、艺术学、社会学、新闻学等学理性较强的课程。

其次,重实用研究,轻学术学理建构。目前,我国的传播学研究主要针对传播实践特别是新闻传播实践中的紧迫问题而展开,旨在为实际运作提供可操作的对策、思路及理论。这方面比较重要的研究课题包括媒介策划、媒介经济、受众调查、广告营销、媒介集团、国际传播、网络传播,以及备受关注的加入世贸组织后的应对方略等等。这些课题,事关中国传播业的生存与发展，也事关我国现代化的进程与大局，具有显而易见的现实针对性和实用性，必须予以积极的关注，深入地开展研究。但是，对于中国大陆传播学来说，仅有这些实用层面的研究是不够的，如果缺乏传播学学理层面的研究，缺乏对于传播学及其学科群体的核心知识的建构，是难以真正理解和把握传播学的真谛的。而理论的“缺失”或“失控”，实用研究便谈不上会取得真正的成效。

第三，重引进、吸收式研究，轻消化、创新式研究。在肯定现实传播环境合理性的大背景下，大陆传播学教育与研究的内容一开始就倾向于美国的经验学派，热衷移植或套用美国已有的理论体系和研究模式，一些高校甚至连传播学的课程设置和安排也是参照美国大学的课程计划安排。从整体上看，国人自著的著作，大多局限于解释、介绍或说明、罗列、堆砌美国学派的研究成果、方法和实验数据，低水平的重复劳动仍在进行，而学术探索上自主创新的东西则很少。就是一些颇有见地的理论研究，也大多为国外成果或传播实践的简单的回应，严重地滞后于美洲和欧洲的研究及其实践进程。可以说，由于研究的粗浅、迟缓，具有中国特色的传播学研究“范式”至今还没有形成，因此真正权威性的、能产生国际影响的、由中国大陆学者创立的传播学经典著作或教材体系尚在“难产”之中。



第四，重大众传播教育，轻组织传播、人际传播教育。目前所形成的传播学的学科群及专业方向，主要是以大众传播为“根据地”而展开的有关传播媒介（如广播电视、网络传播等）、传播内容与信息（如广告学、国际传播等）、传播控制（如媒介经济、媒介经营与管理等）、传播受众、传播效果等方面的研究。众所周知，组织传播学、人际传播学是传播学的重要分支学科，但在中国大陆传播学教育与研究体系中，并没有体现出这两个分支学科的应有地位。严格地说，大陆至今还没有设立组织传播、人际传播方面的专业或研究方向。虽然有一些人际传播学、组织传播学的译著和著作，如《组织传播》（〔美〕凯瑟林·米勒著,袁军等译)、《人际传播新论》(〔美〕泰勒著,朱进东等译)、《人际传播学》(熊源伟、余明阳编著)等,但这些成果是属于零星的、译介层次的研究,且没有转化为传播学专业教育的内容。

第五,专业定位不清楚,建设缺乏特色。这主要表现在,一些高校在设立传播学类专业时,没有结合本身的学科优势和学校特色的发展空间来定位,而只是停留在“模仿”、“追潮”上。比如,有的以商学为特色的高校办广告学专业,不去注重广告营销人才的培养,而是以“造就高层次的广告设计与创作人才”为自身的办学宗旨。再如,一些理工类高校办广告专业,也将“广告策划与创意”视作自己的优势进行定位。这样,办学的结果可想而知。这里还需指出,国家目前还没有建立严格的、正式的传播学类专业评估制度,这也是造成各高校之间办学水平参差不齐、特色缺失的一大原因所在。



## 三、大陆传播学教育的走向与发展趋势

### 1. 学理建构与实用性的统一

当前蓬勃发展的传播产业对传播人才及其业务素质的要求,需要传播学教育来承担解决;同时,传播产业运作及其发展中提出的层出不穷的新课题,也需要传播学教育作出积极的回应。因此,服务现实的实用性在一定意义上是传播学教育的首要责任。但是另一方面,由于学理层面研究的缺陷,至今尚未形成应有的专业教育“范式”,结果造成传播学教学内容上的“空心化”,难以解决“传播教育到底应该教给学生一些什么”的问题也实实在在地摆在了当前大陆传播学教育的面前。因此,学理建构与实用性的统一既是传播实践所急需,也是传播学教育进一步发展的大趋势。这种统一至少体现在三个层面:第一,在课程体系构成上,实用技能培训和学科素养教育的统一;第二,在研究的总体取向上,实用课题研究与学术学理建构的统一;第

三,在学生能力要求上,学术底蕴与实务运作的统一。

**2. 国际化与本土化的统一**

这是传播学教育的内容层面下一步发展的重要趋势。传播学教育国际化与本土化的统一,是一种动态发展过程中的辩证统一,而不是简单的"中国文化 + 传播学规律的应用"。从时间进程上说,应先国际化,后本土化;从逻辑顺序上说,应先"范式"化,后"特色"化。我们现在急需的首先是国际化。尽管我国传播学已有20余年的发展历史,但从整体上看,我们仍然处于传播学的学术边缘区域,与欧美的差距甚大。这种差距体现在,传播学的研究还不能够严格运用经验学派或批判学派的学术范式和研究方法,思维方式仍然是封闭的,表达风格则属"抽象议论"的。在这样的背景下,片面强调"中国特色",势必导致妄自尊大、坐井观天的学术悲剧。因此,国际化的一个艰巨任务就是提升自己,掌握学术范式,遵循方法惯例,以此开展研究,力求与国际"接轨",进行对话和交流。另一方面,对于学术范式和规范的方法又不能够采取顶礼膜拜、全盘照搬的教条主义的态度。例如,不能够片面地认为实证的、经验的研究方法,就是唯一正确的"科学"方法。实证研究由于其与自然科学研究取向的某种方法论上的契合,容易为缺乏"范式"训练的研究者所青睐和偏爱。但实证研究的缺陷也很明显,如果运用不当,便容易流于"八股文"式的形式主义,而导致理论创意的缺失且影响研究者创造性的发挥。著名美学家李泽厚在给香港《二十一世纪》杂志的信中,曾提到20世纪90年代学术风尚之一是"思想家淡出,学问家凸显"。他认为,讲究考据、微观、实证的研究路向,对于80年代那种浮躁空疏的学风,的确未尝不是某种成熟和进步。但如果"以一种倾向掩盖着另一种倾向",认为只有实证、考据才是学问,才是真功夫,则走进了另一个误区。他认为,中国既需要有大批从事各种专业研究的大小专家,也需要一些年轻人去"勇敢地创造思想"。这里,李泽厚谈论的虽非传播学研究实证与其范式的关系问题，但显然我们可以从中得到某种照应和启示。理论本土化其实是在理论国际化的基础上，结合本土实际，把一些具有普适性的理论与方法进行检验、补充和超陈、创新的过程。这个过程并不是运用我们中国既有的、传统的思想、方法或思维框架去“化”传播学的已有成果；而是运用传播学的理论与方法，面向变动不居、日新月异的社会政治、经济、文化实践和传播产业实践，开发学术资源和研究课题，促进学术创新，形成本土的传播学术流派。因此，理论的国际化是本土化的基础和前提，理论的本土化又是国际化发展的必要结果和补充。

**3. 规范化建设与特色化发展的统一**



这里的规范化，是指各高校的传播学科应按照国家或行业制定的专业与学科设置基准、评估标准，以及学科研究发展的共性要求进行学科设置和专业建设；而特色化，则是指把规范化的要求与多元化的学校背景、学科特色相结合，形成具体的各高校传播学专业发展的个性和特色。规范化与特色化统一，表现在具体的学校和专业就是“合格 + 特色”。规范化与特色化的统一的内容，主要包括：学科设置的规范要求与学校层次、学科背景的统一，教材的规范要求与“百花齐放，百家争鸣”的统一，人才培养模式的规范要求与尊重个性、提倡多样化的统一。所谓学科设置的规范要求与学校层次、学科背景的统一，就是根据高校教育的一般规律和学校自身的条件及学科优势，确定办学目标和教学内容，以实现专业定位和发展的特色化，进而打造高校传播学教育的自身品牌。所谓教材的规范要求与“百花齐放，百家争鸣”的统一，这有两层意思：一是按照专业的学科内涵和“范式”形成水准较高的全国统一教材或重点推荐教材，改变此前的以各校教师自编教材（大都属“重复性建设”的教材，且低水平的“重复”居多）为主的状况；二是全国统一教材或重点推荐教材，可以是几家高水准学校分别领衔组编，以显现各自特色，同时也利于杜绝"一元化"教材一统天下的情形发生。所谓人才培养模式的规范要求与尊重个性、提倡多样化的统一，则是要求各个高校在传播学专业人才培养上，既要有一个基本的相应一致的要求，但又要注意避免"雷同化"，可以"根据市场要求，走自己的路"。

**4. 新闻学教育与传播学教育的统一**

这个统一的进程，其实早就开始于传播学在大陆的"导入"之中。虽然国家教育管理部门至今把新闻学与传播学并置于"新闻传播学"学科之下，用行政手段规定了两者的并驾齐驱，但这并不意味着两者就能够"和平共处"、"相安无事"。就发展趋势而言，新闻学教育与传播学教育的融合、统一，不可逆转。有人说，新闻学是人文科学，传播学是社会科学。其理由是，新闻学的逻辑起点是事实，而传播学的逻辑起点是信息传播活动。实际上，"按人文学科的范式发展起来的中国新闻理论研究，从创立至今，一直内容庞杂，对象混乱，不分层次，结果造成概念不清，思路紊乱"①。事实上，新闻现象本身就是一种信息传播活动，天然地属于传播学的研究范畴。因此，新闻学教育与传播学教育的融合，乃至统一也应是今后大陆传播学教育的一大重要走向。



**5. 传播学教育界与产业界的互动更为强化**

过去的20年中，大陆的传播产业从典型的计划经济向市场经济转轨，实践的要求直接推动了广告教育、广播电视教育、网络传播教育等应用传播学教育的发展。传播产业是传播学教育发展的重要外部环境，传播学教育在其发展过程中也离不开传播产业界的支持。传播业界对传播教育的支持，既有捐赠设备、

① 袁军、龙耘、韩运荣编：《传播学在中国——传播学者访谈》，北京广播学院出版社1999年版，第65页。

教学用具，资助重点项目，设立教育基金、奖学金，进行项目合作等形式，又有联合办学、提供实践基地等途径。与此同时，传播学教育不仅作为传播业界的人才生产、储备基地，培养现在与今后所需的人才，而且也为传播产业运作及其发展提供具有超前意义的理论指引，部分高校的教师还直接为业界献计献策。因此，传播学教育界与产业界的互动交流，是大陆传播学教育的特点与优势所在。如今，在经济全球化的大背景下，媒介的竞争日趋激烈，新的媒介发展日新月异，加之媒介的产业化、商业化运作不断提出许许多多的新问题，这些都需要传播学界去研究解决。这不仅为传播学的教学与研究提供了丰富的素材与内容，以及经费上资助的可能，而且也要求传播教育界和产业界之间的“产学研”的互动要深化，要拓宽，以取得更佳的合作成效。可以预见，今后两者之间既有的互动形式一定会进一步加强，一定会在更高的层次上实现良性互动。与此同时，以中国人民大学新闻与社会发展研究中心、复旦大学信息与传播研究中心、北京广播学院广播电视研究中心和武汉大学媒介发展研究中心为代表的“产学研”实体机构必将会更加壮大、繁荣。

（2002 年 5 月）

# 他国形象误读:在多维视野中观察



误读,指的是对文本所反映的对象的误解、曲解。这是大众传播领域里一种普遍存在的现象。国际传播中,传媒通过对他国源源不断的报道,建构他国的国家形象。受众对于他国形象的认知,基本上是依赖于本国传媒的传播,因此,当传媒对他国的形象建构存在偏差时,就不可避免地造成受众误读。在国际传播中,他国形象的误读现象司空见惯,而且误读的程度很大。国家形象的误读已经成为当前国际传播中受到严重关注的问题,一则因为它超越了传播本身和效果范畴,可能左右民意,影响外交决策,甚至带来国际关系方面的直接和显在的后果;二则因为国际传播的发展不平衡,传播弱势国被传播强势国误读已成为积重难返的现象,而网络传播环境并没有改变这一现实。

本文试图分析国家形象误读的诸种因素,并尝试提出几点建议。

## 一、媒体无意识与他国形象误读

在传播的基本要素中，经验范围构成传播必备的语境和背景，并左右着接受者对认知对象的理解。这是因为人们只能以已有的经验和知识为蓝本，来接纳新信息。因此，当共同语境缺失，或不完全时，就会造成传通不顺畅，误解、曲解也就由此产生。即使在同一文化、同一地域的传播中，由于传播者本身经验范围的局限，对对象认识的偏差，也可能造成报道与事实的距离，导致误读的产生。

在国际传播中，由于传播者——记者（编辑）——与所反映对象之间，共同的文化背景（包括宗教信仰）和经验范围严重缺失，在解析另一种文化时只能从自己根深蒂固的文化认知出发，因此难免出现曲解，造成误读。而且，由于被报道对象远离受众的接触范围，国际传播的准确性不易被检验，反馈效率低下，因此这种误读不易被察觉，也就不易被更正。久而久之，不仅读者形成对他国形象的误读成见，而且传播者本身也形成某种传播成见，其后续传播被这种成见制约，使对他国形象的误读更加深刻。

这种“主题因双方文化上的差别造成的”误读，就是所谓的“下意识的误读”，“即它是零碎的，不系统的，粗疏的，常常是当事人以己方的价值观去衡量他方的行为；以自己的文化为中心，对对方所做的评价和判断”①。显然，在这里，文化因素的误读有被宽容的理由。

中美双方互相指责对方“妖魔化”，传媒引导对对方形象的误读，除了意识形态和政治因素外，其中就有文化上的无意识因素。传播学者赵心树教授指出，其实无意识因素起了很大作用，许多美国记者并非故意要歪曲中国。他分析道：驻华记者对中国知识

① 张威：《文化误读与比较新闻学》，载《现代传播》2000 年第 6 期。

的欠缺是主要因素，“大多数媒体派出的驻外记者往往英文文笔优秀，对美国受众十分了解，而对被报道国却知之较少。大多数的驻华记者主要依赖英文作为获取原始信息的语言手段”①。但问题还不止于止，这些媒体在国内的编辑、制作人和新闻主持人，对某一特定外国的理解比驻外记者更为笼统浮浅。赵心树指出，中美撞机事件发生后，美国媒体特别是电视媒体对中国人愤怒的真正原因并不了解，他们猜测这是由于中国政府的反美宣传所致，于是就在这个猜测的指导下搜集事实证据来做报道。丹·拉瑟在其报道中，就把中国公众的愤怒情绪归咎于中国官方媒体就撞机事件进行反美煽动。因为“美国电视媒体与许多美国人的思维逻辑是，如果中国百姓对美国人感到愤怒，那绝不是因为美国人做了什么令人愤怒的事，而只能是因为中国百姓受了别人的宣传煽动”②。类似这样的错误在美国国内报道中却比较罕见，因为美国记者和编辑们对本国的情况要熟悉得多。实事求是地说，中国媒体对美国和其他国家的报道也存在着同样的问题。



1998 年 5 月，美国大学传播学院和哈佛大学肯尼迪政治研究学院共同组织了“美国媒体中国报道研讨会”（“Conference on U. S. Media Coverage of China”），讨论美国媒体的中国报道及其对美国外交决策的影响，中国、美国、澳大利亚、英国等国的媒体人士、专家和有关决策官员参加了研讨。与会的西方代表大致认为，美国媒体对中国报道的偏差的部分原因，是记者欠缺中国文化、历史方面的知识，以及对语言不熟练③；因此，记者很难

①② 赵心树：《知理的民主，还是盲情的媒主？》，引自清华大学国际传播研究中心网站（http://www.media.tsinghua.edu.cn）。

③ Possible reasons for shortcomings of U. S. coverage of China, as suggested by various participants, include reporters' unfamiliarity with Chinese language, history, and culture, the bias of an ideological framework, excessive responsiveness to an agenda set either by Washington, D. C. -based editors or by the U. S. government, the effect of market forces and the resulting need for drama and pictures, and control of the U. S. mass media by the U. S. government or corporate elites. “Conference on U. S. Media Coverage of China”, May 6-8, 1998.

参透中国文化和政治中复杂微妙的东西,更多的是在“揣摩”着报道。在采访过程中,记者也是更多地选择那些能使用英语的人作为采访对象。这样,显然会限制采访的深入和全面。

赵心树还提到,美国记者中泛滥的“浅薄的爱国主义”,也可以看作是一种集体无意识的文化反应。在许多国际传播活动中,这种反应起了很大作用。

文化因素的误读,虽然可以指望通过传播者完善传播手法、改进传播细节、加强对对象国的了解、占有丰富的事实材料、提供更详细的背景,或者通过描述更准确、报道更平衡等,来减轻误读的程度,或至少不至于导致歪曲;但是,在现今国际传播领域,排除文化偏见困难重重,寄希望于他国传媒改善自己被误读的形象则显得不切合实际。



## 二、媒体有意识与他国形象误读

政治和意识形态因素,则是造成他国形象误读的又一主要原因。国际传播中,媒介通常以确认自己的意识形态的正确性为出发点,对异己东西做判断;并以国内的意识形态标准来衡量他国事务。这样,势必容易形成偏见。尤其是,出于国家政治方面的实际需要,媒介往往在某些特定时期,针对某些特定事件,有意识地进行误传,以引导误读。比如,提供不完整的信息、选择于己有利的信息、作不平衡报道、给予不准确解释、引向固定主题、运用有意味的关键词等等。

与文化因素引起的误读不同,政治和意识形态造成的误读带有明显的功利色彩。它是“有系统,有理性”的,并且,其目的性明确,因而“难于与认知对象沟通和对话”①。基于冷战思维的国际传播就直接引导了这种误读,造成东西方之间的长期误

① 张威:《文化误读与比较新闻学》,载《现代传播》2000 年第 6 期。

解。所谓“妖魔化”，就是媒介有意识地引导对他国形象的误读。

媒体有意识地造成他国形象误读的具体表现是：按照政治和意识形态的需要来设定有关他国新闻的较为固定的议程框架，然后，媒体报道的一系列程序，从选题、确定主题到选择角度、关键词等，不断地适应、强化这一既有框架。其结果，一方面，在传播者中积淀成偏见，作为继续传播的思路，记者和编辑的新闻选择尺度由此被基本上固定下来；另一方面，在受众中积淀成刻板印象，作为接受继续传播的蓝本。这样，误读就被媒体不断地巩固和强化。例如，有关中国问题的报道，西方媒体长期以来都是以这样几个“点”来构筑中国的形象框架，即人权问题、台湾问题、西藏问题、宗教问题、核威胁、法轮功（1998 年以来）等。据统计，一般的中国报道，只有 10% ~15% 的美国人注意，但是涉及人权、台湾问题、西藏问题、核威胁等有关中国的报道，却能吸引 50% 左右的美国人①。据李希光、刘康对 2000 年 7 月 20 日至 9 月 1 日西方媒体上涉及中国新闻报道的实证分析，《纽约时报》、《华盛顿邮报》、美联社、路透社和 CNN、BBC 等西方主流媒体，对中国新闻报道的频率基本上是每一媒体日均 1—2 篇，共 149 篇。其中人权（西藏、法轮功、“六四”等）46 篇，中美政治贸易关系 36 篇，中国政治、经济与社会报道 25 篇，台湾问题 22 篇，其他（李文和、香港、自然灾害等）20 篇。总之，主要集中在人权（西藏和法轮功等）、中美关系和台湾问题上②。



---

① Poll statstics indicate that the U. S. Public is relatively inattentive to foreign news, including stories on China. Most recent media pieces on China received the attention of only about 10 to 15 percent of the American public. The exception was in 1989, when nearly half of the American public closely followed the events in Tiananmen Square. Nuclear proliferation has become the dominant public concern with respect to China; human rights Taiwan are also carefully watched issues. “Conference on U. S. Media Coverage of China”, May 6-8, 1998.

② 李希光、刘康：《美国媒体对中国新闻报道的选择性分析》，引自清华大学国际传播研究中心网站（http://www.media.tsinghua.edu.cn）。

正是由于美国记者习惯地依循熟悉的思路作报道，受众也就很容易将中国议题自动地嵌入既定框架。

2000年中国通过PNTR，当时成为世界媒体关注的热点。该年5—10月，西方媒体连续、大量地发表了有关该事件的报道；美国媒体更是表现出了少有的“新思维”，对中国的正面报道也有所增强，所报道的基本事实也在一定程度上体现了客观性原则。但即使这样，美国媒体的许多报道依然将经济领域的问题与中美关系中的人权、民主和安全等政治问题以及宗教、环保等其他问题牵连起来，使经济报道政治化、复杂化。据统计，那一段时期，有关这方面内容的报道，《纽约时报》35篇（其中封面报道9篇），《华尔街日报》14篇，《基督教科学箴言报》9篇。而从新闻标题上直接显示政治议题的，《纽约时报》有6篇，《华尔街日报》有6篇，《基督科学箴言报》有5篇。如：“宗教和贸易相交与关于中国的辩论”、“美国会失去约束中国胡来的杠杆吗”、“（国际宗教自由）委员会反对贸易案，称信教被镇压”、“中国、贸易和导弹”、“不要让贸易滋养了独裁者”、“参院辩论对华贸易，但武器扩散问题可能阻碍议案”、“有报道称中国在援助巴基斯坦的导弹工程”等。其余的大部分报道主题，则是美国国内各派在中国PNTR问题上的纷争，是美国国内议题的延伸①。此外，在表达方式上，不少报道也仍然是习惯性地运用意识形态色彩很浓的关键词，或将具体经济议题与在受众中积淀下来的人权等议题挂钩。例如，《华尔街日报》5月9日一则题为“克林顿把对华贸易案送往国会，准备一场硬仗”的报道，虽然报道的主题是主张对华贸易，但其导语开头却说：“给予中国——这个世界上最大的共产主义国家的，是美国与资本主义国家共享的永久贸易好处。”接下来又称：“北京应该在国会通过之前进一步改善人权和劳工立法……”“反对PNTR将不会使犯人



① 参见乔木：《从美国媒体报道看PNTR的通过》之“附录”，引自清华大学国际传播研究中心网站（http://www.media.tsinghua.edu.cn）。

获释、创造就业和确保美国在亚洲的盟国，而只会增强中国政府中最顽固的反民主因素，并使中国人民减少和民主世界的联系。”《今日美国》5 月 25 日的报道则称：“PNTR 使美国的经济和商业获利，贸易是促进中国人权和环保的最快捷的方式。”①

从目前状况来看，政治和意识形态因素依然是主导他国形象误读的主要因素。在许多情况下，国际传播中政治因素与文化因素被巧妙地杂糅在一起，难辨彼此。作为受众，更易从文化的角度来接受，达到预期的传播效果。而文化因素又使政治功利显得不那么突出，反倒更容易理解。例如，有关中国问题的报道，西方媒体一贯不离人权、自由的框架，而这既是政治的，又是文化的；受众往往更容易从文化的角度来理解，因为这样理解更执著。



## 三、新闻职业性因素与他国形象误读

新闻职业性因素也是引导他国形象误读的一个原因所在，这包括记者、编辑的职业理念、道德理念、职业规则和职业习惯。这些职业性因素是新闻专业主义涵盖下的一整套行业规范。

新闻职业理念最基本的内涵，是对新闻的目的性即媒体功能的认知。它是新闻专业主义的核心，决定着新闻从业人员的活动方式、媒体的行为模式以及评价标准。现今获广泛共识的新闻职业理念是媒体的三大责任：传递信息、监视环境、传承文化。但是，基于文化和历史传统，在关键问题的理解上，中西方又有着本质的差别。1998 年 5 月，“美国媒体中国报道研讨会”(“Conference on U. S. Media Coverage of China”)上，中、美、澳、英等国代表的观点体现了这种差异。西方记者认为，他们的责任是报道所看到的事实，他们不同意媒体报道应该考虑中美关

① 参见乔木：《从美国媒体报道看 PNTR 的通过》，引自清华大学国际传播研究中心网站(http://www.media.tsinghua.edu.cn)。

系的健康发展;媒体只对公众负责,不对任何政府或政策负责,不对任何国与国之间的关系负责。中国新闻工作者则认为,媒体是维系精神文明的工具,应该服务国家利益,激励人民健康向上,维护国家和社会稳定。有的代表还认为,在特殊情况下,为了大局,可以隐瞒不报,或缓报某些新闻①。

无论秉持怎样的新闻理论,"客观公正"是国际新闻业的共同标准,被认为是"负责的新闻业"的标志②。由此发展出一整套客观、中立、平衡的新闻操作规范,以维护新闻专业主义的标准。但是,在国际新闻传播中,新闻采制的常规做法,却往往偏离了这个规范。

首先,在国际传播中,平衡报道遇到很大困难。在国内报道中,一旦事实报道有偏差,对某一方不公平,很快就会被发现;当事方通过正当的渠道,可能争取到呈现自己意见的机会。但是,在国际传播中,这套"救助"做法往往不能奏效③。一方面,受众难以辨别他国新闻的准确性;另一方面,被误读的国家,即使通过网络这种新媒体获得信息,也很难有效地参与到别国传播中,让误读得到及时修正。



从更广大的范围看,传播的全球化,不仅没有使信息流通更均衡,反而更强化了由技术和资金力量不平衡导致的信息流向不平衡。传播弱势国由于缺乏足够的实力采制国际新闻,往往只能依靠输入西方媒体的新闻作有关的信息传播。据最新的调

① Western conferees responded to these comments by reiterating that journalists are not responsible for improving the stability of U. S. -China relations; their mandate, they insisted, is to "report what we see", and their responsibility is to their audience, not to any government or to friendship between countries. "Conference on U. S. Media Coverage of China" May 6-8, 1998.

② 郭镇之:《舆论监督与西方新闻工作者的专业主义》,载《国际新闻界》1999年第5期。

③ 赵心树:《知理的民主,还是盲情的媒主?》,引自清华大学国际传播研究中心网站(http://www.media.tsinghua.edu.cn)。

查数据表明，现在世界新闻信息的 2/3 来自占人口 1/7 的发达国家；发展中国家的报纸上的新闻中，来自发达国家的信息高达 60%①。这样，少数国家继续垄断国际报道，对他国的误读自然由此扩展到世界其他地方，进而成为“主流”掩盖了其他国家的声音。“9·11”事件报道就是最近的例子。

其次，常规的新闻选择标准往往引导偏离他国真实。新闻取舍通常遵循变异性、冲突性、显要性、影响性、接近性的价值标准，但是，国内国外新闻选择则有着明显区别。国内新闻由于与受众相关度高，其中相当部分还直接关系到受众切身利益，因此本身吸引力大。国外新闻大多是远效信息，功利价值不明显，吸引力远不如国内新闻。因此，媒体在选择国外新闻时不得不更多地考虑受众兴趣之所在，这样无形中更突出了其间的变异性和冲突性。正因为如此，在国际新闻传播中，由灾难、动乱、政变、趣闻建构起来的他国形象，毋庸置疑会偏离他国的真实。



事实上，一些西方媒体不仅仅满足于寻找国外新闻中有刺激性的、耸人听闻的“热点”，还会出于某种需要制造这种“热点”。这样，媒体设置的国外议题便往往与对象国的实际议题不相符合。以中国报道为例，西方媒体最关注的是中国人权问题、宗教问题、核威胁、台湾问题、西藏问题等。而中国民众最关心的议题则与其切身利益关系密切，前八项依序为：经济建设、社会治安、环境保护、腐败问题、就业问题、加入世贸、交通问题、两岸关系②。这与中国媒体的议程设置基本切合，仅排序有区别；但与西方媒体的中国议题设置却出入很大。然而，国外公众基本上是依托西方媒体的议题来认识中国的。

同时，受截稿时间的压力，以及在国外采访的难度，记者常

---

① 《“媒体全球化”是危险的》，国务院新闻办主任赵启正在博鳌亚洲论坛上发言，载《北京晚报》2002 年 4 月 14 日。

② 张国良等：《中国传媒“议题设置功能”现状分析——我国首次就“传媒议题设置功能”进行抽样调查》，载《新闻记者》2001 年第 6 期。

常不能深究国外新闻的来龙去脉，这样，当对事实理解出现困难时，很容易求助于自己的意识形态和文化偏见。“记者编辑在截稿时间的压力下必须迅速做出选题、选材、报道角度等一系列决策。当他们对报道对象的真实了解不够用的时候，他们就不得不用成见和偏见作为替代品来帮助决策。这是人之常情”①。

## 四、消费主义因素与他国形象误读

20世纪90年代以来，西方世界的新闻理论出现了一些变化，其中最为明显的是，新闻消费主义得以凸现。这在很大程度上可以归结为竞争压力下媒介适应市场挤压的结果。



新闻的消费主义理念突出新闻的消费性特征，即讲究实用性，迎合受众需要。这在新闻“平民化”的幌子下听起来颇为“名正言顺”。“消费者驱动新闻”（consumer-driven-journalism）的一系列制作理念也由此呈现出新的变革。“新闻的选择，在50—80年代，一直是传统的新闻价值五要素或六要素——影响性、接近性、及时性、显要性、变异性和冲突性。到了90年代知识爆炸，新闻的取决标准变得更广，大致上可浓缩为三个标准：相关性、实用性，以及读者兴趣”②。这似乎可以为那些新出现的、感觉化的、愉快松弛的新闻写作方式，如新式新闻③、亲近性新闻等作注解。

根据华盛顿麦迪尔新闻服务局（the Medill News Washington

---

① 赵心树：《知理的民主，还是盲情的媒主?》，引自清华大学国际传播研究中心网站（http://www.media.tsinghua.edu.cn）。

② 《当代新闻采访与写作》，密苏里大学新闻学院编写，台北周知文化1997年版。

③ “The Rolling Stone”的作者卡茨认为，新式新闻是一个速配的混合物，它部分是好莱坞电影和电视电影，部分是流行音乐和流行艺术，它将流行文化和名人杂志混合起来，是小报式的电视节目、有线电视和家庭录像互相结合。参见〔美〕沃纳·赛弗林/小詹姆斯·坦卡德：《传播理论：起源、方法与应用》，郭镇之译，华夏出版社2000年版，第11页。

Bureau)的调查,20 年前(1977 年),新闻媒体在确定新闻主题时,强调的是政治进程、战争与和平、政策的制定与出台。而今天,新闻媒体所突出的主题更多地集中在新闻事件中的人的事故、人的兴趣和新闻的实用性上。20 年前,新闻普遍采用的是直截了当地进行陈述的消息或新闻分析形式。比如,1977 年,美国主流媒体的消息与特写的比率为 32%:15%。而 20 年后,硬性新闻仅占新闻总数的 1/4,软性新闻则超过 1/3①。虽然各大日报仍然把采访和报道重点放在国内政治与国际新闻上,但是,"如果新闻的定义是根据报摊上出售的或电视上播放的各种内容来判断,名人轶事、娱乐和丑闻已经成为广大受众的主要新闻食粮"②。

新闻消费主义的一个明显的结果是,努力使新闻的接受成为愉快轻松的事情,努力使新闻成为与人们日常生活有关系的东西,同时避免对受众的智力形成挑战。在这样一个新闻竞争空前激烈的时代,消费主义导向无疑有它的合理性。一方面,它顺应着受众本位日益突出的事实,强调尊重受众的喜好;另一方面,它试图改变传统新闻远离人们日常起居的状态,试图把新闻变成人们的实际需要。但在新闻消费主义的合理性的"反面"则是,在高视听率的驱动下,最具视听率的新闻类型势必取代媒介的文化品位和政治功能。"导致媒介对现实事件有意识地选择和排斥,从而使能够娱乐观众、在低层次上满足受众感官需求的媒介产品销路极好"③。与此同时,它还将导致媒介用社会新闻的模式来处理、表现信息,使各种信息的政治性削弱,或者消解政治新闻的严肃性,化解其深度,以适应平民口味,最终,"把公众的注意力集中到一些无关大局、没有政治后果的琐碎事情上"④。



---

①② 李希光:《新媒体时代的新闻》,引自清华大学国际传播研究中心网站(http://www.media.tsinghua.edu.cn)。

③④ 黄晓芳:《媒介公信力与视听率、发行量》,载《新闻记者》2000 年第 8 期。

与此相关,“后冷战时代的地方主义”的现象在20世纪90年代也越来越突出。这表现在媒介对地区性事务关注程度提高,地方新闻的比重上升,国际新闻比例逐渐下降。Joan Shorenstein Center的统计显示,美国主要电视网上外国新闻从1970年的45%降到1995年的13.5%。自1985年至1995年,《时代》、《新闻周刊》两家杂志的国际新闻版面,分别从24%减到14%,从22%降到12%①。造成这种状况的主要原因,当然是由于“冷战”结束后,西方世界的安全威胁不再存在,从而导致公众对传统的国家间事务关注的兴趣衰减。但是,媒介对此也是负有不可推卸的责任的。诚如Jake Lynch指出的:

> 对于大多数美国人来说,“9·11”袭击事件以及全球范围的反应程度,令他们措手不及,困惑不解。因为媒介长期以来减少了对当今这个日益相互依赖的世界的关注。根据媒介联合会统计,在过去的20多年里,美国新闻界国际报道减少了80%,将对地缘政治的关注和分析让给软新闻和“实用新闻”(news-you-can-use)。纽约杂志界的Michael Wolff观察到,主流媒体缺乏完整和连贯的严肃国际新闻报道,“这类报道(指与“9·11”相关的地缘政治)是被置于边缘的,几乎所有的东西都不好理解。我们将这一恶行归结为是某种纯粹的非理性,是突发的”②。



消费主义因素给国际新闻的传播带来了如下明显的影响:

首先,为适应消费者的口味,媒体往往是顺应而不是改变既有的文化和意识形态框架来报道他国新闻。换句话说,媒体报道只是热衷于切合其一贯的新闻“卖点”,因为这个“卖点”已经经过了市场多年的检验,对媒体没什么风险。与此同时,在这个

① James F. Hoge, “Foreign News: Who Gives A Damm?” *Columbia Journalism Review*, November/December, 1997.

② Jake Lynch, “Reporting The World: How Ethical Journalism Can Seek Solutions”, *Mediachannel*, 2002(4).

被受众熟悉和认可的框架里,媒体的报道比较省力,容易被接受。正因为如此,尽管随着经济全球化时代的到来,国际间许多事物已经发生了变化,媒体的报道视角似乎改变得并不快。这样,不仅维持甚至加强了文化和意识形态因素形成的误读,这突出表现在西方媒体对发展中国家的报道上。

其次,在市场因素驱动下,媒体往往倾向于选择高冲突性的事件来报道他国,尤其是对发展中国家。无疑,高冲突性事件更具有吸引力,市场“营销力”要好得多。但是,主要由高冲突性事件构成的他国形象往往离真实形象有很大距离。同时,新闻事实通常需要在复杂的联系中才能被准确理解,特别是那些争端和冲突,有着更为复杂的根源,更需要充分的资料才能理解。国内事务报道由于受众有熟悉的文化环境,有平常源源不断的相关报道作为背景,相对不容易造成误解。而国外事务,媒体往往在发生了事件后才进行报道,缺少日常报道的连贯性,因而让受众缺乏足够的解读的线索。



同时,由于市场的压力,媒体一般是依照既定的模式来报道国际新闻的,即采取简单化和标签化的方式报道国外事务,消解其中的复杂因素,以降低阅读的难度。诚如赵心树教授指出的,美国媒体的国际新闻报道不新鲜,所有的消息几乎都如出一辙,好像一幅黑白分明的漫画,好人坏人角色分工明确;好人总是美国、英国和其他一些西欧国家,坏人总是伊朗、利比亚、塞尔维亚、古巴、中国等等;结局总是“好人赢了,坏人输了”,或者“好人就要赢了,坏人就要输了”①。对于那些对国外知识不多的受众来说,往往只能依赖本国媒体去获得国外信息,这样对他国形象的误读便是不可避免了。

误读的结果(这一趋势在许多国家蔓延),不仅使公众忽略了本国的文化和政府对他国的影响,而且实际上也在加剧国际

① 赵心树:《知理的民主,还是盲情的媒主?》,引自清华大学国际传播研究中心网站(http://www.media.tsinghua.edu.cn)。

间的冲突。这是因为,在现今信息时代,新闻工作者不再是孤立的观察者,而是要参与到国与国的相互理解与冲突中去进行报道的;这种“参与”性的报道自然会影响到国与国的关系。Jake Lynch 是这样解释媒介的“参与”的:

> 人们根据媒介以往的报道来推测媒介将如何报道他们;每当事实被报道了,便被添加到类似事件将被如何报道的认识中。这种认识影响着人们的行动,形成一个反馈的循环。这意味着每一个记者都对事实的发展分担着责任,当然,这是无法衡量的①。

## 五、网络传播能否改变他国形象误读的现状



现今的人们,对网络普遍抱有良好的期待。因为从理论上讲,网络传播无国界限制,将使信息流通渠道畅通,也将使国与国之间信息公平竞争。按照这一理论推测,在传统媒体条件下的传播弱势国,可以借助网络输出自己的信息,放大自己的声音;而且,只要有足够的时间长度,传播弱势国便可在这个过程中修正自己被误读的形象。与此同时,依据信息自由市场的理论,来自各方的信息将通过在同一平台上充分地、自由地竞争而分出优劣,从而使正确信息被各国受众选择,而错误的信息将被淘汰。这样,网络上的主流舆论将是公正的。总之,“网络民主”将改变信息流通中传播弱势国不能参加“有效竞争”的局面,从而改变上述因素导致的误读现状。

然而,现实果真如此吗?

试以中美撞机事件为例。有关这一事件的报道当时在中美两国传统媒体上铺天盖地,同时还都通过网络向世界传播。客

---

① Jake Lynch,“Reporting The World: How Ethical Journalism Can Seek Solutions”, *Mediachannel*, 2002(4).

观地说，中国的媒体网站和新浪、搜狐等商业网站对这一事件的报道更加充分，并抢占了报道的先机。按理，中美两国受众都可以方便地通过互联网获取对方发布的信息，世界其他国家的网民也可以从互联网上得到双方的信息，这样经过比较，自然可以清晰地分辨谁正确谁错误，以矫正视听。中国的声音也就可以由此被“放大”了。但事实是，美国的受众依然诉诸美国的网络信息，很少有人主动寻求中国方面的网上信息，而其他国家的受众也多寻求美国的网络新闻传播。美国的声音在网上实实在在被“放大”了。这里的问题在于，受众通常是依循惯性诉求强势媒体，加之西方受众又长期不信任中国的传统媒体，这样，中国网络媒体信息的可信度自然被人为地打了折扣，网络上的信息传通也就难有真正的“公平”、“公正”可言了。



在网络传播中，中国的部分懂英语的受众常常会主动从网上寻求美国等西方国家的相关报道，而很少有美国或其他西方国家的受众会主动寻求中国网络信息。这样的结果便造成了，美国等西方国家的舆论通常会被部分中国受众注意到，而中国的舆论却没有被美国或其他西方国家的受众所注意。中国的声音很难通过互联网传达过去，中美双方依然在传统媒体构筑的传播壁垒的两边。

国际传播中，由于信息传播强势国与弱势国之间信息输入输出的不对称，信息传播弱势国被误读的可能性远大于前者。因为前者处于全球政治和经济的中心地带，是国际新闻的关注点，关于它的信息自然更充分。而后者则少得多，并且往往只在偏离了正常的轨道时，才可能被纳入媒体的视线。传播弱势国家的受众往往会主动寻求发达国家的信息，如以前通过短波收音机收听国外新闻，现在则通过网络上网获取信息。而传播强势国家的受众对不发达国家的信息关注兴趣要低得多，常常是依赖本国媒体，被动地获取他国信息。互联网并没有改变这个现象。网络传播使传播强势国的信息流向传播弱势国的渠道更宽了，相反却不是，至少目前是这样。

况且,网上的信息语言极不均衡,英文信息是其主体,而其他语言信息则居于“另类”地位。目前,因特网上的全部网址中,96%的电子商务网址是英文的,网上70%的网址出自美国①。因特网的总内容中,80%以上是英语,约5%是法语,汉语只占4%,亚洲其他国家的文字所占比重也很有限②。总之,至今为止,网上信息80%是由美国提供的。欧美的英文信息构成了当前网上的舆论主流。

可见,网络并没有突破传统媒体的误读因素,传播垄断仍然在继续。网络是一柄双刃剑,既可能使弱势声音被放大,也可能使它更边缘化。而且,当传播超越国界后,对技术和资本力量的依赖则更加严重,弱势国家的声音也会由此变得越来越小。



## 六、结论与建议

国际传播中,他国形象被误读是普遍的,也是难以避免的。这里需要注意的是,误读尽管是双向的,但不平衡,传播弱势国被误读的机会和程度要大得多。

作为国际传播的弱势国,中国的形象经常被国外公众误读,从而造成发展中的诸多障碍。加入WTO后,随着中国经济融入世界经济一体化轨道,准确地塑造中国国家形象是中国传媒也是政府亟须面对的问题。长期以来,中国的对外传播被证明效果不彰,不仅未能进入国际主流社会,甚至未能进入海外华侨的主流人群。

在现阶段,寄希望于他国媒体主动改变我国形象被误读的现状并不切合实际,只能从自己入手,探索多方途径,以改变目

① 《“媒体全球化”是危险的》,国务院新闻办主任赵启正在博鳌亚洲论坛上发言,载《北京晚报》2002年4月14日。

② 载《解放日报》2000年9月5日。

前状况。这其中最需要解决的，是如下三个问题：1）如何渐进地减少被国外媒体误读的机会和程度；2）我国媒体如何有效地参与国际传播竞争；3）如何主动利用国外主流媒体报道中国。试提出如下建议。

（1）利用旅居海外的、有爱国热情的精英，建立由熟悉欧美新闻运作的资深学者、媒体人组成专门化的研究咨询机构（智囊团），制定具体可行的对外传播策略。这个咨询机构的主要任务是：1）研究海外媒体的运作方式，提供信息，提出应对之策；2）收集和研究海外舆情；3）针对重大事件，特别是危机事件，提出具体的报道对策；4）策划日常报道；5）指导中国政府和有关机构对国外媒体的公关策略。

（2）培养和训练我国官员的媒体适应能力，以减低政治和意识形态因素的误读。目前我国官员应对国外媒体的能力普遍不足，遇事往往显得手足无措，甚至没有上级指令不敢说话；或者把握不住"分寸"，造成不准确报道。"入世"之后，中国各级官员面对国外媒体的机会将越来越多，应该把这看作是运用国外主流媒体的好机会。因此，各级官员都要采取积极、开放的姿态，加强媒体运用能力的培训，提高媒介素养。



（3）为减少意识形态、文化因素和职业因素的误读，我们需要转变观念，增加政府工作的透明度，放宽海外媒体的采访门槛，逐步与国外主流媒体记者建立合作与信任。这样，既可以给外国记者提供较充分的信息，增加他们了解中国的机会，使其报道更符合事实，并可以增加中国被国外主流媒体报道的机会。事实证明，越是封锁越是容易被误报、误读。无论是长远还是现在，采取合作的态度都将有利于国外主流媒体准确报道中国。

（4）研究海外受众，特别是欧美受众的兴趣和口味，有针对性地进行国际传播。

（5）针对国际网络传播上的不平等的现状，集中人力和财力精办几个英文新闻网站，以适应国外受众口味，让中国的信息逐渐"渗透"出去，渐进地赢得国外受众，渐进地注入国际社会的主流舆论。

（6）我国媒体自身需要适应国际传播的游戏规则，提高职业化水平。例如，把握传播时机，要求官方首先要给国内媒体以主动权；热点、焦点问题不回避；采取平和的传播姿态和全球化的视野；提高亲和力；实施品牌战略，以少数精品赢得国际关注，带动整体形象的建构。

（2002 年 6 月）

# 当前我国报业集团经营管理中的问题与对策探讨



自从1996年1月15日我国第一个报业集团——广州日报报业集团成立至今，全国已先后组建了近30家报业集团。短短的6年时间，这些报业集团在增强传媒产业功能、提高传媒综合实力、优化资源配置以及扩大经营范围等方面，都做出了一些有益的探索和尝试，也提供了不少宝贵的经验。与此同时，在国内传媒市场还初步形成了一批以各地党报为核心、相对具有较强经济实力的主流强势媒体。然而毋庸讳言，在这一历史表象的背后，人们（包括一些学者及业内人士）对报业集团的责难和怨言还时常出现，报业集团的优越性、成功性及其前景也让人疑窦丛生。究其原因固然是多方面的，但是，笔者认为，除了政策性、制度性因素外，当前我国报业集团自身经营管理理念和具体运作方法上的"不到位"甚至"错位"也是一大关键所在。本文就此作些粗浅探讨，以求教大家。

## 一、关于产业化的定位问题

与西方新闻媒介集团化的进程相似，我国的报业集团化也源自媒介的产业化。早在 1978 年，人民日报等首都 7 家报社联合向财政部打报告，要求实行“事业单位，企业化管理”，通过开展适度的自主经营，以弥补政府财政支持的不足。次年，报界开始重新经营广告业务。20 世纪 80 年代中期，中国各地兴起了办报热潮，一些报社在邮发主渠道外还开展了自办发行。但在这同时，中国报业也经历了一场经营危机。当时，由于报纸数量增加，新闻纸张需求急增，而国内的生产能力严重不足，进口又受到限制，以致新闻纸价格飞涨；另一方面，邮局系统又大大提高了报纸的发行费用，这样报业经营普遍遭遇到严重困境。为此，1988 年 3 月，国家新闻出版署和国家工商行政管理局联合颁布了《关于报社、期刊、出版社开展有偿服务和经营活动的暂行办法》。从此，报业的产业化进程得以加速。进入 90 年代后，随着社会主义市场经济体制的确立和加入 WTO 融入世界经济体系的需要，报业产业化的结果便是导致了报业集团化的出现。



在我国，报业的产业化发展不仅是由媒介发动形成的客观既成事实，而且也得到了政府的政策性认可。1987 年，国家科委编制的我国信息产业投入产出表，第一次将媒介纳入“信息商品化产业”序列。1993 年 6 月，国务院发布的《关于加快发展第三产业的决定》，更是把报业明确列入第三产业，列为第三产业中的信息产业。

媒介既然作为一种产业，作为第三产业中的信息产业，那么如何正确地规定、把握媒介的产业化定位呢？也就是说，媒介产业的本质属性和特征究竟是什么呢？这是报业集团化发展所面临着的并且必须首先解决的一个根本问题。遗憾的是，我国现有的报业集团对此尚未形成广泛的共识：要么把报业集团简单地视作具有“公共事业”或者“社会公器”性质的事业集团，要么把报业集团混同于一般的企业集团。理念上的迷失，势必导致经营管理运作上的混乱，影响报业集团化的健康、良性发展。

众所周知，传媒业涵盖了信息的生产、加工和传播等领域，具有典型的信息服务业的特征。在审视传媒业的产业属性时，我们必须注意到，媒介作为社会信息组织所具有的公共服务性，以及与此相联系的媒介所从事信息传播与信息服务的社会共享性。由于现代媒介开放性的传播通道与大众化的传播形态，使其所传播的新闻、娱乐、教育等各类信息，成为社会的“公共物品”①，而为社会大众所共享。报纸虽然得付费购买，但这也只是不构成真正意义上的商品交换关系的象征性付费；报纸传播的信息，仍然属于公众无偿共享的“公共物品”。因此，“公共事业”或者“社会公器”的性质自然应是任何新闻媒介都普遍存在的一个基本属性。即使西方纯商业媒介，也不可能完全脱离“公共事业”或者“社会公器”的性质。这是因为，社会管理组织需要利用媒介作为宣传舆论的阵地，作为管理和控制社会、民众的工具和手段；社会大众则需要利用媒介作为干预社会、政治的讲席与论坛，以自由发表对社会、政治的意见。由于我国的社会主义性质和制度的规定性，媒介的“公共事业”、“社会公器”性质更显突出强化，新闻媒介被公认为“党和政府的耳目”、“人民的喉舌”。

但是，需要指出的是，对于真正意义上的“产业”而言，“公共事业”、“社会公器”的性质，只是传媒业的一个基本属性和特征，而不是全部或者本质的属性和特征。真正意义上的“产业”，是作为社会的经济组织和利益组织而存在的，是以追逐利润的最大化，以产生尽可能大的经济效益贡献社会为根本目标和宗旨的；否则，也就失去了其存在的特殊的社会价值，而且也不符合其社会角色的特殊规定性。过去在计划经济体制下，我

① 宋建武：《试论新闻媒介的双重性质》，载《新闻与传播研究》1997 年第 1 期。

国政府动用公共资源对媒介实行资源补偿，以维系媒介作为“公共事业”、“社会公器”的公共信息物品的生产和传播。而在市场经济体制建立后，政府已对媒介实施“断奶”政策，逐渐减少对媒介的公共资源补偿。政府的这一举措，实际上就是在引导、推进传媒业向真正意义上的“产业”回归，以便传媒业在“产业化”的运作中获取自身赖以生存并不断发展壮大的经济资源。

因此，在进行报业集团产业化定位时，必须充分考虑到媒介产业所具有的特殊的双重属性：既要服从媒介作为“公共事业”、“社会公器”的社会规定性，在“产业化”运作中不能“因利忘义”，不能忘了媒介必须承担的社会责任；又要服从媒介产业作为社会经济组织和利益组织的“产业”规定性，在法律和政策允许的范围内，尽力追求资本利润的扩张，不断壮大自身的经济实力，以积极参与国际间的传媒竞争。总之，在我国报业集团应该是负有“公共事业”、“社会公器”功能的现代企业集团，除了新闻宣传业务外，媒介的经营管理理应严格遵循现代企业制度的规则进行运作。



## 二、关于融资渠道问题

经济学的主要问题就是探讨资本的资源稀缺，资本运行的价值规律也体现在对稀缺资源的配置上。资本主要包括资金、技术、设备、品牌、人才等，它具有配置劳动资源、消费资源、生产资源的功能，是产业发展的一个必不可少的重要条件。报业作为一种高投入、高回报的产业，规模经营是其发展的必不可少的手段，而规模的形成主要依赖于资金的支持。当前，西方国家新闻传媒集团所拥有的资金，一般都在数百亿、上千亿美元左右。2001 年由美国在线和时代华纳组建而成的新闻集团，其股票市值最高时甚至达到 3 500 亿美元。正因为如此，西方这些大型传媒集团显示出了其明显的规模效益，其经营涉及的领域十分广泛，包括新闻信息产业和非信息产业，其经营的空间范围更是达到了全球的规模，自然其经济回报也极为可观。（据美国学者本杰明·廉培因提供的资料，美国报业集团的中等利润约为9.6%左右，是一般制造行业的2倍以上。）相形之下，中国报业集团在产业规模上就大大小于前者了。就目前已成立的报业集团而言，其资金规模最多不过百亿人民币，年收入最高不过几十亿人民币，有的甚至仅有数亿人民币的收入；其经营涉及的领域、范围也很狭窄，在世界的影响力自然难以相比。

不善于资本运营，融资渠道单一，导致资金严重短缺，影响规模效益，是我国报业集团经营管理中的一大突出问题。目前，大多数报业集团的资金主要来自于自身有限的积累。据去年在北京召开的一次媒介经营与产业化高级研讨会对与会媒体负责人进行的调查显示，媒介资金91%来自于自身经营①。当前我国报业集团一般都走“产业化经营”的道路，然而这种产业化经营主要倚仗于相对单一的广告经营收入。发展资金严重不足，自然限制了报业集团的发展速度。为此，笔者认为可以从以下几个方面入手，运用资本运营手段，拓展融资渠道，以解决报业集团发展资金短缺的问题。



**1. 寻求与银行的合作**

我国新闻媒体作为一个有巨大发展潜力且有着较高信誉度的新兴产业，比其他产业更容易吸引商业银行的贷款。尤其是，随着中国加入WTO，中国银行业也在向商业化方向发展，银行的职能和业务也在不断向外延伸。媒体完全可以尝试和借鉴这种方式，建立与金融资本相结合的媒介产业，在资金、商业信息、专业资本管理等方面获得来自银行的支持。这样既可以利用自身的行业优势发展本业，又可以利用银行帮助，扩大资本运营范

① 陈力丹：《关于媒介资本的几个问题》，《新闻与传播评论》2001年卷。

围,还可以盘活闲置资产。这是"一举三得"的办法。2000年5月,工商银行与哈尔滨日报报业集团签订协议,给予哈报集团5个亿的授信额度。此后,交通、光大、建设3家银行也希望与哈报集团建立同样的合作关系①。应该说,这是媒介与银行合作的一个很好的个案。

**2. 探索上市融资的通道**

从我国的现实国情出发,当前国家对媒体上市是有所控制的,但不是绝对不允许上市。《中央宣传部、国家广电总局、新闻出版总署关于深化新闻出版广播影视业改革的若干意见》(中办发[2001]17号文件)明确规定:"融资举措(包括股票上市),报经中央宣传部及国务院主管部门同意后,按照规定程序报批。"目前,中国证券市场虽然处于低迷状态,但其前景应该看好,有着十分广阔的融资空间。利用报业集团经营性资产"上市",能够激活报业集团的无形资产和其他存量资产,在短期内筹集集团发展所需的大量资金。同时,上市公司全新的市场运作模式和管理机制以及强大的资金实力,还能够对媒介的经营和管理带来全新的机制与活力。这里的关键是,要切实做好与上市有关的论证和准备工作,保证融资渠道的安全有效,提高资本运作效率;切忌盲目上市,盲目追求资本的扩张。鉴于当前我国新闻传媒所具有的意识形态性质,作为传媒单位整体上市或完全向社会开放,短期内尚有一定难度。但可以通过这样一些途径上市融资:一是子公司上市。即将传媒单位的优质的经营性资产剥离出来,加以整合、重组,注册成立隶属于媒体管理部门或媒体自身的、由国有资产控股的具有独立法人资格的股份制公司,然后申请成为上市公司。例如,1994年上市的"东方明珠",1997年上市的"中视股份"和1999年上市的"电广传



① 程颖刚:《轨迹和方向——哈报集团建设的基本成就和经验》,载《中国报业》2001年第6期。

媒”。二是子公司控股上市公司。即通过集团所辖的子公司收购上市公司的股票,控股并重组上市公司,从而进入证券市场。比如,1999 年《成都商报》下属博瑞投资公司控股“四川电器”,2000 年《人民日报》下属华闻公司控股“燃气股份”,2001 年 11 月新华社下属中国新闻发展公司深圳分公司控股“赣南果业”。此外,也可考虑通过上市公司投资媒介,以达到间接上市融资的目的。

**3. 谋求与国有企业乃至民营企业开展广泛合作**

中办发[2001]17 号文件明确提出,报业集团的经营部门经批准可以以有限责任公司或股份有限公司的形式,由集团控股,吸收国有大型企事业单位的资金,但投资方不参与宣传业务和经营管理。从总体上说,我国通过多年的市场经济体制改革,已逐步涌现出一批有较强经济实力的国有大中型企业。这些企业已形成了一定的经营规模,拥有雄厚的资金,也有开辟其他行业、扩大经营范围的需求。报业集团完全可以与其合作,以利用、吸纳这些企业的资金,发展经营业务,以达到“双赢”、“互惠”之结果。2001 年 12 月 24 日,四川日报报业集团与全兴集团签订协议,共同打造《21 世纪体育》,可以视作这方面的有益尝试。与此同时,随着国家政策的松动,民营企业的不断壮大,报业集团还应该积极寻求与民营企业开展合作、向其融资的可能性及其具体途径。



**4. 进一步探索国内媒体与国外资本合作的可能性**

虽然今天的中国媒体对国外资金介入还抱着谨慎的态度,但是各种合作的探索还是在不断进行着。国外资金以合作形式参与媒介业的运作在我国已有一些先例。早在 1983 年,中国就出现了第一个中外合资的报纸《计算机世界》。2000 年 5 月,《中国青年报》与香港上市公司中策集团联合组建“中青在线网络信息技术有限公司”(中国青年报占 40% 股份,中策占 60%

股份)。此外,不少娱乐时尚类杂志早已拥有外资背景,也是不争的事实。国外资金的介入激活了不少以"软新闻"为主的媒介,是有目共睹的,其成功的资本运营经验是值得借鉴的。当然,至今中外媒体"意识形态"的对抗仍然存在,不容忽视,但这与用其资金、助我发展不是一回事。另外,我们还应该看到,在现今商品经济时代里,国外媒介经营组织进入中国正在努力淡化其政治色彩,他们一般都是"在商言商",所看重、所追逐的更多的是市场经济利益。从发展的趋势来看,国外资本很有可能从广告业、发行业上率先与国内媒体合作,利用资本优势进入中国市场。与国外资本合作,可以利用它们充足的资金,使报业集团扩大影响力,提高赢利能力,壮大经济实力。

当然,要注意的是,以党报为核心的报业集团不宜与国外资本全面合作,只宜拿出部分经营性资产与国外资本进行尝试性的合作,以保持我传媒编辑权的绝对独立性,确保舆论导向的正确。

## 三、关于产业资源及投资问题

媒介作为特定的社会信息组织,其产业资源优势无疑就在于它的信息性。这是媒介产业与其他产业的根本差异之所在。

任何产业的发展,都是以自身的产业资源优势为依托,精心经营投资业务的。报业集团的产业化发展,应当如何充分利用自身的资源优势,积极开展投资业务?应当承认,当前众多报业集团在这一问题上鲜有成功。其中一个突出的问题便是,产业取向与产业结构的不合理性。据一项调查显示,媒介经营收入来源结构大体分布如下:广告经营69%,发行或节目21%,多种经营8%,其他2%①。这一方面说明,目前媒介经营存在着对

① 黄升民、周艳:《1998:力量游戏与市场整合》,载《国际广告》1999年第1期。

广告经营的过度依赖性；而另一方面，也反映当前媒介的多元化经营，基本上都是不成功的。

笔者认为，目前我国媒介所普遍存在的对广告经营的过度依赖性，是我国媒介产业化发展初期一种合理、合势而又必然的取向。早已习惯于在公共资源补偿机制下生存的我国媒介，一旦被推向市场，既一时难以适应又无产业经营经验，因此当它进入市场之初，凭借其特有的信息属性与信息生产传播优势来从事产业经营，是再自然不过的事，媒介的广告经营正是媒介的一种信息经营行为。但是，媒介对广告经营的过度依赖，是不利于媒介及其产业化发展的，且具相当大的产业风险。这是因为媒介广告市场，受到市场环境以及自身的经营规模与资本等多重因素的制约。我国广告市场重开以来的一段时间内，各媒介广告经营持续飙升，但近年，由于受整体市场环境的影响，以及媒介自身经营规模的限制，媒介广告经营的强势不断弱化，除个别强势媒介外，大多数媒介的广告经营额都处于微增长甚至萎缩状况，报业的广告经营普遍下滑的现象更为突出。这预示着媒介现有的广告经营资源已经到了一个相当的限度，无资本与规模的扩张，难有一个再大的发展。而大多数媒介多元化经营的失败，则表明媒介的产业化发展尚需产业经营经验的充分累积。



媒介的产业经营行为，一般可划分为信息经营行为与非信息经营行为，并由此发生媒介产业经营中的信息利益（广告、发行）、信息生产资源利益（印刷、节目制作和出售）、信息附带利益（图片、信息咨询等）和非信息利益的单纯利益①。媒介产业化经营，通常应立足于自身的信息生产与传播的资源优势，将重点放在信息以及与信息相关联的经营行为上，建立与主业相匹配的产业链，由此确立自身的产业优势。这里要注意的是，当媒介现有资源的产业利用已到极限，媒介的产业经营就不会再有

---

① 黄升民、丁俊杰：《媒介经营与产业化研究》，北京广播学院出版社 1997 年版，第 36 页。

大的发展。媒介规模的扩张,需有巨大资金的支撑,而目前大多数媒介发展所面临的主要问题恰好是资金紧缺。至于进入非信息产业经营领域,对于不少媒介而言,既无资本又无经验,风险实在太大。这是媒介在产业化发展过程中又一巨大难题。笔者认为,在目前情况下,媒介过多向非信息产业渗透是危险的,仍然应重点立足于信息以及与信息相关联的产业经营,并使其获得充分的发展,以获取尽可能大的经济利益和发展资本,积累丰富的产业经营经验,然后再稳妥地向多元化经营发展。

具体地说,当前报业集团拓展投资领域,开展多元化经营时需注意以下几点。

**1. 充分进行市场研究,开发利润空间相对较大的领域**



报业集团经营范围可以面临很多选择,但是有限的资金限制,规定着报业集团不可能进入所有的经营领域。任何产业都存在着诞生、成长、成熟和衰落这四个阶段。要通过对市场研究、成本核算、人员调配、收益预期、竞争对手分析等方面的充分论证,科学地选择处于上升阶段的产业,开发利润空间较大的产业,避免盲目性和随意性。

**2. 充分利用报业集团优势,开发相关产业**

报业集团也和其他企业一样拥有自身的核心竞争力,拥有自身的产业优势。例如,报业集团拥有丰富的信息资源,有实力介入信息服务业;拥有物业管理公司和庞大的发行队伍,可以两者结合,为社区提供包括物流配送在内的增值服务业务等等。总之,结合自身的优势,积极发展主业,开发、建立与主业相关联的产业链,是报业集团多元化经营应遵循之路。

**3. 尽量不涉及投资相对较大,资金回收周期较长的产业**

目前,报业集团普遍感到资金压力过大,要拿出很多资金搞多元经营是不可能的。同时多元经营的目的也是为集团提供新的利润来源,以更好地支持报业集团主业的发展。所以,对于产业投资也必须注意力求投资少、见效快。可以介入一些能够利用现有资源、资金压力小、现金流动快、收益相对大、有上升空间的产业。尽量不要涉及对投入资金要求很大、现金流动慢、回收周期长的产业。即使介入这样的产业也最好利用自身的资源与其他企业合作经营,以降低经营风险,这样有利于报业集团的稳健发展。

## 四、关于广告经营问题

广告经营是目前国内报业集团的一种最主要的经营行为,广告收入的变动对报业集团的影响是巨大的。应该承认,当前广告经营中,普遍存在着明显的不规范甚至违规的问题,以致严重影响了报业集团的发展。这一方面表现在经营的简单、粗放,不注重广告内容的投入,而一味依赖涨价,甚至不惜采取其他耗尽经营资源的方式,以求广告经营额的增长。另一方面更为明显地表现在同业间的破坏性竞争十分严重。发行量是吸引客户投放广告的主要依据,由于不同报纸发行量的差距不断拉大,导致媒介之间广告收入的差距日益悬殊。在激烈的竞争中,不少媒体要么在广告价格上竞相打折,有的打对折,甚至二三折;要么就是只要付钱,什么广告都敢登,致使虚假的、低级的、庸俗的广告充斥了报纸版面,成为社会一大精神污染源。这样的无序竞争对整个报业广告市场具有十分恶劣的影响,不仅直接造成广告市场混乱,导致整个广告市场总量的相对下降和广告经营成本的上升,而且也大大败坏了报业的形象和声誉。

广告是目前报业集团的经营主业,笔者认为当务之急,应从以下几个方面入手,将这个主业做大做强。

**1. 规范广告市场**

广告市场的无序与混乱主要是因为缺乏一个强有力的行业监管机构,没有强制性的规则约束。目前我国仅由工商行政管理部门负责对广告市场的监管,国家工商行政管理局设有广告监管司,各省市工商行政管理局则因编制原因将商标和广告放在一个处:商标广告处。这样,监管力量自然不足。所以要想规范广告市场,最重要的就是建立起强有力的具有法制意义的强制性监管机构,以监管整个广告市场。对广告市场的监管,不仅需要依赖政府设立专门的职能部门,而且应辅以广告行业协会的参与。这样,一方面可以通过政府形成具有法律效应的机构和规则,有强制力;另一方面可以利用广告行业协会的优势,在制定和执行规则的过程中不断提出问题,修订和完善监督机制。从而,真正达到科学、有效地规范广告市场之目的,以保障媒介的广告收入不至于在恶性竞争中流失,力保广告市场竞争的"公正、公平、公开"。



**2. 提升广告品质**

广告内容制作的粗糙、低劣,难以吸引读者的"眼球",已成为当前报业广告经营业务扩展上的一大瓶颈。要改变这种状况,必须把经营广告同搞好新闻报道一视同仁,树立"精品"意识,在人力、资金上加大投入,配置优秀的专业人才和充足的经费,千方百计提高广告的制作水准,提升广告的"品质",以争取尽可能大的读者市场。

**3. 延伸和拓展广告业务**

要充分发挥报纸媒体广告的固有优势,积极延伸报业广告部门的业务,适当拓展广告部门的服务范围,从被动式广告经营(发布型)转向主动式广告经营(经营型),以形成广告策划、广告制作、媒体购买、广告发布一条龙式的全方位服务。

**4. 探索与其他媒体的合作**

中办发[2001]17号文件鼓励实行多媒体经营，给多种媒体的合作提供了政策上的支持。笔者认为，现阶段的多媒体经营的最好突破口就是在广告部门。不同的媒体完全有可能利用各自的广告平台优势，进行联合，以吸引更多的广告客户。例如，可以探索推出广电广告与报纸广告的一条龙服务、捆绑式销售等形式，开展跨媒体合作。

**5. 积极向网络媒体扩张**

网络媒体的迅猛发展，让我们看到了一个新兴的、拥有巨大潜力的广告市场，争取网络资源也是报业集团的努力方向。报业集团应该充分利用自身的核心竞争力向网络进军。可采用以下两种形式：一是大力开发自身的网络资源，依托报纸的电子版作为平台，利用信息资源优势，提高网站知名度，开拓网络的盈利空间；二是与知名网站建立合作关系或联营关系，利用区域性信息优势，开辟知名网站的地方版块，从中分享网络广告中地域性强的企业广告收益。



## 五、关于报纸的发行问题

当今国内报业市场的竞争日益激烈，其中尤以报刊发行市场的竞争为甚。为了提高报纸发行量，各家报社都使出浑身解数，由此也产生了一些不可调和的矛盾。

现在一些省级报业集团正在积极开辟新的市场，异地办报已成大势所趋。一些报纸在保障大中型城市的发行量的基础上，积极向农村市场进军。应该说，当前城市、农村两大发行市场业已形成，问题是如何降低发行成本，提高发行效益。另外，由于报纸内容的日益“同质化”，使得报纸产品的排他性相对加强，这样自然存在着争读者的问题。当前问题的严重性在于，同一个区域内的不同报纸为争夺读者,不惜成本压低报纸价格或采用回扣、奖品等手段,使得整个报业市场出现破坏性竞争。笔者认为,可采取以下办法解决这些问题。

**1. 邮发自发相互融合,协调发展**

邮发和自办发行并不是无法兼容的,而是相互具有互补性。比如,在大中型城市,读者群较为集中,零售发行量逐步扩大,就可以尽量利用自办发行公司,减少发行成本并逐步建立和扩大自身的发行网络;在农村,则可以依靠邮政的全国性发行网络,扩大报纸的发行量,提高报纸的知名度;同时可以在市场中形成两种发行网络,相互良性竞争,提高发行服务质量。



**2. 探索区域合作发行网络**

虽然报纸之间存在“同质化”现象导致破坏性竞争,使得区域之间的合作发行困难重重。但是,这种问题不是没有办法解决的,关键是如何使得各个利益主体在合作的发行网络中形成“共赢”的局面。笔者认为,在“同质化”现象没有得到解决以前(即报纸“个性化”的区割尚未显现之前),各个报业集团的发行部门可以采取股份制的形式,整合各自为政的、分散的发行资源,以参股的形式建立起独立的发行公司,风险共担,利益共享。

**3. 完善发行网络,以建立起书报刊连锁营销系统和物流配送系统**

可以建立集代理、采购、仓储、发运、结算功能于一体的物流配送中心,同时积极发展网上销售系统,把报业集团的发行公司建成以报刊图书发行业务为主的现代物流企业。这一现代物流企业,应注意按现代企业运行机制运行,以充分发挥物流配送网络的作用,全面开展以报刊为主业的多种经营活动,形成新的经济增长点。

## 六、关于财务管理问题

近年来，随着报业集团改革的不断深化，资源整合力度的不断加强，相对滞后的财务管理体系带来的问题则显得日益突出。这主要表现在以下几个方面：

一是缺乏参与企业决策的意识和能力。目前，报业集团的财务管理大多还是采用“管家婆”式的手段，主要进行事后结算工作。这与现实发展中对于财务管理要协助集团管理层作决策的要求相去甚远。

二是预算制度形同虚设，资金管理有章无序。当前大多报业集团虽然都有预算制度，但是预算没有成为集团组织生产经营活动的法定依据，有章不循、随意更改的现象屡有发生。资金的收支缺乏统一的筹划和控制，随意性大，使用混乱，占用不尽合理，甚至挪用生产经营资金从事长期投资的现象也十分普遍，其结果必然导致现金流量不平衡，支付能力不足。



三是内部多级法人分散占用资金。这是由于在报业集团的形成和发展中，集团各部门分离，相对独立，各司其职，集团统一的财务管理机构没有也难以有力地控制二级部门的“小金库”。致使集团下属二级法人单位多头开户，资金失控，资金使用效率低下；效益好的部门总想摆脱集团监管和控制，效益不好的部门又过度依赖集团。

四是监督、控制、考核不力。有的报业集团对二级部门的投资融资、资金收支、负债及利润分配等重大情况没有完全掌握，加之内部审计制度不健全，社会审计又受利益驱动走过场，造成财务监督乏力、滞后，资金跑冒滴漏现象十分严重。

以上这些问题在当前一些报业集团经营管理的运作过程中普遍存在，严重阻碍了集团正常的运行。要解决这些问题，笔者认为，可以从以下几个方面入手。

**1. 实行以集权式管理为主、分权式管理为辅的财务管理模式**

目前我国的报业集团虽然具有了某种集团化规模经营的特点，但是总的来说，集团化还处于萌芽阶段，没有建立起真正的母子公司体制，下属二级法人单位对集团母体的依赖性较强，这就要求对资金的管理必须处于集团的总体控制中，以减少资金的浪费。同时，要建立起集团统一的资金结算中心，禁止二级部门多头开户；实行资金、投资、物资采购、收益分配及财务人员全部集中管理。当然，为了合理使用资金，可在遵守财务制度的原则下，适度分散费用开支的审批权。

**2. 变“计划财务”为“企业财务”，使财务管理真正参与报业集团的经营决策**



报业集团的对外投资要注重效益性、安全性、整体性和合理性。集团所有投资都必须经过立项、可行性研究、论证、决策的过程。在此过程中，财务管理要给集团决策层提供有效的参谋咨询意见。报业集团财务管理要改变“守门人”的角色，变静态管理为动态管理，变“事后结算”为“事前分析预测”，强调事前的科学分析，预测今后若干年市场变化的趋势和可能发生风险的概率、投资回收期、投资回报率，给决策层提供有效的决策依据。

**3. 建立完善的内部监督检查制度**

首先，要建立健全报业集团财务管理制度，完善财务管理程序，提高财务管理的透明度。其次，要健全有效的内控组织体系，充分发挥内控机制的整合作用，防范道德风险与财务运营风险；要保证各项财务会计数据的真实性和财务处理的准确性及资金收支的合法性，通过完整的财务监管体系及时发现问题，堵塞漏洞。

（2002 年 6 月）

# 我国传媒业资本运营的产权分析



为了适应经济全球化背景下我国传媒业发展的需要，通过资本运营实现资产重组已经成为当前众多媒介集团一个无法回避的话题。但是，在传媒业资本运营中，存在着一些需要从理论和实践两方面进行创新才能解决的关键问题，诸如传统管理体制与规模化发展的矛盾；传媒业产权模糊与资本运营对产权内在要求的矛盾；允许业外资本进入传媒业可能导致国家丧失对新闻媒体的主控权，进而影响国家的宣传政策和新闻媒体的喉舌作用的困惑等等。这一切如果不能得到合理的解释和巧妙的制度安排，那么传媒业的资本运营可能仅仅是一种美丽的幻想。或者即使勉强绕过政策的制约，进行或明或暗的实质性操作，其结果也只能是一种发生了畸变的非常规的资本运营，是难以真正实现资本运营的应有效用的。而在这所有的矛盾与困惑中，产权是一个基础性的、起到“瓶颈”作用的环节。为此，本文试图从产权的角度对我国传媒业资本运营作一探讨，并在此基础上提出一些解决途径。

## 一、资本运营对产权制度的要求与我国传媒业产权现状

要探讨传媒业的资本运营，我们首先要了解现代市场经济中资本运营对产权制度的要求是什么，我国传媒业现存的产权结构与市场化资本运营是否存在着相悖的地方。只有这样，我们才能够找到传媒业资本运营的突破口。

众所周知，市场化资本运营要求这一权利不是超经济的政治和行政权利，而是经济的权利。它一般有以下三个特点：1）可分性（drivability），即产权可以不断地分解细化为各种权能形式；2）可让渡性（transferability），即产权可以从一个主体手中自由地转移到他人之手；3）排他性（exclusivity），即必须把财产权利明确界定在某个产权主体身上，并与他人的权利相独立，全面肯定某个主体的权利范围。其中第一个特点，是产权日趋社会化并使市场普遍化的制度条件，舍此便没有了资本运营广阔的空间；第二、第三个特点则构成了资本市场化运营的基础或者前提，舍此便没有市场的形成。

具有以上特性的产权，实际上是社会化产权的发展形式，它同样需要政治法律制度及意识形态的确证与强化。因此，简单地甚至武断地把与市场资本运营兼容的产权制度归结为私人产权制度，是没有道理的。今天，要使我国传媒业真正走向市场，并在可能遇到的各种挑战中继续发展，必须使传媒业的国有产权制度具备上述特征。

那么，当前我国传媒业的产权制度是怎么样的呢？

第一，传媒业产权归属不清晰。我国法律规定，新闻媒体产权是由国家代替全民所有，属国有独资。然而，当前我国大大小小媒体的实际投资者、主管者却是党政部门、社会团体、国有企业等机构，这些机构对媒体资产并没有合法的所有权和支配权。

这样，媒体产权不清，就无法自由流动，也就无法通过资本运营实现媒体资源优化配置、产权重组。与此同时，由于资本运作主体虽然在理论上确切，而在具体运作中模糊，自然也就缺乏激励与约束功能，其结果必然导致当事者失去动力，经济效率就难以显现、提升。约束是一种反面的激励。产权既是一种利益关系，也是一种责任关系。从利益出发，是一种激励；从责任出发，则是一种约束。我国的传媒业需要明确地界定产权，这样必然会对媒体的经营者产生一定的激励和约束，也就可能改变传统国有企事业单位常见的管理层效率低下的状况，传媒业的资本运营才会有更高的效率。

第二，传媒业产权结构单一化。长期以来，我国传媒业一直属于单一的国有性质。这样，产权的交易就无从谈起；而产权结构的多元化是最基本的产权制度安排。只有允许产权结构多元化，才能为企业融入资金，带来把资源和现金当作资本运作的理念、机制、人才和习惯，进而，从内部寻求更能适应并体现竞争状态的生产流程和运作状态的管理模式与方式，从外部对媒介市场做出灵敏的反映。

第三，传媒业产权的资源配置功能不能有效发挥。产权的资源配置功能是指产权安排，也指产权结构驱动资源配置状态的改变或影响资源配置的调节。比如，高度集中的产权结构决定资源配置的计划调节，而分散多元的产权结构决定资源配置的市场调节。由于产权归属不清，且产权结构单一，我国传媒业的资源配置至今主要依赖于计划调节，这样在市场化的进程中自然难以发挥其应有的效能。

应该说，我国传媒业产权现状，已经成为我国传媒业资本运营的掣肘。笔者认为改变我国传媒业产权属性单一化的传统体制，明晰我国传媒业产权，充分发挥其资源配置功能是我国传媒业经营者在决定进行资本运营或者实践资本运营时需要首先考虑的关键问题。

## 二、传媒业产权改革与国家主体地位的保持

传媒业进行产权制度改革是传媒业资本运营的内在要求,但是仍然有一个问题需要在决定进行传媒业产权改革之前予以探索。这就是我国传媒业产权改革会对党和国家对传媒业的控制产生多大的影响?会导致党和国家对新闻媒体主导权的丧失吗?

传媒业进行资本运营的一大制度障碍是国家不允许私人资本和外资进入传媒业,这一点是基于国家政治体制和政府自身的利益考虑的。我国政治体制规定,新闻媒体无论是进行多种经营,还是资本运营,都必须坚持党的领导,坚持党性原则,坚持正确的舆论方向。这是毋庸置疑的。有人担心一旦允许社会资本进入传媒业,政府就成了"股东"之一,就只是其中的一种力量了,而传媒业的发展取决于多种力量的"互动"和"融合",这样会使政府丧失对媒体的控制,从而影响到媒体的喉舌作用。当然,这种担忧是有一定道理的,也是值得传媒业进行产权制度改革时必须重视的。但是,问题在于传媒业引入业外资本一定会导致党和国家对媒体的控制权的丧失吗?我们下面从产权的角度来探讨这一问题。

首先,我们来分析所有制和产权的关系。产权与所有制既有联系,又有区别。两者的联系表现在:1)同时反映人们对财产的关系,无论所有制或者产权,都涉及到财产。所有制是从经济的角度展示人与财产的关系,而产权则是从法和经济的角度来界定和维护财产关系。2)所有制关系约束产权关系,在财产关系中,生产资料所有制是核心,它具有决定产权社会性质的作用。所有制和产权的区别表现在:1)所有制反映的财产关系通常是指制度关系,常常指社会的基本经济制度。产权虽然包括财产所有权,但是更多的是涉及产权的其他权能,如支配权、使用权、收益权,从而可以把特定所有制下的财产权转移为运行中

的财产，使之更有效地发挥作用。所有制内在于经济运行之中，必须借助某种形式才能得到体现；而产权是外在的体现人与人之间的涉及财产的行为关系。2）两者的外延不同，从客体上看，所有制仅限于生产资料，而产权则包含了一切财产。因此，讨论产权问题一方面不能离开所有制，另一方面也不能完全局限于所有制。从上述理论分析，我们可以看出，即使传媒业让渡一部分产权给私人或者外资拥有者，也不会必然导致传媒业的国有性质的丧失。

其次，我们从传媒业的国有资本（市场经济发达的国家比较通用的概念，在我国应该包括企业国有资产、行政事业资产、国有自然资源三类）产权制度安排来分析。国有资本的属性和职能决定了它在国民经济中的分布特点，即“可以把国有资本界定在物权、股权、债权三种制度上”①。传媒业国有资本在市场经济条件下，如同其他资产一样，必须在其运营中保值增值；否则，在动态过程中国有制将不复存在。从国有资本的存在形式上看，我们认为，即使让渡一部分产权，并不一定导致主导权的丧失。是否导致主导权的丧失，取决于物权、股权和债权的比例；而这个比例，又要视国家经济状况、市场条件、制度环境和技术条件而定。比如，在我国目前资本市场还不完善的条件下，传媒业股份制改造应当缓行、渐行。今后，随着市场的改善、成熟，则要相应减少国有资本的比例，当然底线是国家主导权的拥有。

最后，从产权的管理方式来分析。选择合适的管理方式，可以做到既不丧失国家的主导权又实现国有资产保值增值的良好结合。根据管理学的基本理论，管理对象是决定管理模式的重要因素。所以，国有资产管理也应相应地采取物权管理、股权管理、债权管理等不同的方式②。问题的关键在于，采取何种手段



---

① 程启智，《论国有资产运营的三种模式》，载《经济研究》1995年第9期。

② 魏杰、侯孝国：《国有资产形态的多元化与国有资产管理模式的多样化》，载《管理世界》1997年第5期。

和策略应着眼于在各种管理方式中保持国家的核心控制权。例如，针对物权管理方式，我们可以选择一些传统意义上为大家所接受的媒体，让其一直保持国有的状态，不对业外资金开放；但是要改变旧有的指令性管理，力求用经济方式进行管理。而对股权管理方式，则可暂时采取广为大家熟悉的方式，即国家股至少占51%以上。

## 三、在当前政策背景下传媒业产权制度改革的思考

传媒业是一项特殊的国有资产，在传媒业产权改革过程中，我们可以借鉴发达国家较为成熟的媒体管理经验和我国已有的国企改革经验探索出一条适合传媒业的、适合我国具体情况的传媒业产权制度改革之路。



在西方发达国家的报业管理体制中，传媒按行政归属分为国家所有制，如美国之音（VOA）产权归国有；公共所有制，如英国广播公司（BBC）、日本广播协会等。公共所有制是政府所有制的变体，由具有法人地位的公共委员会管理，通过国会、议会对公众负责。还有，私人所有制，如哥伦比亚广播公司（CBS）、全国广播公司（NBC）、美国广播公司（ABC）等产权归私人所有。西欧各国多建立公共（公营）媒介，而美国是以私人的商业媒介占压倒优势。这是他们按照国情、文化传统、经济体制而做出的相应选择。

根据我国的国情和传媒业发展的现状，传媒业公有性质不能动摇，但必须探索新闻传媒业公有制的新形式。笔者认为，可将我国传媒业划分为两部分——

**1. 国有独资媒体，主要是担负“喉舌”功能的各级党报**

这一部分重在对体制进行创新。可以从以下几方面着手。

（1）建立一个新的涵盖整个传媒业的泛政府职能部门，作

为传媒国有资本所有权的代理机构。现行媒体资产管理体制的一个突出问题是，统一的国有资本所有权职能分别由不同的政府机构（如宣传部、新闻出版署、经贸委、人事部、劳动部等）行使，每个机构只承担部分职能，但都不对媒体经营的整体结果负责。新成立的代理机构将对国有独资媒体拥有各项权利，并对其经营结果负全责。

（2）由上述新设置的代理机构对各级党报进行整合，并与整合后的若干强势媒体建立起有效的委托—代理关系，聘请代理人管理媒体。这些代理人拥有媒体的实际经营权（被赋予采编、出版、劳动人事、财务等相当广泛的权利），并依据所付出的经营管理劳务，获得相应的工资报酬。这就使得国有独资媒体实现了两权分离，即所有权与经营权分离。这种委托—代理关系的实现，依靠所有者与代理者之间的契约关系约束和利益机制激励。



（3）新设置的代理机构对国有独资媒体的控制，可以采用行政手段（刚性控制）；也可以设立传媒基金，通过补贴对象的选择和补贴款额的变化，达到控制的目的（柔性控制）。如现在要扶持西部欠发达地区传媒业的发展，就可通过优惠政策和补贴来实现。西方发达国家经常采用这种柔性的传媒管理方式，如法国就有一整套复杂的报刊补贴制度，每年所提供的直接或间接补贴约占整个传媒收入的12%～15%，主要用于资助经济弱小的政治性报纸。

**2．国有控股媒体，指除党委机关报外的其他各类媒体**

本文的一、二部分，我们已经对业外资本进入传媒的可行性进行了分析，但由于传媒的特殊性，决定了国有资本在传媒中必须占优势，并且业外资本只能进入媒体和传媒集团的扩展业务、增值业务，而不是采编报道业务；至于国有资本所占的具体比例，一般认为应大于50%，国际资本、个人资本、国有业外资本都应规定其最高投资比例。西方发达市场经济国家也有类似的规定，例如美国联邦通讯委员会制定法律规定，如果外国人参股广播电台、电视台，其股份不得超过25%。基本问题限定后，我们就可以通过产权改革建立起传媒业适应市场机制的现代企业制度。董事长由国家相关部门委派，国家股代表在董事会中占多数，职业经理人由董事长任命；在保证国有控股媒体的宣传方向符合国家利益的基础上，强调媒体收益，使之更适应市场；投资各方则按出资比例分配利润。与此同时，要尽快出台相关的新闻法规，对出资各方的权、责、利明确规定，使之有法可依。国家对此类媒体的控制，应更多的使用经济与法律手段，较少使用行政手段。

以上意见，是基于我国传媒业现状及政策限制而提出的。随着政策的转变，加之传媒业资本运作实践经验的积累，也许在不久的将来我们还可以尝试采取国有参股等资本运作方式。



## 四、结　论

传媒业要进行真正意义上的市场化资本运作，就需要设计出合理的传媒业产权制度，而这种制度设计首先要保证不会影响国家对传媒业的控制和新闻媒体喉舌功能的丧失。我们认为无论是在产权制度创新还是在具体的资本运作实践中，以下几个方面是必须注意的。

第一，传媒业资本运作以及与其相关的制度改革，应该采取渐进式的尝试。例如，传媒业与业外资本的结合，比较好的方式是，首先尝试业外资本投资传媒业的附加产业；在国有传媒业充分认识资本运作收益与风险并存的基础上，在充分积累资本运作的经验后，才允许业外资本正式进入传媒业。

第二，传媒业管理体制创新要和传媒业资本运作及传媒业产权制度改革同步进行，只有这样，传媒业的资本运作才会有广阔的空间。

第三，传媒业资本运作要十分注意处理好融、投资的关系。资本运作是一种权利和义务的完全统一，无论是融资还是投资都要充分认识到，选择资本运营蕴涵着极大的经营风险，既要敢于“冒险”，更要善于“避险”，才能通过资本运营实现保值增值。这期间，市场定位是所有媒体都不可回避的重要问题，这不但是一个理论问题、设计问题，更是一个操作问题。

(2003 年 1 月)

# 解读经济全球化背景下的中国媒介市场



## 一

20 世纪 80 年代后，随着世界经济全面进入全球化时代，全球寡头垄断制促使优势明显的企业（集团）极度扩张，形成经营全球化、管理全球化和竞争全球化的局面。在这一背景下，世界上一些有实力的传媒公司也毫无例外地按照这种“法规”参与全球化竞争，将人力资源、物质资源、资本资源等进行大规模的跨国性聚集和流动，组建新的跨国公司；或采用聚合和合并的方式将其他一些重要的传媒公司纳入自己的旗下。例如，传媒大亨默多克的新闻集团在全球 52 个国家拥有 789 个企业，其中包括英国《泰晤士报》、美国《纽约时报》、澳大利亚《澳大利亚报》等在内的 132 家报纸，它的电子媒介的电波已覆盖了全球面积的 1/3 和全球人口的 2/3。今天的世界传媒市场，可以说其控制权基本上掌握在迪斯尼、美国在线-时代华纳、索尼、新闻集团、维亚康姆和贝塔斯曼等6家跨国公司的手中。这些超级媒介公司一刻不停地实施着建立自己的传媒帝国的计划。美国在线—时代华纳的杰拉尔德·莱文曾经毫不讳言地说:“我们不希望被看作是一家美国公司。我们具有全球化视野。”①

从全球范围看,中国媒介当前正处于这样一个“生态”环境之中。

## 二

2001年11月10日中国成为WTO的正式成员国,加快了融入经济全球化进程的步伐。实际上,过去20多年的改革开放,中国一直在谋求融入国际分工体系之中,而且取得了积极的成效。联合国贸发组织在《2001年世界投资报告》中指出,虽然全球外国直接投资将减少,但中国是个例外。2001年,中国进出口贸易总额达到5 098亿美元,比1990年增长了3倍多,在世界贸易中的排名由1990年的第16位上升到第6位。1990—2001年,中国实际利用外资金额为5 108亿美元,其中外商直接投资金额达到3 780亿美元。

经济全球化给中国经济带来了历史性的变革;与此同时,也给中国的媒介市场带来了巨大的冲击。

**1. 跨国传媒集团进入中国大陆**

20世纪80年代初,美国出版商国际数据公司(IDG)就进入了我国专业技术期刊市场与中国合作出版12种刊物,其中最有名的是《计算机世界》。2000年6月国际数据公司董事长麦戈

① 〔美〕罗伯特·W·迈克切斯尼:《全球传媒·新自由主义和帝国主义》,引自传媒学术网(www. mediachina. net/academic)。

文表示,未来7年里,还将在中国投资10亿美元①。1999年,美国《财富》杂志获得在中国出版的许可。世界著名出版公司德国贝塔斯曼集团公司在上海创办了合资企业的读者俱乐部,到1999年在中国已有150万会员,2 000多万元的年销售额。此外,美国《商业周刊》、《时代》等知名杂志也已通过版权贸易进入中国市场。在电子媒介方面,2001年3月维亚康姆公司选择MTV节目作为进入中国电视市场的主打产品,与中国中央电视台以及上百家有线电视台合作,进入中国5 400万个家庭。2001年5月以后,以面向8—14岁儿童的教育节目为主的Nickelodeon儿童教育频道也相继在中国播出。目前该节目已在中国100个频道播出,覆盖20多个省。2001年1月,美国在线-时代华纳斥资1亿美元购买了华娱电视85%的股权,2002年1月华娱一套有线电视娱乐节目在中国广东省落地。2001年12月19日默多克的新闻集团所属的星空(Star)集团和中国中央电视台、中国国际电视总公司以及广东有线电视网络公司共同签署了相关协议,根据协议,Star集团于2002年初通过有线系统向广东地区播放一个全新的24小时综艺频道。2001年10月,新闻集团占37.6%的股份的凤凰卫视有限公司所属的凤凰卫视中文台已获准进入珠江三角洲地区有线网,凤凰卫视电影台也被允许在广东有线电视网许可的范围内传送。还有,新闻集团的全资子公司STARTV和其他一些媒体以香港为基地,与大陆30多个省市有线电视台合作编播音乐、体育和人文地理节目。此外,香港的阳光卫视主题频道2000年10月取得了大陆落地权,阳光卫视频道已覆盖到各地的三星级酒店和涉外小区②。



① 引自孙正一等:《我国新闻媒体资本运营情况初探》,载《新闻记者》2001年第4期。

② 参见周伟主编:《媒体前沿报告》,光明日报出版社2002年版,第110、113、118、127页。

**2. 网络传播迅速发展**

由于经济实力的增长和高新技术的发展,加之国民素质的不断提高,进入21世纪后中国网络传播的发展势头极其强劲。据中国互联网信息中心(CNNIC)统计,2001年7月全国上网计算机总数为1 002万台,上网用户人数为2 650万人;而2002年7月这一数字进一步改写为1 613万台和4 580万人。据人民网2002年12月19日报道,2个月后即2002年9月,中国上网用户已达到5 434万人,仅次于美国、日本,居世界第三。目前中国大陆的主流媒体几乎无一例外地办起了网站。据统计,截至2002年,中国大陆网站已近30万个。网络媒体在中国已成为名副其实的第四媒介。

网络传播的迅猛发展对传统媒介形成了革命性的冲击,这主要表现为:

(1) 信息传播的原有模式被打破。传统媒体的传播模式是单向度的,受众只有决定接受与不接受的权利,没有选择的权利。互联网信息传送的交互性使信息传播模式发生了根本的改变,用户可以有选择地从网上获取信息和使用信息,同时用户也可以成为信息的发布者。这是对传统的传播模式的根本性变革。

(2) 信息传播的地域性和垄断性被打破。互联网使得整个地球变成了一个小小的"村庄",从某种意义上说,全世界如今已被互联网"一网打尽"。互联网传播没有国家、地区的限制,人们可以安坐家中,轻点鼠标从地球上的任何其他地方获取信息,也可对其传递信息。这就打破了传统媒介的地域限制和垄断限制,使信息传播具有更大的自由度和多元性,信息传播也由此进入了一个完全开放的全球信息空间。

**3. 计划经济运行模式依然盛行**

改革开放使我国的新闻传播业获得快速发展,尤其是实行社会主义市场经济体制后,新闻传媒业在"事业单位,企业化管理"的政策推动下，媒介与行政拨款脱钩，自负盈亏、自筹自支的经营使媒介自我生存能力和造血能力得到增强。但是，就总体而言，中国新闻传媒业界的改革才刚刚起步，计划经济时代的运行模式仍在不少媒介盛行。

（1）传统新闻传播观念跟不上时代发展的要求。几十年来，我国的新闻理论规定着新闻工作是党的事业的重要组成部分，报纸、广播、电视是党和政府的喉舌，是一种宣传工具，它的主要任务是"宣传"与"教化"。在这种理论的指导下，媒介与政治紧紧结合在一起，媒介承载着过多的政治负担。由于过分强调"指导"与"教育"，媒介与受众之间基本上是我说你听的对立关系，媒介也在这种关系中树立起自己的话语权威，受众只能听凭传媒进行疾风暴雨似的"洗礼"，而很少有自己的话语空间。"虽然说，任何传媒都不能摆脱政党的影响、政治的影响和政府的影响，但作为公共形象和包装，媒介的政治色彩太浓、政府背景太强、宣传味太浓对媒介进入国际格局，对在世界范围内发展、生产、销售传媒产品有消极作用"①。



（2）单一的媒介体制形式与媒介发展要求不相适应。目前我国实行的是社会主义市场经济，所有制形式分为全民所有、集体所有和个体所有，还有外资和合资形式等，多种所有制形式为中国经济发展带来了旺盛活力。但是在传统理念的支配下，媒介作为一种国家"事业单位"，属于国营性质，由国家投资、党委管理，公有制是其唯一的体制形式。应该说，这种单一体制形式是与计划经济体制相适应的，在中国媒介发展史上发挥过积极的作用。但在经济全球化、信息传播全球化的时代，在市场经济体制下，这种单一的体制形式，由于缺少市场意识、经济意识的推动力，自然难以应对。因此，媒体如何既坚持社会主义政治原则，同时在法律允许的范围内实施体制上的变

① 戴元光：《加入 WTO 后中国传媒面临五大问题》，载《中国传媒报告》2002年第1期。

革，以独立行使决策权、经营权，真正按市场规则做大做强，从而与国家经济发展相适应，与经济全球化背景相协调，这是当前不容忽视的问题。

（3）市场竞争观念缺乏。媒介经营产业化、市场化是一个极其敏感的话题，有关领导也曾提出不提媒介产业化、市场化。但事实上，改革开放以来，在经济利益和媒介自身发展要求的推动下，媒介从经营广告开始就启动了自己的市场化过程。传媒的市场实践，尤其是巨额广告费收入的"造血"作用，中国传媒显现出了以往任何时候都不具有的活力。遗憾的是，不少传媒在赚到大把的钞票之后，并没有将它们用到"刀刃"上，即投入到市场中去，进一步开拓市场，发展产业，而是将钱主要用来改善职工福利上，用在修建雄伟壮观的办公大楼上。走到中国任何一个城市，媒介的办公楼绝对称得上是这个城市的标志性建筑。有人将这称为媒介"办公大楼现象"①。产生这种现象的原因，主要是体制结构导致的媒介在产业化经营过程中可再投资的空间狭窄，致使媒介普遍缺乏真正意义上的市场竞争意识。由于传媒是喉舌工具，是"事业单位"，是一个垄断性行业，而行业结构又是以行政结构来组织的，中央、省、市、县一级一级往下"套"，传播上也是各人守住自己的"一亩三分地"，超越这个区域就是"越界犯规"，各级媒介没有必要担心竞争，也不害怕竞争。以中央电视台为例，"当湖南卫视、凤凰卫视等有所发展时，不少 CCTV 人的第一反应便是告状找政府"②。目前，为了应对 WTO 的冲击，为了增加竞争实力，虽然出现了一批媒介集团，但这些媒介集团大多是在政治权威与政府主导下进行的，并不是市场主导下的整合、兼并和优化的结果。不进入市场，不通过竞争，媒介的发展自然缺乏真正动力，媒介的兼并和集团化也容易做成夹生饭。



① 参见周伟主编：《媒体前沿报告》，光明日报出版社 2002 年版，第 11 页。

② 刘春：《中国电视的"盛世危言"》，载《现代传播》2002 年第 1 期。

## 三

在社会主义市场经济体制下,中国新闻媒介尽管存在着体制上诸多限制,然而面对着经济全球化的冲击,仍以巨大的勇气与坚韧不拔的毅力作出了具有开拓性意义的探索。实事求是地说,今天中国新闻传媒在媒介理念、媒介运作方式和媒介经营管理等方面都发生着或正在发生着巨大变化。这主要表现在——

**1. 媒介传播理念得到更新**

(1) 受众本位凸现。改革开放后,中国开始融入国际社会,国内媒介在传播理念上也发生了变革,突出和强调了"受众喜欢什么"、"受众想知道什么",从而在传播模式和选择传播内容的标准上向受众本位的方向发生根本性的转移。这种变化起始于20世纪80年代初由时任经济日报总编辑的安岗领导成立的读者研究小组,兴旺于1991年前后兴起的报刊界的"周末版"大潮和广播电视界的"平民化"趋势。到1995年都市报在全国如雨后春笋般地涌现,加之各类媒介纷纷推行的"改版运动",新闻传播的受众本位得以凸现。



(2) 新闻本位强化。20世纪80年代后,随着经济的发展和社会的进步,国人对知情权、言论自由和新闻自由的要求日趋迫切,媒介也开始摆脱传统的思维模式,以战略眼光来重新设计一套新的宣传话语和新闻模式。1993年中央电视台《东方时空》节目的开播是媒介新闻"教化宣传"功能让位给新闻的"社会守望"功能的重要标志。中央电视台在这之后,又推出《焦点访谈》和《新闻调查》等节目,这些节目在树立中国记者新形象的同时,也将大众传播媒介的功能和角色进行了系统性的恢复和重建。在这同时,各地都市报的出现、互联网新媒体的诞生,更使得媒介传播的新闻本位得到强化。尤其是今年以来,力争在"第一时间"、"第一现场"传播"真正"的新闻已成为众多媒介的普遍共识和行动准则。

(3)市场本位开始确立。客观地说,中国还不是一个完全的市场经济国家,我们实行的是"社会主义市场经济",政府对经济活动有着程度不同的直接的干预,国有企业和国有控股企业仍然占据着主导地位。中国加入 WTO 实际上是向世界庄严承诺我们要坚定地推进市场化。尽管我们在入世的过程中没有对传媒业做过任何承诺,但这并不意味着国际传媒和境外资本不可以进入非核心的传媒业务。前文已提及,国际传媒以及境外资本事实上已经以灵活多样的方式打入了中国市场,除有线电视网、宽带网络、报刊发行渠道、广告流通渠道外,科技、体育、娱乐节目已开始与中国媒体"面对面"进行对话,这不可避免地带来现行传媒运行和经营模式的转变。而且,当国内大多数贸易领域按 WTO 的原则运行、走向国际化的时候,媒介作为一个企业化管理的行业不可能无动于衷。今天中国传媒市场上,不少媒介已经开始自觉地投身市场竞争之中,不仅都市报类报纸、专业化报纸一开始就轻装上阵在市场上拼搏,党报系统中也有主动丢掉襁褓的。如《广州日报》的自费订户已经占到了 80% 以上。与此同时,传媒行业资本市场化运作的力度也在加大,如 2001 年 10 月"中视传媒"发布公告,公司将与凤凰卫视合作摄制一系列节目;同期,"东方明珠"公司收购上海文广集团下属两报一刊的广告经营公司股权。这一切都标志着中国传媒市场本位的意识开始确立。在市场中求生存,谋发展,减少对"红头文件"行政保护的依赖,是中国传媒走向"成熟"的必由之路。



**2. 媒介运作方式发生变化**

(1)集团化发展,做大做强。与发达国家相比较,我国传媒业的经济实力显得相当弱小。在资产总量上,1999 年,我国出版业的总资产为 1 358 亿人民币;而同期,美国时代华纳的市值达到 1 000 亿美元,美国私营有线电视系统市值则超过了 3 000

亿美元。我国经新闻出版总署认可的所有报业集团、出版发行集团和影视集团的总资产只相当于时代华纳市值的1/28。在行业收入方面,时代华纳在1999年的销售收入达到327.3亿美元,迪斯尼有234亿美元,新闻集团有136亿美元,而我国新闻出版业1999年全国销售总收入不过1 227亿人民币。“广电业全国总收入只有364亿人民币,比不上这些跨国集团的单独一家”①。美国《纽约时报》每天平均广告额为1 000多万美元,最多一天可达1 700多万美元,这几乎等于《人民日报》一年的广告额②。作为事业单位,过去从来没有压力感、没有竞争对象的中国媒介,在国际传媒巨无霸面前着实感到了压力,要应对海外大型集团的挑战,必须在媒介规模经济效益上做大做强。而要做大做强,就要走集约经营、规模效益之路,进一步解放、发展媒介的生产力。



1996年1月,国内首家报业集团广州日报报业集团成立。2000年12月国内首家广播影视集团湖南广播电视集团挂牌面世。目前,经国家新闻出版总署、国家广播电影电视总局正式批准的新闻媒介集团已有40多家。尽管集团化发展目前还在区域限制之内“小打小闹”,没有出现真正意义上的全国性报业集团③,但中国媒介在改变运作方式,规避计划经济体制弊端,提升媒介竞争力的道路上已经迈出了坚实的步伐。例如由出版集团、印刷集团和实业集团联合组成的广州日报报业集团,通过产业化运作、多元化经营,基本上已转变成现代企业。发行量上,《广州日报》成为仅次于《人民日报》的国内第二大党报;在经济效益上,《广州日报》报业集团是广州市效益最佳的大型企业之一,2000年税后纯利4.6亿元,全年向国家纳税2.4亿元,在广州市排名第二。

① 参见周伟主编:《媒体前沿报告》,光明日报出版社2002年版,第33页。
② 参见张向东:《媒介重组,时不我待》,载《新闻与传播》2001年第2期。
③ 陆小华:《整合传媒》,中信出版社2002年版,第117页。

(2) 媒介走向融合与相互进入。我国传媒业就总体而言至今还停留在行业分割时期,传媒业的集中度低、关联度小。而西方传媒巨头通常不是在报业、广电业某个单一领域里经营,更多的是跨媒介、跨地域、跨行业的经营。为了应对参与国际竞争的要求,这几年中国媒介开始了融合与相互进入的媒体整合行动。其具体表现为以下几种结合。

① 中国媒介与外国媒介的结合。目前,全球六大媒介集团都已经从期刊合作,书籍、电影和电视节目的创作、生产和发行各组织环节等方面进入中国媒介市场,中国媒介与国外媒介实质上的结合已经开始。毫无疑问,利用外国媒介巨头的资金、技术、人才和管理经验,可以加快我国媒介市场化运作的步伐。

② 大陆媒介与港台媒介的结合。这种结合则更为普遍。比如,杨澜任董事局主席的阳光文化集团是一个既没有频道资源,也没有太多内容资源的媒体上市公司,但它凭着资源整合、资金整合、市场整合构筑了一条跨越中国两岸三地的资本链,并由此打造了一个由阳光、新浪、四通和海信等四家公司联合的新媒体。集团在香港、北京、上海建立了三个制作中心,并组建了一支节目采购队伍,制作的节目每天在北京有线电视生活频道上播出一小时。再如,香港实业家李嘉诚旗下的 Tom. com 公司在香港和台湾大肆收购媒体之后,于 2001 年开始进入内地市场,对重庆《商界》杂志成功参股,并实现了与广州日报报业集团下属的广告公司的合作。2002 年 9 月,Tom. com 又宣布与《电脑报》合作成立合资企业。



③ 传统媒介与资本的结合。传统媒介要发展,不应只局限于媒体自身业务,多元化经营是媒介扩大经营的一条主要出路。要开展多元化经营,资金缺口是一个制约因素,而与资本结合可以从根本上解决媒介筹资融资的难题。2002 年 9 月,香港泛华科技集团有限公司宣布,其旗下全资子公司"泛华媒体服务"和《人民日报》社全资拥有的"大地发行中心"签约,成立"大华媒体服务","泛华媒体服务"投资额高达 2.5 亿元人民币,占合资

公司的49%的股份。另据报道,2002年初,“泛华科技”与新华社旗下的“中国经济信息社”合资成立了涉及传媒领域的“新华在线”①。

当然结合的形式正在探索之中,除了以上的三种之外,还有传统媒体、网络媒体与内容供应商之间的结合,传统媒介与广告公司的结合等。

(3)报纸、广播、电视上网。当互联网作为一种新兴媒介出现在世人面前时,它以自己的非地域性、信息容量的无限性和信息链接的无限性显示出蓬勃生机,给传统媒介带来咄咄逼人的挑战。为了夺回被网络抢走的受众,传统媒介将上网看作是一次获得新的发展的机遇。1995年10月22日,《中国贸易报》上网出版了首张网络版;《广州日报》随后跟进;1997年《人民日报》推出网络版。1999年之后,传统媒体抢滩互联网的步伐明显加快,各省、市、地区党报和各行业报、企业报也纷纷推出网络版。广播电视上网首推广东人民广播电台和中央电视台,它们分别在1996年10月和12月上网广播。到2000年5月底,全国已有近100家电台、60家电视台、25家有线电视台、10家卫视台上网。



报纸、广播、电视上网,为传统媒介带来新的活力。首先,上网促进传统媒体改进数据贮存能力和文献检索能力。其次,促使采编播和节目内容数字化。第三,加速了各媒介的渗透与合作,提升了媒体综合实力。例如1999年1月开通的四川新闻网,汇聚了全省102家报纸、广播、电视、期刊等媒体,每日更新1 200条新闻,并用5种语言发布新闻。

**3. 媒介经营管理发生变化**

(1)规模经营。由于所有制的限制,我国新闻媒介一般都是按行政级别来建立的;又由于行政区划的限制,所有媒介都被

---

① 凌久:《媒介新闻》,载《新闻记者》2002年第10期。

规定在一定的行政区域内活动,这就造成了行政分割下的媒介小规模、分散化经营。在与国际传媒巨头相遇后,我们的媒体自然显得十分弱小,竞争力就更是缺乏。组建媒介集团是应对竞争的有效措施。以广东省报业集团为例,广东省现有四大报业集团,2001 年资产总额已接近 60 亿元人民币,净资产额也在 44.7 亿元左右,总收入则达到 44.5 亿元,约占全省 GDP 总量的 5‰。2000 年这四大报业集团的广告总额(加上现已加入深圳日报报业集团的深圳商报社 4.1 亿元广告额)已超过 31.8 亿元,占全国报业广告市场份额的 1/8。这是组建报业集团带来的规模经济效应。此外,这些报业集团通过人才与技术的引进均形成了自己的优势,在新闻资源的配置、利用与效果实现,在广告资源的利用和自身经营潜力的挖掘上也都取得了很好的效果。目前,国内新闻媒体集团已有几十家,尽管这些集团的规模相对来说不是很大,但在区域之内实现人力资源、信息资源、技术资源和资本资源的共享,最大限度地提高资源利用率等方面已显示出明显的优势,从而有效地提升了媒体竞争力,为促进媒体的进一步发展打下了坚实的基础。

(2) 资本营运。注重资本运营,积极拓展融、投资渠道,以增强传媒的经济实力,是中国媒介经营管理上的又一显著变化。当前,中国媒介资本运营主要采取以下四种方式①:

① 合作经营。新闻媒体通过转让一定时期的广告经营权、发行权以及频道、频率时段或者栏目、版面内容的刊播权,来换取社会资金的注入或与上市公司合作成立子公司共同经营。如 2001 年 12 月 24 日,四川日报报业集团与全兴集团签订协议,共同打造《21 世纪体育》等。

② 子公司直接上市。新闻媒体将优质的经营性资产剥离出来,加以重组、注册成立具有法人资格的股份制的子公司,然

---

① 引自孙正一等:《我国新闻媒体资本运营情况初探》,载《新闻记者》2001 年第 4 期。

后申请成为上市公司,公开募集资金。如1994年上市的"东方明珠"、1997年上市的"中视股份"和1999年上市的"电广传媒"等。

③ 子公司控股上市公司。通过子公司收购上市公司股票,控股并重组上市公司的办法进入证券市场,获得稳定的融资渠道。如1999年《成都商报》下属博瑞公司控股"四川电器",2000年《人民日报》下属华闻公司控股"燃气股份",2001年11月新华社下属中国新闻发展公司深圳分公司控股"赣南果业"等。

④ 新闻媒体网站以商业模式吸纳社会资金。传统新闻媒体网站借鉴商业网站经验,从股市和社会上吸收发展资金。如《人民日报》的子报《证券时报》与上市公司"振华科技"合作建立全景网站;《羊城晚报》与上市公司"广东高速公路网络有限公司"合作组建了"羊城晚报高速网络有限公司"等。



总之,资本运营对新闻媒介盘活可经营性资产、激活媒介无形资产、发挥媒介品牌优势、使媒介整体资产增值、壮大媒体经营实力都可起到积极作用,也可以为媒体坚持正确舆论导向提供坚实的经济基础和可靠的物质保障。

## 四

在可预见的未来,中国媒介的基本动向与走势是——

**1. 专注核心业务,实施品牌战略**

传媒经营的好坏,关键在于传媒自身的核心业务的经营状况。在传媒实施多元化、跨行业规模经营的发展战略中,传媒的传播业务,始终是其必须首先关注的核心业务和金饭碗。抓住主业,抓好传播业务是经营传媒的根本所在。

传媒传播业务的经营,取决于优质传媒形象的树立。搞好品牌建设、实施品牌战略，才能得以在同类传媒品牌之间的竞争中占据优势。目前，中国新闻传媒业中，已出现了一批具有一定竞争实力的传媒集团，各个媒体也竞相树立自己的品牌栏目。面对与实力强大的跨国传媒集团同台竞争的挑战，努力树立自己具有竞争力的品牌形象，并尽快做大做强，已成为当前乃至今后很长一段时间，中国新闻传媒业界越来越关注的课题。

（1）把握受众需要，提升传播业务品质。紧贴受众需要，深入挖掘信息资源，充分提升新闻传播业务品质，这是中国新闻媒介实施品牌战略的一个主要举措。今后，中国的新闻传播会更注意聚焦社会发展中热点、难点、焦点问题，主动参与"硬新闻"、"大言论"竞争，呈现大气，形成媒体影响力，在观点上、视角上、思路上、色彩上力求做到独特、到位。

为了全面满足受众强烈的复合化的视听和阅读需求，媒介的传播业务还会注意改变过去那种单纯依靠出新、卖点和个别"点"的突破来带动整体发展的模式，迅速实现信息传播的全方位整合；会通过多种手段，如利用互联网络，或国内大媒介之间互换新闻、评论，或购买使用权等实现联动，以较小的代价实现信息资源的充分利用和全方位覆盖。

（2）注重形象经营，体现独特价值。以形象经营为主导模式，导入 CI 战略，全力打造形象，是中国新闻媒介实施品牌战略的又一个主要举措。中央电视台（CCTV）近年来组建了新闻、经济、影视、体育等系列频道，力求以专业化频道创出品牌；同时注意投入大量的人力、物力发展公共关系，支持公益事业，支持希望工程，在受众中树立服务于人民大众的人民电视台形象。随着这一形象的树立，频道、节目收视将进一步提高，拥有广告业主的数量和广告价格也将不断攀升，经济收入势必呈跳跃式剧增。

在实施品牌战略的过程中，不少新闻媒介还会十分注重突出新闻传播价值的独特性与不可替代性，注重提供独一无二的信息资源，让受众从新闻信息本身与外在形式以及附载价值中充分感受到新闻价值的魅力。先后推出“基金黑幕”、“银广厦事件”等重头独家报道的《财经》杂志，在强手如林的财经类媒体竞争中独树一帜；央视一套的《焦点访谈》栏目，从开办至今，其深入人心的权威性和舆论监督威力是任何一个同类栏目都无法比拟或替代的。这些实证，必将愈来愈多。

**2. 媒介市场细分，推行错位竞争**

随着人们对新闻媒介作为一个能够带来巨大利润的产业性质认识的加深，如何在激烈竞争的媒介市场上抢滩占位、拓展自己的生存和发展的空间，是当前中国新闻媒介十分关注的又一重大课题。



(1) 以市场细分为基础，追求媒介准确有效的市场定位。随着新闻媒介市场化的日益成熟和传媒营销观念的深入，中国新闻传媒正从以“可读(视、听)性”进入市场的初步阶段，逐步转向追求“必读(视、听)性”的市场对位，追求细分、目标、定位三位一体的市场细分理论业已成为媒介市场化并实施有效服务的重要依据。在传媒市场细分前提下，传媒的应变能力，以及扬长避短、集中使用有限资源、制定最优的传媒营销策略的能力将显著增强，从而促进传媒核心竞争力的提高。

眼下，一些有远见的新闻媒介正在积极探索并谋求改变媒介市场同质化竞争造成的资源浪费和恶性竞争的局面，尽力促进媒介的整合和质量竞争。在具体实践中，这些媒介注重将传媒市场分割为若干分市场或子市场，以此来确定自身的市场目标，从而做到在传媒大市场中同中有异，在传媒子市场中异中有同。如《环球时报》在与老牌报纸《参考消息》的竞争中，以年轻读者为目标市场，适应读者对国际时事的深度报道的需求，就凝聚了一大批特定受众。

与此同时，不少媒介还会十分注意对自身资源优势进行衡量和考察，发现最优的传媒市场拓展机会。如老牌经济类报纸《经济参考报》经过对报业市场细分和自身优势比较，放弃了办经济生活类报纸的想法，选择了主流经济媒体的办报方向——为境内大中型企业、政府经济部门、经济专业院校和研究机构中的中高层专业人士提供国内外经济的有效信息和权威分析，从而重新赢得了自己的市场空间。这些媒介的成功做法，必将成为今后中国媒介市场上的一大亮点。

(2) 传媒市场细分的科学化和正规化。传媒市场细分正逐步走上科学化、正规化的轨道，形成了严格科学的细分市场程序。

为了保持对市场认知的方位感，科学有效地识别媒介细分市场，严格科学的社会调查和市场调研，将是中国媒介今后着力进行的一项重要工作。当前，不少传媒已注意从整个市场的消费趋势、有可能进入领域的受众的需求状况，以及该领域的传媒产品分类、传媒产品的生命周期、在受众中的普及率、年需求量等方面进行考量和细分。2002 年《深圳特区报》的改版，其市场细分依据的就是具有专业水准的读者调查。该报由此确立了保留和强化原有的优势和传统，增加和补充全新内容的策略，为其可持续发展奠定了基础。



市场细分的科学化还体现在把握不同细分市场之间的微小差别，发现新的细分市场的可能性。一些传媒已注意分析细分市场的差异，选定传媒市场范围，确定传媒市场细分标准（变数），并根据市场类型、传媒产品特点和传媒自身优势选定衡量细分传媒市场的变数，找出可能的细分市场。《经济观察报》经过定量的调查分析后，基于对中国社会阶层分化状况的基本把握，捕捉住市场分裂的信息，把报纸的细分市场明确定位于高端读者，明确考量自己独特的受众定位。创刊一年后，该报就已经和《中国经营报》、《21 世纪经济报道》一并成为中国经济类周报市场上鼎立的三足。

**3. 调整产业结构，提升商业化运作水平**

20 世纪 80 年代以来，世界媒介行业全球化市场扩张加剧，整个行业商业化和市场化程度不断提高。这期间，中国媒介行业在社会主义市场经济条件下，也经历并正在经历着一场从内容生产到运作机制等各层面的深刻变化，产业结构的调整和商业化运作水平的提高就是其中最重要的特征之一。

在过去的长期实践中，中国媒体几乎都被当作一种公益事业或国家机关来看待。但在市场经济条件下，媒介除了政治属性、文化属性以外，还应有产业属性、商业属性。媒介产业不仅包括具有以上属性的传媒集团，还包括了具有广告代理、信息咨询、印刷服务、物流配送等相关产业的完整产业链。随着信息技术的发展，互联网的崛起与壮大又为媒体开辟了更迅速、更广泛的信息平台。这同时也是一种商业平台，它为媒体更广泛的介入社会生活并获得更充足的资金支持提供了便利。因此，今后中国新闻媒介必将进一步树立产业观念，建立起合理的产业结构和竞争机制，掌握一整套面向市场的商业化运作模式，提升商业化运作水平。



（1）主业结构性调整。

媒介产业市场空间的扩展将建立在实力、规模和市场细分基础上，实施以主媒介为核心的多媒介扩张，以及主媒介自身的多版化、多频道、多主题的综合性扩张。市场专业化、细分化、规模化的发展将成为下一轮产业发展的新趋势与生长点。

按现代企业制度建立起来的巨型报业集团和广播电视集团将会出现。随着国家政策的调整，加之资本运营的有效开展，在不久的将来，中国媒介市场上必将出现一批经济实力雄厚、市场规模巨大的跨媒介、跨区域、跨行业的传媒巨头。这些传媒巨头必将对众多的其他传媒的市场空间形成挤压之势，一些缺乏竞争力的传媒势必会被淘汰出局。传媒市场上将呈现贫富悬殊的“马太效应”。因此，“尽早聚集自己的实力，在未来的竞争中做大做强是传媒面临的严峻课题”①。

---

① 喻国明：《关于未来五年我国媒介产业发展态势的若干预测》，引自传媒学术网（http://www.mediachina.net/academic）。

(2) 多种经营全面推行。

一业为主,多种经营,是媒介产业化运营的一条主要渠道。今后中国新闻媒介势必加快多种经营步伐,并使之更趋科学、合理。

① 发行和广告。依托发行经营控制市场,依托广告经营获取利润,不仅是当前而且也是未来传媒经营的主要盈利模式。

② 新闻生产流程中诸多环节的经营。新闻生产流程的平稳、高效运转,是保证新闻生产质量与效率的关键。流程中信息产品的制作(主要包括印刷收入和广播电视节目的制作和销售),还有信息载体的生产和经营(包括印刷技术与装备、广播电视发射和接收设备,以及传输设施的建设与经营等)都可成为媒介经营的新的增长点,其中印刷环节单独经营已经成为当前很多报纸的盈利模式的一部分。



③ 新闻生产相关产业的经营。新闻生产本身需要各方面大量物质条件作为支撑,围绕现代传媒业形成了专用物资装备产业和通用物资装备提供业。新闻媒体可以直接以这些专业物资装备和通用物资装备作为经营对象,纸浆、造纸等与生产环节相关的经营将成为新闻产业链的重要组成部分①。

④ 新闻媒介无形资产的经营。新闻媒介在长期运行中积累起来的信誉、品牌是重要的无形资产,恰当地运作新闻媒介的信誉和品牌,或利用其信誉、品牌作为资本投放到某一个项目或领域中去经营,已成为新闻媒介进一步开拓经营的途径。

⑤ 由媒体经营向经营媒体转变,研究、咨询、会展等延伸与增值服务将成为新闻媒体的基本产品,信息产业与观念产业将成为新闻业的下一步选择。信息服务主要包括了各种数据检索、信息查询和咨询服务。目前新华社和《人民日报》已建立了新闻资讯的检索数据库,可通过卫星或互联网络为国内外用户提供服务。随着传媒信息集成化程度和水平的提高,这方面的

① 陆小华:《中国传媒大趋势:十大趋势——商机之所在》,引自中国新闻研究中心网站(http://www.cddc.net)。

开发前景将是十分巨大的。

(3) 体制创新加快步伐。

投融资体制创新。资本市场是现代市场经济的核心,兼具资金融通、体制培育和资产重组三大功能,而资金缺乏、体制落后和资源配置不合理正是中国传媒业当前面临的主要难题。借助资本市场,通过资本经营,可以使我国传媒业尽快实现市场化和规模经营,同时可使我国传媒业的运作摆脱旧体制,完善自身治理结构,并借鉴国际模式不断探索经营管理体制的创新。一方面,传媒应在行业内外进行业务融合和市场整合以形成规模;另一方面,吸附更多依附在传媒身上的资本以产业资本的形式大规模进入资本市场运作,以获取更多的资本,占领更大的市场。充分利用资本市场的资源,运用资本运营手段来筹措资本加速扩张,大规模涉足以信息数字技术为特征的新型传媒领域,不断增强实力,是中国媒介今后快速发展的一条有效之路。



管理体制创新。传媒业的行政管理体制必将向现代企业经营管理体制转换。跨媒体经营是目前媒介普遍采用的一种战略和手段,它可以利用各媒体之间的优势互补,充分开发和利用传媒的信息、人力等资源,以较低成本生产出满足不同消费者不同需求的传媒系列产品,达成传媒产品的规模化的生产和销售,树立在传媒市场上的强势地位。打破"条块分割"的传媒管理体制,报纸、广播、电视、出版等行业间积极尝试媒介管理组织框架的重构和优惠措施,打破各地媒体间的人为壁垒,从长远战略出发,组建跨国界、跨地区、跨媒体集团,实现中国传媒业的跨越式发展。

确立市场规则,营造公平竞争的市场环境,给每个参与竞争的主体以公平竞争的机会。随着我国加入以市场经济规则为基础的 WTO,中国传媒业更迫切需要规范化的市场运行环境和有序的竞争,加大对传媒竞争的监管,完善相应的市场法规,通过公平竞争实现优胜劣汰和传媒资源的合理配置,建立起统一、开放、竞争、有序的传媒市场体系。随着新闻改革的深入进行以及传媒经济的市场化程度提高，优胜劣汰的市场铁律在这个领域必将发挥决定性作用，随之而来的将是传媒市场的充分发育和走向成熟。

**4. 积极融入媒介全球化竞争**

在经济全球化大背景下，媒介全球化竞争已成为一种发展趋势。加入 WTO 后，中国传媒业最终无法回避全球媒介市场的发展新环境和跨国媒介集团的挑战。由于在资金、技术、实力、市场化程度、管理体制等诸多方面，中国传媒业与境外传媒还有相当大的差距，为此，中国传媒业应立足自身的基础和条件，加大改革力度，提高传播水平和媒介质量，扬长避短地参与这场世界范围的媒介竞争。



(1) 设立媒介特区。中国已把在珠江三角洲设立“媒介特区”作为参与媒介全球化竞争的战略决策之一。基于“国情”的考虑，当前要想立即全部开放中国传媒领域，完全融入媒介全球化进程并不现实。为保证中国传媒业充分利用媒介全球化所带来的机遇，抵御其中蕴含的风险，中国在珠江流域地区设立“媒介特区”，一方面为境外媒体进入中国大陆创造“缓冲期”，为中国传媒业参与国际竞争搭建实战演练场；另一方面，也可促进中国传媒市场管理机制的变革，以营造有利于中国传媒业快速、健康发展的良好市场环境①。

(2) 与跨国传媒集团开展多方位的合作。与跨国传媒集团开展多方位的合作，充分引进、学习、消化其资金以及先进的技术和管理经验，并借助其经验和渠道使我国媒介产品进入国际市场。积极开展中国传媒与跨国媒介集团的全方位的合作，不仅可以在一定程度上缓解中国传媒发展的资金紧缺问题，而且也可以消化、吸收其先进的管理经验。此外，通过同时落地，对

① 邵培仁、颜伟：《媒介特区：中国参与媒介全球化竞争的“实验田”》，引自中国新闻传播学评论网站（http://www.cjr.com.cn）。

等服务,双向交流,实现与跨国媒介集团的战略联盟,中国传媒可以以较低的成本借助其全球化的生产基地和销售终端,完成中国传媒参与媒介全球化竞争的战略扩张。中央电视台与美国在线-时代华纳公司以及默多克的新闻集团之间的战略协作关系的建立,可以说是这方面的典范。

(3)实现国内市场和国际市场的"无缝"接轨。在与国外传媒相互的交流和合作中,中国传媒将注重熟悉传媒产品国际贸易的规则和行情,进而通过竞争和引进国外行业管理的先进方法、经验,带动传媒业整体市场环境的建设。与此同时,在国内加紧新闻立法和传媒市场规则的建立,营造有利于传媒长远发展的良好市场环境,努力实现媒介国内市场和国际市场的"无缝"接轨。

(4)以全球化的视野和思路改进新闻传播业务。伴随着互联网的兴起,各类新闻媒介的生态环境和受众群体都在发生变化,民众获得新闻信息的渠道进一步增加,从而在接受跨文化传播的过程中对传统新闻媒介的依赖势将减少,对媒介、对新闻信息的辨别经验和批判能力必将大大增强。为此,媒介要逐步改变以往新闻传播活动中习惯运用的方法、模式和语言,适时对传播理念和传播策略进行调整,在研究受众、研究市场的基础上通过对新闻信息资源进行放量传播和深度开发,实现社会效益和经济效益最大化。

在报道突发事件方面,媒体的开放程度正在大大提高。今年"两会"前夕,北大、清华先后发生爆炸案,媒体在"第一时间"进行报道,保证了在涉及公共安全、公众利益的事件中发出及时的准确的声音。今年3月20日,美伊战争打响后,中央电视台1套和4套连续进行战事直播报道,记者深入伊拉克边境和巴格达,使华人身影出现在世界瞩目的事件的最前沿,用自己的眼睛观察战争,并采用直播和评论分析性节目相结合的方法,在这次重要战役的全球新闻竞争中发出了自己的声音。这是中国传媒真正"冲出国门、走向世界"的良好开端,理应发扬光大。

（5）国际化和本土化的有机统一。在学习和引进国外传媒先进的经营手段和管理机制时，应注重同中国具体的国情有机地联系起来，注重消化、吸收和创新。由于对传媒业认识的差异、传媒业发展背景的各异以及传媒业特殊的地位和角色，各国在发展各自的传媒业时往往都会考虑自身的"特殊国情"。因此，中国传媒业要在大胆引进的同时，积极消化吸收创新；在努力搞活传媒经济的同时，保证中国传媒舆论导向功能的正确发挥。

（2003年3月）

# 党报信息量扩大之我见



在当今硝烟四起、竞争异常激烈的媒介市场中，各级党报（指中央到地方的党委机关报，下同）普遍缺乏市场竞争力，发行主要依赖公费订阅，财政得靠子报供养，这已是不争的事实。究其原因，固然与党报在当前市场化环境中处于一个不公平的境地有关：我国党报在做好信息传播的同时，既要承负着繁重的政治教化功能，又要承负着商业化运作的功能，这在世界上都是少见的，但是，不能不承认，不少党报新闻运作理念以及具体措施上的滞后，已经不能适应市场经济体制下的新的工作要求，也是其一大症结所在。

众所周知，在市场经济的运作机制下，发行量、自费购阅比率是衡量报纸市场竞争力的重要参数。在通常情况下，这两个参数的数值高低取决于报纸质量与品牌的优劣。报纸作为一种信息产品，作为承载各种信息的大众媒介，信息量的多少是决定报纸质量和品牌优劣的一个重要因素。扩大信息量可以提高报纸的质量，提升报纸的品牌，进而使发行量和自费购阅比率提升，报纸的市场竞争力自然得到增强。

## 一、着力改变新闻功能缺失、弱化的状态，以高新闻价值的“硬新闻”、“大言论”为主打，扩大党报的信息量

作为党委机关报，其功能定位于党的“耳目喉舌”，这是毋庸置疑的。然而，不可否认，这一功能发挥到了极致，极具浓烈的意识形态特性，极为强调政治宣传功能，势必导致党报的新闻功能呈现缺失、弱化的状态。

时至今日，新闻价值让位于宣传价值，版面上充斥着不具新闻价值的无用信息，仍然是一些党报难以克服的顽症。这表现为采用的通稿比较多、会议报道和领导人活动报道太多、带有布置工作性质的文章太多、工作总结报告太多、领导人讲话太多、稿件的时效性差……新闻价值在党报的版面上不能得以体现。由于缺乏真正具有新闻价值的新闻稿件，党报的信息含量低，难以吸引受众的眼球，也就无法获得受众的注意力资源。在竞争激烈的媒介市场中，能否获得受众的注意力资源、注意力资源的多少决定着媒介的生死存亡。因此，为了换取受众的注意力资源，为了使党报更好地生存和发展，为了增强党报的市场竞争力，党报理应重视新闻价值，以新闻信息为主导扩大党报的信息量。

20世纪90年代中期以来，一些党报纷纷走上“扩版”之路，以换取信息量的增加，这当然是值得称道的，也积累了一些成功的经验。比如，当时《广州日报》周六的报纸扩到厚厚的48版，其结果是发行量超过100万份，且其中80万以上读者为自费订阅。再如，今年1月2日，《人民日报》第三次扩版：由原来的12个版扩为16个版（周六、周日仍为8个版），华东、华南地区版分别扩为20个版。《人民日报》致读者的说明称，此次扩版是“为了适应新世纪、新阶段、新形势、新任务的要求，满足广大读

者的愿望”,新增加的版面主要用于增设新闻版,扩大信息量,其中11个版集中刊登国内外新闻。这次扩版后的《人民日报》有了不少新的起色,也得到了业界和读者的一定好评,这是十分可喜的。

然而,需要引起注意的是,报纸扩版增加的只是信息的流量,而信息流量只是一个数量上的概念。在赛伯空间时代,信息流量可以用字节加以度量;报纸上的文字、图片、色彩等都可转换成字节数。但字节数的多少与信息量的大小是不能画等号的。因为,所谓信息是消除事物的不确定性,从而获得确知的情况或关于该事物的确定状态。信息量的大小,最终是由信息能在多大程度上消除事物的不确定性所决定。党报的扩版,增加的只是版面容量,而不是信息量本身。不重视信息量的扩大,扩版只能是一种“无用功”,徒劳而已。与此同时,我们还应注意到,随着报业市场竞争的白热化,信息传播渠道日益拓展、分流,一家报纸的信息量的大小还取决于其“异质化”、“特质化”程度的高下。因此,党报在扩版的同时,必须十分注重自身的市场定位——不同于其他媒体的市场定位,注重党报的固有优势,提供具有高新闻价值的、关乎全局、大局或具有前瞻视野的“硬新闻”、“大言论”,最大限度地满足受众对涉及国计民生的重大新闻的需求欲,从中也显示党报信息传递上的“高品质”和“权威性”。



## 二、贴近受众的实际生活,构筑广泛的多层次的信息空间,以扩大党报的信息量

虽然党报一直强调要贴近群众的实际生活,强调党报是党和群众之间的桥梁,但在计划经济时代,由于国家财政的全额拨款,加之新闻观念的不到位,不少党报满足于“官办、官订、官看”,远离群众的实际生活,所提供的信息空间极为有限,自然使群众与党报产生了疏离感。进入社会转型后,随着国家对党

报采取渐进式的“断奶”政策的实施，党报的这一“陋习”虽然有了一定的改观，但总体上仍不能令人满意。这主要表现在——

**1. 对社会热点问题反应迟钝**

社会热点问题是受众关注的焦点和兴奋点所在，党报对于受众热切关心的焦点问题反应迟缓，有意无意地瞒报或者迟报，必然使得受众无法从党报获得相关热点问题的信息。受众的兴奋得不到回应，党报自然难以获得受众的青睐。

社会热点问题一般都是有较高的新闻价值，积极关注重大的社会热点问题，并通过报道、言论等予以迅速及时的反应与解读，这是党报作为主流媒体的职责所在，也是党报展现自身优势、赢得受众信赖的最佳途径。今年春上的两次“战争”（伊拉克战争与国内的抗“非典”斗争），中央及许多地方的党报都在“第一时间”、“第一现场”给予了全方位的反应，受众的信息需求得到了充分的满足，党报的声誉从中也得到了重塑，这就是明证。



**2. 党报的宣传功能淹没了服务功能**

长期以来，不少党报极为强调其宣传功能，把“突出政治”作为稿件选择、版面编排的唯一标准，其结果势必使信息空间异常狭窄，受众的多元信息需要自然难以满足。市场经济的运作体制，要求党报在强调宣传功能的同时，还要十分注意贴近群众的实际生活，为群众构筑广泛的多层次的信息空间，为群众的实际生活提供多方面的到位服务。

应该说，第三次扩版后的《人民日报》在这方面做得是比较成功的。扩版后的版面是这样安排的：第一版、第二版、第四版为要闻；第三版、第七版为国际新闻；第五版为新办的视点新闻；第六版为经济新闻；第八版为体育新闻；第九版周一、二、四、五为理论、学术专刊，周三为文化新闻；第十版为政治、法律、社会新闻；第十一版为教育、科技、卫生新闻；第十二版为广告；第十三版至十六版分别是经济周刊、民主与法制周刊、党建周刊、国际周刊、假日生活周刊、读者来信专刊、文艺副刊，还新增了科教周刊和当代军事周刊。其中，新办的视点新闻版尤以社会热点、群众话题、基层新事为报道重点，力求贴近群众、贴近读者，报道与人民生活息息相关的、带有典型性的事件性新闻。另外，《人民日报》每日的全国天气预报图无疑是其服务功能的具体表现之一。

党报只有为群众构筑广泛的多层次的信息空间，不断拓展的服务功能，才能真正满足受众的需求，使其产生亲切感；也才能以大的信息量，吸引受众的注意力，增强党报的竞争力。

## 三、在具体的办报实践中，改进原有的报道方式，以扩大党报的信息量



在过去很长一段时间里，党报的版面上程式化的报道多，篇幅长且套路化；政治性语言多，说教味太浓；单向度的典型报道多，缺乏立体感；过量的虚化的新闻标题多，空洞且乏味……这样，党报的信息含量自然减少，“可读性”差，更谈不上“必看性”（“欣赏率”）了。因此，扩大党报的信息量，还必须对党报的一些陈旧报道方式和手法加以改进。

### 1．改进会议报道和领导同志活动报道

邓小平同志曾批评党报上的“会议多，文章也太长，而且内容重复，新的语言并不很多”①。会议和领导同志的活动，一般有着程式化的模式，信息通常呈现出停滞状态。这种报道如果不注意“出新”、“出彩”，是很难引起大多数受众的兴趣的，也就是说很难夺得受众的注意力的。

2003年3月28日，新一届中共中央政治局召开会议研究进一步改进会议和领导同志活动新闻报道工作，会议讨论通过了

---

① 《邓小平文选》第3卷，人民出版社1993年版，第381页。

《关于进一步改进会议和领导同志活动新闻报道的意见》。各省区市党委按此意见，提出了一系列改进所属党报的会议和领导同志活动新闻报道的举措。如，严格控制此类报道的字数；出席会议、活动的领导同志的名单尽量省略；不同部门多位领导参加的活动，只综合编发一条消息，不分别发稿……在精简领导同志活动和会议报道的同时，进一步改进此类报道的内容，对重要领导同志参加的重要会议，新闻报道要深入挖掘会议和活动本身的重要意义；对领导同志参加的日常工作和调研活动等，一般不作报道；对领导同志参加的各项工作和活动，以其本身的新闻价值为报道依据，不要在报道中突出领导个人；各新闻媒体要鼓励记者深入采访，善于从会议和领导讲话中挖掘新闻，鼓励编辑在版面处理上不断创新等。这些举措是切中要害的，是切实可行的。



需要注意的是，这类报道的价值的决定因素是新闻价值而非领导同志的职位高低；这类报道的看点是新闻事实本身的内容，而非领导同志的“光临”；这类报道的手法同样要求新颖、生动，富有生机，而非程式化和套路化的“规定动作”。

**2．改进党报的典型报道**

典型报道是我国党报特有的传统报道方式之一。通过典型报道，发挥党报引导人、鼓舞人、激励人的作用，这是无可非议的，在历史上也起过很好的作用。问题在于，近些年来，不少典型报道的主观目的性过于强烈、显露，其结果导致报道选材上褊狭，加之语言表达上的滥情与空泛，从而使典型脱离现实生活，成为“高”、“大”、“全”的幻影。典型的单向度化，使典型的形象趋于概念化、扁平化，缺乏立体感，这样自然失去典型其他维面的信息，失去现实可感性，受众难免产生反感，也容易负面解读本是正面报道的典型。

改进这类报道，关键在于要让典型“立体”、“鲜活”起来，成为现实生活中真实可感的“这一个”。既要注意把握典型的时代特征，更要注意把握典型的个性特质。应该认真发掘先进典型特有的性格、气质，展示其血肉丰满、撼人心魄的情节、细节，讲述出其生动的、不可替代的“故事”。这样，典型报道就可避免“千人一面”、“万人一腔”的信息扁平、单向、停滞的状态。以科学、理性的视角关注变化中的典型，才能使典型获得真实、持久的生命力。

党报在着眼于推出富有崇高性和理想色彩、代表社会主流价值观的典型的同时，还应注意把目光更多地投向普通人的生活空间。《中国青年报》的《冰点》专栏、中央电视台《东方时空》栏目的实践，使典型获得了新的诠释，这是值得借鉴的。

**3. 改进文风**

1942年4月1日，《解放日报》改版，发表毛泽东的《反对党八股》一文，列数了党八股的八大罪状，并且提出，“党八股必须废除，空洞抽象的调头必须少唱，教条主义必须休息，而代之以新鲜活泼的、为中国老百姓所喜闻乐见的中国作风和中国气派”。他认为这种文风的显著特点就是语言鲜明、准确、生动、活泼。他主张文章要旗帜鲜明，尖锐活泼，幽默深刻，富有战斗性。他特别反对那种死板老套、四平八稳、令人乏味的写作风格。

毋庸讳言，党八股的文风至今阴魂不散，仍然附着在一些党报的版面上。如，政治性话语太强，说教味太浓；口号式语言多于事实性语言，抽象且空洞；篇幅长却无内容；报道手法套路化等等，这都让受众倍感厌烦。

党报的文风应从这些方面加以改进：1）报道要求短、求实，重在信息量的放大。2）事实性语言应在党报中唱主角，把自己的意见隐藏在事实的叙述中，尤其要注意忌用口号式语言、说教式语言。3）报道方式要力求创新，不同凡响；不同的党报、不同的记者都要力求铸造起自身独有的“可识别”的报道风格。

**4. 改进版面编排**

党报的版面编排经过长期的积累、探索，已普遍呈现出严肃、端庄、大气的样式，这是值得肯定的。但在这同时，我们也应看到，随着社会的进步，受众文化素养的提高和要求的变化，不少党报几十年一贯制的编排模式的弊端也愈来愈显露出来。比如，严肃有余，活力不足；过于端庄，更似于端架子；严格按领导同志的职位排序决定稿件的位置，编排方式僵化；版面语言不能适应已经变化了的受众阅读需求，视觉冲击力不够；地方党报的设计风格与中央大报雷同，缺乏个性化……针对这些问题，应从以下几个方面加以改进。

(1) 稿件在版面上的位置应由稿件所包含的新闻价值决定，而不能仅仅由领导同志的职位排序决定。

(2) 随着社会生活节奏的加快，党报的版面编排应简洁明快，要讲究标题的制作，要注意在尊重新闻价值规律的前提下，适当营造版面的视觉冲击力，吸引受众的视线。



(3) 对党报的版式要注意总体的设计，在整体统一的版式风格中求不同版面的多样化编排，在和谐一致中求变异。

(4) 对党报的版面要有一个较长久的设计，在稳定中求变动，在变动中求稳定；同时各家党报应力求自己的版面风格，以避免党报版式编排的同一性。

(5) 随着报业技术的发展，党报对编排手段和排版元素要有正确的认识，恰当地、科学地运用好字体、字号、图片、色彩、网纹、线条、空白等。如，随着报业印刷技术的发展，可以出彩报，彩色印制的报纸和黑白印制的报纸相比，无疑扩大了信息量，但决不能滥用色彩，不要让党报的版面成为“调色盘”。要灵活地运用版面语言，造就富有生机的党报版面。

版面是承载信息的形式，但版面绝不仅仅是一种形式，它用自己独特的版面语言传递着信息。改进党报的版面编排，无疑可以扩大党报的信息量。

（2003 年 5 月）

# 论《楚天金报》的品牌打造



《楚天金报》是湖北日报报业集团在原已创办8年的经济类报纸《市场指南报》的基础上，经过重新改组和整合后于2001年11月18日推出的又一张都市生活类报纸。众所周知，在"市场"这只看不见的手的操纵下，如今媒介间的竞争十分激烈。武汉地区的媒介市场也是硝烟四起，群雄逐鹿。在这一生态环境中，一个媒介品牌要想得到市场的认同，必须假以一定的时日。《楚天金报》初创时，以一个新的报名抢滩，以不为受众熟悉的品牌争夺报业市场份额，其承受的市场风险可以设想。尤其是当时中国报业市场已有200多家都市生活类报纸，在武汉市的报业市场上也有《武汉晚报》、《楚天都市报》、《武汉晨报》等抢滩较早、已为受众所熟知的老品牌都市生活类报纸。而作为定位于"新一代都市风情报，新一代市民生活报"的《楚天金报》，从严格意义上说并不是一种新的报纸类型，因此，如何参与市场竞争，如何在"高手"如林的竞争中胜出，对其更是一个巨大的挑战。

然而，令人欣喜的是，在短短一年多的时间里，《楚天金报》这一“后生之辈”，在武汉媒介市场上声名鹊起，不仅广告收入从去年10月份起便实现了当月盈利，近期平均每月广告回款额更是稳步上升，提前两年实现了创刊之初提出的三年奋斗目标，而且期发行量在武汉市的报业零售市场中异军突起，成为湖北省及武汉市极具竞争力的又一强势纸质媒介。《楚天金报》成功的品牌打造令人刮目相看，其办报实践与办报理念对新闻实践界及新闻理论界都具有启示意义。本文仅从新闻业务的层面，对该报品牌打造的经验作一些粗浅的探讨。

## 一、《楚天金报》的品牌特色



在首届全国都市报总编辑研讨会上，与会代表一致认为同质化现象是当前都市生活类报纸普遍存在的问题。其具体表现是，缺乏个性，没有自己的独特风格，报道的内容差不多，栏目设置差不多，编排手法差不多，版式差不多，以至捂住报头，就无法分辨这是哪家的报纸。众所周知，市场竞争中最忌千人一面，个性模糊；唯有另辟蹊径，创造特色，才是竞争胜出的有力武器。《楚天金报》明确意识到这一点，创刊以来一直坚持张扬个性，独树一帜，走自己的路，而不是采取简单的“跟进”战略，一味“模仿”、“克隆”。

### 1. 崇尚“创新”、“唯一”，以独家新闻、独特的编排手法，独行于传媒“市场”

《楚天金报》在稿件的采写、选择、编辑中肯下功夫，刻意追求“人无我有，人有我特”，把抢“独家新闻”、刊“原创内容”作为办报的主要支柱。这为《楚天金报》增添了不少亮点，成为其最鲜明的特点和卖点，以此换取受众的注意力资源。如前些时刊出的系列报道“非典带给我们什么”，率先从观念、文化的层面对这场“灾难”进行了深层次的剖析与追踪，让受众从中对餐饮等诸多行业和日常社会生活方式有了新的认识与感悟。这样的报道，自然给人“眼前一亮”的感觉。

面对一些属于“大路货”（非独家所有）的报道，《楚天金报》的记者、编辑们则会采用独特的叙事方式或者独特的编排手法，让同样的原料做出不一样的“菜肴”。比如年初的伊拉克战争报道，还有去年的阿富汗战争报道，他们一般都采用软性话语表述，配之以庄谐有致的标题，从而使严肃庄重的国际新闻、战事报道，读来却是亦庄亦谐，庄重而不死板，俏皮却不轻佻。

与此同时，《楚天金报》在版式编排上也有独特的思路。她打破了以往传统的“正头条”、“偏头条”、“倒头条”的区序模式，把重要稿件放在右上角或左下角，甚至拦腰放在版位，基本上模糊了“正头”和“倒头”的概念，什么稿件重要，就把这一稿件放大处理，尊重新闻规律。

**2. 精心营造高质量的专版、专栏，以名牌栏目构筑报纸的品质**

在版面设置上，《楚天金报》目前是周一至周三每天 32 个版，周四至周六每天 40 个版，周日 24 个版。这么多的版面，需要专版、专栏的支撑。除了传统的要闻版、国内新闻版、国际新闻版、体育版、娱乐版之外、该报周一至周六分别辟有财富、健康、时尚、情感、消费、证券、家园等七大“金刊”，先后推出 30 多个开本埠媒体之先河的专版和栏目。面对这众多的专版、专栏，《楚天金报》无一不精心打造，追求以“质”取胜。

如“真情倾诉”专栏，以口述实录形式讲述男女间的情感纠葛的故事，讨论的是敏感且神秘的情感话题，但议题的设置、话语的把握都恰到好处，因此深受读者的瞩目和喜爱，已成为《楚天金报》的一个名牌栏目。还如“教育在线”专栏，由于能迅速及时地通报各种权威教育信息，提供各方面的教育指导，成为家长与学生，特别是中考或高考考生及家长的“掌中宝”，已在社会上形成权威影响力……

在一年多的时间里，这些响当当的名牌栏目构筑着报纸的品质，为《楚天金报》赢得了读者，赢得了市场。

**3. 实施细心、周到的“更到位”服务，以亲和力争夺读者的“注意力”**

《楚天金报》的宗旨是“全心全意为市民服务”，向读者承诺“服务更到位”。作为报纸媒体而言，“服务”一词意味着不仅要向读者告知新闻、传授知识、供给娱乐，而且还要能贴近读者的实际生活，为读者排忧解难，给予生活上的真正关心。

《楚天金报》做到了这一点。比如，其“生活情报”专版，给读者提供的是细致的生活资讯大全；“消费试验”专版关注读者的日常消费，矢志维护消费者的权利；“社区报道”专版倾注了报纸对读者家庭生活的关爱；而“财富金刊”、“证券金刊”等，则以厚重的专业传统优势、权威的分析，为读者发家致富出谋划策。此外，办报之余，该报还不定期举办“金报之夜”大型文艺活动，免费邀请读者参加，晚会上还好戏连台，场场出彩，为读者提供精彩的精神消费晚宴。

《楚天金报》的报道触角涉及市民生活的方方面面，凡是与市民工作和生活有关的事情，在报纸中都有所体现。对市民的细心、周到的“更到位”服务，使《楚天金报》具有浓厚的生活气息，也更具亲和力，从而使报纸深深扎根于市民的生活之中，扎根于市民的心目之中。

## 二、《楚天金报》品牌打造成功之动因

《楚天金报》成功的品牌打造，决不能简单地归结为在激烈的媒介市场竞争中不愿失败的“求生”的本能意识，而是有着科学的办报意识与先进的新闻理念作为其向导。

**1. 强烈的策划意识，合理的策划思路**

对于今天走着市场化运作之路的传媒而言，强烈的策划意识和合理的策划思路，是其实现新闻资源的最佳配置，并依据变化进行动态调整以取得最佳效果的正确之举。

以策划求生存，以策划谋发展，是《楚天金报》全体同仁的共识。在《楚天金报》运作的各个环节，包括报纸的受众定位、经营方针、产品设计、制作与营销、广告经营、员工构成、内部管理、资产资金、技术设备，以及报纸的其他各类经营活动和社会活动都浸润着强烈的策划意识，都有着合理的策划思路。其中，对新闻业务活动及报纸企业形象的策划最为突出，最引人注意。

对新闻业务活动的策划包括对报纸定位的策划、新闻报道的策划、单个稿件及局部版面的策划。



报纸定位的策划是对报纸的整体设计，对版面、栏目的设计起着决定作用。《楚天金报》创刊时将报纸定位于“新一代都市风情报，新一代市民生活报”，以新一代市民作为主要目标受众群，在都市风情、都市生活上做文章。这是其对武汉传媒市场周密的调查、分析后，决定实施“错位竞争”的结果。应该说，这一定位是有独到眼光的，是合理的。正是由于这一定位，才有后来的“真情倾诉”、“教育在线”等众多叫卖又叫座的品牌栏目。

新闻报道的策划是对新闻线索或新闻来源进行深度开发、挖掘，从而将新闻做足、做透。《楚天金报》的这类策划最为普遍，成就了众多独家新闻报道。如在2003年2月召开的省政协八届五次会议上，许多来自教育界的委员通过提案、小组发言等形式，针对我省基础教育中存在的问题，提出建议。会议一结束，《楚天金报》就推出了“普教改革任重道远”系列报道，重点分析了“课外基地太少，难抵网吧诱惑”、“初中生减负未落到实处”、“改制学校激化择校矛盾”、“学校周边占道、非法经营”等问题。又如“净化江城金报行动”共推出报道70多篇，涉及城市生活的各个领域，有力配合各部门的整改……这样的例子不胜枚举。

对单个稿件及局部版面的策划体现在选稿、编排上的独具匠心。《楚天金报》十分注重新闻稿件选择的“独特性”与“唯一性”，并注意以独特的叙事方式、独特的编排方式吸引读者的目光，这是其成功的一大诀窍。如阿富汗战争、伊拉克战争中，许多新闻图片的使用以及版式编排都可看出该报精心合理的谋划的痕迹。

此外，《楚天金报》还通过一系列精心策划的社会公关活动，构筑良好的报纸形象。2003 年春节之前，该报与省市劳动监察部门联合开展“金报为你讨工钱”活动，共接待处理投诉电话 1 200 多个，刊发相关图文稿件 50 多篇(幅)，联合劳动监察部门为民工讨回拖欠的工钱 100 多万元。春节过后，该报又与武汉市劳动就业管理局联合举办“金报为你找工作”和“送岗位到社区”活动，在 12 天的时间里，与武汉市劳动部门联手提供 11 689 个岗位，吸引 20 000 多人求职；据武汉劳动力市场统计，有 3 900 多名特困职工在这一活动中找到了工作。还有，今年 1 月下旬，该报举办的“高考状元报告会”和 3 月中旬推出的“中考名师热线”咨询活动；2002 年下半年连续推出的 19 场“金报周末晚会”……通过这些公益性的策划活动，《楚天金报》在武汉市民中构筑了良好的报纸形象。



**2. 浓重的人文关怀理念**

1993 年学术界开展了一场关于人文精神的大讨论。同年，中央电视台《东方时空》的“生活空间”给中国新闻界引入了人文关怀的新闻理念。时至今日，这一理念已是业界人士的共识。虽然对人文关怀的内涵有种种不同的理解，也很难对人文关怀下一个确切的定义，但有一点是共同的，那就是关注人，关注人的生存状态和需求；尊重人，尊重个体生命的存在价值，尊重人性和人的价值的张扬；注重对人的终极关怀，使人的心灵得到抚慰，使人的精神得以升华。马克思认为“对人的解放”是社会发展的最终目标，这也应该是新闻传播活动的最终目的。

《楚天金报》在激烈的市场竞争中，以人文关怀的理念导引着办报实践。比如，其新闻报道中不乏耀眼的公众人物、可歌可泣的英雄人物、优秀的典型人物，但更多的是把目光投向在社会生活中占绝大部分的普通人物；同时，还十分注意把拥有不同社会政治经济地位的人统统还原为都市生活原生态的“这一个”。这种对人的关怀不是抽象的人道主义和空洞的泛爱精神，而是体现为对生活在都市里的每一个人的关注，特别是对生活在社会基层、底层的“小人物”和弱势群体命运的具体关注。

《楚天金报》推出的众多专栏，也是以都市“老百姓”为主体。如，“打工一族”这个栏目专门讲述生活在都市底层，干着最苦最累的活，收入却最低的外来打工者的经历、困惑等；“社区报道”深入巷弄，表现家庭成员、街坊邻里的故事、情感等等。这些人物是平凡的、渺小的，有的甚至可能是卑微的，所叙之事是平淡的、琐碎的，但字里行间洋溢着积极的人生态度，辛酸、苦难、挫折的背后是对理想人生的美好向往与执著追求。这些人或事俨然守护着一种信念、道德、尊严。中华民族的传统美德的根深深地扎在民间，真、善、美依然是我们这个时代的主调。与普通人同行，维护人性的尊严，是《楚天金报》张扬的一面旗帜。

**3. 坚持正义的品味意识**

目前，媒介市场竞争激烈，有些都市生活类报纸把争取读者矮化为“迎合读者”，迎合一部分人的不健康的趣味，具体反映在：热衷炒作影星婚恋或者变态婚恋的故事；把文化报道降低为“娱乐报道”，把“娱乐报道”又降低为“绯闻”报道；图片暴露，凶杀犯罪，有违中华民族传统美德的故事过多过滥等等。

面对媒介市场中的这股“浊流”，《楚天金报》没有随波逐流，而是反其道而行之，坚守传媒作为“社会公器”的道德底线，以健康、高尚的“报品”塑造自己的形象与魅力。

（1）注重新闻传播的信息值。《楚天金报》极为重视高信息值的新闻传播，这主要表现在其积极参与重大题材的报道，大力加强时政新闻、经济新闻和新闻评论等。一旦发生重大的新闻事件，该报不惜版面，快速、大步跟进，大篇幅加以报道。在这些重大事件的新闻报道中，该报十分注意充分挖掘新闻资源，发出自己独特的声音；并注重信息的真实、可靠、权威，以构建公信力。

该报注重新闻传播的信息值，还表现为积极改进社会新闻、体育新闻和文化娱乐新闻的报道，不断开拓这些新闻的报道面，不断变换报道角度，以新颖、独特、文化含量高来吸引读者的注意力。比如，其娱乐新闻摈弃无聊的和花边新闻的炒作手法，不去追踪明星、名人的私生活，而是聚焦他们工作的内容和人生感悟。此外，在版面配置上，该报强调体现创新意识，不断根据都市社会的发展和受众心理的变化调整和更换版面。同时，敢于通过灵活多变的采编手段，充分挖掘各种新闻的象征内涵和表现特征，以提高信息的传递价值。总之，在一年多来的办报实践中，《楚天金报》的报道内容，一般都能做到力求反映社会大生活，即注意瞄准广大市民关心的热点、难点问题，给他们以多层次的广泛的信息阅读空间，满足他们多元化的信息需求。



(2) 坚持正义，注意报纸的理性。《楚天金报》的办报追求，不仅是资讯更全面、结构更合理、内容更精彩，而且要更趋于理性——由吸引注意力向提高影响力转化。在新闻报道中，该报十分注意运用大众媒介强有力的影响力，把无数个别的经验事实和“真、假、是、非、对、错”的观念尺度联系起来，进行社会伦理建构的对话，坚守社会的正义和理性。比如，在《楚天金报》上常常可以看到短小精悍、针砭时弊的时评，它提供着价值取向，也指引着行动的方向。还如，众多的批评性报道，不是为批评而批评，而是颇具强烈的社会责任意识，是富有建设性的积极批评。再有，“真情倾诉”之后，常会看见编者的话，寥寥数语，却让读者感知科学健康的情感应是什么样。此外，颇具人文气息的专、副刊，更是成为读者的精神家园……这使得这张报纸代表着时代的良知与正义，理性和文化的气息浸润着它，有格调却又不是曲高和寡。

对于任何一家媒体而言，品牌打造都是一项系统的、综合性的工程，绝非靠朝夕之功能完成。一年多的实践证明，《楚天金报》的品牌打造是成功的，但这只是成功的起步。任重道远，我们衷心祝愿《楚天金报》一路走好。

（2003 年 6 月）

# 《华盛顿邮报》对伊拉克战争报道的分析与思考



美国历史上先后经历过 11 次大大小小的对外战争。在历次战争中,美国媒体都扮演着不可或缺的角色。对于战争的报道,也往往从一个侧面反映了美国的媒体政策以及媒体自身新闻理念与运作实践上出现的新情况、新变化。尤其是这次由美国发动的、刚刚过去的伊拉克战争,美国媒体的表现更是充分证明了这一点。以《华盛顿邮报》为窗口了解这些新情况、新变化,对于我们进一步认识媒体的形态特征、媒体与政府的关系等不无裨益。

## 一、样本选择与研究方法

**1. 样本选择**

样本选择主要根据典型性和相关性的原则。选择《华盛顿邮报》作为研究样本的主要原因在于:首先,《华盛顿邮报》是美国最具权威性和影响力的报纸之一。该报创刊于1877年12月6日，曾被《时代周刊》喻为“世界十大名报之一”。目前，该报日发行量为763 000份，周日版发行量则达到115万份。其旗下不但拥有《新闻周刊》（位于《时代周刊》之后，为美国第二大周刊）和11种军事刊物，还拥有6家电视台、一个可进入700万用户的广播电视网络和一个新闻网站。其有线电视台Cable One拥有6 350 000用户。作为美国最主要的主流媒体之一，该报的报道一直为社会各界所重视，尤为政府高层所青睐，几乎“每一个参议员和众议员，不论他属于哪个党派，或持什么政治主张，每天早晨桌上都放着一份《华盛顿邮报》”①。其次，与美国国内许多媒体主要依赖网络获取信息进而报道国际新闻不同，《华盛顿邮报》驻外分社和记者站达到20个，在几乎每一次战争和冲突中都会派出自己的记者前往最前线进行战事报道，报道的可信度和深入新闻事件的程度是非常突出的。



**2. 研究方法**

本文采取个案研究的方法，以量化分析为主并结合内容分析和文献分析，试图探询战争期间《华盛顿邮报》的报道特色、编辑策略，并通过个案考察主流媒体对于官方新闻源的依赖性，寻找政府对媒体策略改变的线索。

这次以美国为首发动的对伊拉克的战争，在今年年初便喧噪起来，3月20日正式开战，4月9日英美联军攻占巴格达，5月1日美国总统布什宣布此次伊拉克战争已经取得军事上的胜利。到此，外界普遍认为战争已基本结束。考虑到报道的连贯、完整，因此本文选取今年3月10日—5月10日作为研究时段。

本研究所考察的对象是该报有关这次战争所发布的先后共

① 辜晓进：《走进美国大报》，南方日报出版社2002年版，第98页。

253篇新闻报道，所关注的是其新闻来源、主题和内容。官方新闻来源的确定，首先根据报道第一段是否包含诸如“据官方消息来源报道”(according to an official government source)、“据官方发言人透露”(according to a government spokesperson)等明确语句来判断；非官方来源主要是指那些就职于美国政府机关、部门或军队的个人，如士兵、政府职员等等。主题是指该报道主要谈论的议题，如军队生活、某一战役的进展情况等等。本研究设定的主题包括“政府、美军策略及评价”(包括国际和国内)、“美军军事活动”、“伊拉克方面情况”、“外界反映”等方面。内容则是根据主题选择、报道角度和叙事过程中的“语义强度分析”，将报道分类为积极的、消极的和中立的三种类型。其中，积极的报道意味着报道中运用了具有肯定意义的词汇，并且从不同角度对于报道对象或事件进行直接的肯定；消极的报道意味着报道中运用了具有消极意义的词汇，直接或间接地表达对事件的不满和否定；而中立的报道是完全事实性的陈述，不包含明显的暗示词①。



## 二、伊拉克战争报道特点分析

今年3月10日至5月10日，《华盛顿邮报》共发表有关伊拉克战事报道253篇。按报道体裁划分，消息类报道174篇，评论(Editorial)53篇，其他则为读者来信等。按版面刊发的数量划分，A版183篇，其他版70篇；其中A1版(即头版)有23篇，全部为消息②。综观《华盛顿邮报》有关这次伊拉克战争的报道，其主要特点表现在——

① 参见孙有中：《布什访华——新华社新华网与美联社新闻网的比较分析》，载《国际新闻界》2002年第2期。

② 根据EBSCO数据库和《华盛顿邮报》电子版数据库资料。

**1. 与以往的战争报道最大的不同是采用了嵌入式新闻采访报道的手段**

可以说,这次伊拉克战争报道的最大特点便是美国政府推行的嵌入式新闻报道(Embedding)的实施,即根据媒体的知名度、权威性和发行量确定和选择了来自各个国家和地区的600多名文字记者、摄影记者和广播电视记者(主要是美国记者),将他们分派到美军4个主要前线部队进行随军采访报道。这些记者被称为嵌入式记者。《华盛顿邮报》得到了8个嵌入式记者的名额,报社委派了包括Andrea Bruce Woodall在内的4名摄影记者与文字记者一同前往伊拉克进行随军采访报道,发回了大量的新闻报道和新闻图片。总体而言,《华盛顿邮报》对于他们的表现比较满意①。



**2. 积极报道的数量所占比例较大,有思想深度的、批评性的报道较少**

在《华盛顿邮报》有关这次伊拉克战争的253篇新闻报道中,积极的、消极的和中立的报道比例为107:63:83(见表一);非消极性报道占据了75%,共190篇,而批评性报道仅有1/4。自从战争爆发以来,该报一反常态,质疑布什政府的伊拉克政策的言论出现了“戏剧性减少”。尽管在Op-Ed专版和内页版面上还能看到一些表达不同意见的言论,但社论版(Editorial)或头版上则极少见到。

**表一 3月10日至5月10日《华盛顿邮报》新闻报道主题分布及分类情况**

| 主要议题 | 篇数 | 积极 | 消极 | 中立 |
|---|---|---|---|---|
| 政府、美军策略及评价 | 66 | 31 | 14 | 21 |
| 美军军事活动 | 10 | 7 | 0 | 3 |

① Joe Strupp, Military Retirees, “Journalists Praise ‘Embedding’”, *Editor & Publisher*, April 11, 2003.

续表

| 主要议题 | 篇数 | 积极 | 消极 | 中立 |
|---|---|---|---|---|
| 美军其他情况 | 20 | 12 | 5 | 3 |
| 伊拉克情况 | 26 | 4 | 15 | 7 |
| 伊拉克战后建设 | 13 | 6 | 2 | 5 |
| 外界反映 | 30 | 14 | 9 | 7 |
| 反战 | 8 | 0 | 3 | 5 |
| 经济影响(美国国内) | 20 | 7 | 5 | 8 |
| 媒体/检查制度 | 14 | 10 | 1 | 3 |
| 检查制度 | 1 | 0 | 1 | 0 |
| 其他议题 | 45 | 16 | 8 | 21 |
| 总计 | 253 | 107 | 63 | 83 |
| 比例 | 100% | 42% | 25% | 33% |



注:对政府策略的评价包括国际和国内对美国政府政策的评价。

实际上这并非个别现象,在伊拉克战争爆发前后,美国媒体积极报道的趋势越来越明显①。很少有媒体特别是主流媒体对于布什政府的伊拉克战争决策进行强有力的质疑。究其根源,其一,国内两党对于战争行动的共同支持。自"9·11"恐怖袭击事件之后,美国国内在国家利益和安全遭到破坏和存在潜在威胁的情况下"空前团结";在朝党的支持自不必多说,在野的民主党也收敛了其对布什政府的批评,并公开表示在伊拉克战争期间他们不会对布什政府说三道四。政党意见的前所未有的统一使得媒体消极报道难成气候。其二,最近几次的民意调查显示布什的支持率在上升,对伊拉克战争行动的支持率则高达70%。众所周知,美国媒体一向重视受众调查数据,并以此作为新闻选择的重要标准,决定向受众提供什么新闻和以什么方式

① Ryan Barber, Tom Weir, "Vietnam to Desert Storm: Topics, Sources Change", *Newspaper Research Journal* 23, Spring/Summer 2002, p. 91.

提供新闻。媒体注意顺应民意,积极报道自然成为此时报道的主体。“整个新闻界非常惧怕表现出不支持军队(的军事行动)。鉴于布什总统成功地处理了战争行动和与军方的关系,这使得媒体很难对布什提出批评”①。

**3. 放弃了“平衡性”原则,报道的“倾向性”展现无遗**

从报道内容看,有关美方包括美军的生活和战斗细节、军事行动、政府策略等报道占据了总报道数的46%,共约116篇;而关于伊拉克方面的报道只有39篇,其中消极报道就占据了17篇,其余12篇则属中立报道,而无一篇积极报道。从新闻来源看,在总共253篇报道中,来自于英美方面的消息为164篇,占65%;而来源于伊拉克方面的仅12篇,占5%(见表三)。从图片尤其是新闻照片看,该报电子版从3月20日开战到4月9日攻占巴格达共发布照片414幅,其中表现伊拉克平民和士兵生活的110幅,约占1/4。就是在这些照片中,表现战争给他们造成影响和伤痛的画面很少,血腥场面更是稀有,相当一部分是表现伊拉克人离开家园时的平和的场景;而表现不同声音的——反战主题的照片只有区区的10幅。其他约占3/4的304幅照片,则从不同的角度展现了英美联军(绝大部分是美军)生活、战斗的场面。尤其需要指出的是,在这414幅照片中,仅有3幅照片是由伊拉克电视台提供的,只占总数的0.7%。

造成这种报道失衡的原因固然是多方面的,但其中嵌入式采访报道的实施不能不说是其一大症结所在。首先,嵌入式记者名额的分配方式便“先天”决定了报道的不平衡性。在总共600多名嵌入式记者中,来自美国媒体的就占了三分之二强。新闻报道在很大程度上都是基于记者对于环境和报道对象的深入了解,也是记者价值观和价值取向的集中体现。有人指出,新

① Mary Lynn F Jones(May 2003), “No news is good news”, *The American Prospect*.

闻报道通常打上意识形态的烙印，真正的客观、公正仅是幻想而已。这句话不无道理。

其次，嵌入式的采访方式相对固定了记者的活动范围，也在一定程度上限制了记者对生活、对事件的全面的观察、体验和感受，报道的“公正”、“平衡”也就难以做到了。正如《华尔街日报》国际新闻编辑 Lora Western 所言，嵌入式新闻报道让包括该报在内的许多记者都滞留在科威特和伊拉克北部，无法接近战争前沿，这使他们无法更多地了解和报道战争对于伊拉克平民的影响，结果，至少在战争开始的头两个星期，媒体更多的是集中报道了美军方面的消息。

**4. 图文并重，且注重采纳三大通讯社为主的其他媒体提供的新闻图片**



在现代新闻传播中，图片（尤其是新闻图片）的运用不仅是增强报刊新闻视觉冲击力的最直接、最有效的手段，而且其本身也是最直观、最形象的新闻内容。《华盛顿邮报》深知其中隐含的价值和读者“眼见为实”的阅读心理，在这次伊拉克战争报道期间，十分注意新闻图片的使用。为了提高图片的使用率和效果，该报专门委派以刚刚在 2 月份获得白宫年度最佳新闻摄影奖的 Andrea Bruce Woodall 为首的 4 名摄影记者与文字记者一同随军采访，他们发回了大量新闻照片，以充满动感、极具冲击力和震撼力的画面反映了美军在伊拉克的生活和战斗；其内容涉及寻找化学武器、进入萨达姆寝宫的情况、生物实验室的画面等。这些新闻图片尽管最后被采用的不多（平均每天仅两幅左右），却大大丰富了该报的版面内容，提升了该报的审美价值，也增强了该报的市场影响力。需要指出的是，该报在新闻图片的使用过程中，放弃了过去以采纳本报记者拍摄的图片为主的传统做法，注重大量采纳以三大通讯社为主的其他媒体拍摄的新闻图片。据统计，3 月 20 日到 4 月 9 日该报电子版共发布新闻照片 414 幅，其中，本报记者拍摄的照片仅 39 幅，占总量的

9%;而三大通讯社拍摄的照片有327幅,占总量的80%;其他媒体提供的照片48幅,占总量的11%(见表二)。这是其调整编辑策略,注意与其他媒体开展合作的一个重要表征。

**表二 3月20日至4月9日《华盛顿邮报》电子版所发布的新闻照片来源情况**

| 日 期 | 美联社 | 法新社 | 路透社 | 本报 | 其他媒体 | 总数 |
|---|---|---|---|---|---|---|
| 3月20日 | 4 | 3 | 1 | 1 | 3 | 12 |
| 3月21日 | 6 | 3 | 1 | 3 | 2 | 15 |
| 3月22日 | 11 | 1 | 3 | 2 | 0 | 17 |
| 3月23日 | 10 | 4 | 1 | 2 | 0 | 17 |
| 3月24日 | 7 | 6 | 4 | 1 | 1 | 19 |
| 3月25日 | 11 | 4 | 2 | 1 | 2 | 20 |
| 3月26日 | 6 | 5 | 7 | 1 | 0 | 19 |
| 3月27日 | 6 | 3 | 4 | 3 | 6 | 22 |
| 3月28日 | 7 | 4 | 3 | 2 | 5 | 21 |
| 3月29日 | 12 | 4 | 1 | 3 | 1 | 21 |
| 3月30日 | 10 | 3 | 1 | 0 | 8 | 22 |
| 3月31日 | 7 | 5 | 6 | 2 | 1 | 21 |
| 4月1日 | 11 | 3 | 4 | 3 | 1 | 22 |
| 4月2日 | 7 | 5 | 5 | 1 | 2 | 20 |
| 4月3日 | 9 | 4 | 0 | 1 | 4 | 18 |
| 4月4日 | 9 | 4 | 4 | 3 | 2 | 22 |
| 4月5日 | 11 | 5 | 4 | 1 | 1 | 22 |
| 4月6日 | 11 | 7 | 1 | 1 | 1 | 21 |
| 4月7日 | 10 | 0 | 8 | 3 | 1 | 22 |
| 4月8日 | 9 | 3 | 1 | 2 | 4 | 19 |
| 4月9日 | 13 | 3 | 0 | 3 | 3 | 22 |
| 总 数 | 187 | 79 | 61 | 39 | 48 | 414 |
| 比 例 | 46% | 19% | 15% | 9% | 11% | 100% |

**5. 在新闻来源的选择上，主要依赖官方的消息来源**

在该报总共253篇新闻报道中，来自国家政府、军队以及国际机构等官方消息来源的报道有131篇，占总数的52%；其中，美国政府的消息来源占总量的27%；美国军方的消息来源占总量的11.4%。来自非官方消息来源的报道有78篇，占总量的31%；其中，美国民间和军队的非官方消息来源分别占总量的19%和5%。此外，还有44篇报道未说明来源，占总量的17%（见表三）。在该报头版（A1版）的23篇新闻报道中，则有18篇来源于官方，占78%。

**表三　3月10日至5月10日《华盛顿邮报》新闻报道消息来源情况**

| 新闻来源 | 篇数 | 所占比例% |
|---|---|---|
| 美军官方 | 29 | 11.4 |
| 美军非官方 | 13 | 5 |
| 英军官方 | 1 | 0.4 |
| 伊军官方 | 2 | 0.8 |
| 美国政府（非军方） | 68 | 27 |
| 英国政府（非军方） | 4 | 2 |
| 伊拉克政府（非军方） | 2 | 0.8 |
| 外国政府 | 16 | 6 |
| 国际机构 | 7 | 3 |
| 联合国 | 2 | 0.8 |
| 民间（美国） | 48 | 19 |
| 民间（英国） | 1 | 0.4 |
| 民间（伊拉克） | 8 | 3.2 |
| 民间（其他） | 8 | 3.2 |
| 其他（包括未知） | 44 | 17 |
| 总　计 | 253 | 100% |

《华盛顿邮报》的新闻来源选择以官方为主，这是因为：首先，在当今社会，获取信息的渠道日益宽广，然而信息的可靠及

效用程度参差不齐。在这种情况下，官方的消息源通常更具权威性。其次，记者参与战事的时间长短也会影响其在收集信息的过程中对于官方消息来源的依赖程度。一般来说，时间短暂的战事，记者难以作深入的体验与感受，也难以作全方位的采访，而依赖官方消息源自然简便、快速得多。当然，应当引起注意的是，媒体需要从不同的新闻来源确认事实，仅仅依据官方的信息来处理新闻报道并不是一种负责任的行为。

## 三、思考与启示



这场由美国发动的对伊拉克战争的硝烟刚刚散去。应该说，美国媒体在这场战争的表现是充分的，给人们留下的思考与启示也是多方面的。

第一，嵌入式新闻报道的实施表明了美国政府对媒体策略的调整。

实际上，美国政府的这一举措与美国政府的战时新闻检查制度的变化是紧密相连的。自美国国内战争以来，美国媒体与军队共同经历了不断演变的但始终是对立的关系。在国内战争期间，军方很少关注新闻报道中关于战事的描述。然而，随着19世纪50年代电报的发明和广泛应用，南北战争成为美国历史上政府系统地实施战时新闻检查制度的第一场战争①。在随后的历次战争中，美国政府所采取的战时新闻检查制度都遵循着同样的模式。到了20世纪60年代，越南战争的经历则引起了美国政府的高度重视，“三边委员会”曾在70年代初发表了一篇名为《民主体制的可统治性》的报告，报告的结论指出：“媒体已成为国家权力的明显资源，媒体的无法掌握，

---

① Gannett Foundation, The Media at War: The Press and the Persian Gulf Conflict, New York: Gannett Foundation Media Center, 1991.

内则使民主过度,使政府威信扫地,外则使国家在国际社会的影响里衰退。"①这促使美国政府和军方重新思考其新闻检查制度,并开始着手研究如何在以后的战争和冲突中处理与媒体之间的关系②。如何营造和促进未来战争冲突中积极有利的公众舆论成了美国权力机构实施的对媒体的有效策略的主题。军方更是试图通过限制媒体与战事的接触来达到更有效地控制公众舆论的目的③。结果,在此后包括第一次海湾战争在内的战争冲突中,媒体记者遭遇了未曾遭遇过的严格的新闻检查和采访限制。

这次伊拉克战争,美国政府和军方改变了以往对媒体实施的强制性的信息过滤与限制的方式,而代之以主动为记者提供随军采访的机会。这是其对媒体策略的重大调整,其出发点和实质是希望增加正面宣传的力度,借此提升政府和军方的形象。应该说,美国政府和官方这一策略调整,并非为了帮助媒体获取新闻,而只是加强对媒体的控制与利用。这从这一策略的具体措施中可见端倪。每一位嵌入式记者必须签署一份协议,保证遵守所谓的"基本规则"(The Ground Rules)。"基本规则"规定了包括不得公布"表现敌军战俘或囚犯的脸部、名字牌或可辨认的东西的照片或图像"在内的19条禁止条例和14条可以报道的信息类别。从表面上看,大多数规定是理所当然的,但只要仔细研读便会发现,它对新闻报道的限制是非常严格的。例如,协议规定"关于正在进行的军事行动除非获得现场指挥官的同意,否则不得进行报道";"有关早先常规的军事行动的时间、日期、地点或部队情况只有当以某种方式(certain



① 载《参考消息》1999年5月21日。

② 在越南战争期间,由于美国始终没有宣战,无法正式实施新闻检查制度,美国媒体由此享受到了前所未有的报道自由。而许多军方领导人认同,正是由于媒体的负面报道使得越南战争军事行动的功效被大大地削弱了。

③ Judith R. Baroody, Media Access and the Military: The Case of the Gulf War, Maryland: University Press of America, 1998.

terms)表达的时候才准许公布”等。又如“基本规则”的第六部分强调了安全的重要,规定军队为了安全起见有权审查新闻报道的内容,并删除“敏感”的信息。另外,不同意上述原则的记者将被禁止接触类似的信息,包括军事行动、战前准备、物质力量等①。这一切意味着在很大程度上对于战争的报道权和编辑权掌握在军队和政府手里,而非媒体记者和编辑手中。可以说,媒体以牺牲自己的一部分编辑权换取了与军队和前线的接近②。而这些嵌入式记者实际上也成为了美国政府宣传的工具。他们很难不对与他们朝夕相处的士兵们抱有同情的态度,也难以对于美国的军事行动进行批评性的报道,如批判其带有侵略的性质③。



即便如此,最终的实施效果应该说是政府和媒体双赢,战争给了政府又一个控制信息流的机会,政府获得了他们所期待的“令人感到骄傲的、正面积极的、爱国的”报道,而媒体也得到了相对于前两次战争丰富得多的新闻报道。与海湾战争相比,记者们不再只是待在旅馆里,抱怨他们缺乏与部队或前线接触的机会。美国编辑人协会 4 月份在新奥尔良召开了一次研讨会,会上来自各大媒体的人士一致认为,尽管各媒体在处理敏感话题上存在异议,但总体而言,嵌入式采访报道是成功的④。

然而,浮华热闹的外表却掩盖不了空虚的实质。嵌入式新闻采访虽然使媒体有更多的机会接触到战争,但是,记者们与军队士兵生活在一起,一方面朝夕相处,在情感上难免会产生好感,另一方面要依赖部队为其提供食宿、安全保障和交通便利,

① “基本规则”请参见 http://www. defenselink. mil/news/Fev2003/D20030210embed. pdf.

② Marvin Kalb, Journalists Torn Between Purism and Patriotism, Editor & Publisher, March 24, 2003.

③④ Joe Strupp, Military Retirees, Journalists Praise “Embedding”, Editor & Publisher, April 11, 2003.

这些都或多或少会影响记者的客观性和公正性。可以说,嵌入式新闻报道的方式使媒体与军队建立了某种稳固的关系,“消除了记者与士兵们之间的距离,但所得到的却是客观性的丧失”。嵌入式新闻报道的确为记者了解美军的情况提供了便利,然而,这种便利却带着不公平和不平等的色彩。作家 Norman Solomon 一针见血地指出,“‘嵌入’意味着对伊拉克战争进行报道的记者们与军队‘同床共寝’。这一报道体系势必导致记者们在进行军事报道的时候失去客观性。如果记者们‘嵌入’到美军当中,那么他们也应该‘嵌入’到伊拉克居民家庭当中去。”①最初几天的报道十分热闹,部队胜利挺进、萨达姆的寝宫遭到轰炸等消息充斥媒体,然而,有关炮火之下的伊拉克军队和平民的报道则寥寥无几。可以说,媒体传达给美国公众的是缺失的、不完全的信息,他们通过媒体所了解到的伊拉克战争是一场有别于其他国家和地区的人民所看到的不同的战争。美国公众成了这次伊拉克战争报道的牺牲品。如果说包括《华盛顿邮报》在内的大多数媒体认为这次战争报道是成功的、进步了的,那么这种成功和进步则是以牺牲公众对于战争的全面的、真实的了解为代价的。



第二,美国媒体过去所坚持的“监督和批评政府”的功能开始弱化,国家意识再度得以张扬。媒体与政府之间共生关系的核心,在于相互依存和相互利用。

很明显,美国媒体与政府之间的“暧昧”关系在一定程度上对媒体的新闻报道起着决定性的影响。这一点可从《华盛顿邮报》有关这次伊拉克战争报道的新闻来源分布情况(见表三)中得到明证。该报大量采用政府和军队官方所提供的新闻,从而大大丰富了报道内容,也在一定程度上提升了报纸的权威性和影响力。但在这同时,我们还应看到,正是由于报纸充斥了来自

---

① Dave Astor, Columnist Criticizes Iraq Coverage, Editor & Publisher, March 24, 2003.

权力机构的声音,势必导致对来自公众、弱小团体的意见的忽视,造成新闻信息的单一化、绝对化。

在“自由媒体”的时代,美国媒体与政府之间的关系处于相互独立、相互对立的状态。首先,美国媒体作为私营机构,在经济上完全自立,不需要政府的财政支持。因此,它们可以不俯首听命于政府,不必受政令的制约。其次,美国宪法第一修正案明确保障公民的议论和出版自由。这一精神作为美国宪法的灵魂之一得到了较为普遍而切实的执行。正是由于经济上和法律上的保障,美国媒体数百年来充分发挥了监督(watchdog)政府的作用,被看作是与政府相抗衡的另一个权力中心①。



但是,自后工业社会以来,社会结构发生了较大变化。特别是产业的集中和垄断的扩大,各行各业出现了现代意义上的精英。多元主义代表人物罗伯特·达尔指出,如今,主要的政治、经济和社会的决定……都是由极少数人作出的。决定国家的政策的是一小部分的政治精英、权力精英,他们比普通人更富有,受到更好的教育,有着更好的社会关系②。在美国,主流媒体本身常常被看作是精英的一部分。它们倾向于加强和维护社会的主流价值观念以及权势阶层的观点,以精英阶层的价值观组织传播内容,使公众趋同于社会上原有的主流意见,最终以主流意见代表社会的意见。“这不是因为它们听从雇主的命令,而是因为它们自己认同于那些价值观念……”③可以说,媒体是现行制度的支持者和维护者。

一方面,媒体享有独立自主的法律地位,但另一方面,它本身又“是受着社会经济制度所形成的公司企业界所支持的。反

---

① 肖欢:《媒体在美国外交中的作用与影响——兼评中美关系中的媒体因素》,载《国际论坛》2000 年第 5 期。

② 唐海江:《政治媒体化:当代西方媒体与政治关系的形态分析》,载《求索》2003 年第 1 期。

③ 转引自范士明:《美国新闻媒体的国际报道及其舆论影响》,载《当代世界与社会主义》2000 年第 4 期。

过来,媒介也支持这个制度”①。媒介经济的实质在一定程度上决定了美国媒体对于政府的倾向性。美国媒体的拥有者是少数富有的上层社会的精英,控制和决定媒体新闻报道的不是记者、编辑和其他从业者,而是这一“精英层”。这一“精英层”与政府官员有着广泛的社会关系和商业往来,他们要依赖政府在诸如电视频道许可证、提供商品和服务的涉外商业活动等方面提供便利②。正是因为处在这样的生态环境中,美国媒体的言论自由和新闻表达自由便不可能不看政府的“眼色”行事了。正如 Ludwig von Mises 所指出的,没有拥有和使用私有财产的自由,从根本上说就不会有言论自由。因此,从某种程度上说,“新闻媒介好比吹笛手,而给笛子定调子的人是那些付钱给吹笛手的人。即使付钱的主子身份不清,情况也是这样”③。



现今美国媒体与政府之间存在着一种共生关系。如果说他们之间还存在对立的话,那么这种对立也只不过是一种表面现象,其深层的核心关系是相互依存与相互利用。已经在报界工作了近 25 年的 William L. Anderson 指出,“政府是我们的生命线,即使新闻记者与政府官员之间有一点(但仅仅是一点)对抗性的关系,现在回头看来,我认为政府与媒体过去和现在都是相互依存的。因此,不仅政府的强大和四处干预,而且它的增长,对于媒体都是有利的。”④早在 20 世纪 70 年代末期,美国国内曾经进行了一次大规模的媒体股权交易,与政府有密切联系的大财团和企业成为了美国媒体的幕后操纵者,“自由媒体”的时

① 〔美〕沃拉丁·赛弗林、小詹姆斯·W·坦卡特:《传播学的起源、研究与应用》,福建人民出版社 1985 年版,第 216 页。

② Edward S. Herman, “The Media’s Role in U. S. Foreign Policy”, *Journal of International Affairs* 47, Summer 1993, Issue 1.

③ 〔美〕J·赫伯特·阿特休尔:《权力的媒介》,华夏出版社 1989 年版,第 285 页。

④ Joe Strupp, Military Retirees, Journalists Praise ‘Embedding’, Editor & Publisher, April 11, 2003.

代从此结束①。这使得媒体成为了政府控制下的宣传机器。而就在本文行将完成的时候,2003 年 6 月 2 日,尽管遭到强烈反对,美国电信管理机构仍以微弱多数通过了传媒改革新规则。该规则除了允许电视集团最多可以控制全国 45% 的观众以外,还规定大部分地区的地方电视公司可以拥有两家电视台,同时还允许一个地区内的报纸、电视和电台进行交叉控股②。毫无疑问,新规则将导致美国媒体所有权的进一步集中,再一次预示了企业集团对于媒体的控制将达到新的高度。Noam Chomsky 曾经指出,媒体根本上不是挑战现存秩序,而是在社会上为权势阶层"制造一致"③。

第三,既竞争又联合,走多媒体"互通"、"共荣"之路是美国媒体积极拓展自身发展空间的新尝试。



在这次伊拉克战争的报道中,美国报纸媒体大多一反常态,不再把其他媒体单纯地视为"你死我活"的竞争对手,而是变换了竞争的手段,在"对抗"的同时注意寻求媒体间的合作与互通。这最主要的体现,便是报纸或报业集团(公司)与其他媒体在嵌入式记者名额分配上所进行的交易。《华盛顿邮报》与 MSNBC. com 签订了合作协议,允许 MSNBC. com 共同使用该报得到的 8 个嵌入式记者名额。Cox 报业集团与 CNN 也达成了一项类似的协议,允许有线新闻网使用 Cox 所得到的 8 个嵌入式记者名额中的 5 个,即 CNN 除自身得到的名额外还获得了 5 个额外的名额。作为交换,CNN 的嵌入式记者为 Cox 报业提供他们所得到的新闻报道内容。用 Cox 报业集团的旗舰报纸《亚特兰大新闻宪法报》责任编辑 Susan Stevenson 的话说,这一交易是报纸节约资源的一种方式,但同时对保证报纸伊拉克战争报

① 肖欢:《媒体在美国外交中的作用与影响——兼评中美关系中的媒体因素》,载《国际论坛》2000 年第 5 期。

② 载《参考消息》2003 年 6 月 4 日。

③ Edward S. Herman, Noam Chomsky, Manufacturing Consent, New York: Pantheon Books, 1998.

道的质量和报道的丰富性提供了条件①。可以说,走多媒体“互通”、“共荣”之路是美国媒体打破原来的固定思维模式,寻找新的发展空间的积极探索。尽管这一新举措的动因更多的是基于媒体自身利益的考虑,也尽管其最终效果还需要进一步的观察,但是这种拓展发展思路、勇于尝试和创新的做法是值得我们借鉴与深思的。

(2003 年 6 月)



① Joe Strupp, Newspapers Trade Slots for Persian Gulf Duty, Editor & Publisher, March 03, 2003.

# 后 记



这本“自选集”所收录的文稿，是从我已经发表的散见于北京、上海、湖北、山西、贵州、黑龙江等地的新闻专业期刊和高校新闻学术刊物上的近百篇作品中择选出来的。它们记录着我近20年来，在高校从事新闻业务课程教学之余，对我国新闻传媒业及其相关理论研究的现状与未来走势所作的一些思考和探索；也记录着我在新闻学术思想上的寻觅和追求。现应复旦大学新闻学院童兵先生和复旦大学出版社之约，将它们汇集成册，奉献给读者。我期待着，这本“自选集”出版后能得到读者的回应、批评。

十分感谢单波教授为这本“自选集”所作的序言。尽管从“名分”上说，我可以算作是单波的一位业师；但在我的心目中，却更愿意把单波看作是一位难得的益友、诤友。10多年来一道工作、生活的经历，让我的思想、我的情感、我的言行都被单波所熟知、所“看透”。在这篇序言中，单波不仅客观地记载下了我在新闻学术研究领域里所付出的种种努力与得到的收获；也不仅客观地记载下了我在新闻学术思想上曾有过的迷茫、困顿，以及为之所作出的抗争与决心；而且，更为珍贵的是，他还"入木三分"地揭示了我思想深处所隐含着的某种"懦弱"与"无奈"，并对此作了十分深刻的、中肯的剖析与批评。这一切，都让我深深感动，也让我深受启迪。

实事求是地说，我并不认为自己就是一位真正合格的新闻学者。过于沉重的、历史遗留下来的"思想包袱"，至今还压在我的身上。它让我难以从"根"上彻底挣脱开传统的新闻理念和思维模式的"枷锁"，从而也让我在新闻学术研究的创新上，不时陷于"两难"的境地，甚至"失语"。因此，尽管这些年我一直在新闻学术园地里辛勤地耕耘着，但学术建树却总是不能令自己满意。个中原因，我想就在这里。

这本"自选集"的文稿，涉及新闻观念、新闻业务运作、新闻传播教育、新闻传媒业的经营与管理，以及网络媒体等方方面面的内容。为文的原意，无非是为当时新闻业界与学界所关注、所争论的一些热门话题作块引玉之砖，为中国传媒业及其理论研究的健康发展尽点绵薄之力。因此，这些文稿大多为应时、应景之作，其间并无一条贯穿始终的"意义"主线。这次汇集出版，只是按照出版社统一规定的体例要求，依当时写作、发表的时间的先后顺序，进行组织编排。为了忠实于历史，编辑时除了个别语句、标点符号等作了技术上的校正外，基本上保持了文稿的本来面目。

此外，需要说明的是，丁汀同志对我的专访《在时空中探寻新闻》，并非是为这本"自选集"所作，且已发表在他处。只是考虑到这篇专访较为详尽地记述了我作为"新闻人"的成长历程，从中也较为清晰地显现了我思想演进的轨迹，为了便于读者诸君能够更完整地"认识"我，现征得作者的同意，特转载于此。

在这本"自选集"的编辑出版过程中，复旦大学出版社的同志，尤其是顾潜先生做了大量的工作。在此，表示深深的谢意。还有，这本"自选集"中有几篇文稿，是我和我的博士生（夏倩芳、强月新、廖声武、吕尚彬、司景新、叶晓华)、硕士生(吴玉兰、孙丽丽)共同合作完成的。他们有的替我收集了相关资料,有的为我整理、撰写了初稿,有的还帮我做了十分出色的加工、润色工作。对他们所付出的辛劳,我也表示由衷的感谢。

罗以澄

2004 年 5 月

# 附：研究生阅读书目建议

（供新闻传播学专业参考）



1.《权力的媒介——新闻媒介在人类事务中的作用》，〔美〕赫伯特·阿特休尔著，华夏出版社1989年版。
2.《探索新闻——美国报业社会史》，〔美〕迈克尔·舒德森著，何颖怡译，台湾远流出版公司1993年版。
3.《论实证精神》，〔法〕奥古斯特·孔德著，黄建华译，商务印书馆1999年版。
4.《中西新闻比较论纲》，童兵主编，新华出版社1999年版。
5.《社会科学方法论》，〔德〕马克斯·韦伯著，李求零、田薇译，中国人民大学出版社1999年版。
6.《媒介形态变化》，〔美〕罗杰·菲德勒著，华夏出版社2000年版。
7.《谈谈方法》，〔法〕笛卡儿著，王太庆译，商务印书馆2000年版。
8.《媒介与冲击——大众媒介概论》，〔美〕雪莉·贝尔吉著，赵敬松译，东北财经大学出版社、汤姆森国际出版集团2000

年版。
9.《大汇流:整合媒介信息与传播》,〔美〕托马斯·鲍德温等著,华夏出版社2000年版。
10.《媒介事件》,〔美〕丹尼尔·戴扬、伊莱休·卡茨著,麻争旗译,北京广播学院出版社2000年版。
11.《第二媒介时代》,〔美〕马克·波斯特著,南京大学出版社2001年版。
12.《媒体前沿报道》,周伟主编,光明日报出版社2002年版。
13.《今日媒介:信息时代的传播媒介》,〔美〕约瑟夫·斯特劳巴哈、罗伯特·拉罗斯著,熊澄宇等译,清华大学出版社2002年版。
14.《西方媒介与战争》,〔英〕苏珊·L·卡拉瑟斯著,新华出版社2002年版。
15.《传播生态学:控制的文化范式》,〔美〕大卫·阿什德著,邵志择译,华夏出版社2003年版。
16.《世界大战中的宣传技巧》,〔美〕哈罗德·D·拉斯威尔著,张洁等译,中国人民出版社2003年版。
17.《走进美国大报》,唐亚明著,南方日报出版社2004年版。

(按出版时间顺序排列)

**图书在版编目(CIP)数据**

罗以澄自选集:新闻求索录/罗以澄著.—上海:复旦大学出版社,2004.8
(新闻传播学名家自选本)
ISBN 7-309-04122-4

Ⅰ.罗…　Ⅱ.罗…　Ⅲ.新闻学-文集　Ⅳ.G210-53

中国版本图书馆 CIP 数据核字(2004)第 067847 号

**罗以澄自选集——新闻求索录**
**罗以澄　著**

---

**出版发行**　复旦大學 **出版社**
上海市国权路 579 号　邮编 200433
86-21-65118853(发行部)　86-21-65109143(邮购)
fupnet@fudanpress.com　http://www.fudanpress.com

---

**责任编辑**　顾　潜　黄文杰
**装帧设计**　孙　曙
**总 编 辑**　高若海
**出 品 人**　贺圣遂

---

**印　　刷**　上海华业装潢印刷厂
**开　　本**　787×960　1/16
**印　　张**　25.75　　插页　3
**字　　数**　333 千
**版　　次**　2004 年 8 月第一版第一次印刷
**印　　数**　1—4 000

---

**书　　号**　ISBN 7-309-04122-4/G·543
**定　　价**　35.00 元

---